科学出版社"十三五"普通高等教育本科规划教材

新编大学体育健康教程

主　编　佟艳华

副主编　周文福

科学出版社

北　京

内 容 简 介

本书分为两部分，共七章。第一部分为理论知识部分，内容包括高等学校体育与健康教育、大学生的生理和心理特征、大学生体质健康测评以及身体素质；第二部分按球类课程群、技术类课程群、基础课程群的顺序分别论述了不同课程群各项目的特点、基本的技战术、比赛规则以及练习方法等内容。

本书以终身教育为目标，具有思想性、理论性、科学性、实用性和时代性的特点，内容精炼，表达深入浅出，图文并茂，主要教学内容还配有教学视频，读者可通过扫描二维码直接观看。

本书既可作为高校体育教学的教材，满足不同层次和不同兴趣爱好的学生的需求，也可供广大体育爱好者学习体育健康知识。

图书在版编目（CIP）数据

新编大学体育健康教程/佟艳华主编. —北京：科学出版社，2017.9
科学出版社"十三五"普通高等教育本科规划教材
ISBN 978-7-03-054297-7

Ⅰ. ①新… Ⅱ. ①佟… Ⅲ. ①体育—高等学校—教材②健康教育—高等学校—教材　Ⅳ. ①G807.4②G647.9

中国版本图书馆 CIP 数据核字（2017）第 209526 号

责任编辑：胡云志 / 责任校对：桂伟利
责任印制：吴兆东 / 封面设计：华路天然工作室

科学出版社 出版
北京东黄城根北街 16 号
邮政编码：100717
http://www.sciencep.com

北京厚诚则铭印刷科技有限公司印刷
科学出版社发行　各地新华书店经销

*

2017 年 9 月第 一 版　　开本：787×1092　1/16
2025 年 8 月第九次印刷　印张：20
字数：474 000

定价：59.00 元
（如有印装质量问题，我社负责调换）

本书编委会

主　编　佟艳华

副主编　周文福

编　委：（按姓氏笔画排序）

王　振　　王　强　　王丹佳　　王建军　　付　强

包建勋　　毕永兴　　毕剑峰　　师端木　　刘冬梅

孙　静　　杨　勇　　佟艳华　　张晓秋　　陈栎圯

周文福　　贾连堃　　徐玉婷　　郭树涛　　戚俊娣

崔　巍　　崔　鑫　　梁胜利　　董振宇　　韩　珂

潘　健

前　言

习近平总书记在党的二十大报告中明确指出，培养什么人、怎样培养人、为谁培养人是教育的根本问题①。习近平总书记关于教育的重要论述，立意高远、思想深刻、内涵丰富、逻辑缜密，为新时代高等教育提供了根本遵循。

坚持正确方向，用习近平新时代中国特色社会主义思想铸魂育人。教材建设是铸魂育人的重要依托，是事关未来的战略工程、基础工程。习近平总书记强调，要"用心打造培根铸魂、启智增慧的精品教材，为培养德智体美劳全面发展的社会主义建设者和接班人、建设教育强国作出新的更大贡献"②。

领悟党的二十大精神，凝聚高校学生奋斗力量。深入贯彻落实习近平总书记的重要指示要求，始终牢记为党育人、为国育才的初心使命，坚持不懈用习近平新时代中国特色社会主义思想铸魂育人。教育引导广大学生打好人生底色、传承红色基因，赓续红色血脉，坚定不移听党话、跟党走。引导学生做到学思用贯通、知信行统一，深刻领悟"两个确立"的决定性意义，增强"四个意识"、坚定"四个自信"、做到"两个维护"，成长为堪当民族复兴大任的时代新人。

青年强，则国家强。当代中国青年生逢其时，施展才干的舞台无比广阔，实现梦想的前景无比光明。学生理想信念的坚定，离不开对马克思主义理论的学习，离不开对历史规律的把握。坚持用习近平新时代中国特色社会主义思想感召学生，指导学生更好地学懂弄通马克思主义的世界观和方法论，才能真正落实好立德树人的根本任务。坚定不移听党话、跟党走，自觉肩负起历史赋予的神圣使命，让青春在全面建设社会主义现代化国家的火热实践中绽放绚丽火花。

随着"健康中国2030"规划纲要的出台，未来15年健康中国建设的行动纲领已经明确。纲要要求要从广泛的健康影响因素入手，以普及健康生活、优化健康服务、完善健康保障、建设健康环境、发展健康产业为重点，把健康融入所有政策，全方位、全周期保障人民健康，大幅提高健康水平，显著改善健康公平。在这种形势下，许多高校都在积极开展以"每天运动一小时，幸福生活一辈子"为主题的校园体育文化系列活动，倡导学校师生"走下网络、走出宿舍，走向操场"。这就要求高校素质教育的全面推进，特别是公共体育课程的建设，如教师队伍建设、教学内容优化、体育课程管理以及体育场馆设施改善等，这其中高校公共体育课程建设仍然是一个薄弱环节，为了与"健康中

---

① 习近平：高举中国特色社会主义伟大旗帜　为全面建设社会主义现代化国家而团结奋斗——在中国共产党第二十次全国代表大会上的报告. https://www.gov.cn/xinwen/2022-10/25/content_5721685.htm [2022-10-25]。

② 培根铸魂　启智增慧.http://www.moe.gov.cn/jyb_xwfb/s5148/202102/t20210219_513714.html[2021-02-19]。

国 2030"规划纲要相适应，全面提高课程的设置标准，教材建设更要先行一步。

本书主要突出三大特点：

一是突出教材的理论性。根据我国高等院校体育教育改革的基本思路，贯彻"健康第一""终身体育"的指导思想，提倡阳光体育，遵循大学生生理和心理的发展规律，最大程度满足大学生的兴趣和爱好，以全新的体育健康理念为指导编写此书。在书中充分体现科学性、先进性、实效性和全面性。本书内容充实，通俗易懂，具有较强的指导功能，是选项课及高年级选修课程的实用教材，也是大学生参加体育运动的指南。

二是突出教材的实用性。本书与以往教材相比有了翻天覆地的变化，通过对各运动项目"群"的归类，精简、优化了教材的内容，结构新颖，言简意赅，同时将微视频引入教材之中，是一部非常实用的大学体育教材，适合于普通高等院校公共体育教学使用，对大学生课余体育锻炼具有一定的指导作用。

三是突出教材的健康教育价值。青少年身心健康、体魄强健、意志坚强、充满活力，是一个民族生命力旺盛的体现，是社会文明进步的标志，是国家综合实力的重要方面。本书的健康教育价值主要体现在教学内容优先以人为本，教学方法涵盖于生活过程之中，教学理念定位于优化校园健康文化、养成健康习惯等方面。真正将加强青少年体育锻炼作为提高学校健康教育的基础工程，把加强学校体育作为贯彻党的教育方针、实施素质教育和提高教育质量的重要举措。

本书由哈尔滨工业大学（威海）体育部佟艳华教授担任主编，周文福博士担任副主编，编写人员的具体分工如下：毕永兴（第一章），佟艳华（第二章、第四章），董振宇、徐玉婷（第三章），贾连堃（第五章第一节），王强（第五章第二节），付强（第五章第三节），戚俊娣（第五章第四节），王振（第五章第五节），潘健（第五章第六节），毕剑峰、韩珂（第五章第七节），崔巍（第六章第一节），王丹佳（第六章第二节），刘冬梅、包建勋（第六章第三节），杨勇（第六章第四节），梁胜利（第六章第五节），孙静（第六章第六节），崔鑫（第六章第七节），师端木（第七章第一节），郭树涛（第七章第二节），王建军（第七章第三节），张晓秋、陈栎圯（第七章第四节），周文福（第七章第五节），杨勇负责视频的拍摄与剪辑，周文福、王振、董振宇负责拍摄工作的策划。

本书在编写过程中，参考了一些专家和学者的成果、著作及教材。同时得到了学校教务部门以及出版社的大力支持，在此表示感谢。由于水平有限，本书难免有疏漏和不足之处，敬请读者批评指正。

编　者

2017 年 6 月

目 录

理论知识部分

第一章 高等学校体育与健康教育 ·· 3
 第一节 健康与健康教育的概念 ·· 3
  一、健康的概念 ·· 3
  二、健康教育的概念 ·· 3
 第二节 体育与健康的辩证关系 ·· 4
  一、体育锻炼对人体各系统的作用 ·· 4
  二、体育锻炼对心理健康的作用 ·· 5
 第三节 高等学校体育与健康教育的目的和任务 ·· 5
  一、高等学校体育与健康教育的目的 ·· 5
  二、高等学校体育与健康教育的任务 ·· 5

第二章 大学生的生理、心理特征 ·· 6
 第一节 大学生的生理特征 ·· 6
  一、躯体形态发育的特点 ·· 6
  二、内脏器官及其生理功能 ·· 7
  三、能量代谢的特点 ·· 7
 第二节 大学生的心理特征 ·· 8

第三章 大学生体质健康测评 ·· 10
 第一节 大学生体质健康标准 ·· 10
  一、进行《国家学生体质健康标准》测试的目的和意义 ·· 10
  二、测试项目及方法 ·· 10
 第二节 单项指标与权重 ·· 11
 第三节 评分表 ·· 11

第四章 身体素质 ·· 16
 第一节 身体素质概论 ·· 16
  一、身体素质的概念 ·· 16
  二、身体素质所包含的内容及其影响因素 ·· 16
 第二节 提高身体素质的练习方法 ·· 17
  一、提高速度的练习方法 ·· 17

二、提高耐力的练习方法 18
三、提高爆发力的练习方法 18
四、提高弹跳力量性运动项目及练习方法 19
五、提高腰腹力量性运动项目及练习方法 19
六、提高上肢力量性运动项目及练习方法 20

课程群部分

第五章 球类课程群 23

第一节 篮球 23
一、篮球运动的概述 23
二、篮球技术 24
三、篮球竞赛规则 41

第二节 足球 43
一、足球运动的特点 43
二、足球教学与训练 43
三、足球竞赛规则概述 62

第三节 排球 67
一、排球运动起源与发展简介 67
二、排球技术 67
三、排球比赛与场地器材 76

第四节 软式排球 77
一、运动概述 77
二、基本技术 79
三、比赛与场地器材 93
四、软式排球运动竞赛规则（由于规则将不断修订要以最新竞赛规则为准） 94

第五节 乒乓球 96
一、乒乓球运动的起源与发展 96
二、乒乓球技术 97
三、乒乓球战术 104
四、乒乓球比赛与场地器材 105
五、乒乓球规则与裁判法 105

第六节 网球 106
一、网球运动概述 106
二、网球运动的基本技术 108
三、网球比赛和场地器材 121
四、网球主要竞赛规则 123

　　第七节　羽毛球 ·· 125
　　　一、羽毛球运动简介 ·· 125
　　　二、羽毛球的起源与发展 ·· 125
　　　三、羽毛球运动的基本技术 ··· 127
　　　四、羽毛球的基本步法 ·· 143
　　　五、羽毛球的基本战术 ·· 144
　　　六、羽毛球规则 ·· 145

第六章　技能类课程群 ·· 149
　第一节　武术 ·· 149
　　　一、武术的特点和作用 ·· 149
　　　二、武术的内容和分类 ·· 150
　　　三、武术基本功和基本动作 ··· 154
　　　四、拳术 ··· 156
　　　五、剑术 ··· 158
　　　六、太极拳 ·· 160
　第二节　健美操 ··· 177
　　　一、健美操运动概述 ·· 177
　　　二、健美操的分类 ·· 178
　　　三、健美操的基本技术 ·· 179
　　　四、健美操的创编 ·· 186
　　　五、健美操的易犯错误 ·· 187
　第三节　轮滑 ·· 187
　　　一、滑行的基本蹲屈姿势 ·· 187
　　　二、直线滑行的侧蹬练习 ·· 188
　　　三、直线滑行重心移动与摆臂练习 ·· 188
　　　四、穿轮滑鞋原地平衡练习 ··· 189
　　　五、初步滑行练习 ·· 192
　　　六、停止步法练习 ·· 195
　　　七、摔倒保护方法练习 ·· 195
　　　八、速度轮滑技术学练方法 ··· 196
　第四节　跆拳道 ··· 205
　　　一、跆拳道运动的起源和发展 ·· 205
　　　二、跆拳道的礼节、特点及作用 ··· 205
　　　三、跆拳道的基本技术 ·· 206
　　　四、跆拳道的基本战术 ·· 215
　　　五、跆拳道的比赛与场地器材 ·· 216
　　　六、跆拳道的竞赛规则和裁判法 ··· 219
　第五节　瑜伽 ·· 221

一、瑜伽概述 ·· 221
　　二、瑜伽体位 ·· 222
　　三、瑜伽呼吸、冥想与放松 ·· 228
第六节　舞蹈形体训练 ·· 231
　　一、舞蹈形体训练概述 ··· 231
　　二、舞蹈形体的基本技术和套路训练 ··· 234
第七节　游泳 ·· 242
　　一、游泳运动概述及熟悉水性 ·· 242
　　二、游泳技术 ·· 244
　　三、安全与救护 ·· 248
　　四、游泳训练的基本方法 ··· 249

第七章　基础课程群 ·· 251

第一节　田径 ·· 251
　　一、田径运动的起源与发展 ·· 251
　　二、运动项目 ·· 251
第二节　健美运动 ··· 266
　　一、起源与发展 ·· 266
　　二、基本技术 ·· 266
　　三、健美锻炼的相关基础知识 ·· 278
第三节　越野行走 ··· 280
　　一、越野行走概述 ··· 280
　　二、越野行走的特点、价值及适用人群 ····································· 280
　　三、越野行走的教学 ··· 282
第四节　定向运动 ··· 288
　　一、概述 ··· 288
　　二、定向运动的基础知识 ··· 291
　　三、定向运动的能力培养 ··· 297
　　四、定向运动比赛中遇到的问题及易犯错误的纠正 ··················· 299
　　五、比赛规则 ·· 300
第五节　拓展训练 ··· 301
　　一、理论 ··· 301
　　二、实践 ··· 303
　　三、高校拓展训练发展趋势 ·· 310

理论知识部分

第一章 高等学校体育与健康教育

第一节 健康与健康教育的概念

一、健康的概念

健康一词与人类的发展变化、物质生活水平、科学技术的发展以及社会的结构等密切相关，它是一个综合性概念。

在生产力十分低下的人类社会早期，人们依靠健康进行生活，失去了健康，人们将无法生活，这时健康的意义与生命同样的重要。随着人类社会的发展和物质水平的提高，人们才会考虑怎样改善自己的生活、减少伤病、延长寿命。这时，人们在患病时求医问药，医治病痛。

到了 20 世纪中叶，随着科学技术的不断发展以及许多新兴边缘学科涌现，人类提高了对事物认识的能力，也使健康的概念在不断地更新、扩展、充实。早在 30 年代美国健康教育学专家鲍尔（W.W.Bauer）等指出："健康是人们身体、心情和精神方面都自觉良好，精力充沛的状态。"1948 年，世界卫生组织（World Health Organization，WHO）在宪章中指出："健康不仅是免于疾病和虚弱，而且是保持身体上、精神上和社会适应方面的完美状态。"这一概念改变了以往健康仅指无生理功能异常，免于疾病的单一概念，明确、概括地指出人生命活动过程中生物、心理、社会活动等多方面的要求，并在 1978 年初级卫生保健（Primary Health Care，PHC）大会所发表的阿拉木图宣言中加以重申。可见，健康的概念在不同的历史发展阶段中有所演变，反映着强烈的时代特征。如今世界卫生组织将健康定义为："健康不仅是没有疾病或不虚弱，而是身体的、精神的健康和适应社会良好的总称"；世界卫生组织还提出了健康的 10 个标志：有充沛的精力，能从容不迫地对付日常生活和工作而不感到精神压力；处事乐观，态度积极，勇于承担责任；善于休息，睡眠良好；应变能力强，能适应外界的各种变化；能抵抗普通感冒和传染病；体重合适，身材匀称而挺拔；眼睛明亮，反应敏锐；头发具有光泽而少头屑；牙齿清洁无龋，牙龈无出血而颜色正常；肌肤富有弹性。

二、健康教育的概念

目前，各国学者都认为很难为健康教育下一个获得公认的、准确的定义。鉴于各国经济水平、文化传统、卫生政策和保健要求等方面的差别，对健康教育的理解和要求也各不相同。如美国格林（W.H.Green）等所著《健康教育概论》就罗列了 1943～1980 年美国官方以及各著名学者提出的健康教育的 18 个定义。世界卫生组织历年来的正式文件中的提法前后也不尽相同。

在目前常被引用的健康教育概念有："健康教育是通过促进健康的生活方式，推动社会健康活动，改善有益于健康生活的条件，从而增进健康""健康教育是激发人们接受并利用健康信息，形成有益的习惯，避免有害的行为，从而使自己更健康""健康教育和一般教育一样，关系到人们的知识、态度和行为的改变；它致力于引导人们养成有益于健康的行为，使之达到最佳的状态""健康教育是通过影响人们的认识态度和价值观念，促进大众学习并运用医学知识技能，提高自我保健能力，从而创造健康的社会环境"等。世界卫生组织健康教育处前处长马勒博士（Dr.Moarefi）提出的概念是："健康教育帮助并鼓励人们有达到健康状态的愿望，知道怎样做才能达到这样的目的，使每个人都尽力做好为本身和为集体应做的一切，并知道在必要时如何寻求适当的帮助。"以上这些概念在不同的国家、地区以及国际卫生组织等范围内被广泛引用。

在 1988 年和 1991 年召开的第 13 届、第 14 届世界健康教育大会上，100 多个国家的健康教育专家和代表，再次探讨了健康教育的涵义，着重指出：健康教育绝不是一般卫生知识的传播、宣传和动员，它的着眼点是行为问题，是人们建立与形成有益于健康的生活方式和行为。

当前，根据我国的卫生水平、社会结构、经济文化发达程度以及人民的生活基本方式等情况，健康教育的定义可这样阐述：健康教育是一种有计划、有目的、有评价的教育活动，帮助和鼓励人们树立增进健康的愿望，促使人们采取有益于健康的行动，形成健康的生活方式，以消除或降低危险因素的影响，创建健康的环境，并学会在必要时求得适当的帮助，从而达到保护和促进健康的目的。

第二节　体育与健康的辩证关系

一、体育锻炼对人体各系统的作用

体育是增强体质，促进各系统机能提高最有效的手段，体质的增强必须在各器官系统的参与下才能实现，因此，体质是人的生命活动和劳动能力的物质基础，经常进行体育锻炼，既有深远的战略意义，又有现实的价值。为了达到促进人体各系统结构的健全和机能的发展，提高人体的适应性和使人体体质增强，下面将着重介绍体育锻炼对神经系统、运动系统和内脏器官系统的影响。

1. 体育锻炼对神经系统的作用

神经系统（包括脑、脊髓及分布于全身各部位的神经）支配、调节着全身所有器官的活动。神经系统由中枢神经和周围神经两部分组成。中枢神经主要由大脑、小脑、脑干和脊髓等组成，最高的领导者是大脑皮层。所谓周围神经，就是指从中枢神经向全身各部位伸展出去的神经，其中延伸到内脏器官（心脏、血管、消化道、肾脏等）的，统称为植物性神经。植物性神经系统按其机能与结构的不同，又分为交感神经和副交感神经。延伸到各个感觉器官（如眼、耳、鼻、舌、皮肤等）和骨骼肌等处的神经，属于躯体神经系统。神经系统是人体其他各器官系统生理调控的指挥部。体育锻炼对身体的良好作用，也是通过神经系统的影响而实现的。因此，体育锻炼首先能使神经系统的调节机能得到锻炼和提高。

2. 体育锻炼对运动系统的作用

运动系统包含三个部分：骨骼、肌肉和关节。

人体的形态、结构、生长发育和人体的体型是由骨骼、肌肉和关节来体现的。人体的一切活动也是由骨骼、肌肉和关节连接起来在神经系统的支配下进行的。人体健壮与否决定着人体活动质量的好坏，体育锻炼是促进运动系统发展的最佳手段。

3．体育锻炼对内脏器官的影响

经常进行体育锻炼，不仅能使神经系统和运动系统的机能增强，而且对内脏器官也有锻炼价值。

二、体育锻炼对心理健康的作用

体育运动是增强体质，促进身心健康的有效措施，因此，它在大学生心理保健中具有极其重要的地位。其作用是改善机能健康的状态、改善对环境的适应能力、调控情感情绪、协调人际关系、预防和治疗生理心理疾病。美国学者库珀曾指出，有氧代谢运动可奇迹般地逆转精神紧张、忧郁症等恶性症状，结果使自信心增加、焦虑和压抑等情绪障碍得以缓解。

第三节 高等学校体育与健康教育的目的和任务

一、高等学校体育与健康教育的目的

高等学校体育的目的包含了健康教育目的的一部分，高等学校体育与健康教育是我国高等教育的基本内容，也是高等教育事业的重要组成部分，是我国进行社会主义现代化建设中不可缺少的重要事业之一。其根本任务是培养德、智、体、美全面发展的合格人才，是实现社会体育、终身体育的基础，也是发展我国体育事业的需要。高等学校体育与健康教育对促进大学生身心健康，发挥大学生的潜能，促使其全面发展起着十分重要的作用。培养大学生良好的体育素养，使大学生掌握基本的技术、技能，为终身体育奠定基础，全面推动高校群众体育活动。高校体育是社会体育的重要组成部分，必将推动我国体育事业的发展。

高等学校体育可以丰富大学生课余文化生活，又可以排遣大学生心理的紧张情绪，同时还可以培养大学生团结、友爱、勇敢、顽强、勇于拼搏的精神，也是进行爱国主义教育的重要阵地。欣赏各种体育比赛会带给人一种美的享受，使大学生树立正确的审美观和人生观，使其终身受益。

二、高等学校体育与健康教育的任务

（1）促进学生身心全面发展，增进健康，增强体质。

（2）树立终身体育的思想，培养学生良好的体育态度、能力和习惯。

（3）充分发挥体育的教育作用，对学生进行德育和美育的培养。

（4）发挥学生的主观能动性，让他们在运动中感受乐趣，施展才华，发展个性，培养学生团结、协作、勇敢顽强、勇于拼搏的优良品质。

（5）提高学生运动技术水平，为国家培养后备力量提供人才，促进体育事业的发展。

第二章　大学生的生理、心理特征

我国大学生的年龄一般处在 18～23 岁这个阶段，正值人体发育的青春后期。躯体形态的生长发育已进入稳定阶段，体格机能素质和适应能力也已达到较高水平。心理的发展则处于迅速走向成熟但又未真正完全成熟的阶段，构成了大学生特有的生理、心理和疾病特征。

第一节　大学生的生理特征

一、躯体形态发育的特点

躯体形态发展具有年龄的阶段性特点，可分为匀速增长阶段（男性为7～11岁，女性为7～9岁），快速增长阶段（男性为12～15岁，女性为10～12岁），其后为缓慢增长阶段（男性为16～18岁，女性为13～18岁），以及稳定增长阶段（19～21岁）。

1. 身高

身高是指从头顶点至地面的垂距，是身体发育的基本标志，一般以厘米（cm）作单位，也较经常用米（m）。身高是人体纵向部分的长度，源于人体的纵向生长，受遗传因素的影响较大。女孩比男孩身高发育得早，在12～13岁为快速增长时期，到19～23岁开始停止增长，而男孩身高发育得晚，在15～16岁为快速增长时期，到20～24岁停止增长，四肢长骨和脊椎骨均已完成骨化，身高就停止增长了。影响身高的因素很多，如遗传、营养、体育运动、环境、生活习惯、民族种族、内分泌、性成熟早晚（初潮年龄18岁者比11岁者平均高出5厘米）、远近亲婚配、医学进步等。

2. 体重

体重增加是青春期的显著特征之一。体重的增加受骨骼、肌肉的生长发育和脂肪增加的影响，男性学生16岁时肌肉约占体重的比例为40%，脂肪为11%～20%，女性的肌肉重量约占30%，脂肪占18%～22%。男性在雄激素作用下，肌肉继续发达，体形显得粗壮结实。而女性在雌激素作用下，体形丰满，皮下脂肪增多。但高年级女生近年来体重呈负增长，似与追求"形体美"而节食，导致营养负平衡有关。

3. 第二性征的表现

大学生的第一性征已充分发育。第二性征也已出现。其男性的表现为体形魁梧，肩部增宽，喉结突出，发音低沉，胡须丛生。女性为身材窈窕，乳房隆起，嗓音尖细，肢体柔软而丰满，臀部和骨盆增宽，出现阴毛。第二性征的出现与性腺发育密切相关。大学生在校期间，由于年龄增长和营养状况的改善以及体育活动的开展，两性的第二性征更趋成熟。来自于边缘地区、经济落后地区以及农村的学生，其变化尤为显著。

二、内脏器官及其生理功能

随着形体的变化，内脏器官及其生理机能也稳步发育，达到一生的最佳状态。

神经系统：大学生的大脑及神经系统已基本发育成熟。脑重量已接近于成年人，1500克左右，女子在20岁左右最重，男子在20～24岁最重。但脑的机能仍在不断完善和发展。大学阶段（18～25岁），脑细胞机能的复杂化程度剧烈地发展。在脑电活动中，已全部完成了由原始的θ波向α波的转化，表示大脑已完全成熟。大脑皮层的沟回组织已完善和分明。神经纤维的髓鞘化、增长和分支已接近完成。脑细胞正处于建立联系的上升期，皮层细胞活动增加，兴奋和抑制过程有较好的平衡，联络神经纤维活跃，特别是第二信号系统迅速增强，抽象思维达到高度水平，为思维的发展创造了良好的物质基础。

由于神经系统结构和功能的发展和完善，青年大学生的高级神经系统的功能达到最佳状态，表现为注意力的集中（注意的紧张度提高和持久性增加，从而提高实践活动的效率）、观察力的加强、记忆力的完善及想象力的丰富。这是大学生神经系统高度发展和完善的标志。

创造性思维也是大学生在校期间培养和训练所形成的一大特征。它是指人脑中发现客观事物之间的本质及内在联系，并在此基础上产生新颖的思维成果，用以组织某种活动或解决某种问题的思维过程。它是人类思维的高级过程，也是人的智力水平高度发展的表现。

三、能量代谢的特点

与青年期身体机能发育紧密联系着的是能量代谢的变化，根据上海医科大学营养学教研组对在校大学生的研究，体力活动是能量消耗的主要因素，脑力活动的影响不大，男女间能量消耗的差异主要表现在体力活动方面，与其体力活动的内容及主动性不同有关。

一般而言，能量消耗与体重有关。总能量消耗的75%是直接与体重有联系的。随着体重增加，静止时的耗氧量也有相应的增加，即新陈代谢率增加。在青年时期，随着年龄的增长、肌肉成分的发展和肌肉活动的增加，能量消耗也不断上升，但在18～23岁大学生阶段，年龄对能量消耗的个体差异已较小。能量消耗的性别差异则颇为明显。尤其在青春期以后由于男性机体的肌肉含量明显高于女性，因而女性单位体重能量代谢低于男性。

机体消耗的能量必须由膳食来补充。当人体摄入的能量与消耗的能量相等时，机体的能量代谢即处于平衡状态。当然，暂时的能量过剩或不足，可由机体能量储备来调节，通过生化调节糖、脂肪、蛋白质三大营养素的消化吸收来平衡。当能量摄入与其补充消耗所需要的恰好相等时，机体的能量储备保持不变，表现为体重等人体测量指标的稳定。近年来女性大学生体重的负增长，说明女大学生的能量代谢处于负平衡状态。故体重指标可作为营养摄入的一项简易的评价指标。

第二节 大学生的心理特征

大学生正处于一生中的四大高峰时期。生理变化高峰，是身体发育成熟和定型阶段。智力发展高峰，是一生中平均智力到达的最高的阶段。需求高峰，包括爱情、事业、理想和衣食住行等社会需要。创造高峰，具有最少保守、最易接受新生事物、最富有创造性的特点。这必然带来一系列的心理变化。由于体态成熟和第二性征的出现，大学生从内心体验上出现成熟感，自尊心增强，强烈要求独立自主，遇事不愿找成人商量。由于体力和机能的旺盛，大学生能充分体验自己的青春活力，深信自己的力量。他们活动面宽，兴趣广泛，思维活跃，力求显示自己的精力和能力。但由于缺乏社会实践，他们的认识能力和自制能力常落后于活动能力，因而常可导致众多矛盾和冲突，例如独立自主与遵守组织纪律的矛盾，要求别人尊重自己和自己不够尊重别人的矛盾，富于热情与脱离实际的矛盾等。大学生的心理发展除与生理成熟相关外，还更多地受社会政治、经济和文化生活的影响。心理是客观现实与主观状态的结合。当代大学生最突出的心理倾向是面向未来，倾向变革。这是当代大学生的时代特征。

随着生理发育的成熟，社会生活环境和大学生学习和生活方式的影响，使大学生智力发展达到较高的水平，个性心理出现了重要的变化，形成了一些特点。

1. 思维的成熟

随着大学生阶段知识量的急剧增加，理论型的抽象逻辑思维取代经验型思维而占据了主导地位。大学生通过学习和广泛的社会接触，掌握了较多的抽象概念（原理、法则、公式），并在生活实践中经常运用，所以大学生善于进行系统的、论证性的思维活动，不满足于现象罗列和现成的结论，而要求揭露事物的本质和规律，要求有理论的深度，希望对事物的因果关系作规律性的探索。大学生思维的成熟更多地体现在以下两个方面。

（1）思想的独立性和批判性增强。表现为独立思考能力的发展，喜欢用批判的眼光看待周围的一切，敢于发表个人的独立见解，好争论，勤思考，对别人的意见不易轻信和盲从，并能进行"自我批判"和"自我评价"，调整自我的不足和错误。但有时却过分自信和固执己见。

（2）思维具有创造性。大学生能够灵活应用各种思维技能，提出大胆的设想和新颖独特的见解，并尝试着用一些新的方法去解决问题，但有时带主观片面性。

社会性情感得到充分的发展：情绪和情感是随着人的需要是否得到满足而产生的内心体验。大学生热情奔放，情绪体验来得快而强烈，情景性强，感染性大。积极的方面是豪情满怀，勇往直前，可以成为干出事业的动力。消极的方面则表现为不够冷静、容易冲动和狂热，从而可能做出一些蠢事。另外，大学生情绪动荡多变，具有不稳定性，往往缺乏经受挫折的思想准备，一旦受到挫折就容易颓废而一蹶不振。

大学生十分珍视友谊，喜欢向知心朋友吐露内心的感受和体验，并愿为朋友分担喜忧。爱情也逐渐成为大学生情感体验的一个方面，尤其是高年级大学生比较普遍。

2. 具有比较明确而富有社会意义的理想

大学生的理想同人生观、价值观紧密结合。对他们来说，最有魅力的是未来。他们的理想不仅明确，而且丰富多彩。对生活持肯定态度，生活情感是积极向上，向往未来的。大学生的理想大都具有社会意义，但在层次上有所差异。有的大学生的理想只停留在职业理想和生活理想的层次，因而要培养和引导大学生树立崇高的社会理想。

3. 自我意识的增强

自我意识是指人们对自己及其与周围关系的一种认识，包括自我观察、自我评价、自我体验、自我监督、自我控制、自我教育等形式。大学生自我意识的增强，主要表现在：要求深入了解与关心自己的发展，常常进行独立思考，考虑自己的情况，设想自己的发展，或进行自我设计。大学生有一定的自我评价和自我教育的能力，善于根据社会、学校和集体对自己的要求而不断地评价自己的思想行为，但个体差异较大。有人只看到自己的优点，而看不到自己的缺点与不足。大学生自尊心明显增强，但自我控制能力尚差。有的大学生要求别人尊重自己，而自己却不懂得尊重别人，这常常是产生矛盾的一个重要因素。随着自信心和独立性进一步增强，希望自己成为命运的主人，因而表现出明显的顽强、刚毅和坚忍不拔，处处显示自己是生活的强者，这对学习和事业的开发是有益的。但有人表现为过分自信，目空一切，自命不凡，虚荣，固执，轻率和蛮横。这种盲目自信一旦受挫，就可能产生悲观失望，严重的甚至精神失常。

综上所述，大学生的心理发展正处在迅速走向成熟而又未真正完全成熟的发展阶段，存在着各种矛盾，例如独立性与依赖性的矛盾，强烈的求知欲与识别能力低的矛盾、情绪与理智的矛盾、理想与现实的矛盾、强烈的性意识与正确对待异性关系的矛盾。大学生认识自身的这些普遍特点，有利于培养自己的良好的心理素质，有利于身心的健康成长。

不同年级大学生心理特点：不同年级大学生，由于所处的环境和学习条件等因素的变动，以及所面临的社会生活事件各有其特点，因而其心理特点有所区别。

第三章 大学生体质健康测评

第一节 大学生体质健康标准

一、进行《国家学生体质健康标准》测试的目的和意义

《国家学生体质健康标准》(以下简称《标准》)是国家学校教育工作的基础性指导文件和教育质量基本标准,是评价学生综合素质、评估学校工作和衡量各地教育发展的重要依据,是《国家体育锻炼标准》在学校的具体实施,适用于普通高等学校的学生。

通过《标准》的测试,学生可以清楚地了解自己的体质与健康状况,还能了解自己的体质与健康状况的变化程度,这些都有助于学生有的放矢采取有针对性的体育手段和营养措施,更好地增强体质。锻炼身体效果如何,不能单凭主观感觉,必须进行客观测定和评价。本测试主要告诉学生测定内容、方法等,便于学生了解自己体质和健康状况,调整锻炼计划,更有效地增强体质,塑造健美体形、体态。

二、测试项目及方法

(1)《标准》是国家学校教育工作的基础性指导文件和教育质量基本标准,是评价学生综合素质、评估学校工作和衡量教育发展的重要依据,是《国家体育锻炼标准》在学校的具体实施,适用于普通高等学校的学生。

(2)本标准将测试学生分为两个组,即将大学一、二年级划分为一组,将大学三、四年级划分为一组。

(3)本标准中的测试指标均为必测指标。其中,身体形态类中的身高、体重,身体机能类中的肺活量,以及身体素质类中的50米跑、坐位体前屈和立定跳远为两个组学生的共性指标。

(4)本标准的学年总分由标准分与附加分之和构成,满分为120分。标准分由各单项指标得分与权重乘积之和组成,满分为100分。附加分根据实测成绩确定,即对成绩超过100分加分指标进行加分,满分为20分;男生的加分指标为引体向上和1000米跑,女生的加分指标为1分钟仰卧起坐和800米跑,各指标加分幅度均为10分。

(5)根据学生学年总分评定等级:90.0分及以上为优秀,80.0~89.9分为良好,60.0~79.9分为及格,59.9分及以下为不及格。

(6)每个学生每学年评定一次,记入《〈国家学生体质健康标准〉登记卡》。学生毕业时的成绩和等级,按毕业当年学年总分的50%与其他学年总分平均得分的50%之和进行评定。

(7)学生测试成绩评定达到良好及以上者,方可参加评优与评奖;成绩达到优秀者,方可获得体育奖学分。测试成绩评定不及格者,在本学年度准予补测一次,补测仍不及

格，则学年成绩评定为不及格。《标准》测试的成绩达不到 50 分者按结业或肄业处理。

（8）学生因病或残疾可向学校提交暂缓或免予执行《标准》的申请，经校医院或学校认可的相关医疗单位证明，体育部核准，可暂缓或免予执行《标准》，并填写《〈国家学生体质健康标准〉申请表》，存入学生档案。确实丧失运动能力、被免于执行《标准》的残疾学生，仍可参加评优与评奖，毕业时《标准》成绩需注明免测。

第二节 单项指标与权重

单项指标及权重见表 3-2-1。

表 3-2-1

测试对象	单项指标	权重/%
大学各年级	体重指数（BMI）	15
	肺活量	15
	50 米跑	20
	坐位体前屈	10
	立定跳远	10
	引体向上（男）/1 分钟仰卧起坐（女）	10
	1000 米跑（男）/800 米跑（女）	20

注：体重指数（BMI）=体重（kg）/身高^2（m^2）

第三节 评 分 表

体重指数（BMI）评分表见表 3-3-1。

表 3-3-1　　　　　　　　　　　　　　（单位：千克/米^2）

等级	单项得分	男生	女生
正常	100	17.9～23.9	17.2～23.9
低体重	80	≤17.8	≤17.1
超重		24.0～27.9	24.0～27.9
肥胖	60	≥28.0	≥28.0

肺活量评分表见表 3-3-2。

表 3-3-2　　　　　　　　　　　　　　（单位：毫升）

等级	单项得分	大一男 大二男	大一女 大二女	大三男 大四男	大三女 大四女
优秀	100	5040	3400	5140	3450
	95	4920	3350	5020	3400
	90	4800	3300	4900	3350
良好	85	4550	3150	4650	3200
	80	4300	3000	4400	3050

续表

等级	单项得分	大一男 大二男	大一女 大二女	大三男 大四男	大三女 大四女
及格	78	4180	2900	4280	2950
	76	4060	2800	4160	2850
	74	3940	2700	4040	2750
	72	3820	2600	3920	2650
	70	3700	2500	3800	2550
	68	3580	2400	3680	2450
	66	3460	2300	3560	2350
	64	3340	2200	3440	2250
	62	3220	2100	3320	2150
	60	3100	2000	3200	2050
不及格	50	2940	1960	3030	2010
	40	2780	1920	2860	1970
	30	2620	1880	2690	1930
	20	2460	1840	2520	1890
	10	2300	1800	2350	1850

50 米跑评分表见表 3-3-3。

表 3-3-3　　　　　　　　　　　　　　　　　　　（单位：秒）

等级	单项得分	大一男 大二男	大一女 大二女	大三男 大四男	大三女 大四女
优秀	100	6.7	7.5	6.6	7.4
	95	6.8	7.6	6.7	7.5
	90	6.9	7.7	6.8	7.6
良好	85	7.0	8.0	6.9	7.9
	80	7.1	8.3	7.0	8.2
及格	78	7.3	8.5	7.2	8.4
	76	7.5	8.7	7.4	8.6
	74	7.7	8.9	7.6	8.8
	72	7.9	9.1	7.8	9.0
	70	8.1	9.3	8.0	9.2
	68	8.3	9.5	8.2	9.4
	66	8.5	9.7	8.4	9.6
	64	8.7	9.9	8.6	9.8
	62	8.9	10.1	8.8	10.0
	60	9.1	10.3	9.0	10.2
不及格	50	9.3	10.5	9.2	10.4
	40	9.5	10.7	9.4	10.6
	30	9.7	10.9	9.6	10.8
	20	9.9	11.1	9.8	11.0
	10	10.1	11.3	10.0	11.2

坐位体前屈评分表见表3-3-4。

表3-3-4　　　　　　　　　　　　　　　　　　（单位：厘米）

等级	单项得分	大一男 大二男	大一女 大二女	大三男 大四男	大三女 大四女
优秀	100	24.9	25.8	25.1	26.3
	95	23.1	24.0	23.3	24.4
	90	21.3	22.2	21.5	22.4
良好	85	19.5	20.6	19.9	21.0
	80	17.7	19.0	18.2	19.5
及格	78	16.3	17.7	16.8	18.2
	76	14.9	16.4	15.4	16.9
	74	13.5	15.1	14.0	15.6
	72	12.1	13.8	12.6	14.3
	70	10.7	12.5	11.2	13.0
	68	9.3	11.2	9.8	11.7
	66	7.9	9.9	8.4	10.4
	64	6.5	8.6	7.0	9.1
	62	5.1	7.3	5.6	7.8
	60	3.7	6.0	4.2	6.5
不及格	50	2.7	5.2	3.2	5.7
	40	1.7	4.4	2.2	4.9
	30	0.7	3.6	1.2	4.1
	20	−0.3	2.8	0.2	3.3
	10	−1.3	2.0	−0.8	2.5

立定跳远评分表见表3-3-5。

表3-3-5　　　　　　　　　　　　　　　　　　（单位：厘米）

等级	单项得分	大一男 大二男	大一女 大二女	大三男 大四男	大三女 大四女
优秀	100	273	207	275	208
	95	268	201	270	202
	90	263	195	265	196
良好	85	256	188	258	189
	80	248	181	250	182
及格	78	244	178	246	179
	76	240	175	242	176
	74	236	172	238	173
	72	232	169	234	170
	70	228	166	230	167
	68	224	163	226	164
	66	220	160	222	161
	64	216	157	218	158
	62	212	154	214	155
	60	208	151	210	152

续表

等级	单项得分	大一男 大二男	大一女 大二女	大三男 大四男	大三女 大四女
不及格	50	203	146	205	147
	40	198	141	200	142
	30	193	136	195	137
	20	188	131	190	132
	10	183	126	185	127

引体向上（男生）和一分钟仰卧起坐（女生）评分表见表3-3-6。

表3-3-6　　　　　　　　　　　　　　　　　　　　　（单位：次）

等级	单项得分	大一男 大二男	大一女 大二女	大三男 大四男	大三女 大四女
优秀	100	19	56	20	57
	95	18	54	19	55
	90	17	52	18	53
良好	85	16	49	17	50
	80	15	46	16	47
及格	78		44		45
	76	14	42	15	43
	74		40		41
	72	13	38	14	39
	70		36		37
	68	12	34	13	35
	66		32		33
	64	11	30	12	31
	62		28		29
	60	10	26	11	27
不及格	50	9	24	10	25
	40	8	22	9	23
	30	7	20	8	21
	20	6	18	7	19
	10	5	16	6	17

1000米跑（男生）和800米跑（女生）评分表见表3-3-7。

表3-3-7　　　　　　　　　　　　　　　　　　　　　（单位：分・秒）

等级	单项得分	大一男 大二男	大一女 大二女	大三男 大四男	大三女 大四女
优秀	100	3'17"	3'18"	3'15"	3'16"
	95	3'22"	3'24"	3'20"	3'22"
	90	3'27"	3'30"	3'25"	3'28"
良好	85	3'34"	3'37"	3'32"	3'35"
	80	3'42"	3'44"	4'40"	3'42"

续表

等级	单项得分	大一男 大二男	大一女 大二女	大三男 大四男	大三女 大四女
及格	78	3'47"	3'49"	3'45"	3'37"
	76	3'52"	3'54"	3'50"	3'52"
	74	3'57"	3'59"	3'55"	3'57"
	72	4'02"	4'04"	4'00"	4'02"
	70	4'07"	4'09"	4'05"	4'07"
	68	4'12"	4'14"	4'10"	4'12"
	66	4'17"	4'19"	4'15"	4'17"
	64	4'22"	4'24"	4'20"	4'22"
	62	4'27"	4'29"	4'25"	4'27"
	60	4'32"	4'34"	4'30"	4'32"
不及格	50	4'52"	4'44"	4'45"	4'42"
	40	5'12"	4'54"	5'10"	4'52"
	30	5'32"	5'04"	5'30"	5'02"
	20	5'52"	5'14"	5'50"	5'12"
	10	6'12"	5'24"	6'10"	5'22"

第四章 身体素质

第一节 身体素质概论

一、身体素质的概念

身体素质是指人体在完成动作过程中所表现出的力量、速度、耐力、灵敏、柔韧等机能。身体素质水平的高低不仅与人体解剖生理特点有关，而且与训练程度和营养状况有关。身体素质的水平，建立在身体结构、生理机能和健康水平的基础上。它是掌握和提高基本运动能力（走、跑、跳、投、攀爬等）、运动技术、技能以及进行特殊专业训练（如舞蹈、戏曲演员和消防队员等）的基础。

二、身体素质所包含的内容及其影响因素

1. 速度素质

速度素质是指人们在最短的时间内完成一定运动的能力。一般分为反应速度、加速速度、动作速度和速度耐力。反应速度是指人体对外界信号刺激所作出的应答能力，反映了神经系统中的传导速度。加速速度是指在规定条件下，人体重心（局部肢体重心）变化与所用时间的比值，反映了机体完成动作的整体快速能力。动作速度是指人体或人体某一部分快速完成某一动作的能力。动作速度是技术动作不可缺少的要素，表现为人体完成某一技术动作时的挥摆速度、击打速度、蹬伸速度和踢踹速度等，此外，还包含在连续完成单个动作是在单位时间里重复次数的多少（即动作频率）。速度耐力是指人体持续最高速度运动状态的能力，反映了人体在最高速度运动状态下的持久力。

速度的表现形式通常分为两种，即基本表现形式和综合表现形式。基本表现形式又分为反应时完成单个动作的时间和局部动作的频率。综合表现形式是指运动中完成技术动作的速度。

影响速度素质的因素：
（1）肌肉收缩的速度是决定速度的主要因素。它取决于肌肉的长度和特性。长纤维肌肉比短纤维肌肉的收缩速度快得多。白肌纤维比红肌纤维的收缩速度快得多。
（2）中枢神经系统的机能状态和神经系统的调节机能。
（3）在负荷重而复杂的动作中，协调和力量是影响速度的主要因素。
（4）力量的增长与动作速度和位移速度密切相关。

2. 耐力素质

耐力素质是指机体长时间进行耐力活动并对抗疲劳的能力，按其参与活动的器官系

统，可分为肌肉耐力和心血管耐力；按参与的活动部位，可分为局部耐力和全身耐力；按自身的特点，又可分为一般耐力、速度耐力和力量耐力。

影响耐力的因素：

（1）肌肉力量的大小对一般耐力和力量耐力有重要的影响。
（2）大脑皮层神经过程的强度及其对频繁刺激的耐受能力，是影响耐力的重要因素。
（3）心血管和呼吸系统的机能水平。
（4）体形对耐力也有一定的影响。
（5）正确的合理的动作技术可以节省能量消耗，从而提高耐力。

3．柔韧素质

柔韧素质是指人完成动作时，关节、肌肉、肌腱和韧带的伸展能力。柔韧素质的高低，取决于关节的骨结构和关节周围软组织的体积的大小及皮肤的伸展性。体育锻炼能提高关节的灵活性，发展关节周围软组织功能以及肌肉、韧带、肌腱的伸展性。

柔韧素质的提高，对增强身体的适应能力，更好地发挥力量、速度、灵敏等素质，提高运动技能和技术，防止运动创伤都有积极的作用。

4．灵敏素质

灵敏素质是指在复杂条件下对刺激作出快速和准确反应，灵活控制身体和随机应变的能力。灵敏性是一种综合的素质，它和力量、速度、柔韧、协调等有密切的关系，是人体在活动过程中各种有关器官系统、各种身体素质和运动技术协同配合的综合表现。灵敏素质良好的标志，主要看在复杂变化条件下能否迅速、准确、协调地作出应答反应。这对日常生活劳动、各种职业技能训练、运动训练均有重要的意义。

5．力量素质

力量素质是指人的机体或机体的某一部分肌肉工作（收缩和舒张）时克服内外阻力的能力。外部阻力是指物体的重量、支撑反作用力、摩擦力以及空气或水的阻力等。内部阻力包括肌肉的黏滞力、关节的加固力及各肌肉间的对抗力等。外部阻力往往是发展力量素质的手段，人体在克服这些阻力中提高、发展自身的力量素质。力量素质是人体最基本的身体素质，是进行一切体育活动和体力劳动的基础。

第二节 提高身体素质的练习方法

一、提高速度的练习方法

1．短跑的概念

短距离跑简称为"短跑"。短跑比赛项目包括60米、100米、200米、400米。

2．短跑的练习方法

（1）小步跑。
（2）高抬腿跑。

(3) 后蹬跑。

(4) 加速跑。

(5) 中速放松大步跑 60～100 米，要求跑的动作放松、协调、步幅开阔。

(6) 蹲踞式起跑 30～50 米。

(7) 变速跑：逐渐加快跑速→最大速度跑→自然放松跑→加速跑→逐渐放松慢跑。体会加速和变换速度的感觉。

(8) 沿半径为 10～15 米的圆圈进行弯道跑。

(9) 直道跑 15～20 米，接着进入弯道跑 30～40 米。

(10) 弯道跑 80～100 米。

(11) 弯道跑 30～50 米，接着跑进直道。

(12) 顺、逆风跑，上下坡跑。

(13) 单足跳、跨步跳，两脚交换跳练习。

二、提高耐力的练习方法

1. 中长跑的概念

中长跑是中距离跑和长距离跑的合称。正式比赛项目有：800 米、1500 米、3000 米、5000 米、10000 米、3000 米障碍等。男子 1000 米，女子 800 米属于大学生达标项目。

中长跑要求运动员在全程跑时能维持一定的跑速，尽可能减少体力的消耗，合理地分配体力。技术上要求跑得轻松协调，身体重心平稳，有良好的节奏。其完整技术包括起跑和起跑后的加速跑、途中跑、终点跑等。

2. 中长跑的练习方法

(1) 发展速度的主要练习方法。请参阅短距离跑的练习方法。

(2) 发展一般耐力的主要练习方法。参加长时间或较长时间的中等强度跑或慢跑，包括越野跑、耐力性变速跑、长距离台阶跑、其他体育项目练习（如球类练习、游泳、滑冰、骑自行车、跑高楼楼梯、登山等）以及综合循环练习和耐力性游戏等。

(3) 发展力量一般采用的主要练习方法。立定跳、多级跳、单足跳、跨跳、蛙跳及各种跳跃游戏，俯卧撑、立卧撑、俯卧屈伸腿、轻器械练习（如实心球、哑铃、沙衣、沙袋等）；利用地形条件（如山坡、台阶、沙滩、沙地等）进行跑的练习以及其他的负重练习。

(4) 发展专项耐力的主要方法。长时间或较长时间跑的专门练习，等于或略长于专项距离的重复跑，等距离或不等距离的变速跑，较长距离的大强度越野跑以及各种距离的计时跑、比赛等。

三、提高爆发力的练习方法

1. 掷实心球

(1) 两脚左右开立式。面对掷球方向，两脚左右开立，约与肩同宽，两腿微屈，上体后仰成背弓，两手自然张开，拇指相对持球侧后部，屈肘将球放于头后，掷球时，腿开始发力，同时，两臂急速前摆，当球摆到头上时，用力甩腕将球掷出，掷球后脚不要离地。

（2）两脚前后开立式投掷技术。面对掷球方向，两脚前后开立，膝关节微屈，上体后仰成背弓，重心移到后脚上，两手将球上举至头后，肘部弯屈，后脚用力蹬地，两脚迅速伸直，身体重心由后脚移到前脚，收腹屈体，同时两臂急速前摆，当球摆到头上时，用力甩腕将球掷出。

2．掷实心球的练习方法

（1）徒手进行原地投实心球的练习。
（2）两人相对原地投实心球的练习。
（3）面对前方的高悬物投实心球的练习。

四、提高弹跳力量性运动项目及练习方法

弹跳力运动项目有跳远、跳高、三级跳远、立定跳远等，这里主要介绍一下立定跳远。

立定跳远由起跳、腾空、落地三个环节组成。

（1）起跳。双腿自然开立，双臂上举，深呼吸后，双臂向下摆动，上体前倾，屈髋，双脚用力蹬地，然后双臂向前上方摆动，伸髋，使身体向前上方跃出。身体在空中应展髋，挺胸，双臂上举，在腾空到最高点后，收腹举腿，双腿前伸，同时，双臂相应下压，使身体保持平衡。

（2）腾空。身体在空中应展髋，挺胸，双臂上举，在腾空到最高点后，收腹举腿，双腿前伸，同时，双臂相应下压，使身体保持平衡。

（3）落地。落地动作参照跳远技术动作。

立定跳远是检测学生综合身体素质的有效方法，提高立定跳远成绩的主要途径是加强对身体的腰腹肌，以及腿部肌肉和踝关节的力量与爆发力练习，另外，还应掌握合理的技术。

五、提高腰腹力量性运动项目及练习方法

1．仰卧起坐

仰卧起坐是《国家体育锻炼标准》中男女儿童、女子少年甲、乙组和女子成年组测验项目之一。其达标的评分标准见第三章。

（1）动作要领。仰卧于垫上，两腿屈膝稍分开，大小腿成90°左右。两手手指相连叉紧贴脑后，另一人压住其两脚踝关节处，然后腹肌收缩，上体前屈坐起并以双肘触及两膝成功为完成一次动作。

（2）锻炼价值。用于发展腹肌肌肉力量。

动作要求：在动作连续进行时，每次仰卧时双肩胛骨必须触垫，每次起来时肘部不能离垫，也不能只向一侧发力。

（3）常见错误。①上体没有完全起来，肘关节不能触膝。②肘部离开垫子，主要靠背肌发力，用惯性使上体起来。③上体起来时倒向身体的左侧或右侧，只锻炼到一侧的腹肌，不能达到较好的锻炼效果。

（4）锻炼方法。①初练者只需在平地上放一块垫子照动作要领做即可。腹肌力量较弱者也可以找人帮助在腰后给一推力，也可在斜板上头高脚低进行练习。②提高的方法，可以在斜面上做，下肢在高的一面，按动作要领练习，在练习过程中可以通过调整斜面的角度改变练习强度。练习时间和强度相同时，倾斜角度越大练习强度也越大。

2. 收腹举腿

（1）技术要领。仰卧在垫上或山羊上，使身体处于水平或较低位置，固定上肢，也可身体垂直在单杠或肋木上，做收腹举腿的动作。两腿要伸直，小腿可捆上沙袋或穿上铁鞋，增加重量。做单杠或双杠收腹举腿静力练习，一般大小成90°。

（2）锻炼价值。主要发展屈髋肌群的力量，肌肉工作时拉力的方向及环节的运动方向不同，仰卧起坐是下端固定，而收腹举腿是上端固定。

（3）练习方法。次数因人而异，以5~10次一组，每次练3~5组，练习的速度依练习的目的而定。

（4）注意事项。练习前要做好充分的准备活动，刚开始练习时注意不要用力过猛，以免受伤。

六、提高上肢力量性运动项目及练习方法

引体向上是《国家体育锻炼标准》中少年男子甲、乙组和成年组男子测验项目。

（1）引体向上的测试方法。测试者双手正握单杠，两手间距同肩宽，直臂悬垂开始，身体平衡后，两臂同时向上拉引，上拉至下颌超过横杠上缘为完成一次，以完成的次数来衡量成绩。

（2）注意事项。①测试时，身体不要摆动或有蹬腿动作。②在完成一次引体向上动作至身体下垂时，双臂应完全伸直，即成直臂悬垂后再进行下一次的引体向上动作。③双臂应同时向上拉引，不能有先后顺序，依次拉引。

（3）锻炼方法。①初练者可以在较低的单杠下原地双手握杠做引体向上练习，体会动作技术要领。②初练者可以在有帮助的情况下完成动作，即练习者在向上引体的最后阶段让同伴轻轻用力帮助其向上引体，完成动作。③负重练习，改变练习的强度。④采用循序渐进的练习方法，即通过练习，逐步增加次数的方法。

课程群部分

第五章 球类课程群

第一节 篮 球

一、篮球运动的概述

（一）篮球运动的起源与发展

篮球

篮球运动是一项技能类同场对抗的集体运动项目，其基本活动方式是围绕悬挂于离地 3.05 米、直径 4.05 米的篮筐，以周长 75~78 厘米，重以 600~650 克的球展开空间和时间的争夺，运用多种方式和手段力求将其投中对方篮筐，并极力阻止对方投篮，从而展开激烈的攻守对抗的一项体育活动。篮球运动起始于 1891 年，是由美国马萨诸塞州斯普林菲尔德市（春田市）基督教青年会训练学校（今春田体育学院）的教师詹姆士·奈史密斯博士所创。

篮球运动起初是将桃篮钉在栏杆上，用足球向篮内投篮，制定了 5 项最初原则，技战术都比较简单。1892 年制定规则 13 条，1893 年又增加了 8 条规则（称 21 条），后逐步增加和修改条款，1895 年规定上场 5 人，1896 年成立"规则委员会"，1932 年正式出版了第一本《国际篮球规则》。1932 年 6 月 18 日，国际业余篮球会成立并决定每四年将规则修改或补充一次。男子篮球于 1936 年被列为第 11 届奥运会正式比赛项目，女子篮球于 1976 年第 21 届奥运会列为正式比赛项目。除奥运会举行篮球赛外，尚有四年一次的世界篮球锦标赛，每两年举行一次的各大洲篮球锦标赛。1895 年，篮球运动经基督教青年会传入我国，1913 年中国参加了第一届远东运动会，1936 年正式加入国际篮联，1998 年中国大学生篮球联赛 CUBA 正式成立。

（二）篮球运动的特点

篮球运动作为一种文化现象发展至今，已遍布五大洲，成为受人们喜爱的运动项目之一。它之所以能在全世界范围内得到广泛的开展，是由于其特殊的特点。

1. 集体协同性

篮球运动的技战术都是通过队员集体协同配合完成的。队员的个人战术行动与集体配合是局部与全局、个体与集体的关系，前者是后者的组成部分，后者则是前者合理组织的综合体现。

2. 全方位立体对抗

篮球运动是同场直接对抗的运动。比赛中双方队员始终是在制约与反制约之间进行面对面的争斗。由于篮球运动独特的活动形式是以篮球向悬挂于离地面 3.05 米的篮筐投射入篮的多少决定胜负，因此反映在争夺控制权、抢占有利位置、控制空间上，形成激烈的地面与空间立体对抗。

3．技术运用的多元组合性和战术灵活多变

篮球运动是以手控制球，并围绕着投篮得分展开攻守对抗为主要活动形式。因此，技术动作复杂多样。这些技术在比赛中的运用均是组合形式的，其活动结构形式多元化。由于比赛情况的复杂多变，使技术组合呈现随机性、多样化与无确定性的特点。篮球比赛场上情况变化万千，稍纵即逝，围绕着空间瞬时变化展开地面与空间、单兵与集体配合相结合的攻守立体型对抗。固定的模式，不变的打法无法对抗多变的情况，因此篮球战术呈现灵活、多变的特点。

4．游戏性

篮球运动源于儿童游戏的启示，因此它本身具有很大的游戏性。篮球运动之所以受到人们的喜爱，能在全世界范围内得到广泛的发展，与它具有很大的娱乐游戏功能是分不开的。

二、篮球技术

篮球技术是指在比赛中，运动员为了达到战胜对手的目的，合理地、有效地运用各种进攻与防守的专门动作、方法的总称。它包含移动技术（指跑、跳、急停、转身等无球的动作方法）、控制支配球的动作（指接球、传球、运球、投篮等有球的动作）和争夺球动作（指抢球、打球、断球、抢篮板球等动作方法），以及由这些动作各种各样的组合所组成的动作体系。它是在长期运动实践中积累、发展起来的动作体系，是按特定的顺序和环节组成的多样的动作方法，其结构以人体生物学原理及篮球规则为依据，强调实效性并存在个体差异。

（一）移动

1．基本姿势

如图 5-1-1 所示，两脚前后或左右开立，两脚的距离与肩同宽，脚掌着地，两膝微屈，大腿与小腿之间的角度大约是 135°，身体重心落在两脚之间，上体微向前倾，两臂屈肘自然下垂于体侧，两眼注视场上情况。

2．起动

图 5-1-1

起动是队员在球场上由静止状态变为运动状态的一种起始动作，是获得位移初速度的方法。基本姿势是起动的准备姿势，起动时，身体重心向跑动的方向移动，以后脚或异侧脚掌短促有力蹬地，同时身体迅速前倾或侧转，手臂协调摆动，两脚交替蹬地，充分利用蹬地的反作用力，在最短的时间内把速度发挥出来。动作重点：快移重心，蹬地起步突然，碎步加速。

3. 跑

跑是球员在球场上改变位置，发挥速度的重要方法，也是比赛中运用最多的移动技术，篮球运动中的跑具有快速、多变的特点。

（1）变速跑。变速跑是队员跑动中利用速度的变化争取主动的一种方法。加速时，要利用两脚突然短促而有力的连续蹬地，加快跑的频率，同时上体稍前倾与手臂相应地摆动加以配合；减速时，利用前脚掌有力抵地来缓减快跑的前冲力，同时上体直起，保证身体重心的后移，从而降低跑速。

（2）变向跑。变向跑是球员在跑动中突然改变方向，摆脱防守或堵截进攻球员的一种方法。以从右向左变向为例（图 5-1-2），右脚着地，脚尖稍向内扣，用前脚掌内侧用力蹬地，屈膝，腰部随之左转，快速移重心，左脚向左前方跨出，右脚迅速随着跨出，继续加速跑动前进。

图 5-1-2

（3）侧身跑。侧身跑是球员向前跑动的同时为了观察场上的情况，侧转上体，进行攻守行动的一种跑动方法。向前跑动的同时，头部和上体自然地向有球方向扭转，做到既要保持速度，又要注意观察场上的情况。

（4）后退跑。后退跑是球员背对前进方向的一种跑动方法，是为了观察场上的攻守情况。后退跑时两脚提踵用前脚掌交替蹬地，上体放松直起，两臂屈肘相应摆动，保持身体平衡，两眼平视，注意场上情况。

4. 急停

急停是球员在跑动中突然制动的一种动作方法，它也是各种脚步动作衔接和变化的过渡动作。比赛中急停多与其他技术结合在一起运用。急停动作有两种。

（1）跨步急停。如图 5-1-3 所示，球员在快速跑动中急停时，向前跨出一大步，用脚跟先着地过渡到全脚抵住地面，并迅速屈膝，同时身体稍微向后仰，后移重心。接着跨出第二步，脚着地时，脚尖稍向内转，用前脚掌内侧蹬住地面，两膝弯屈，身体稍有侧转，向前倾，重心移到两脚之间，两臂屈肘时自然张开，控制身体平衡。

（2）跳步急停。如图 5-1-4 所示，在移动时，用单脚起跳，起跳高度不高，身体稍后仰，两脚同时平行落地，落地时全脚掌着地，用前脚掌内侧蹬住地面，两膝微屈，两臂屈肘微张，保持身体平衡。

图 5-1-3

图 5-1-4

5．转身

转身是球员以一脚蹬地向前或向后跨出的同时，另一脚做中枢脚进行旋转而改变身体方向的一种动作方法。转身在比赛中运用比较广泛，经常与其他技术动作组合运用。

转身时，重心移向中枢脚，另一只脚的前脚掌蹬地，同时中枢脚的前脚掌为轴用力碾地，上体随着移动脚转动，以肩带动腰向前或向后改变身体方向。在身体移动过程中，要保持身体重心平稳，不要起伏。转身后，重心应落到两脚之间。

（1）前转身。移动脚蹬地在中枢脚前方进行弧形移动的叫前转身（图 5-1-5）。

（2）后转身。移动脚蹬地在中枢脚后方进行弧形移动的叫后转身（图 5-1-6）。

图 5-1-5　　　　　　　　　　　　图 5-1-6

6．跨步

（1）攻击步。是突然向前跨出的一种动作方法。这种步法是利用后脚蹬地，前脚迅速向前跨出，逼近对手。运用攻击步时，用前脚的同侧手伸出抢球、打球或干扰对手的进攻动作。

（2）后撤步。后撤步是变前脚为后脚的一种起步方法。球员为了保持有利位置，特别是当进攻球员向自己前脚外侧持球突破或摆脱时，常用后撤步移动堵截，并与滑步、跑等结合运用。撤步时，用前脚掌内侧蹬地，腰部用力向左转体，前脚后撤，同时后脚的前脚掌碾地，当前脚后撤着地后，紧接滑步，保持身体平衡与防守姿势，后撤角度不宜过大，动作要迅速，身体不要起伏。

7．滑步

滑步是防守移动的一种主要方法，易于保持身体平衡，可向任何方向移动。滑步分为侧滑步、前滑步、后滑步三种。

（1）侧滑步。两脚平行站立，两膝较深弯曲，上体微向前倾，两臂侧伸。向左侧滑步时，右脚前脚掌内侧蹬地，左脚步向左跨出，在落地的同时，右脚紧随滑动，向左脚靠近，两脚保持一定距离，左脚继续跨出。在滑步时，要保持屈膝、低重心的姿势，身体不要上下起伏，重心保持在两脚之间，眼睛注视对手。向右滑步时脚步动作相反。

（2）前滑步。两脚前后站立，向前滑步时，后脚的前脚掌内侧蹬地，前脚向前跨出一小步，着地后，后脚紧随着向前滑动，保持前后开立姿势。

（3）后滑步。动作方法与前滑步相同，只是向后方移动。

8. 跳

跳是球员在球场上争取高度及远度的一种动作方法。篮球比赛中很多技术动作需要球员在空中去完成。因此球员要学会单、双脚起跳，能在原地、跑动中和对抗条件下向不同方向跳、连续起跳等，并要求跳得快、跳得高，滞空时间长，以便更好地在空中完成各种技术动作。

（1）双脚起跳。起跳时，两脚开立，两腿快速屈膝，两臂相应后摆，上体前倾。两脚用力蹬地，伸膝，提腰，两臂迅速向前上摆，使身体向上腾起。上体在空中要自然伸展，收腰，下肢放松。落地时，用前脚掌先着地，并屈膝缓冲身体下落的重力，保持身体平衡，以便衔接下一个动作。

（2）单脚起跳。起跳时，踏脚腿微屈前送，脚跟先着地，并迅速屈膝过渡到前脚掌用力蹬地，同时提腰摆臂。另外一腿提膝积极上抬，借以帮助重心向上移动，当身体上升到最终高点时，摆动腿放膝向下与起跳腿自然合并，使腾空动作协调。落地时双脚要分开，注意屈膝缓冲，便于迅速衔接动作。

9. 练习方法

（1）起动和跑的练习。基本姿势站立，听到信号做起动，加速跑练习，再听到信号，做变向跑练习，再听到信号，做后退跑练习；两人行进间传接球，做侧身跑练习。

（2）急停的练习。慢跑三四步做跨步急停或者跳步急停；以稍快的速度跑五六步做跨步急停或者跳步急停；快跑中做跨步急停。

（3）转身练习。原地持球，分别以左、右脚为轴，做前后转身的练习；跳起接球后，做前、后转身动作。

（4）跳的练习。原地或者跨步向前、侧、后上方做双脚起跳练习；助跑两三步后，做单脚或双脚起跳，结合转身、急停等动作练习起跳动作。

（5）滑步练习。看手势做向左、向右、向前、向后滑步；做之字行滑步练习。

10. 易犯错误与纠正方法

（1）易犯错误。①准备姿势身体重心比较高，起动时两膝弯曲不够，蹬地力量不足，起动不突然，不迅速。②变速跑时，全脚掌或脚跟着地瞬间，步幅比较大，不能短促加速改变步幅和步速以致变速不突然。③侧身跑时上体转体不够，动作不协调，转身时腰胯用力不够。④急停时，身体松展造成停不稳，重心前移，没有制动和身体自然调整重心的作用。⑤转身时，中枢脚未用前脚掌做旋转轴，身体重心上下起伏，重心不稳。⑥滑步时，出现两脚并步，身体重心上下起伏太大。

（2）纠正方法。①加强身体各关节的灵活性练习，特别是髋关节灵活性的练习。②加强腿部力量练习，在一定的强度下做移动练习，强迫屈膝降重心。③教师用正确的示范动作引导学生练习，在练习中指出错误动作，耐心指导。④为了使学生规范迅速的掌握动作，在教学方法上可以用技术分解的方法进行练习，练习中由简单到复杂。

（二）传、接球

传、接球是篮球比赛中球员之间有目的地支配球、转移球的一种方法，是篮球运动中的重要技术之一。全面、熟练地掌握传、接球技术，才能把每个球员联成一个整体，充分发挥集体的力量，利用球的快速转移，调动防守者，打乱对方的防守布置，创造良好的进攻机会，是实现战术，组织配合的纽带和桥梁。

1. 双手胸前传、接球

双手胸前传球是比赛中最基本、最常用的传球方法，用这种传球方法传出的球快速有力，可在不同方向、不同距离中使用，而且便于和投篮、突破等动作结合运用。

如图 5-1-7 所示，持球时五指自然分开，拇指相对成八字形，用指跟以上部位持球的侧后方，手心空出，两肘自然弯屈于体侧，将球置于胸前，肩、臂、腕的肌肉放松，两眼注视传球目标，身体成基本姿势站立。传球时，后脚蹬地，身体重心前移，同时两臂前伸，手腕由下向上翻转，同时拇指用力下压，食中指用力弹拨，将球传出，出手后拇指和手心向下，其余手指向前。接球时，眼视来球，两臂迎出，两手手指自然张开，当手指接触球时，两臂瞬时屈肘后引，缓冲来球的力量，两手持球于胸前。

2. 单手肩上传、接球

单手肩上传球是单手传球中一种最基本的方法。这种传球的力量较大，速度快，常用于中、远距离传球。

以右手传球为例（图 5-1-8），左脚向传球方向跨出半步，同时将球引到右肩上方，右手大臂与地面近似平行，前臂与地面近似垂直，手腕后屈，右手持球的后下方，重心落在右脚上。出球时，右脚蹬地的同时，转体带动上臂前臂迅速前甩，手腕前扣，最后通过食、中、无名指的弹拨下压动作将球传出。接球时，接球手臂向来球方向伸出，五指自然分开，掌心朝着来球的方向，手腕、手指放松。当手指接触球时，手臂顺势将球引置于身前或体侧，左手迅速扶球，成基本姿势站立。

图 5-1-7　　　　　　　　　　　　　　　图 5-1-8

3. 单手胸前传球

单手胸前传球是近距离的一种传球方法，这种传球方法易于和其他技术动作结合。

持球方法与胸前传球一样，如图 5-1-9 所示，传球时，上体稍右转，传球手在短促前伸小臂的同时，手腕稍向后屈，又急促向前扣，并稍向内翻，同时食、中、无名指用力拨球，将球传出。

4. 单手体侧传球

单手体侧传球是一种隐蔽的传球方法，在外围球员传球给内线球员时经常使用这种传球方法。

如图 5-1-10 所示，双手胸前持球，右手传球时，左脚向左跨出一步，右手引球至身体右侧。出球的一刹那，持球手的拇指向上，手心向前，手腕后区，小臂稍向前摆，急促用力向前扣腕，手指有力拨球，将球传出。

图 5-1-9　　　　　　　　　　图 5-1-10

5. 练习方法

（1）原地两人传接球，两人面对面站立，相聚 3～7 米，做各种传接球练习。此练习可以要求球员传球速度由慢到快，距离由近到远。可以练习单手、双手不同方式的传接球。

（2）全场行进间两人传接球。

（3）全场三人行进间传接球。

（4）有防守情况下的传接球，二防三传、接球练习，圈内两人积极防守，圈外三人做各种传、接球练习。

6. 易犯错误与练习方法

（1）易犯错误。①双手胸前传球时，掌心没有空出，全手掌触球，两拇指距离不合适，持球动作不规范。②双手胸前传球时，两肘外展过大，两臂用力不宜，出手后两手形成交叉。③双手接球时，没有前伸迎球，缓冲不够，力量大的球接得不稳。④单手肩上传球时，转髋动作不充分，力量不够，传球不到位。⑤单手肩上传球时，没有摆臂、拨指、抖腕的动作。⑥单手体侧传球时，拨球动作不正确，传球方向不准确。

（2）纠正方法。①两人一组，互相传球，互相观察对方的传球方法，指出不足。②两人一组，一人握球，另一人做传球的模仿练习。③多做自抛自接的模仿练习，养成张手、伸臂、迎球和屈肘引臂的习惯。

（三）运球

运球是持球球员用手连续按拍借助地面反弹起来球的动作方法。运球是篮球比赛中持球队员移动的手段。它不仅仅是个人摆脱防守进行攻击的手段，而且是组织进攻配合的桥梁，并且对发动快攻，突破紧逼防守都有着很大的作用。熟悉运球是球员球性的体现，通过不断地练习，能促进球员球性的提高，从而增强控制、支配球的能力。运球技术方法很多，各种运球的技术动作过程，都是由身体姿势、手臂动作、球的落点和手脚协调配合四个环节组成。

1. 高运球

如图 5-1-11 所示，运球时两腿微屈，目平视，以肩关节为轴，手用力向前下方推按球，球的落点控制在身体的侧前方，使球的反弹高度在运球者的胸腹之间，手脚协调配合，使球有节奏的向前运行。高运球，身体重心比较高，速度快，便于运球者观察场上的情况。

2. 低运球

当收到防守者紧逼时，多采用这个运球方法摆脱防守。如图 5-1-12 所示，运球中遇到防守时，两腿应迅速弯屈，降低重心，身体前倾，用腿和上体保护住球。同时用手短促地按拍球，使球从地面向上反弹的高度在膝关节以下，以便更好地控制球和摆脱防守。

图 5-1-11　　　　　　　　　　图 5-1-12

3. 体前变向运球

体前变向运球是当对手堵截运球前进路线时，突然向右或者向左侧改变运球方向，借以摆脱防守的一种运球方法。球员从防守者右侧突破时，如图 5-1-13 所示，先向对手左侧运球，当防守者向左侧移动时，球员突然向防守者的右侧变向。变向时，右手按拍球的右后上方，使球从自己身体的右侧拍向左侧前方，同时右脚向左前方跨出，上体左转，探肩挡住防守者，然后换手按拍球的后上方，左脚跨出，从对手的右侧突破。换手时，要压低球，动作迅速。

4. 背后运球

当防守者紧逼时，距离比较近无法使用体前变向运球时，可以使用背后运球，突然改变前进的方向，借以摆脱防守。其优点是运球者面对防守者，便于迅速观察和保护球。以右手运球，如图 5-1-14 所示，向左侧背后运球为例，变向时，左脚在前，用右手将球拉到身后，迅速按拍球的右侧上方，将球从身后拍到左脚的侧前方，立即换左手运球，左脚迅速向前跨出，加速超越防守者。

图 5-1-13　　　　　　　　　　　　图 5-1-14

5. 运球转身

当防守者逼近，并堵截运球者一侧时，可以利用转身运球，改变运球路线以摆脱防守。以右手运球为例，如图 5-1-15 所示，当防守者靠近运球者的右侧时，变向以左脚为中枢脚做后转身，右手按球的前上方，随着后转身的动作，将球拉向身体的侧后方，然后换手运球，从防守者的右侧突破。注意转身时重心要低，拉球的动作与转身动作协调一致，方能收到较好的效果。

图 5-1-15

6. 练习方法

（1）原地运球。做各种运球练习，如垂直的高低运球，左右手交替横运球，体前做前后推拉运球，背后左右换手运球，前后转身运球等。

（2）快速折返跑运球练习。用右手快速运球到罚球线，然后转身回来到端线，再快速运球到中场线，转身回到端线，再运球到底线，转身回来。要求去时用高运球，回来用低运球，目光注视前方，用余光看球。

（3）急停急起运球。听信号，当教师鸣哨，学生运球起动，再鸣哨，学生运球急停，原地运球，再听到鸣哨，学生起动，注意体会挺、起时手触球部位的变化。

（4）八字运球练习。3人一组，如图5-1-16所示，④运球传给⑤，⑤运球传球给⑥，三人连续8字运球。要求运球时使用外侧手运球。

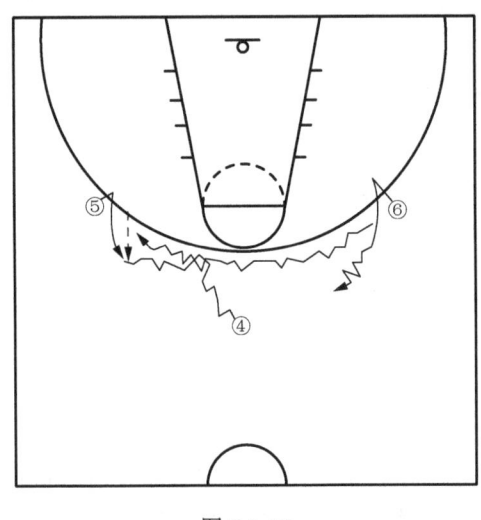

图 5-1-16

7．易犯错误与纠正方法

（1）易犯错误。①运球时低头看球，不能观察场上的情况。②运球时掌心没有空出，运用掌心控球或单靠手指拨球。③手、脚、身体配合不协调，控制不住球。④运球时，用手打球，不是用手腕、手指按拍球，球停留在手的时间过长，形成翻腕运球。

（2）纠正方法。①看教师运球动作，反复进行模仿正确技术的练习。②多进行熟悉球性的练习。③不断地做各种形式的运球练习，增加熟练度，增强控球能力。④设置障碍，假想有防守者，进行各种运球练习。

（四）投篮

投篮是篮球运动中重要的进攻技术，是比赛中唯一的得分手段，是一切进攻技战术的最终目的和全部攻守矛盾的焦点。投篮技术复杂多样，种类繁多，主要由持球、瞄准点、球的旋转、出手角度、飞行路线等环节组成。

1．双手胸前投篮

双手胸前投篮是双手投篮中最基本的动作方法，这种投篮的出手点比较低，易被防守者干扰，但出手力量较大，稳定性好，便于与传球、运球和突破相结合，比赛中多被女运动员用于远距离投篮。投篮时,如图 5-1-17 所示,双手持球于胸前,两肘关节自然下垂,两脚前后或左右站立,两膝微屈,重心落在两脚之间,眼睛注视篮筐。出手时,下肢蹬地发力,腰腹伸展,双臂向前上方伸直,前臂内旋,两手腕同时向内翻转,拇指下压,食中指用力拨球,通过指端把球投出。球出手后身体随投篮方向自然伸直,两脚跟微微提起。

2. 单手肩上投篮

单手肩上投篮是比赛中运用比较广泛的一种投篮方法,具有出手点高,出手速度快,便于与其他技术动作结合,能在不同距离和位置上应用的特点。以右手投篮为例,如图 5-1-18 所示,右手持球于头部右肩上方,左手扶球的左侧,上臂与肩关节接近水平或略高于肩关节,前臂与上臂约成 90°。两脚前后或左右站立,两膝微屈,重心落在两脚之间,眼睛注视篮筐。投篮时,下肢蹬地发力,腰腹伸展,右臂向前上方伸直,手腕前屈,食中指拨球,通过指端将球投出。球出手时,身体随投篮方向伸展,两脚跟抬起。

图 5-1-17　　　　　　　　　　　图 5-1-18

3. 行进间单手低手投篮

行进间单手低手投篮是在快速跑动中或运球超越对手后攻击篮筐的一种投篮方法,具有速度快、伸展距离远的优点。一般多在快攻或切入篮下时运用,俗称跑动中投篮。以右手投篮为例,如图 5-1-19 所示,右脚跨出一步的同时接球,第一步步伐要大,左脚接着跨出一小步并用力蹬地起跳,右腿屈膝上提,同时双手向前上方举球,当身体接近最高点时,左手离球,右手掌心向上托球,并向球篮的上方伸直,接着屈腕,食中指拨球将球投出。

图 5-1-19

4. 行进间单手高手投篮

以右手投篮为例，如图 5-1-20 所示，右脚跨出一大步的同时接球，接着左脚跨出一小步，用力蹬地起跳，右腿屈膝上抬，同时举球于右肩上方。当身体达到最高点时，右臂向前上方伸直，手腕前屈，食中指拨球，将球投出。

图 5-1-20

5. 原地跳起单手肩上投篮

跳起投篮简称跳投，其出手动作与原地单手投篮基本相同，只是在动作结构上增加了起跳部分，投篮动作在空中完成。目前，跳起单手投篮已成为篮球运动员普遍采用的主要得分手段，它可以在不同距离、不同角度下运用，方法多样，相机应变。可以采用高跳高出手，快跳快出手；可以利用侧跨步、后撤步或转身远离防守者起跳；也可以贴身跳投或跳起在空中后仰、闪、躲、换手或变高手为低手投篮等，实战价值极高。

以右手投篮为例，如图 5-1-21 所示，双手持球于胸前，两脚左右或前后站立，两膝微屈，重心落在两脚之间。起跳时两脚用力蹬地向上跳起，双手举球于肩上方，右手托球，左手扶球的左侧方。当身体达到最高点时，左手离球，右臂向前上方伸直，手腕前屈，食中指拨球，通过指端将球投出。落地时注意屈膝缓冲，保持身体的平衡。

图 5-1-21

6. 练习方法

（1）持球模仿练习。成体操队形，体会原地或跳起投篮的手法和用力过程。

（2）罚球投篮练习。持球站在罚球线后，原地或跳起投篮，投篮后自抢篮板球，排到队尾。进一步体会投篮手法，协调用力，出手角度和出手速度。

（3）接球投篮练习。两人一组，相距 5 米，一人跳起做投篮练习，另一人接球后跳起模仿投篮练习，要求投篮手法正确，不变形，体会动作的衔接过程。

（4）半场运球上篮。球员从半场开始做运球上篮练习，要求运球中要选好起跳点，持球，起跳，投篮要协调连贯。

（5）全场传、接球和运球上篮。如图 5-1-22 所示，④和⑧小组每人一球，运球 4~5 次后传球，然后接回传球，接球后再传球，再接传球上篮。要求运球要注意观察场上情况，运传球衔接顺畅，传球准确到位，投篮准确。

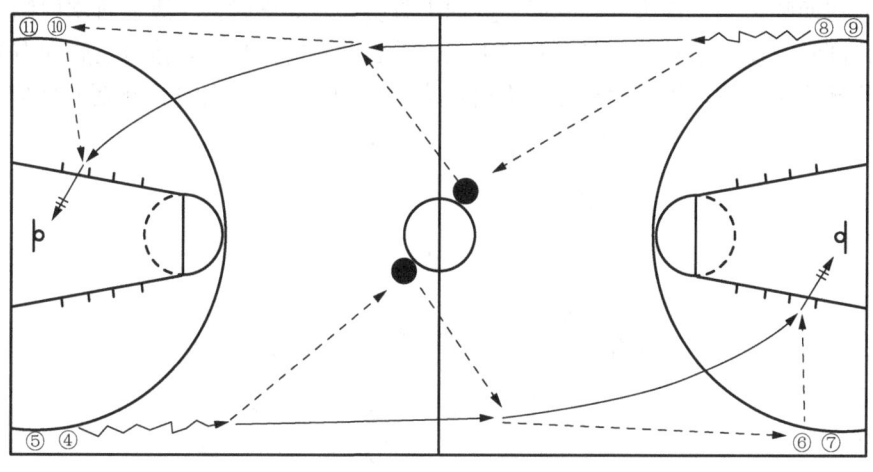

图 5-1-22

7. 易犯错误与纠正方法

（1）易犯错误。①持球手法不正确，五指没有自然分开，掌心没有空出，用手心托球。②肘关节外展太大，致使上肢各关节运动方向不一致。③投篮时抬肘伸臂不够充分，导致力量不够，手臂前推，出手高度偏低。④双手投篮时，两手用力不均匀，伸臂不充分。⑤球出手时，拨球手法不正确，使球产生侧旋，不是后旋。⑥投篮时，发力不正确，没有充分利用蹬地的力量，致使远距离投篮力量不够。⑦跳起投篮时，不能控制身体平稳，投篮出手时间或早或晚，上下肢配合不协调。

（2）纠正方法。①重复讲解和示范投篮的正确姿势和动作要点，使学生了解投篮动作的基本结构，建立明确的概念。②借助外部条件限制、信号刺激等手段，纠正学生的错误动作。让学生以投篮手臂靠近墙做持球或徒手的投篮模仿练习，纠正肘部过大外展。使用信号刺激，如抬肘、伸臂、压腕等词语纠正肘关节过早前伸，伸臂不够充分及屈腕、拨指不够或球不后旋等错误。用跨步、一步大二步小、提膝、出手等语言信号提醒学生跨步接球、起跳、出手时机等。③多做徒手练习，使学生体会协调用力和掌握动作节奏。④使学生在疲劳时进行投篮练习，锻炼学生在疲劳时同样能保持正确的投篮动作。

（五）持球突破

持球突破是持球球员用脚步动作结合运球，快速超越防守者的一种方法。持球突破是对付紧逼防守的有效武器，他可以直接突破篮下得分，也可以打乱对方的防守部署，又是突分配合的基础。比赛时，将突破技术与投篮、传球等技术结合运用，就能更好地发挥突破技术的攻击力。持球突破技术主要由蹬跨、转体探肩、推放球和加速等环节组成，运用突破技术时，要考虑自己所处的位置、与防守队员之间的距离及对手的特点。

1. 交叉步突破

如图 5-1-23 所示，以右脚作中枢脚为例，突破前，两脚左右开立稍大于肩，两膝微屈，重心在两腿之间，身体重心降低，持球于胸腹前。突破时，左脚前脚掌内侧迅速用力蹬地，同时上体稍稍右转，左肩向前下压，重心向右前方移动。接着左脚向右侧前方跨出，将球引至右侧并用右手运球，右脚用力蹬地向前跨出，加速运球超越防守者。

图 5-1-23

2. 同侧步突破

如图 5-1-24 所示，以左脚作中枢脚为例，突破前，两脚开立稍大于肩，两膝微屈，重心在两腿之间，持球于胸腹前。突破时，右脚向右前方跨出一大步，同时向右转体探肩，重心前移，右手放球于右脚侧前方，左脚迅速蹬地并向右前方跨出，加速超越对手。

图 5-1-24

3. 练习方法

（1）原地蹬地、转体、探肩、迈步的徒手练习。学生成体操队形，根据教师信号做交叉步及同侧步的蹬、转、探、迈的徒手动作，要求跨出的第一步要迅速，步伐要大，要有转体探肩的动作。

（2）完整突破动作练习。每人一球，根据教师信号做持球交叉步和同侧步的蹬、转、探、拍、运球，前进二、三步停球，再向另一侧做突破动作的练习。

（3）持球突破练习。球员每人一球，持球位于右侧，做持球突破练习。要求动作正确，衔接连贯。

（4）一对一突破练习。两人一组一球，先由一方持球开始进攻，进攻可以运用交叉步或同侧步突破投篮，投篮后，两人交换位置，进攻球员防守，防守球员进攻。

4. 易犯错误与纠正方法

（1）易犯错误。①突破时侧身、探肩不够，身体重心过高，后蹬力量不充分，加速不够迅速。②交叉步持球突破时，由于跨步脚尖方向不对，造成转体过大。③运球突破时球的落点靠后，没有放在脚的侧前方。④运球突破时，没有使用同侧手运球，没有注意转体探肩、保护球。⑤中枢脚离地面过早或中枢脚没有以前脚掌作轴，突破瞬间造成走步为例。

（2）纠正方法。①反复示范正确动作，讲清动作关键，明确中枢脚的概念，分析错误的原因，建立正确的动作表象。②先做徒手模仿练习，体会正确的动作要领，再在慢速中做持球突破练习，逐步提高突破的速度，提高动作掌握的熟练度。③借助障碍架进行练习，提醒转体探肩和降低重心，强调迅速用力的蹬地。

（六）防守对手

防守技术是防守球员为了阻扰和破坏对手进攻，合理运用脚步移动和手臂动作，积极抢占有利的位置，以达到争夺控制权为目的所采用的各种专门动作的总称。现代篮球比赛更加强调攻守平衡，对高水平的球员来说具备攻守平衡能力是取胜的重要因素之一。攻击性防守要求球员必须具有勇猛、凶悍、机智、果断和压倒对方的气势，主动去控制对方的进攻。因此，对球员的防守在思想、身体、技术等方面提出了更高的要求。防守是一项综合的技术动作，主要包括防守无球球员和防守持球球员。

1. 防守无球球员

在比赛中，防守队员绝大部分时间是在防守无球球员，现代篮球比赛中无球球员的行动越来越体现出快速性和攻击性，力求移动到自己有效投篮点或攻击区域内接球，或是力图与防守者形成位置差、时间差去接球，从而达到接球后的有效攻击目的，这就对防守无球球员提出了更高的要求。防守无球球员主要任务是尽可能地不让对手在有效攻击区内接球，或者使对手在勉强接球后处于无法衔接下一个攻击动作的被动状态。

（1）防守位置的选择。防守时，位置的选择非常重要，正确合理的占据防守位置，是防守主动的重要条件。防守队员要根据对手、球篮和球的位置与距离，以及被防守者的身高、速度、进攻特点、战术需要和防守者自身的防守能力来选择防守的位置和距离。为了做到人球兼顾，应与球和被防守者保持一定的角度和距离。站位于对手与球篮之间偏向球一侧的位置。

（2）防守姿势。①强侧的防守方法：防守距离球较近的进攻者时，经常采用面向进攻者侧向球的斜前站立姿势。靠近球侧的脚在前，屈膝，重心落在两脚之间，便于随时迅速起动，堵截进攻者摆脱防守的移动接球路线。伸右侧手臂，拇指朝下，掌心向球，封锁传球路线，干扰对手接球。②弱侧的防守方法：防守距离球较远的对手时，为了便于人球兼顾和协防，经常采用面向球，侧向对手站立的姿势。两脚开立，两腿稍屈，两臂伸于体侧，掌心向着球的方向。密切观察球、人的动向，并随着球或人的移动而不时通过滑步调整自己的防守位置。

（3）脚步动作。防守时，防守队员要根据进攻者和球的移动，合理的运用上步、撤步、滑步、交叉步、碎步和快跑等脚步动作，并配合身体动作抢占有利防守位置，堵截其摆脱移动路线。在与进攻者发生对抗时，重心降低，双脚站稳，两腿弯屈，扩大站立面积，身体保持适宜紧张度，在发生身体接触瞬间提前发力，主动对抗。合理使用手臂动作干扰对手视线，扩大防守空间，保持身体平稳，快速移动，抢占有利位置。

2．防守持球球员

在篮球比赛中持球队员的进攻对防守的威胁最大，因为只有持球队员才能有进攻得分的机会或者传球给无球跑动的队员创造得分的机会，所以防守持球队员的主要责任是尽力干扰对手的投篮、传球，堵截其运球突破，积极抢断球，以达到获得控制球权的目的。

（1）防守位置。当进攻队员接球时，防守球员应及时站位于进攻者与球篮之间，保持适当的距离，积极移动，阻碍和干扰进攻者的进攻。防守的位置要根据进攻者的特点和本队的战术需要作适当的调整。如进攻球员投篮技术优秀而运球突破技术较差，应靠近进攻者，封盖其投篮；如进攻球员突破技术强，防守球员应距其稍微远些，阻止其突破。

图 5-1-25

（2）基本步法。防守持球队员的步法，要根据进攻队员在场上的位置，距离球篮的远近，持球队员的进攻特点等选用。一般采用的步法有平步和斜步。①平步步法，两脚平行站立，这种步法的优点是防守面积大，便于左右移动，比较适合防守进攻者突破。②斜步步法，两脚前后站立，便于前后移动，比较适合防守进攻者投篮（图 5-1-25）。

3．练习方法

（1）防守无球队员。一对一、三对三、五对五攻防练习，从一侧篮下至另一侧篮下进行攻防练习，要求攻方积极跑动并设法摆脱防守，接教师从中场传给的球组织进攻；守方则积极堵截，阻挠进攻者接球进攻。数次后攻防练习者交换练习。

（2）防持球队员。两人一组一球，从底线开始，攻方持球，采用运球、突破投篮的方式进行进攻，防守则积极堵截，阻挠和破坏进攻，投篮后两者交换位置。

4．易犯错误与纠正方法

（1）易犯错误。①视野范围比较小，眼睛总注视着球，不能人球兼顾，造成防守漏人。②防守的重心高，移动速度慢，步法跟不上。③手臂的动作运用不当，脚步跟不上，用手阻挡对手，或者抢断球时机不对，造成防守犯规。

(2) 纠正方法。①检查矫正防守动作和选位角度，进行有助于扩大视野的练习。练习防守无球球员时，球与对手之间的角度逐步增加，不断增加防守者的防守面积。②反复进行短距离防守移动练习，变换步法练习。要求低重心，保持身体平稳，移动速度快，判断准确。多做各种一对一攻防练习，提高防守者变速变向移动的灵活性，不断提高防守者的防守能力。③练习抢位堵截进攻者传球，教师有意识地向防守人传球，诱导防守者随时注意断球。

（七）抢篮板球

篮球比赛中，双方球员争抢投篮未中从篮板或篮筐反弹回的球，统称为抢篮板球。进攻球员争抢本队投篮未中的球称为进攻篮板球，防守球员争抢进攻球员投篮未中的球称为防守篮板球。篮板球对比赛的胜负起着至关重要的作用，进攻篮板球可以增加进攻的次数和篮下直接得分的机会，还能增加进攻球员投篮的自信心，防守篮板球可以为发动快攻创造机会，还能增加进攻球员投篮的心理压力。

1. 抢进攻篮板球

积极拼抢进攻篮板球是一个重要的进攻行动，是争夺控球权的重要方法。它不仅增加本队进攻次数和补篮机会，而且鼓舞士气、增加信心，对防守球员也具有一定的杀伤力，有着非常重要的战术意义。由于进攻球员一般处于防守队员的外侧，离球篮相对较远，对方易于阻挠。因此，应积极投入拼抢，同时要充分利用熟悉同伴投篮时机与特点，以及面向球篮便于观察判断和向前移动等有利条件，努力变被动为主动，力争再次获得控球权。

(1) 处于篮下的进攻球员抢进攻篮板球。当进攻球员投篮时，靠近篮下的进攻球员要及时判断球反弹出的方向，同时以虚晃动作跨绕，挤到防守者身前或身侧前方，利用跨步或助跑起跳，跳到最高点进行补篮或抢篮板球。

(2) 处于外围的进攻球员抢篮板球。当进攻球员投篮时，处于外围的进攻球员首先要观察对手的动向，判断球的反弹方向、速度和落点后，突然起动冲向球反弹方向进行补篮或抢篮板球。以从防守人身后左侧冲抢为例，进攻球员面向球篮时，右脚向右侧跨步，假装从右侧去抢篮板球，接着以右脚为支撑脚，左脚向左跨出一小步，同时重心移至左脚，右脚立即向前跨步绕到防守人前面，挤靠防守人，跳起抢篮板球或补篮。

2. 抢防守篮板球

抢防守篮板球是防守中非常重要的环节，是夺回控球权的重要途径。它是由守转攻的起点。如果每次投篮不中都能成功的抢到防守篮板球，就必然能很好地控制这场比赛。防守球员处于对手与球篮之间有利的位置，容易观察进攻对手的行动，但在投篮出手后，不易观察球从篮筐或篮板反弹出来的情况。

(1) 处于篮下防守时。进攻球员投篮时，根据对手的移动情况和位置，运用上步、撤步和转身等动作把进攻球员挡在身后抢占有利位置。在篮下挡人时，多采用后转身挡人，降低重心，两肘外展，抢占空间面积，保持最有利的起跳位置。

（2）防守外围球员的防守球员抢篮板时。当进攻球员投篮，防守球员面向进攻球员时，首先要判断对手的动向，采用合理的动作阻止进攻球员向篮下移动，并抢占有利位置。起跳抢球时，在两臂上摆的同时，两脚前脚掌用力蹬地，身体和手臂尽力向球的方向伸展，达到最高点时，用单手、双手或单手点拨球的方法抢球。落地后，注意屈膝缓冲，同时注意保护球，防止落地时被断球。

3．练习方法

（1）原地起跳抢球练习。自己抛球，然后用单脚或双脚起跳，在跳起最高点将球抢下来，落地屈膝缓冲。体会起跳、空中抢球和落地动作，注意掌握好起跳的时机。

（2）抢篮板球补篮练习。如图 5-1-26 所示，⑥投篮，④和⑤补篮，如果球落在地板上，任意球员抢球投篮，⑥不断变换投篮位置，④和⑤投中篮后，将球传给⑥进行下一次练习。

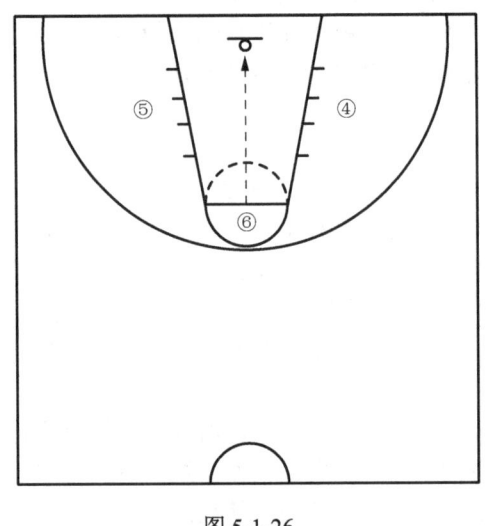

图 5-1-26

（3）攻防抢篮板球练习。教师在罚球线附近投篮，球员分成两组，双方争夺篮板球，抢到篮板球的一方进攻，投球中后传球给教师，进行下一次练习。

4．易犯错误与纠正方法

（1）易犯错误。①对球反弹方向与落地判断不准，不会抢占有利位置。②起跳时机把握不好，容易出现起跳过早。③抢篮板球时，只顾盯球、抢球不顾卡位，让对方抢占了有利位置。④抢到球后，不注意保护球，易被人打掉或抢走。

（2）纠正方法。①做投篮后向球的方向快速移动到位的接球练习，提高学生的预判和快速移动的能力。②多做自抛自抢的练习，体会起跳时机，提高判断的准确性。练习时教师指导学生体会正确动作。③向学生强调挡人抢位与抢球是相辅相成，缺一不可的。在学生练习时教师可提醒学会注意挡人。④强调正面技术的重要性，督促学生形成抢球先挡人的习惯。

三、篮球竞赛规则

（一）场地设备

比赛场地是一块平坦、坚实且无障碍物的表面，其尺寸是长28米，宽15米，从界限的内沿丈量。比赛场地由两条端线（短边）和两条底线（长边）组成的界线所限定，这些线不是比赛场地的部分。比赛器材包括：比赛计时钟，记录板，24秒装置，供暂停使用的计秒表，两个独立的、不同的和响亮的声响信号，记录表，队员犯规标志牌，全队犯规标志牌，交替拥有指示器。

（二）比赛时间及暂停、替换

比赛应由4节组成，每节10分钟，在第1节和第2节之间，第3节和第4节之间以及每一决胜期之间应有两分钟的比赛休息时间。第2节和第3节之间有20分钟休息时间。如果比赛时间终了时比分相同，需要一个或多个5分钟的决胜期来继续比赛。

教练员或助理教练员请求中断比赛是暂停，每次暂停应持续一分钟，在第一半时的任何时间每队可准予2次暂停，在第二半时的任何时间每队可准予3次暂停，以及每一决胜期的任何时间可准予1次暂停。当球成死球时，在最后一次或仅有一次罚球成功后球成死球时，投篮得分时对于非得分队可以暂停。当球成死球，在最后一次或仅有一次的罚球成功后球成死球时，在第四节的最后两分钟或每一决胜期的最后两分钟内，投篮得分时对于非得分队可以进行替换队员。

（三）违例

1. 带球走

双脚站在地面时，开始运球，在球出手之前中枢脚不得抬起、传球或投篮；队员可跳起中枢脚，但在球出手之前任一脚不得落回地面。移动时，传球或投篮队员可跳起中枢脚并一脚或双脚同时落地，但一脚或双脚抬起后在球出手之前任一脚不得落回地面；开始运球在球出手之前中枢脚不得抬起。当一名队员持球时跌倒和滑动在地面上或躺坐在地面上获得球是合法的，如果而后该队员持着球滚动或试图站起来是违例。

2. 三秒，五秒，八秒，二十四秒违例

控制球队的球员，在一次进攻中，不得在对方限制区停留3秒以上；掷界外球、罚球或在有紧逼防守情况下的持球球员，必须在5秒内传球或投篮或运球；当一名队员在他的后场获得活球时，他的队必须在8秒内使球进入该队的前场；当一名队员在场上获得控制活球时，他的队必须在24秒内尝试投篮，否则均为违例。

3. 球回后场

要具备下列缺一不可的三条即构成球回后场违例：球员在前场控制了球；最后触球回后场的是该队队员；该队队员首先接触回到后场的球。

4. 干扰球

投篮的球在飞行中下落并完全在篮圈水平面之上，攻守双方队员不可触及球；投篮中当球碰击篮板后完全在篮圈水平面之上，也不可以触及球。当球触及篮圈后或明显不会触及篮圈时除外。

（四）犯规

犯规是对规则的违反，含有与对方队员的非法身体接触和违反体育道德的举止。比赛中队员不准通过伸展手、臂、肘、肩、髋、腿、膝或脚，或将自己的身体弯屈成反常的姿势（超出他的圆柱体）来拉、阻挡、推撞、绊对方队员以阻碍其运球，也不准放纵任何粗野或猛烈的动作。每次犯规都应进行登记，并按规则的有关条款进行处罚。

1. 阻挡

阻挡是阻碍有球或无球对方队员行进的非法身体接触。

2. 撞人

撞人是有球或无球队员推进或移动到对方队员躯干上的非法身体接触。

3. 拉人

拉人是干扰对方队员移动的非法身体接触。这种接触能用身体的任何部位来发生。

4. 推人

推人是队员用身体的任何部位强行移动或试图移动控制或未控制的对方队员时发生的非法身体接触。

5. 非法掩护

非法掩护是试图非法拖延或阻止非控制球的对方队员到达希望到达的场上位置。

6. 双方犯规

双方犯规是两名互为对方的球员大约同时相互发生侵人犯规的情况。

7. 违反体育道德的犯规

根据裁判员的判断，一名队员不是在规则的精神和意图的范围内合法的试图去直接抢球，发生的接触犯规是违反体育道德的犯规。

8. 技术犯规

队员、教练员、助理教练员、随队人员及替补队员如违反规则的规定，漠视裁判员的劝告或有不正当的、不道德的行为都将视为技术犯规。技术犯规不包含身体接触，每次犯规都应登记。

9. 打架

队员参与打架将被取消比赛资格。在打架或可能导致打架的情况中，除了教练员或助理教练员为了协助裁判员维护和恢复秩序可离开球队席区域外，其他坐席人员离开球队席区域应被取消比赛资格。发生此类事件应登记教练员一次技术犯规。球员被取消比赛资格，必须离开球场回休息室或离开体育馆。

第二节 足 球

足球

一、足球运动的特点

1. 整体性

足球比赛每队由11人上场参赛。场上的11人思想要统一，行动要一致，整体参战的意识要强。只有形成整体的攻守平衡，才能取得比赛的主动权及理想的比赛结果。

2. 对抗性

足球运动是一项竞争激烈的高对抗性项目。比赛双方为争夺控球权，达到将球攻进对方球门，而又不让球进入本方球门的目的，展开异常凶猛、激烈的争夺。一场高水平的比赛，双方因争夺和冲撞倒地次数达200次以上，可见对抗之激烈。

3. 多变性

足球运动是一项技术上多姿多彩、战术上变幻莫测、胜负结局难以预测的运动项目。足球是圆的，因此在足球场上什么情况都有可能发生。

4. 艰辛性

足球比赛中，运动员要在近8000平方米的场上奔跑至少90分钟，跑动距离少则8000米，多则10000米以上，而且要伴随完成上百个有球和无球的技术动作，有时还要加时比赛、点球决胜，因而运动员的能量消耗非常大。一名运动员在一场激烈的比赛后体重可下降2~5公斤。

5. 易行性

足球竞赛规则简捷明了，器材设备要求也不高。一般性足球比赛的时间、参赛人数、场地和器材也不受严格限制，因而是全民健身中一项十分易于开展的群众性的体育运动项目。

二、足球教学与训练

（一）足球基本技术

足球技术是指运动员在足球竞赛规则条件下，运用身体的有效部位合理完成各种动作方法的总称。足球技术是运动员进行比赛活动的基本手段和能力，是完成战术配合，决定战术质量的前提和保证。

足球技术可从多层次和不同角度进行分类。根据比赛的攻防转换及运动员职能变换，可将技术分为进攻技术和防守技术；根据运动员的位置分工，可分为守门员技术和锋、卫队员技术；根据运动员的技术动作结构，可分为单元技术或多元组合技术；根据运动员的技术方式，又可分为有球技术和无球技术两类。为了便于认知和有利于足球技术的教学，这里按位置技术进行分类。

根据运动员的位置分工，我们将足球技术分为守门员技术和锋、卫队员技术两大类；在比赛过程中，运动员的全部比赛行为都是以球为核心展开的，运动员为获得球、控制球和处理球所采用的动作方法，称为有球技术，而在处理球后到再次获得球前的时段，运动员所采用的动作方法，称为无球技术。

足球技术既是一个运动员足球生涯的起步，也决定其在这一项目上的发展潜力和成才可能。因此，必须通过科学的训练手段和方法，打好足球技术基础。足球技术的教学和训练，应遵循运动技能形成规律、青少年身心发育规律和足球运动的比赛规律进行，同时要遵循学习（练习）、掌握、巩固、运用、提高的程序去开展。

1. 颠球

颠球是指运动员用身体的各个有效部位连续地触击球，并加以控制尽量使球不落地的技术动作。颠球是运动员熟悉球性的一种练习手段，以增强对球的弹性、重量、旋转及触球部位、击球时用力轻重的感觉。

技术动作结构分析：①双脚脚背颠球：脚向前上方摆动，用脚背击球，踝关节固定，击球的下部。两脚可交替击球，也可一只脚支撑，另一只脚连续击球。击球时用力均匀，使球始终控制在身体周围。②双脚内、外侧颠球：抬腿屈膝，用脚的内或外侧向上摆动，两脚交替击球，击球下部。③大腿颠球：抬腿屈膝，用大腿的中前部位向上击球的下部，两腿可交替击球。④头部颠球：两脚开立，膝盖微屈，用前额部位连续顶球的下部。顶球时，两眼注视球，两臂自然张开，以维持身体平衡。⑤各部位连续颠球：根据上述单一颠球技术动作要领，用各部位配合连续颠球，配合的部位越多，难度越大。颠球的部位有脚背正面、脚内侧、脚外侧、大腿、头部、胸部、肩等。

练习方法：①一人一球颠球，体会触球的时间、触球的部位以及力度，整个动作的协调配合。②循序渐进，由易到难。先学习双手抛球，等球落地反弹后单脚颠；再学习直接颠手抛球；最后练习从挑拉球至开始颠球。开始练习时可一只脚连续颠球，熟练后逐渐过渡到双脚交替连续颠球。

易犯错误：①脚击球时踝环节松弛，造成用力不稳定。②击球时脚尖向下或向上勾，造成球受力后向前或向后触碰身体，使球难以控制。③颠球时身体其他部位不够放松，以至于动作僵硬。

纠正方法：①注意力集中，用力适当，体会击球部位和感觉。②全身放松，避免僵硬，动作协调，要有节奏。

2. 踢球

踢球是指运动员有目的地用脚把球击向预定目标的技术。踢球是足球技术中最基本的技术，也是最重要的环节，主要用于传球和射门。

技术动作结构分析：踢球技术由助跑、支撑脚站位、踢球腿的摆动、脚触球和踢球后的随前动作五个环节组成。

（1）脚内侧踢定位球。直线助跑，支撑脚站在球的侧面约 15 厘米处，脚尖正对出球方向，支撑腿膝关节微屈。在支撑着地时，踢球腿大腿带动小腿由后向前摆动，在前摆的过程中大腿外展，当膝关节的摆动接近球的正上方时小腿做爆发式的摆动，在触球前将脚跟送出使得脚内侧部位所形成的平面与出球方向垂直，踢球脚脚底与地面平行，脚尖微微翘起，踝关节固定，以脚内侧部位击球的后中部，击球后身体跟随前移，髋关节向前送（图 5-2-1）。

图 5-2-1

易犯错误：①踢球腿膝、踝关节外展不充分，脚趾没勾翘，击球脚型不正确，影响击球效果。②踢球腿直腿摆击球，出球乏力。③击球刹那，脚型不固定，出球不顺畅。

纠正方法：①膝、踝关节充分外展保证脚内侧部正对来球，脚趾勾翘保证脚掌与地面平行。②要求踢球腿屈膝外转前摆击球，确保摆击的速度和力量。③要在整个击球过程始终保持前摆结束时的正确脚型。

（2）脚背正面踢定位球。直线助跑，支撑脚着地于球的侧面 10～12 厘米处，脚尖正对出球方向，膝关节微屈，踢球腿随跑动向后摆动，小腿屈曲，支撑的同时踢球腿以髋关节为轴，大腿带动小腿由后向前摆动。当膝关节摆至接近球的正上方时，小腿做爆发式的摆动，以脚背正面部位击球的后中部，击球后身体及踢球腿跟随球前移（图 5-2-2）。

图 5-2-2

易犯错误：①支撑脚选位不当，影响摆踢发力和击球效果。②击球刹那，脚型不稳，趾尖上挑，影响出球力量和方向。③踢球腿摆踢路线不直，出球方向不正。

纠正方法：①要根据来球的情况和出球的目的，合理确定支撑脚的位置。②整个击球过程要保持脚背绷紧，脚跟提起，脚尖下指的脚型。③前摆击球时，要求膝关节向目标方向顶送，以保证作用力的目标方向。

（3）脚背内侧踢空中球（又称长传球）。斜线助跑，助跑方向与出球方向约成45°，最后一步稍大，支撑脚底积极着地，脚尖指向出球方向，距球内侧后方20～25厘米，膝关节微屈。在支撑同时踢球腿已完成后摆，以髋关节为轴大腿带动小腿由后向前摆动，当大腿摆至与支撑腿同一平面时，小腿做爆发式摆动，此时脚尖外转、脚背绷直，以脚背内侧部位触击球的后下部，使球的飞行轨迹形成抛物线。击球后踢球腿及身体继续随球向前移（图5-2-3）。

图 5-2-3

（4）脚内侧踢弧线球（香蕉球）。弧线球是指当击球作用力没通过球心时，球会产生相应的旋转，在空气阻力的作用下，旋转着的球将绕自身的旋转轴呈弧线运行一段距离。

踢弧线球时，脚背内侧部位击球的后中部，摆腿的方向不通过球心，沿弧线前摆，在击球的瞬间，踝关节用力向内转，使球侧旋沿弧线运行（图5-2-4）。

在现代足球运动中，旋转球运动轨迹发生弯屈的实战意义愈加受到重视，比赛中绕过防守屏障、进行巧妙配合或直接射门的特殊手段。比赛中常见旋转球有抽踢的前旋球，搓踢的回旋过顶球，以及侧旋球（内旋或外旋球）、侧回旋、侧前旋球等（图5-2-5）。

图 5-2-4　　　　　　　　　　图 5-2-5

总之，在常规情况下（排除风力及其他影响），弧线球的成因须具备两个基本条件：一是球必须旋转；二是与空气阻力发生作用。当作用力偏离球心时，球便会产生相应的旋转，在空气阻力的作用下，旋转球将会绕自身的旋转轴旋转，并向压力小的一侧呈弧线运行一段距离。

在训练实践中，可通过反复练习（如调整踢球力量、作用力方向或击球点等）体会弧线球运行轨迹的变化特点和规律，但也必须理论上加深对弧线球成因的认识，这是更好地掌握和运用弧线球技术不可缺少的一个方面。

易犯错误：①支撑脚选位不当，脚趾没对准出球方向，影响摆踢动作的完成。②击球刹那，膝不向前顶送，而是顺势内拐，导致出球侧内旋。③踢球腿后摆动作紧张，影响前摆速度，击球发力不足。④支撑脚落位偏后，上体放松后仰，出球偏高乏力。

纠正方法：①要求助跑的最后一步支撑脚脚趾要转对出球方向。②踢球前摆时，膝关节要向出球方向自然顶送，以保证作用力的目标方向。③要求后摆动作自然放松，确保前摆动作能加力加速。④上体保持适度的向前倾压，可防止出球偏高和加大击球的作用力。

（5）脚背外侧踢定位球。助跑、支撑脚站位及踢球腿摆动均与脚背正面踢球技术的三个环节相同，脚触球是用脚背外侧部位。膝关节和脚尖内转，脚背绷紧，脚趾紧屈并提膝，触球后身体随踢球腿的摆动前移（图5-2-6）。

图 5-2-6

练习方法：①各种踢球技术动作的模仿练习；各种脚法两人根据一定的距离练习。②一人用脚底挡球，另一人踢球，体会技术动作；利用足球墙和标杆做踢旋转球的练习。

易犯错误：①支撑脚选位不合理，影响摆踢发力。②摆腿时髋关节内转或直腿击球，击球发力不足。③膝、踝旋内不够，影响击球的准确性。④击球刹那，脚型不稳，脚尖上擦，出球不稳。

纠正方法：①要根据来球的方向及状态合理确定支撑脚的位置，保证踢摆发力。②后摆与前摆都须屈膝摆动，方可保证踢摆速度。③摆腿时要依靠膝、踝关节旋内保证脚外侧都触击球。④击球刹那，脚型要保持相对稳固。

3. 接球

接球是指运动员有目的地利用身体的合理部位把运动中的球接下来，控制在所需要的范围内，以便更好地衔接下一个技术动作。接球是为下一个动作做准备的，接球质量的好坏直接影响下一个动作的顺利完成。比赛中来球性质、状态不同，所以接球应根据不同情况，采用不同的动作方法。

技术动作结构分析：观察判断来球方向及球运行的轨迹，及时移动选位，选择正确的接球部位（脚、大腿、胸部等）。选用适宜的技术动作：楔形控球技术、缓冲式控球技术；改变来球的力量，采用加力或减力的缓冲方法。

接球是将运动状态的球控制住的一个过程。一个完整的接球动作应包括以下几个环节。

（1）判断选位。接球前，运动员首先要准确地判断来球的路线、落点、速度、性质等，并注意观察邻近对手的情况，在此基础上及时合理地移动选位，占据有利的接球位置。

（2）支撑。稳固的支撑是接好球的保证。从支撑角度讲，接球效果的好与坏，取决于支撑脚的位置和支撑的稳定性。支撑脚的位置是指支撑脚与接球点的方向与距离关系。合理的支撑距离，有助于接球动作的顺利完成，而支撑脚的合理方向，则有助于运动员将球控制在所需要的位置上，并能尽快地转入下一步行动。因此，接球时支撑腿的膝关节应适度弯屈，身体重心略降，以加强支撑的稳定性。而支撑脚的选位则应根据接球的方法和目的来确定。

（3）触球动作。接球的根本问题是削弱来球的冲力，削弱来球冲力通常可采用缓冲或改变来球运行路线的方法。

① 缓冲：缓冲是削弱来球冲力的有效方法之一。根据动量原理：$F=mv_2-mv_1$。由于接球时，球的质量和速度是恒定不变的，因此得出，接球部位触球时间越长，其对球的作用力就越小，为了延长触球时间，运动员可以通过接球部位的前迎加大引撤的距离，从而有效地减弱球的冲力，迎撤动作的幅度和速度决定缓冲的效果。因此，应与来球的速度相对应。对一些球速较慢、力量较小的来球，可利用接球部位关节和肌肉的放松达到缓冲效果。

② 改变球的运行路线：人体和地面对球都属于非弹性体。因此，当球以一定的角度触及人体或地面时，其能量会受到损耗而削弱冲力。所以运动员可以通过推压、切挡、拨转、拉引和收挺加力动作，使球改变原有的运行方向，并在这一过程中逐渐损耗能量，最终使球速减缓而达到控球的目的。

缓冲和改变来球路线都具有削弱来球冲力的功效。一般说，迎撤接球的准备期长、触球时间长，须有相对宽松的时空条件来完成动作。而加力接球，准备动作小，触球时间短，接球后改变方向能快速离开原地，可达到接球摆脱的技术效果，更适应于激烈对抗的比赛需要。

比赛中常见的接球方式有以下几种：

（1）迎撤。迎撤是指以接球部位向前迎球，触球刹那向回引撤以缓冲来球力量的动作方法。迎球和引撤动作要协调连贯，引撤的时机要恰到好处，迎撤的幅度与速度应与球速相对应，方能收到较好的缓冲效果。

（2）压推。压推是压和推合二为一的连贯动作，多用于接反弹球。在找好落点和选好支撑位置的基础上，接球部位呈一种适宜的角度对准球的反弹点，在球落地刹那，开始迎着球的反弹方向下压，随即与推合成一个动作，其作用力与球的反弹力形成的合力方向，将使球变向运行并逐渐减速。运用压推动作的关键在于准确判断来球的落点、速度和反弹路线，并能控制好动作时机和压推角度。

（3）切挡。切挡是指通过下切动作加快球的上旋速度，增大地面的摩擦阻力，使来球力量得到削弱，并利用接球部位挡住球路，从而达到控球目的。切挡接球的关键在于把握好动作时机，以及下切角度和速度。球速越快，下切角度应适当调小，下切速度则应加快。反之亦反。

（4）拨转。拨转是指拨球与转体连贯合一的动作方法。拨是通过调整拨球角度将球控向转体方向，转既是协调拨球动作的需要，又具有摆脱、突破和尽快面对进攻方向的积极意义。接球时，支撑脚的选位要利于蹬转，通过身体转动带动拨转，一般说，拨球的力量应与来球力量成反比，拨球角度应与转体角度一致。拨球时，身体重心应向拨球方向移动，接球脚拨球后要积极落地，并迅速过渡为支撑起动，保证重心随球快速移动。

（5）收挺。收挺动作多用于接空中球。收指身体或接球部位的后缩动作，具有引撤缓冲动作的功效。挺指身体或接球部位呈一定的角度主动迎球顶送的动作，其作用是通过向上改变来球方向以达到控球目的。

4．接球后跟进

接球后身体重心随球快速移动是迅速控球或进行衔接动作的技术关键。接球动作开始时，重心具有瞬时的稳定性，重心位置落在支撑脚上，以保证接球动作的稳定性。但随动作的发展，应有意识地将重心向接球方向转移，接球运作完成后，重心应在球运行的方向上加速移动，从而使身体运动方向与球的运行方向相一致，保证身体能尽快地移动到控制球或支配。

动作方法：

（1）脚内侧接地滚球。支撑脚脚尖正对来球，膝关节微屈。接球腿大腿外展，脚尖微翘，脚底基本与地面平行，脚内侧正对来球并前迎，当脚内侧与球接触的一刹那迅速后撤，把球接在脚下。

（2）脚内侧停反弹球。支撑脚踏在球的落点的侧前方，膝关节弯屈，上体稍前倾并向停球方向微转，同时停球脚提起，踝关节放松，用脚内侧对准球的反弹路线。当球落地反弹刚离地面时，用脚内侧推压球的中上部。如果要把球停向左侧，支撑脚应踏在球落点的左侧方，脚尖指向左侧，同时上体也向左侧前倾。

（3）脚内侧停空中球。一种方法是根据来球的高度，将停球脚举起前迎，脚内侧对准来球路线，在脚与球接触前的刹那开始后撤。在后撤过程中，用脚内侧接触球，把球控制在衔接下一个动作需要的位置中；另一种方法是将脚提起稍高于选择的停球点，在脚与球接触前的一刹那即开始下切，在下切过程中用脚内侧切于球的侧上部，将球停在地上。

（4）大腿接球。面对来球，根据球的落点迅速移动到位，接球腿大腿抬起，当球与大腿接触的瞬间大腿下撤将球接到需要的位置上。

（5）脚背正面接球。这种技术多用于接有较大抛物线的来球。根据球的落点，及时移动到位，脚背正面上迎下落的球，当球与脚面接触的一瞬间，接球脚与球下落的速度同步下撤，大腿膝关节、踝关节、脚趾均保持适度的紧张，脚尖微翘将球接到脚下。

（6）胸部接球。面对来球，两脚左右或前后开立，膝关节微屈，重心置于支撑面内，上体后仰，微收下额，两臂自然张开，挺胸迎球，触球瞬间收胸、收腹、臀部后移将球接在体前。若需将球接到体侧时，在触球瞬间转体将球接在转体后相应的一侧。

练习方法：①两人面对面站立，相距5～10米，一人脚内侧踢地滚球，另一人迎上接球。②两人一组一球，一人手抛球一人练习接球，交替练习。③三人一组一球，中间一个人接球转身后将球传给另一个人，反复循环练习。

易犯错误：①球从脚下漏过或将球卡死，主要原因是触球部位离地过高。②触球时，停球脚的踝关节过于紧张，不利于缓冲，球停得离身体过远。③停反弹球时，对球落地的时间判断不准，传球漏过或停不稳。④停空中球时，因判断不好而举腿过早。

纠正方法：①避免球从脚下漏过或卡死，应掌握好脚的触球部位距离地面的高度。②准确判断来球和落点，动作舒展、协调。③接球时，后撤、下切力量柔和。④接球后，应迅速控制好球，紧密结合下一技术动作。

5. 运球及运球过人

运球是指运动员在跑动中为将球控制在自身范围内，用脚部进行的推拨球动作。采用此类方法突破防守队员时，称为运球过人。运球及运球过人是运动员控球与进攻能力的具体表现形式，熟练掌握与合理运用运球及运球突破技术，对调控比赛节奏、丰富战术变化、破解密集防守、创造射门机会都具有实际的意义。运球技术动作通常由运球方法的选择与准备、跑动中间断触球、为下一动作的连接做好准备三个环节组成。常用的运球技术有脚内侧、脚背正面、脚背外侧、脚背内侧运球及其他（拉球、拨球、扣球、挑球、颠球）。

技术动作结构分析：运球技术包括跑动与触球两方面要素。运球的跑动具有步幅小、频率快、重心低的基本特征。这种跑动方式有助于队员及时调整身体与球的位置关系，适应运球急停、变速和变向的临场需要；运球的触球是一种推拨式的触球方式，这种方式有助于球员对运球力量、方向进行有效的支配和控制。跑动与触球动作的协调转换和有序交替，便构成运球的动作过程。

一个运球动作过程，包含多种触球的动作方法。但无论哪种触球方法，完成一次运球动作都要经历以下三个阶段：①支撑脚踏地蹬送：蹬送的作用是推动人体重心前移，维持身体相对平衡，保证运球脚顺利完成触球动作。这一阶段，应尽量缩短支撑时间，积极蹬送，以加速重心的移动。②运球脚前摆触球：在支撑脚蹬送的同时，运球脚前摆触球给球以推动力，触球动作包括触球部位、触球时间、触球力量、触球方向等要素。只有准确协调地把握好这些技术要素，才能对球进行有效地支配和控制。③运球脚踏地支撑：触球后运球脚应顺势落地支撑，并随即过渡为蹬送动作，以保证重心移动的连续性，使人体与球的运动保持高度的密切和协调，从而保证整个运球过程的连贯和流畅。在运球过程中，撑、蹬、摆、送动作是有序的统一体，因此整个动作要协调连贯，并重点解决好运球脚的前摆触球环节，这是掌握和提高运球技术的关键。

技术动作要领：

（1）脚背外侧运球。脚背外侧运球动作的特点是灵活性、可变性强，可做直线、弧线和向外变向运球，易于控制运球方向和发挥运球速度，并便于对球进行保护。

图 5-2-7

直线运球时，自然跑动，步幅偏小，上体稍前倾，两臂协调摆动。运球脚屈膝提起前摆，脚趾稍内转斜下指，摆至球体上方时，用脚背外侧推拨球的后中部，重心随球跟进（图5-2-7）。

曲线运球时，触球作用力方向应偏离球心，使球呈弧线运行；变向运球时，应根据变向角度的大小，调整支撑脚的位置、触球部位及运球脚用力方向，以保证蹬摆用力与推拨触球动作协调一致。

易犯错误：①运球脚直腿前摆，难以控制推拨力量。②膝踝关节僵硬，影响控球效果。③身体重心偏高或坐后，影响重心跟进。

纠正方法：①强调运球脚屈膝提起后自然下放推拨球，反复交替进行。②要求膝、踝关节的适度紧张和自然放松有机结合。③运球过程中要保持躯体稍前倾，重心略下沉的状态。

（2）脚背正面运球。脚背正面运球动作的特点是直线推拨，速度快，但路线单一，运进时前方需有较大的纵深距离。运球时，自然跑动，步幅稍小，上体稍前倾，两臂协调摆动，运球腿屈膝提起前摆，脚背绷紧，脚跟提起，脚趾下指，用脚背正面推拨球后自然落步（图5-2-8）。

图 5-2-8

易犯错误：①运球脚推拨球部位及方法不当，难以控制运球的力量和方向。②膝、踝关节僵硬，变推拨为捅击动作，控制不住球。③支撑脚偏后，推拨球后重心滞后，导致人球分离。

纠正方法：①强调运球脚脚跟提起，脚尖下指，以脚背正面推拨球。②运球腿膝、踝关节要张弛交替、放松协调，要以推拨方式控制运球的力量和方向。③要求支撑脚尽可能地接近球，使球始终处于身体的有效控制范围。

（3）脚背内侧运球。脚背内侧运球的动作特点是控球稳，运球速度较慢，适用于掩护性运球或运球变向。

动作方法：自然跑动，步幅稍小，上体略前倾并向球侧稍转，两臂协调摆动。运球腿屈膝提起，脚尖稍外转，前摆用脚背内侧部位向侧前推拨（图5-2-9）。

图 5-2-9

易犯错误：①身体重心过高或侧倾不够，影响运球变向。②推拨球动作不稳定，影响控球效果。

纠正方法：①运球过程中，要保持重心稍下沉、躯体略侧倾的状态。②推拨球动作相对稳定，才能有效地控制推拨球力量与方向。

（4）脚内侧运球。脚内侧运球的动作特点是易控球，但速度慢，适用于掩护性运球。

动作方法：支撑脚在球的侧前落位，膝微屈，上体稍前倾侧向球，随重心前移运球脚膝外转，用脚内侧部位推拨球前进（图5-2-10）。

易犯错误：①支撑脚选位不当，挡住球路或影响运球脚做动作。②运球腿膝、踝关节僵硬，直腿推拨球，动作紧张。

纠正方法：①支撑脚的脚趾方向要与运球方向保持一致。②强调运球腿自然屈膝提起，膝踝外转，推拨球后自然落步，交替进行。

图 5-2-10

（5）运球过人方法。上述仅是运球的基本方法，掌握了这些基本方法后，在无对手阻拦时可以将球控制在自己的周围。但若遇对手阻拦时要想越过对手的阻拦，必须恰当地综合使用这些方法，抓住对手瞬间出现的漏洞，达到越过对手的目的。

① 利用速度强行过人。持球者以突然的快速推拨球（力量稍大一些）并与快速的奔跑相结合越过对手的阻拦。这种方法主要是利用自己起动速度快的优点和抓住对手反应慢的弱点。

② 利用身体掩护强行过人。当持球者接近对手时双方速度减慢，持球者侧身用身体靠住对手以另一侧脚将球拨出。

③ 利用急停急转变向运球过人。持球者面对防守人运球，运用速度突然急停、急转或左右变向运球过人，达到诱骗和迷惑对手的目的。

④ 利用穿裆球过人。当运球者遇到对手从正面阻拦时，发现对手防守时两脚开立较大，且重心在两脚之间，运球者应侧身运球接近对手，抓住时机将球从对手两脚之间推、拨过，并迅速从防守人侧面越过并控制好球。

⑤ 即兴发挥（推、拨、挑、拉、扣、颠球等）过人。单脚或双脚轮流选用上述动作，使组合起来的动作适时地变化运球的方向与速度，使对手难于判断过人的时机与方向，或者造成对手重心出现错误的移动，运球者抓住其漏洞失误而越过对手。

⑥ 人球分路过人。这种方法主要是利用防守者将注意力集中在球上，并认为可以触到球的心理，达到过人的目的。当防守人出脚抢球时，运球者抢先将球推、拨到前方，而防守人的抢球脚未触到球着地时，身体重心也移过来了，这时运球者迅速从防守的另一侧越过去控制球，防守者再转过身起动很难追上。

⑦ 运球假动作过人。这种方法是运球者运用腿部、上体的晃动使对手产生错觉，在防守人在做抢球动作时，使其重心产生错误的移动，运球者则抓住时机从另一方向越过对手。足球比赛中，运动员为了争取时间、空间的优势，取得控球权或控制好球以达到射门的目的，常采用一些虚假动作来演示自己的真实意图，达到诱骗对手而造成防守失误。

动作方法：

① 传球前的假踢。进攻队员传球前为了使堵住传球路线的对手闪开空当，可先向一方做假踢动作，当对手去堵假踢的传球路线时，突然改变踢球脚法将球从另一方向传出（图 5-2-11）。

图 5-2-11

② 运球过人虚晃假动作。如面对对手运球过人时，对手逼的较紧，可向一侧用身体或腿部做虚晃动作，诱骗对手跟随运球虚晃动作发生偏移，然后迅速用另一侧脚背外侧向同侧拨球，并转身越过对手（图 5-2-12）。

图 5-2-12

③ 减速或停顿假动作。如快速运球时，对手在自己一侧紧追，待与自己跑平时，做一个突然减速或停顿的假动作，使对手产生错觉或反应不及。当对手也减速或停顿时突然加速拨球摆脱，将其甩在身后。

易犯错误：①运球技术运用不合理，假动作不够逼真，真动作衔接过慢，失去假动作意义。②由于触球部位不恰当，运球时球不能按照运球者的意图运行。③运球者眼睛只盯着球，不能随时观察周围情况，因而不能根据临场情况及早采取措施。④运球时步幅过大，重心偏高，不能随心所欲地触球控球。⑤身体僵硬影响了动作的协调配合，造成不恰当的触球，或触球时力量过大。

纠正方法：①注意观察对手所处的位置，然后再决定自己所采取的过人方法。②掌握好过人的时机。过人的时机要根据临场防守人的情况而定。③掌握好过人时的距离，大约1米至1米半为最佳。④比赛中运球过人的方法很多，只有熟练地掌握上述各种运球方法和动作，才能在比赛中很好地把握运球过人的技术。⑤运动假动作过人时，动作逼真，衔接要快，要有随机应变的能力。

6．抢、断球

抢、断球是指防守队员有目的地运用身体的某一部位，将对手控制下或传递中的球夺过来、踢出去、破坏掉的技术动作方法。抢、断球是运动员获得球的主要手段之一，是球队转守为攻的主要途径，是运动员个人防守能力的综合体现。

抢、断球动作结构分析：抢、断球包含抢球和断球两种技术成分，但从其动作过程分析，都是由判断选位、上步抢断、衔接动作三个环节所构成。

（1）判断选位。准确判断是进行有效抢断的前提，是移动选位的依据。

抢球时，守方要对攻方的动作意图、动作时机、动作变化、控球距离等情况进行分析判断，并据此选择和调整自己的防守站位。一般说，抢球的站位应是在对手与本方球门线中点的连线上。当对手背对球门时，可采用贴身紧逼以防其转身。若对手已转对球门方向，则应本着"以堵为主，堵中放边"的原则选位，并伺机抢球。

断球时，守方应准确判断攻方的出球意图、出球时间、出球方向以及传、接队员的位置关系等，选择或调整自己的防守位置。一般情况下，应选在对手与本方球门线中点构成的连线上偏向有球一侧，与对手保持的距离应是向前有利断截，向后有利封堵的距离。距球近时要逼紧，距球远时可松动。在牢牢控制对手的基础上，创造和把握住断球机会。

（2）上步抢断。上步抢断包含抢断时机和抢断动作的成分。在个人防守中，防守要具有攻击性，只要有把握，就要积极抢前断截对方的球，从而在气势上给对方造成压力。而在对手控稳球时，则应注意在封堵过程中找机会抢断，切忌盲目扑抢。

断球的时机，一般是当球运行距离较长，对手注意力在球上并消极等球，而自己的位置又能抢先触球时，要果断出击以抢得先机。

抢球的时机，多是在对手触球刹那，球暂时失控或远离控制时，快速伸脚将球抢过来。

抢、断球的动作方法很多，要针对来球性质及状态选用有效的动作方法。例如，地滚球或低平球可用脚内侧抢断；平球或高球可用胸或头部截击；反弹球可用脚或腹部抢断。也可根据抢球的位置选用相应方法。例如，正面抢球多用脚内侧；侧面抢球可利用规则允许的"合理冲撞"；侧后抢球多用铲球动作弥补位置上的劣势。

无论采用哪种抢、断球动作，都应符合突然、迅猛、准确、可靠的技术要求，要使对方出乎意料或反应不及。抢、断球时，支撑腿要积极后蹬，促进异侧脚跨步抢断，加速重心前移，争取抢先触球，抢断动作要"硬朗"，以增强抢、断球的动作力度，在对抗中占据主动。

（3）衔接动作。抢、断球除在危急情势下具有破坏的性质，多数情况下是为了获得球和控制球。抢、断球动作的结束，应是控球动作的开始。因此，在进行抢或断球时就应考虑后继的动作。一旦抢、断成功，重心能向球的方向快速移动到位，保证抢、断、控球动作的连贯性。

抢、断球动作方法：

1）断球

断球的动作方法，从比赛意义上讲是运动员根据防守和进攻的双重需要，合理地选用接球、踢球、顶球和铲球技术方法。如果需直接将球处理或破坏掉，就可选用踢球、顶球或铲球动作来实现，若是为了将球控在脚下，则可选用合理的接球动作来达到目的。动作的关键是判断准、起动快、连接紧。

2）抢球

（1）正面抢球。在逼近控球队员时，防守队员应控制好身体重心，两膝弯屈，上体略前倾，并注意观察对手的脚下动作，在对手触球的刹那，支撑脚前跨将球接住。如双方对脚触球，则应顺势向上做提拉动作，将球从对方脚背上带出（图5-2-13）。

图 5-2-13

易犯错误：①抢球时机把握不好，不能抢先触球。②抢球动作缺乏力度，提拉速度慢，影响抢球效果。③触球后重心跟进不及时，不能及时控球。

纠正方法：①脚下要留跟，切记不要乱伸脚抢球，一定要判断好。②眼睛看球、余光看人，人球兼顾，反应要快，转身起动要灵敏迅速。③抢截球技术概括成三个字就是"稳"、"准"、"狠"。

（2）侧面抢球（合理冲撞）。当与运球队员成平行位时，重心略降，身体向对手倾靠，手臂贴紧身体。在对手近侧脚离地刹那，用肩以下、肘以上的部位猛力冲撞对手的相应部位，使其重心失去控制，乘机伸脚将球控在脚下（图5-2-14）。

（3）侧后抢球。侧后抢球多是在对手突破情境下进行的回追反抢，由于位置上的劣势，因此须靠抢前动作争取主动，通常采用倒地铲球的动作方法。

同侧脚铲球。在对手触拨球的刹那，异侧脚猛力蹬跨，同侧脚顺势以外侧沿地面对球滑出，用脚背或脚尖将球铲出，随后小腿及大腿外侧、臀部依次着地缓冲，并顺势翻转起身（图 5-2-15）。

图 5-2-14　　　　　　　　　　　　　　图 5-2-15

异侧脚铲球。掌握好铲球时机，用同侧脚后蹬发力成跨步，异侧脚顺势以外侧沿地面对球滑出，用脚底部将球铲出。也可用小腿挡住来球，将球卡在两腿之间再夺过来控制住。铲球后顺势翻转起身（图 5-2-16）。

图 5-2-16

易犯错误：①蹬跨发力不足，滑降速度慢，铲不住球。②着地支撑缓冲动作不合理，造成损伤。③铲球后起身动作缓慢，影响动作的连贯性。

纠正方法：①蹬跨发力要快、准、狠、铲球腿与地面的水平夹角要小。②手臂支撑要保持手指向前，避免反关节支撑导致损伤。③铲球后要借助下滑或翻转的惯性快速起身。

7. 头顶球

头顶球是指运动员有目的地用前额将球击向预定的目标的动作。当今足球比赛中利用头顶球破门得分已经成为获得比赛胜利的重要手段。可见，头顶球技术已成为一个队的进攻手段及防守时的战术。

技术动作结构分析：头顶球技术是由判断与选位、蹬地与身体摆动，击球动作及击球后身体的控制四个环节组成。

（1）判断与选位。判断与选位是完成顶球动作的前提，可直接影响顶击球的时间、力量和方向。合理的选位应以准确的判断为依据。因此，首先要判断来球的路线、速度和性质，并据此进行相应的移动选位，选位中两眼要始终注视球的发展变化，以便及时调整自己的移动路线，使自己处于最佳的顶球位置（这一位置既能保证顶球动作的顺利完成，又能达到理想的出球效果）。

（2）蹬地与身体摆动。蹬地是顶球的起始用力阶段。其作用：一是利用下蹬反作用力，起跳腾空，使身体到达跳顶位置；二是通过有力的后蹬，加速身体摆动，增大顶击力量。

身体摆动是顶球的主要力量来源。摆动的效果主要取决于腰腹部肌肉的力量与动作协调性。摆动的幅度应根据顶球的目的确定。大摆幅的动作方法是通过身体的反向背弓或侧屈，使另一侧的肌肉充分伸展拉长，以加强腹背肌肉的屈伸作用、为加快摆速创造条件。大摆幅的顶球力量大，出球有力、速度快。适用于远距离的传球、破坏球和大力射门。小摆幅是利用腹部肌肉的弓身拉长与收缩，靠颈部猛然的加力顶击球，其动作准备期短，动作突然，出球线路灵活多变，但力量较小，适用于短传和近射。

（3）击球动作。击球是顶球技术的关键环节，决定顶球的质量和效果。该技术环节又包含有击球时机、击球部位和击球刹那颈部发力等细节。

击球时机直接影响摆体动作的功效性。从理论上讲，最佳的时机应是在头部摆至垂直部位时发力顶击，因为这时身体重心相对平稳，便于动作控制，能够充分发挥摆体的速度，否则将会影响顶球的力量。

击球部位指顶球时头与球的对应部位，它直接影响顶球的准确性和力量。因此，应根据来球的路线、出球的方向和目的确定相应的击球部位，以保证球能按预定的目标运行。

颈部的发力动作应短促有力，才能较好地把握顶击时机，并保证击球的速度。常见的有向前顶送、向下点去、向侧摆甩和向后蹭顶等发力动作，击球时颈部的功能性紧张具有一定的保护作用。

（4）击球后身体的控制。顶球后身体姿势的控制直接影响下一步的行动。因此在冲顶、跳顶、争顶或鱼跃顶球后，既要注意落地缓冲和保护动作，又应注意控制身体姿势，调整身体重心，加快动作转换。

动作方法：

1）前额正面头顶球

原地头顶球：身体正对来球方向，眼睛注视球的飞行轨迹，及时移动选位，两脚左右开立或前后开立，膝关节微屈，重心置于两脚间的支撑面上，两臂自然张开，置于头的两侧。当球运行到将垂直于地面的垂线时，两腿用力蹬地，迅速向前摆体，微收下颌，在触球瞬间颈部做爆发式振摆，用前额正面击球中部，上体随球前摆（图5-2-17）。

原地跳起头顶球：这种技术在本方传来或对方传来高球时运用。两膝屈，重心下降，然后两脚用力蹬地起跳，同时两臂屈肘上摆，在身体上升阶段展腹挺胸，两臂自然张开，置于头的两侧，眼睛注视来球，身体自然成背弓。当球运行至身体额状面时，迅速收腹，上体前摆，触球瞬间颈部做爆发式振摆，用前额正面将球顶出，同时两腿向前做振摆，球顶出后两腿屈膝屈踝落地。

图 5-2-17

跑动跳起头顶球：一般助跑跳起顶球时都使用单脚起跳。根据来球的速度及球运行的轨迹，选好起跳位置，及时跑到起跳点，起跳前一步稍大些，起跳脚用力蹬地起跳，同时另一腿屈膝上摆，两臂屈肘自然上提。其余各环节与原地跳起头顶球相同（图5-2-18）。

图 5-2-18

易犯错误：①由于害怕心理，顶球时闭眼，造成错误部位顶球。②对运行中球的速度、轨迹判断不准因而不能很好选择顶球位置与起跳位置，造成顶不着球。③由于习惯性闭眼或害怕缩颈等使接触球部位不准，影响出球准确性。④跳起头顶球时，由于不能很好地控制身体，容易产生不协调的摆动，不仅影响出球力量，也影响出球的准确性。⑤掌握起跳时机不佳，过早或过晚，造成顶不着球或顶球无力。

纠正方法：①要求身体整体性地自下而上发力顶击。②前额要在身体重心的垂直部位顶击球。③眼睛要睁大，迎来送往球。④可通过助跑路线，起跳速度和摆体动作的调整，合理控制起跳点、起跳时机和击球效果。

2）前额侧面头顶球

该技术的特点是动作快捷、变向突然、出球线路难以预测，对球门的威胁性极大。但动作难度较大，侧摆发力不足，出球方向较难控制，适用于应急时破坏球和接传中球顶射。

原地顶球时，身体稍侧对来球，两脚前后开立，出球侧支撑腿在前，身体侧后微屈，重心落在后腿上，两臂自然张开，眼睛注视来球。顶球时，后脚向出球方向猛力蹬伸，身体随之向出球方向转动侧摆，同时颈部侧甩发力，用前额侧部将球击出（图5-2-19）。

图 5-2-19

跳起顶球时，动作类似前额正面的跳顶，只是在起跳上升阶段，上体应向出球的相反方向回旋转体。当重心升至最高点时，上体向出球侧加速转动，摆体侧甩，可利用脚的侧下蹬加快侧摆速度，用额侧部将球顶出。

易犯错误：①身体侧屈转体和回转侧摆动作不协调，顶球发力不足。②支撑脚站位不当，不能充分利用腰腹力量。③起跳点和起跳时机掌握不好，影响顶球动作质量和出球效果。④起跳与空中动作不协调，相互脱节，无法完成跳顶动作。

纠正方法：①预摆要尽量向异侧回转侧屈，加大摆击发力。②支撑脚要前后开立，以保证侧摆有稳固的支点，充分发挥腰部力量。③在准确判断来球的速度、高度、弧度的基础上选好起跳点和起跳时机。④起跳—腾空—摆击—落地缓冲动作要协调有序、一气呵成。

8．掷界外球

动作方法及要领：

（1）原地掷界外球。身体面对出球方向，两脚前后或左右开立，每脚均应有一部分站立在边线或边线外。膝关节弯屈，上体后仰成背弓，重心移到后脚上（左右开力时，重心在两脚间），两手自然张开，拇指相对，持球的侧后部，屈肘置于头后。掷球时，后脚用力蹬地（或两脚用力蹬地），两腿迅速伸直，身体重心由后脚移到前脚，收腹屈体，同时两臂急速前摆。当球摆到头上时用力甩腕将球掷向目标点。掷球后，后脚可沿地面向前滑动，两脚均不得离地。

（2）助跑掷界外球。两手持球放在胸前，在助跑迈出最后一步时，上体后仰成背弓要充分，同时将球上举至头后，掷球时的动作与原地掷界外球动作相同。将球掷出后，后脚可在地面上向前滑行，但不得离地。

易犯错误：①近距离掷球时，易出现动作不连续而造成违例。②远距离掷球时，易出现两臂不均匀而形成单臂掷球的错误动作。③掷出的球弧度过大从而影响球的远度。④出球无力。⑤助跑掷界外球时，易出现动作脱节和掷球后身体过分前倾形成单脚离地。

纠正方法：①巩固掷界外球的理论知识，在理论的指导下多练习掷球动作。②放慢动作速度，重点体会掷球的用力顺序，并且适当减小蹬地力量。③发展上肢力量、腰腹力量、腿部力量和身体的协调性，在练习中逐渐协调掷球动作。④熟练动作，使掷球动作更连贯更协调。同时增大蹬地力量、加快摆体、收腹的速度、缩短球出手的时间。⑤加强垫步练习和助跑与掷球动作的衔接。适当地加大两脚的距离来控制身体向前的冲力。

（二）足球基本战术

足球战术是指在比赛中为了战胜对手，根据主客观的实际所采取的个人行动和集体配合。足球战略是指球队对待某一特定比赛的态度。采取不同战略时，运用的战术可能相同。例如：比赛双方都会运用二过一这一相同战术，但两队对比赛的态度却可能不同，一队可能采用防守反击战略而另一队却可能采用全攻全守战略。

足球战术包括：个人战术、小组战术、全队战术和定位球战术。根据本队持球与否又可分成进攻战术和防守战术两大方面。

1. 个人进攻战术

队员在准备接应同伴（第一进攻者）之前，提前观察、提前思维至关重要。他需要提前观察周围情况，以便在接球后在以下三种战术方法中做出选择：利用假动作或运球来突破对手；将球传给同伴并跑动接应该同伴的再次传球；直接射门。接球时队员第一次触球是非常重要的。第一次触球能创造足够的空间。在有防守压力的情况下，队员要保护好球。

一场足球比赛纯比赛时间平均为 60 分钟。一名队员的实际触球时间约在半分钟到 2 分钟之间。在比赛的绝大多数时间内他都是处于无球状态。因此，队员的无球活动将对比赛产生重大作用。典型的无球活动有：跑到有利的位置接应控球队员；通过渗透跑位，插入防守队员的身后空当；拉开跑位创造空间；穿插跑位调动防守队员离开防守位置。

2. 个人防守战术

封住内线：封住内线即"站在球门一侧并在防守对象的内侧"，这是基本原则。

延缓：如果对手已经控制好球，这时你接近控球队员时一定要非常谨慎。猛冲上去抢球是非常危险的。相反，你必须向后退以延缓控球队员的行动。在这段时间内你的同伴会有时间回位布防，占据有利位置形成对攻方队员的防守压力。

把握进攻队员的节奏：防守队员决不要盲目过早地抢球，并采用最后一招以期望尽早将球夺回。防守队员要把握进攻队员的节奏，以便自己对比赛情况做出判断后再采取行动。

迫使进攻队员陷入本队防守阵：当防守队员延缓他的对手时，应当迫使进攻队员远离球门并向边线移动，最好使进攻队员进入本方防守阵，以便防守队员寻找抢球机会。

3. 小组进攻战术

小组进攻战术如图 5-2-20 所示。

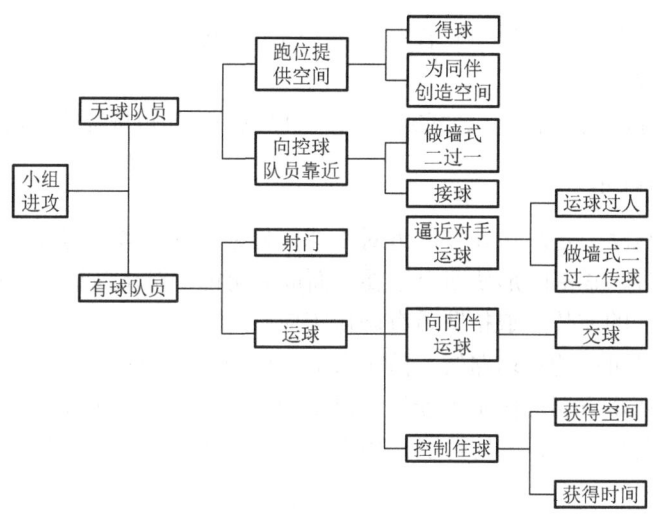

图 5-2-20

4. 小组防守战术

小组防守战术如图 5-2-21 所示。

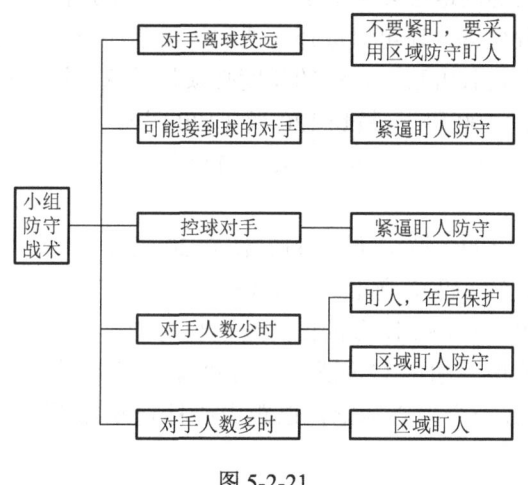

图 5-2-21

5. 全队进攻战术

最佳的进攻战略是建立在直接打法之上的,约 85%的进球是来自于 5 次或 5 次以下传球的进攻配合。(直接打法:有控制地向前进攻,传球数量应以实现创造射门机会为准则)。

(1) 第一目标是在开辟攻入进攻三区的通道方面比对手做得更出色,应掌握四种技术:①对防守后方的向前长传。②无球向前跑。③把球前传至有策应角度且能继续向前进攻的同伴脚下。④接球与带球转身,并向前带球跑。

(2) 第二目标是在进入进攻三区后加快或保持进攻速度。在此,以下五个方面非常重要:①抓住每一次射门机会。②若有可能,借助运球来突破对手。③寻找向防守人后方的传球机会。④自边路向防守人后方尽早传中。⑤获得更多的定位球；传中；在进攻三区内夺回控球权。

（3）第三目标通过边路的套边式或墙式配合以及中路的短传渗透进入禁区完成射门。

6．全队防守战术

最佳的防守战略，是尽可能在靠近对手球门处夺球（进攻三区和中区）。

对防守者来说，紧密队形使四个重要局面成为可能：可迅速逼抢控球队员，这将阻止，至少是延迟他的前传；逼抢队员有同伴策应；

封锁控球队员可能的传球路线；队员可追盯向前跑动的对手。

若防守队员在本方罚球区附近能达到以下四个目标，球门失守的可能性将会更少：①抢先夺球。②向高、远、偏处解围。③防守远门柱区域。④不要在防守三区内被对手夺球。

三、足球竞赛规则概述

（一）比赛场地

在一般情况下，比赛场地必须全部是天然草坪；如果竞赛规程允许，可以选择全人造草坪；如果竞赛规程允许，还可以选择人造和天然草坪混合的场地。

足球比赛场地必须是长方形，边线的长度必须长于球门线的长度。

长度：最短 90 米（100 码），最长 120 米（130 码）。

宽度：最短 45 米（50 码），最长 90 米（100 码）。

国际比赛场地如下：

长度：最短 100 米（110 码），最长 110 米（120 码）。

宽度：最短 64 米（70 码），最长 75 米（80 码）。

国际足联曾规定世界杯决赛阶段的比赛场地长为 105 米、宽为 68 米。比赛场地用线来标明，所有线的宽度不超过 12 厘米（5 英寸）。比赛场地被中线划分为两个半场，在场地中线的中点处做一个中心标记，以距中心标记 9.15 米（10 码）为半径画一个圆圈。

（二）球

用皮革或其他适当的材料制成，国际足联和国际联合会主办的比赛中，所使用的球必须有下列三种标志之一：正式的"国际足联批准"标志，或正式的"国际足联监制"标志，或经证明的"国际比赛球标准"。球的周长在 68~70 厘米；球的重量在比赛开始时不少于 410 克，不多于 450 克；压力在 0.6~1.1 个大气压（世界杯赛一般采用 0.9 个大气压）。

（三）队员人数

一场比赛应有两队参加，每队上场队员不得多于 11 名，其中必须有一名守门员，如任何一队少于 7 人则比赛不能开始。

在由国际足联、洲际联合会或国家足协主办的正式比赛中，每场比赛最多可以使用 3 名替补队员。

替补程序必须遵守规则：替补前应先通知裁判员；替补队员在被替补队员离场，并得到裁判员信号后方可进入比赛场地；替补队员只能在比赛停止时从中线处入场；当替补队员进入比赛场地，即完成了替补程序，从那时起替补队员成为场上队员，而被替补队员终止为场上队员，不得再次参加该场比赛；所有替补队员无论上场与否，裁判员均有权对其行使职权。

（四）队员装备

比赛队员必需的基本装备：运动上衣、短裤、护袜、护腿板、足球鞋。

队员不得使用或佩戴可能危及自己及其他队员的装备或任何物件（包括各种珠宝首饰）。

每名守门员的服装颜色必须有别于其他队员、裁判员和助理裁判员。

（五）裁判员

权限和职责：①执行竞赛规则。②与助理裁判员及当有第四官员时，和他们一起控制比赛。③确保任何比赛用球符合规则第二章的要求。④确保队员装备符合规则第四章的要求。⑤记录比赛时间和比赛成绩。⑥因违反规则停止、推迟或终止比赛。⑦因外界干扰停止、推迟或终止比赛。⑧如果他认为队员受伤严重，则停止比赛，并确保将其移出比赛场地。受伤队员只有在比赛重新开始后才能重返比赛场地。⑨如果他认为队员只受轻伤，则允许比赛继续进行直到成死球。⑩确保队员因受伤流血时离开比赛场地。该队员经护理后流血停止，在得到裁判员信号后方可重回场地。⑪当一个队被犯规而根据"有利"条款能获利时，则允许比赛继续开始，如果预期的"有利"在那一刻没有接着发生，则判罚最初的犯规。⑫当队员同时出现一种以上的犯规时，则对较重的犯规进行处罚。⑬裁判员不必立即向可以被警告和罚令出场的队员进行处罚，但当比赛成死球时必须这样做。⑭向对自己行为不负责任的球队官员进行处罚，并可酌情将其驱逐出比赛场地及其周围地区。⑮对自己未看到的情况，可根据助理裁判员的意见进行处罚。⑯确保未经批准的人员不得进入比赛场地。⑰比赛停止后重新开始比赛。⑱将在赛前、赛中或赛后向队员和球队官员进行的纪律处分，及其他事件的情况用比赛报告提交有关部门。

（六）其他比赛官员

每场比赛可以指派其他比赛官员（两名助理裁判员，一名第四官员，两名附加助理裁判员和一名替补助理裁判员）。他们根据竞赛规则协助裁判员控制比赛，但由裁判员做出最终决定。

1. 职责

①当球的整体越出比赛场地时。②应由哪一队踢角球、球门球或掷界外球。③可以

判罚处于越位位置的队员时。④当要求替换队员时。⑤当发生在裁判员视线外的不正当行为或任何其他事件时。⑥无论何时，当犯规发生时助理裁判员比裁判员更接近于犯规地点（特别是这种犯规发生在罚球区内）。⑦当踢球点球时，在球被踢出之前守门员是否向前移动，以及球踢出后是否进门。

2. 协助

助理裁判员还应依据竞赛规则协助裁判员控制比赛。在特殊情况下，助理裁判员可以进入场内协助裁判员控制好9.15米的距离。助理裁判员如有过分干预或不合适的表现时，裁判员可解除其职责并将报告提交有关部门。

（七）比赛时间

比赛分为两个半场，每半场45分钟，中场休息不得超过15分钟。特殊情况经裁判员和双方同意另定除外。任何改变比赛时间的协议都必须在比赛开始之前制定，并要符合竞赛规程。在每半场比赛中损失的所有时间，根据裁判员的判断应予补足。

（八）比赛开始和重新开始

1. 预备

通过掷币，猜中的队决定上半场比赛的进攻方向，另一队开球开始比赛；猜中的队在下半场开球开始比赛，下半场比赛两队交换比赛场地。

2. 开球

开球是比赛开始和重新开始的一种方式。在比赛开始时；在进球得分后；在下半场比赛开始时；在决胜期两个半场开始。开球可以直接射门得分。

3. 程序

所有队员在本方半场内；开球队的对方队员，应距球至少9.15米（10码），直到比赛进行；球应放定在中心标记上；裁判员发出信号；当球被踢并向前移动时比赛即为进行；开球队员在球未经其他队员触及前不得再次触球。

（九）比赛进行与停止

比赛停止（死球）：当球不论从地面或空中全部越过球门线或边线时；当比赛已被裁判员停止时。

比赛进行：其他所有时间均为比赛进行中，包括球从比赛官员、球门柱、横梁或角旗杆弹回场内。

（十）比赛结果的决定

进球得分：当球的整体从球门柱间及横梁下越过球门线，且进球球队在进球前根据竞赛规则并未犯规或者违例，即为进球得分；如果球的整体还没有完全越过球门线，裁判员即用信号示意球进门，应以坠球形式重新开始比赛。

获胜的队：在比赛中进球数较多的队为胜者。如两队进球数相等或均未进球，则比赛为平局。

当竞赛规程要求一场比赛或主客场两回合比赛成平局后需要决出胜者时，只能遵循下列程序来决定胜者：客场进球规则、加时赛、踢球点球决胜。

（十一）越位

越位包括三大因素：时间因素、位置因素和获利因素。判罚越位时，三者缺一不可。

1. 时间因素

在同队队员踢或触及球的一瞬间。

2. 位置因素

队员处于越位位置：队员比球和最后第二名对方队员更接近于对方球门线。队员不处于越位位置：他在本方半场内、他齐平于最后第二名对方队员、他齐平于最后两名对方队员。

3. 获利因素

队员处于越位位置本身并不犯规。裁判员认为其就下列情况而言"卷入"了现实比赛中才判为越位犯规：干扰比赛、干扰对方队员、利用越位位置获得利益。

队员直接接球门球、掷界外球、角球，没有越位犯规。

（十二）犯规与不正当行为

下列情况将判罚犯规或不正当行为：

1. 直接任意球

裁判员认为，如果队员草率地、鲁莽地或使用过分的力量违反下列犯规中的任何一种，将判给对方踢直接任意球：①踢或企图踢对方队员。②绊摔或企图绊摔对方队员。③跳向对方队员。④冲撞对方队员。⑤打或企图打对方队员。⑥推对方队员。⑦为了得到对球的控制而抢截对方队员时，于触球前触及对方队员。⑧拉扯对方队员。⑨向对方队员吐唾沫。⑩故意手球（不包括守门员在本方罚球区内）。

2. 间接任意球

如果守门员在本方罚球区内违反下列犯规中的任何一种，将判给对方踢间接任意球：①用手控制球后在发出球之前持球超过6秒。②在发出球之后未经其他队员触及，再次用手触球。③用手触及同队队员故意踢给他的球。④用手触及同队队员直接掷入的界外球。

裁判员认为，队员在出现下列情况时，也将判给对方踢间接任意球：①动作具有危险性。②阻挡对方队员。③阻挡对方守门员从其手中发球。④因规则第12章以前未提及的任何其他犯规，而停止比赛被警告或罚令出场。

3．可警告的犯规

如果队员违反下列犯规中的任何一种，将被警告并被出示黄牌：①犯有非体育道德行为。②以语言或行动表示异议。③持续违反规则。④延误比赛重新开始。⑤当以角球或任意球重新开始比赛时，不退出规定的距离。⑥未得到裁判员的许可进入或重新进入比赛场地。⑦未得到裁判员的许可故意离开比赛场地。

4．罚令出场的犯规

如果队员违反下列犯规中的任何一种，将被罚令出场：①严重犯规。②暴力行为。③向对方队员或其他任何人吐唾沫。④用故意手球破坏对方的进球或明显的进球得分机会（不包括守门员在本方罚球区内）。⑤用可判为任意球或点球的犯规，破坏对方向本方球门移动着的明显的进球得分机会。⑥使用无礼的、侮辱的或辱骂性的语言及动作。⑦在同一场比赛中得到第二次警告。

注：被罚令出场的队员必须立即离开比赛场地附近及技术区域。

（十三）任意球

如果一名队员发生犯规或者违规等行为，将由对方球队罚直接任意球或者间接任意球。无论是直接任意球还是间接任意球必须将球放定。踢球队员在未经其他队员触及前不得再次触球。

（1）直接任意球。①如果直接任意球直接踢入对方球门，判为得分。②如果直接任意球直接踢入本方球门，判给对方踢角球。

（2）间接任意球。只有当球进门前触及到另一名队员才得分。①如果间接任意球直接踢入对方球门，判为球门球。②如果间接任意球直接踢入本方球门，判给对方踢角球。

（十四）罚球点球

当比赛进行中，一个队在本方罚球区内由于违反了可判为直接任意球的各种犯规之一而被判罚的任意球，应执行罚球点球；如进入决赛阶段比赛时，上、下半场及加时赛均为平局，未决出胜负则以罚球点球的方式决出胜负。

（十五）掷界外球

比赛进行中，当球的整体从地面或空中越过边线时即为出界。此后，应由出界前最后触球队员的对方队员在球出界边线外一米范围内，站立将球掷向场内任何方向。球一进场，比赛即为开始。

（十六）球门球

队员将球的整体从空中或地面踢出对方球门线（不属于进球得分）时，由对方的球门区内任何一点踢球门球，踢球门球时，对方队员应退出罚球区。

（十七）角球

比赛中，队员将球的整体由地面或空中踢出本方球门线（不属于进球得分）时，由对方在出界一边的角球弧内踢角球。角球可以直接射入对方球门得分。

第三节 排　球

排球和软式排球

一、排球运动起源与发展简介

排球运动于 1895 年起源于美国，由美国麻省好利诺城青年会干事威廉·摩根首创。

排球运动于 1900 年传入亚洲时为 16 人制（每排四人，分四排站位）。后来亚洲排球运动自成体系，演变为 12 人制（每排四人，分三排站位）和 9 人制（每排三人，分三排站位），以及至今的 6 人制排球。在亚洲，排球运动首先传入日本，1905 年传入中国，1910 年传入菲律宾。排球传入欧洲比亚洲稍晚，1917 年传入法国，但是因为排球传入欧洲就是 6 人制，所以欧洲排球运动发展较快，水平较高。我国：1905～1919 年，16 人制；1919～1927 年，12 人制；1927～1951 年，9 人制；1951 年至今，6 人制。

二、排球技术

（一）排球技术的概念

排球技术是指运动员在比赛规则允许的条件下采用的各种合理击球动作和配合动作的总称。它是排球运动的基础和重要组成部分。

排球技术有两种：一种是有球技术，包括传球、垫球、扣球、发球和拦网；另一种是无球技术，包括准备姿势、移动、起跳及各种掩护动作等。排球技术主要由步法和手法组成。

排球技术的特点：①完成各种技术动作的时间短促。②各种技术动作都是球在空中飞行时完成。③大多数技术具有攻防两重性，如拦网、传球、垫球。④身体各部位都能触球。

（二）准备姿势和移动

1. 准备姿势

两脚左右开立稍比肩宽，一脚在前，两脚尖稍内收，两膝弯屈成半蹲。脚跟稍提起，身体重心稍前倾，两臂放松，自然弯屈，双手置于腹前。身体适当放松，两眼注视来球，两脚始终保持微动（图 5-3-1）。

图 5-3-1

2. 移动步法

（1）滑步。当来球距离身体较近、弧线较高时，可采用滑步。

（2）交叉步。当来球距离身体2米左右时，可以使用交叉步。

（3）跨步。当来球较低且距身体较近时，可采用跨步。首先向移动方向跨出一大步，同时屈膝，上体前倾，身体重心移至跨出腿上。

（4）跑步。采用跑步移动时，两臂要配合摆动，应根据来球的方向，边跑边转身。

（5）综合步法。将以上各种步法结合起来综合运用。

（三）传球技术

传球技术包括：正面传球、背传、跳传，本书以正面传球为例。

正面传球技术如下：

（1）准备姿势。看清来球，迅速移动到球的落点，对正来球，两脚左右开立，约同肩宽，左脚稍前，右脚脚跟稍提起，两膝微屈，上体稍前倾，两臂弯屈置于胸前，两肘自然下垂，两手成传球手形，眼睛注视来球方向。

（2）击球点。击球点在前额上方约一球距离处。

（3）传球手形。当手触球时，手腕稍后仰，两手自然张开，手指微屈成半球状。两拇指相对成"一"字形或"八"字形，两拇指间的距离不能过大，以防漏球（图5-3-2、图5-3-3）。

（4）击球用力。球来时，两手微张迎球，用拇指内侧，食指全部，中指的二三指节触球的后下部，无名指和小指触球两端。用手指的弹力、手臂和身体协调的力量将球传出。

 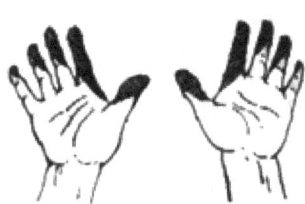

图5-3-2　　　　　　　　　　　　　　图5-3-3

（四）垫球技术

（1）准备姿势。正面对正来球方向，两脚开立稍宽于肩，一脚在前，两脚跟提起，前脚掌着地，两膝弯屈微内收，重心在前，双臂自然弯屈置于腹前。

（2）手形、击球点、触球部位。当球接近腹前时，两手重叠，掌跟靠拢，合掌互握，两拇指平行朝前，手臂伸直，手腕下压，用前臂外旋形成的平面靠近手腕的部分击球的后下方。击球点在腹前一臂左右距离，便于控制用力大小并可根据垫球的方向，调整手臂的角度（图5-3-4）。

（3）击球用力。垫轻球时，两臂靠拢前伸插入球下，靠手臂上抬力量增加球的反弹力，同时配合蹬地跟腰动作，使身体重心向前上方移动，击球时，两臂要形成一个平面，身体和两臂要有自然的随球伴送动作，以便控制球的方向和落点（图5-3-5）。

图 5-3-4　　　　　　　　　　　图 5-3-5

垫中等力量球时，由于来球有一定的速度，因此，垫球时的抬臂动作要小，速度要慢，主要靠来球本身所造成的反弹力将球垫起。

垫重球时，应采用收腹含胸的动作，手随来球屈肘、后撤，缓冲来球力量，控制垫球的距离。球距离身体较远、击球点较低时，手臂在缓冲用力过程中，要采用屈肘翘腕的动作把球垫在手腕部位的虎口处。

（五）技术运用（接发球垫球、接扣球垫球、接拦回球）

（1）接发球垫球。

① 接大力发球。大力发球的特点是力量大、速度快、球旋转力强，但球运行轨迹较固定，容易判断。接这种球时，要对准来球，迅速降低身体重心，手臂插入球下保持不动，让球自己弹起。如击球点低时，也可用翘腕动作击球。

② 接飘球。飘球的特点是飞行速度快、不旋转、飞行轨迹飘忽不定，接发球时很难判断球的落点。接这种球时，首先要判断好来球落点，快速移动取位，对准来球，主动伸臂插入球下击球。击球时，要配合蹬地、提肩、送臂的全身协调力量将球击出。

③ 接侧旋球。侧旋球的特点是球的飞行轨迹呈弧线，落点偏向旋转方向一侧。接这种球时，要快速移动，对正来球，重心要靠向球旋转飞行的一侧，用前臂控制球的旋转方向。如接左侧旋球，身体要靠向右侧，右臂抬高，以便截住球的右侧飞行路线，控制球的反弹方向。

④ 接高吊球。高吊球的特点是弧线高，球从空中垂直下落，速度快。接这种球时，首先要判断好球的落点，两臂要向前平伸，等球下落到胸腹间再垫击，击球点不要太低。击球时，抬臂动作要适当，主要靠球自己的反弹力量将球击出。

（2）接扣球垫球。

① 接重扣球。采用半蹲或低蹲准备姿势，两手臂放在腹前，手形与正面垫球相同，要利用含胸收腹的动作，帮助手臂随球屈肘后撤，并适当放松以缓冲来球力量，以手臂和手腕动作控制垫球的方向和角度。

② 接轻扣和吊球。当对方突然改用轻扣和吊球时，自己往往来不及向前移动，这时可采用原地前扑垫球或鱼跃垫球。

③ 接快球。快球因速度快、线路短，一般落点靠前，取位应适当靠前，重心要降低，手臂不要太低，要做好高球挡、低球垫的准备。

④ 接拦网触手的球。这种球由于改变了原来的扣球路线、方向，落点变化不定，接这种球时，要做好向各个方向移动的准备，根据来球的高低、远近，采用不同的击球手法。

（3）接拦回球。

也就是"保护"。拦回球的落点多数在扣球人附近，因此，取位应适当靠前，采用低蹲姿势，手臂插入球下，接球的动作要小，以翘腕或屈肘抬臂动作将球垫起。

（六）发球技术

1. 正面下手发球

这种发球动作简单易学，但球速慢、力量小、攻击性差，适用于初学者（图5-3-6）。

图 5-3-6

（1）准备姿势。发球前，面对球网，两脚前后开立，左脚在前，两膝微屈，上体前倾，重心偏后脚，左手持球于腹前，右臂自然下垂。

（2）抛球。左手将球平稳地抛在体前右侧，离手约一球多的高度。

（3）在抛球的同时，右臂伸直，以肩关节为轴向后摆动。击球时，右腿蹬地，身体重心随着右手的向前摆动前移，在腹前用掌跟击球的后下部。重心随击球动作前移，迅速进场比赛。

注意：抛球不要太高！右臂不要弯屈！

2. 正面上手发球

这种发球由于面对球网站立，便于观察对方，容易控制球的落点。

（1）准备姿势。面对球网站立，两脚自然开立，左脚在前，左手持球于体前。

（2）抛球。左手将球平稳地垂直抛于右肩的前上方，上体稍向右侧转动。

（3）挥臂击球。上体向左转动，迅速收腹带动手臂向前上方挥动，伸直手臂，用全掌击球的后中部。

注意：击球时，手腕要迅速向前做推压动作，使击出的球成上旋飞行（图5-3-7、图5-3-8）。

图 5-3-7

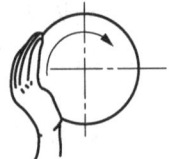 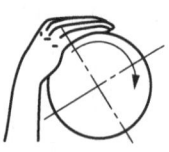

图 5-3-8

3. 正面上手飘球

这种发球不旋转，但球不规则地向前飘晃飞行，使接发球队员难以判断球的飞行路线和落点。这种发球由于面对球网站立，便于观察对方，控制发球方向。上手发球的成功率高，攻击性强，在各种水平比赛中普遍采用。

（1）准备姿势。同"正面上手发球"。

（2）抛球。同"正面上手发球"。

（3）挥臂击球。基本同"正面上手发球"，但是在手触球时，五指并拢，手腕稍后仰，用掌跟平面击球的后中下部。击球瞬间，手指、手腕保持紧张，手形固定，用力要突然、短促。击球结束，手臂要有突停动作。

4. 勾手发飘球

这种发球的飞行特点和"正面上手飘球"基本一致，只是由于发球队员侧面站立，可以充分利用腰部扭转带动手臂加速挥动。这种发球比较省力，但动作较复杂。（图5-3-9）

（1）准备姿势。左肩对网，两脚自然开立，左手持球于体前。

（2）抛球。左手将球平稳地抛在左肩前上方约一臂多高。重心右移，右臂自然向侧后摆动。

（3）挥臂击球。右脚蹬地，上体左转发力，带动伸直的手臂向前挥动，手臂做直线运动。击球瞬间如同"正面上手飘球"。

5. 勾手大力发球

这种发球力量大、速度快、弧线低、球的旋转速度快。（图5-3-10）

（1）准备姿势。左肩对网，两脚自然开立，两膝微屈，左手持球于体前。

（2）抛球。同"勾手发飘球"。

（3）挥臂击球。右腿用力蹬地，利用转体动作带动手臂做直臂弧形挥动，在右肩前上方手臂的最高点击球。击球手形同"正面上手发球"。

图5-3-9　　　　　　　　图5-3-10

注意事项：①要掌握正确的抛球方法，使每次抛球的高度、位置固定。②要掌握正确的击球手法。③要掌握不同的发球方法，能发出不同性能、路线的球。④在发球准确的基础上，加强发球的攻击性。⑤发球练习应与接发球练习结合。

（七）扣球技术

1. 正面扣球

正面扣球是扣球的一种基本方式，正面扣球面对球网，便于观察，准确性较高。

（1）准备姿势。站在离网三米左右处，两脚自然开立，两膝微屈，上体稍前倾，两臂自然下垂，观察二传来球，随时准备向各个方向助跑起跳。

（2）助跑。助跑的目的是获得一定的水平速度，增加弹跳高度，平且选择适当的起跳点。助跑的时机、方向、步法、速度、节奏是根据来球的方向、速度和弧线来决定的。因此，要全面熟练掌握一步、两步、三步及多步助跑的步法。以两步助跑为例：助跑时，左脚先向前迈出一步，接着右脚再迅速跨出一大步，左脚及时并上，落在右脚侧前方，两脚尖稍向内收准备起跳。

助跑的第一步要小，目的是对正上步方向，使身体获得向前的水平速度，第二步要大，目的是接近球和提高助跑的速度，右脚落地支撑点在身体之前，有利于制动。

（3）起跳。在助跑跨出最后一小步的同时，两臂绕体侧向后引，左脚在落地制动的过程中，两臂自后积极向前摆动，随着双腿蹬地向上起跳，两臂配合起跳用力上摆（图 5-3-11）。

（4）空中击球。起跳后，挺胸展腹，上体稍向右转，右臂向后上方抬起，身体成反弓形。挥臂时，以迅速转体、收腹动作发力，依次带动肩、肘、腕各部位关节成鞭甩动作向前上方挥动。击球时，五指微张成勺形并保持紧张，用全手掌包满球，以掌心为击球中心，击球的后中部，同时主动用力屈腕屈指向前推压，使扣出的球加速上旋。击球点在起跳和手臂伸直最高点的前上方（图 5-3-12）。

图 5-3-11

图 5-3-12

（5）落地。空中完成击球动作后，身体自然下落，为了避免腿部负担过重，应尽量用双脚的前脚掌先着地，同时顺势屈膝，缓冲身体下落的力量。

2. 近体快球

近体快球是在二传队员附近约 50 厘米处扣的快球。近体快球主要是进攻速度快，常常使对方来不及拦网和防守。近体快球不但进攻效果好，而且具有较强的掩护作用，是副攻手必须掌握的技术。

近体快球的助跑路线一般同网的夹角保持在 45°左右为宜，助跑时要随一传传出的球同时到网前，当球落在二传队员手上时，扣球队员应在二传手体前约一臂距离处迅速起跳，快速挥臂，将刚传出网口的球扣过网。击球时，利用含胸收腹动作带动前臂和手腕迅速挥动，以全掌击球的后上方。

（1）半快球。半快球是在二传队员附近起跳，扣超出网口两个半球高度的球。半快球比一般扣球速度快，比快球速度慢，队员可利用高点看清对方拦网的手，以便改变扣球手法和扣球路线。半快球的助跑路线一般同球网夹角成 45°左右，起跳一般在二传出手后快速跳起，击球动作同近体快球基本相同，主要利用前臂和手腕加速甩动去击球。

（2）短平快球。扣球队员在二传手体前两米左右，扣二传队员传过来的平快球，叫短平快球。这种球速度快、弧线平，进攻节奏快，在网上进攻点多，有利于避开对方拦网，有较强的牵制和掩护作用。

助跑路线与球网的夹角应小于 45°，要在二传出手的同时起跳，在空中挥臂截击平飞过来的球。击球时，要迅速的以含胸动作带动前臂和手腕加速挥动，以全掌击球的上方，可根据对方拦网手臂的位置，在球平飞过程中寻找击球点。

（3）平拉开快球。扣球队员在 4 号位标志杆附近，扣二传队员传过来的长距离平快球，这种扣球，二传球弧线低而平，飞行速度快，因而进攻的突然性大，进攻区域宽，容易摆脱对方的集体拦网。

平拉开快球的助跑路线应采用外绕助跑，在二传出手后，在标志杆附近起跳，在空中截击球，击球动作与短平快球基本相同，根据击球部位的不同，可扣出小斜线球和直线球。

（4）调整快球。在一传不到位、离网较远时，二传把球调整到网口进行快球进攻，叫调整快球。调整扣球要根据二传的位置及传球的方向、出手的时间，选择好助跑的角度、路线和起跳时间，应边助跑边观察，助跑的路线与球网的夹角要小，以便观察球的飞行路线和落点，使起跳点和二传球的飞行路线形成交叉点，起跳时，左肩斜对网，右臂随来球顺势向前追球。击球时，利用含胸收腹动作，带动手臂向前上方挥动，以全掌击球的后上方，手触球时，手腕要有明显的推压动作，使球上旋。

（5）"时间差"扣球。扣球队员做扣快球或短平快球的助跑和摆臂起跳动作，但实际并不起跳，以欺骗对方拦网队员起跳，在拦网队员下落时，再迅速原地起跳扣半高球或弧线低的球，造成自己扣球与对方拦网时间上的明显差异，称为"时间差"扣球。

关键在于假动作要逼真，为了骗取对方拦网队员的起跳，有时可把摆臂起跳动作做得夸大逼真一些。

（6）"位置差"扣球。

① 短平快球向 3 号错位扣。扣球队员假做扣短平快球助跑，但助跑后不起跳，等

对方队员起跳拦网时，扣球队员突然向右侧跨步起跳扣近体半快球。若采用单脚错位起跳时，在假跳动作后，左脚向右跨一大步起跳，向左转体挥动手臂击球。

② 近体快球向 2 号位错位扣。扣球队员假做扣近体快球助跑，助跑后不起跳，等对方队员起跳拦网时，扣球队员突然向右跨步到二传手身后起跳扣背传半高球。若采用单脚错位起跳时，在假跳动作之后，右脚先向二传手侧面跨出一大步，左脚再向二传手身后跨步起跳，向左转体挥臂扣球。

③ 近体快球向 3 号位错位扣。扣球队员假做扣近体快球助跑，助跑后不起跳，等对方队员起跳拦网时，扣球队员突然向左跨出一步起跳，扣弧线稍高、速度稍慢的短平快球。

④ 背快球向 2 号位错位扣。扣球队员假做扣背快球助跑，助跑后不起跳，等对方队员起跳拦网时，扣球队员突然向右侧跨步起跳，扣背传低平球，若采用单脚错位起跳时，在假跳动作之后，左脚向右跨出一步起跳，向左转体挥臂扣球。

3. 技术运用

1）调整扣球

扣由后场调整到网前的球叫调整扣球。

调整扣球的动作与正面扣球的动作相同，只是要求扣球队员应根据来球的方向、角度、弧线和落点，调整好人、球、网的关系。助跑时，应边助跑边看球，力争在与来球飞行路线形成交叉点处起跳扣球。

2）转体扣球

在击球前，突然改变上体原来的方向和扣球路线。这种球叫转体扣球。

转体扣球一般在 3 号位运用较多，动作与正面扣球动作基本相同，只是起跳时将球保持在左侧前上方。击球时，利用向左转体和收腹的动作，带动手臂向左挥动，以全掌击球的右后上方，改变球的飞行方向（图 5-3-13）。

图 5-3-13

3）转腕扣球

在扣球时利用转腕动作，改变原来手臂挥动方向，使球突然改变路线，叫转腕扣球。

向右转腕扣球，击球时右肩向上提并稍向右转，上体和头部向左偏斜，前臂向外传，肘关节伸直，手腕向右甩动，以全掌击球的左上方。向左转腕扣球则相反。

4）吊球

吊球是扣球的一种变化，比赛中与大力扣球结合使用，可收到较好的效果。

动作方法是起跳后，假做扣球，然后突然改变挥臂扣球动作，用单手将球从对方拦网队员手的上面或侧面吊入对方场区空当。

扣球注意事项：①要熟练掌握助跑起跳步法。②要掌握正确的挥臂击球动作和击球手法。③扣球时应做到边助跑边判断，以便选择正确的起跳时间和起跳点，保持好人与球的位置关系。④与二传手加强配合。⑤与拦网结合进行扣球练习。

（八）拦网技术

1. 准备姿势

面对球网，两脚平行开立约同肩宽，距网 30～40 厘米，两膝微屈，两臂自然弯屈置于胸前，随时准备起跳和移动。

1）移动

（1）并步移动。适合于近距离移动，动作方法是单脚向右（左）迈一步，另一脚并步靠拢（图 5-3-14）。

（2）滑步移动。相距两米左右可以采用滑步移动，连续的并步移动即是滑步。

（3）交叉步移动。这种移动速度快，制动能力强，移动范围大，适用于中、远距离。动作方法是：向右移动时，身体稍向右转，重心移向右脚，接着左脚从右脚前面向右交叉一大步，然后右脚再向右边跨出一步，右脚落地时，脚尖内转，使两脚平行站立，身体正对球网（图 5-3-15）。

图 5-3-14　　　　　　　　　　图 5-3-15

（4）跑步移动。移动距离较远时采用。向右移动时，身体先向右转，左肩对网，顺网跑至起跳点时，左脚跨出一步制动，右脚再向前迈出一步，同时脚尖内转，尽量使双脚保持平行，接着屈膝起跳。

2）起跳

起跳时，重心降低，两膝弯屈，弯屈程度因人而异，两脚用力蹬地，两臂在体侧划小弧用力上摆，带动身体向上垂直起跳。起跳后稍收腹，控制身体平衡。

拦网起跳的时间必须掌握好，应根据对方二传球的高低、远近、快慢以及扣球队员的起跳时间和动作特点来决定。拦高球时，一般应比扣球队员晚跳，拦快球时，可以和扣球队员同时起跳或提前起跳。

3）空中击球

起跳同时，两手从额前贴近并平行球网，向网上沿的前上方伸出，两臂伸直，前臂靠近网，两手尽量伸向对方上空接近球，两手自然张开，屈指屈腕成勺形，两手之间距离不能超过一个球，以防止球从两手之间漏过。当手触球时，两手要突然紧张，手腕要用力下压盖住球的上方，站在靠近边线的拦网队员，为了防止对方打手出界，外侧手掌心在拦击球时要内转。

拦远网扣球时，要尽量向上伸直手臂，不要采用压腕动作，以提高拦击点（图 5-3-16）。

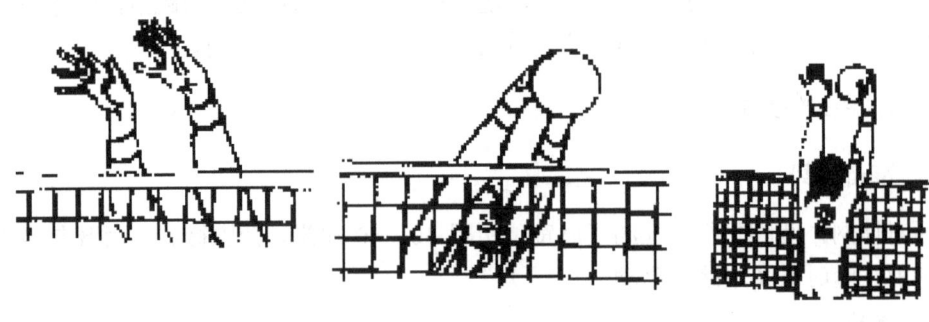

图 5-3-16

4）落地

如已将球拦回，则面向对方，屈膝缓冲，双脚落地。如未拦到球，在身体下落时要随球转身向着球飞出的方向准备做接应救球。

2. 集体拦网

集体拦网的目的是扩大拦网的截击面。

（1）集体拦网要确定以谁为主，密切协同配合，防止各行其是。

（2）主拦队员确定拦网中心，配合队员要及时选好起跳点，起跳时应避免相互冲撞和干扰。

（3）起跳后，手臂在空中要保持适当距离，尽量扩大拦击面，但手与手之间不要距离过大，以免造成漏球。

（4）不同身高的队员要加强起跳时间的配合，一般来说，高个子队员起跳时间应稍晚于矮个子队员。

（5）把身材高、弹跳力强、拦网好的队员换到 3 号位或换到对方扣球威力大的位置上，以加强本方拦网的威力。

注意事项：①要熟练掌握单人拦网技术。②多做移动拦网练习。③要结合各种扣球进行拦网练习，提高拦网的判断能力。④加强集体拦网的相互配合。⑤结合比赛实战进行拦网练习。

三、排球比赛与场地器材

（一）排球比赛特性

排球比赛是由两队球员在一个以球网分隔的比赛场地上进行的一种团队竞技。

比赛的目标是要每队采用合于规定的方法击球过网，落于对方的场地上，同时防止球在自己的场地上落地。每一队有三次机会将球击回对方的场区（拦网触球除外）。

比赛由发球开始，球员击球过网进入对方的场区，双方往返击球，直到球触地、出界或一队无法正确地回击为止。排球比赛中，球队赢得一球则获得一分（得球得分制），当接发球队赢得一球，该队得到一分并取得发球权。

(二)设备与器材

1. 比赛区域

比赛区域包括比赛球场和无障碍区,而且是对称长方形(图 5-3-17)。

2. 球场界线

所有的球场界线皆为 5 厘米宽,且必须为浅色,并与地面及其他线条颜色不同。

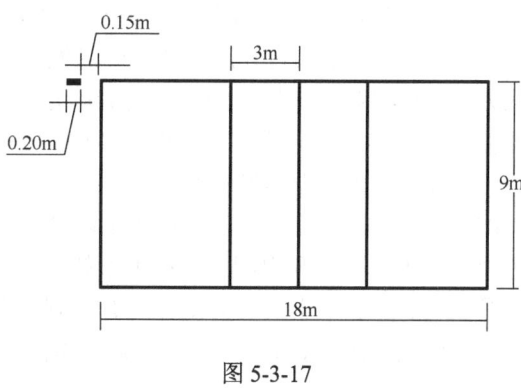

图 5-3-17

3. 球网和网柱

(1)球网高度。球网置于中线上方,男子网高 2.43 米,女子网高 2.24 米。

(2)球网构造。球网宽为 1 米,长为 9.50 米,垂直张挂于中线轴的上方。网面由 10 厘米见方的黑色网孔组成。

(3)标志带。两条宽为 5 厘米、长为 1 米的白色带子垂直紧系于两边线上方球网上。标志带视为球网的一部分。

(4)标志杆。标志杆是一支具有弹性的竿子,长度为 1.80 米,直径为 10 毫米。两支标志杆紧系于标志带的外缘,两边各一支标志杆上部 80 厘米的长度超出网顶,每 10 厘米涂以对比鲜明的颜色,以红白相间为佳。标志杆应视为球网的一部分且作为有效穿越空间的两侧界限。

(5)网柱。网柱为支撑球网,位于球场与边线相距 0.50~1.00 米处,其高度为 2.55 米。

4. 比赛用球和球架

国际比赛时要求将 5 只比赛球放在球架上,比赛采用三球制。

第四节 软 式 排 球

一、运动概述

(一)起源与发展

软式排球运动是继室内排球、沙滩排球之后又一项既具有竞技体育特点,又符合全民健身要求的新兴体育项目。软式排球于 20 世纪 80 年代初诞生于日本的山梨县,1988 年 2 月,日本排球协会制定了软式排球竞赛规则,随后其逐步以独特的魅力全面普及到了日本的中小学校及其他地方。1994 年 10 月,日本派出了拥有 30 人的软式排球代表团向美国进行访问,并由此开始广泛地向欧美的一些国家(如美国、意大利、加拿大)以及韩国、新加坡等国家传播、推广软式排球运动。20 世纪 90 年代初,软式排球开始传入中国并逐步推广。1996年，原国家体育运动委员会在《中国排球事业2001年计划纲要》中指出："要通过开展软式排球激发青少年对排球运动的兴趣，并把软式排球发展成为全民健身和文化娱乐的基本构成单元，在全国开展和普及这项运动"。1996年，国家体育运动委员会排球处正式规定：中国排球协会将大力开展和推广沙滩和软式排球活动，以吸引广大青少年投身其中。1998年1月，国家体育运动委员会审订出版了我国第一本《软式排球竞赛规则》。2000年以来，在中国排球协会、国家体育总局排球运动管理中心的大力倡导和组织下，在国家教育部的强力推动下，软式排球在我国范围内，特别是在大、中、小学及社会团体中有计划、有组织地开展。在我国基础教育体育课程改革中，软式排球已正式列入21世纪"体育与健康"课程的教学大纲。

（二）软式排球的特点

软式排球由柔软的橡胶制成，球的重量在210克左右，周长为66厘米，在玩耍时，可采用排球技术和多样化击球动作，它由"软排游戏"和"软排竞赛"两大类组成。其特点有三：①因其球体柔软、重量轻、气压小，所以不会挫伤手指，有安全感。②击出的球飞行速度较皮制排球慢，因此不易落地，玩起来趣味性强。③软式排球规则以及场地都比较简单，具有很强的可操作性。

因此，开展软式排球运动不受年龄、性别、体质和技能的约束，人人都可以参与，既可丰富健身的方法，又可扩大排球项目的体育人口。软式排球运动深受广大中老年人、儿童和女性的喜爱，成为深受广大体育爱好者欢迎的一项具有较高健身价值的运动。

（三）软式排球的技术动作要点

软式排球技术动作可划分为准备技术动作和击球技术动作。准备技术动作是击球技术动作的前提和基础，为击球动作提供条件和做好准备。准备技术动作也称为无球技术。软式排球的击球技术动作是排球技术中最复杂的技术动作，它包括击球点、击球部位、击球手型和击球用力四个技术环节。

（1）击球点。是指击球时，球处于身体的哪个方位。不同的技术以不同的身体部位为标准。发球以肩为标准，传球以额为标准，垫球以腹为标准，扣球以头为标准。击球点实质上是人与球的关系问题，是保持人与球便于做动作的合理位置和工作距离，便于协调用力。若击球点选择不好，可导致用力顺序不当，影响技术动作的舒展性和协调性，同时有可能导致错误的动作产生，使动作变形，造成犯规和技术上的失误。

（2）击球部位。是指击球时，手击在球体的哪个部分和方位。击球的部分涉及击球运行的轨迹以及高度、弧度、方向和落点。击球部位不准确或不固定，不但影响手型和正确的发力，而且影响击球的效果。

（3）击球手型。是指击球时，采用什么样的手型去接触球。手型是影响击球效果的关键，不论哪种手型其作用都是便于控制球性和掌握球性。它是完成技术动作准确、稳健的关键环节。

（4）击球用力。是指击球时，应怎样正确采用的用力方式。软式排球的击球动作及其用力均要求全身协调配合用力,但根据其击球动作特点不同,用力的形式也截然不同,归纳起来有两种:一是爆发式用力,它能增加击球的力量和速度,提高攻击性;二是缓冲式用力,它多在防守和组织进攻时采用。

二、基本技术

软式排球主要有准备姿势和移动、发球、垫球、传球、扣球、拦网六大基本技术(表 5-4-1),与传统排球基本相似。每项技术都包括两部分,一部分是击球动作,另一部分是击球前动作和击球后动作。本节主要介绍准备姿势和移动、发球、传球、垫球、扣球和拦网六项基本技术。

表 5-4-1

准备姿势	移动	发球	垫球	传球	扣球	拦网
半蹲	跨步与滑步	上手发球	正面双手垫球	正面传球	正面扣球	单人拦网
稍蹲	交叉和跑步	下手发球	体侧垫球	背 传	勾手扣球	双人拦网
低蹲	综合步法	勾手发球	背垫球	跳 传	单脚起跳扣球	三人拦网

(一)准备姿势和移动

1. 准备姿势和移动步法

准备姿势:两脚左右开立稍比肩宽,一脚朝前,两脚尖朝前或适当内收,脚跟稍提起;膝关节保持一定的弯屈。身体重心稍前倾,两臂放松,自然弯屈,双手置于体前。身体适当放松,两眼注视来球,两脚始终保持微动(图 5-4-1)。这样的姿势既能维持身体平衡,又能快速转移重心,迅速移动。

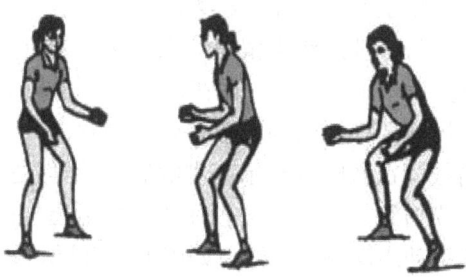

图 5-4-1

移动步法:

(1)跨步:当来球较低且距身体较近时,可采用跨步。首先向移动方向跨出一大步,同时屈膝,上体前倾,身体重心移到跨出腿上。

(2)滑步:当来球距离身体较近、弧线较高时,可采用滑步。两脚平行站立,两膝较深弯屈,上体微向前倾,两臂侧伸。向左侧滑步时,右脚前脚掌内侧蹬地,左脚向左(移动方向)跨出,在落地的同时,右脚紧随滑动,向左脚靠近,两脚保持一定距离,左脚继续跨出。重复做即为滑步。在滑步时,要保持屈膝低重心的姿势,身体不要上下起伏，重心保持在两脚之间，眼要注视来球。

（3）交叉步：当来球距离身体2米左右时，可以使用交叉步。向右移动时，上体稍向右转，左脚从右脚前面向右交叉迈出一大步，右脚再迅速向右跨步落于左脚的右边，做好接球前的准备。

（4）跑步：采用跑步移动时，两臂要配合摆动，应根据来球的方向，边看球、边转身、边跑。

（5）综合步法：将以上各种步法结合起来综合运用。

2．准备姿势和移动的要点提示

（1）队员在场上需要有一个既稳定又机动合理的准备姿势，用来保持身体平衡和较大的应变性，以利迅速、协调地在移动中完成各种动作。

（2）在教学与练习中，要特别强调准备姿势和移动在软式排球运动中的重要地位及对提高其他各项技术的重要作用，使学生自觉地学习和练习。

（3）在教学与练习中，应尽可能运用视觉信号，培养学生扩大视野，提高预先判断的能力，时刻观察场上情况变化的习惯和能力。

（4）在教学与练习中，应与提高专项身体素质紧密结合，加强腹部力量、脚部力量和踝、膝、髋关节灵活性及手臂柔韧和力量训练等。

（5）移动技术应列为考查、考试内容之一，以督促学生主动练习，从而全面提高身体素质。

3．练习方法

（1）示范讲解，做正面和侧面的示范。先做一个完整的示范，然后边讲解边示范。选择正面或侧面示范，以让学生看清动作过程为准。

（2）学生集体做准备姿势，教师纠正偏差，强调两脚的位置及合适的身体重心。

（3）学生掌握准备姿势后就不必多做，而在以后的整个教学过程中，随时要求做好准备姿势，强调一上排球场就要保持适当的准备姿势。

（4）各种移动步法的教学在教师进行示范讲解后，让学生排成体操队形进行练习。可先随教师动作由慢到快模仿练习，然后按教师的手势所指方向进行练习。

（5）结合场地的各种移动步法练习。注意始终面对球网，且左右脚的位置随所在左场区或右场区而不同。

（6）两人一组，一人抛球，一人按步法要求移动接球。

（7）结合各种击球技术，如传球、垫球等，继续要求做好各种正确的移动步法。

（8）趣味练习之一：移动触球。

方法：二人一组，面对面相距4米，甲将球放在地上，向乙的两侧进行地滚球，乙采用适当的准备姿势快速移动，力争在最短的时间手触球，然后将球返回来球处，反复进行练习。

要求：重心低，球沿地面运行；手腕用力拨球。

（9）趣味练习之二："地滚球"接力赛。

方法：将全班学生分成人数相等的若干组，以纵队形式站在排球场端线后，听到教师的信号后，排头学生把球放在体前，以低姿势两手心一边贴着球一边前进，将球运到端线后返回，在将球交给下一位学生，以此类推，先完成者为胜。

要求：球在滚动时不要离开手，手腕控制球；重心平稳，避免身体上下起伏；移动时重心始终与地面平行。

（10）趣味练习之三：两膝夹球移动。

方法：将球放在两膝之间夹住，重心低，不要低头，前脚掌着地，跟随教师的手势做前、后、左、右的脚步移动（可用于步法移动练习）。

4. 易犯错误及纠正方法

（1）全身动作僵硬，两脚站死，导致反应速度太慢。

提醒学生全身放松，并讲清肌肉放松才能收缩，以及人体运动惯性等道理。

（2）全脚掌着地，臀部后坐，导致两脚移动困难。

讲清重心靠前的道理，提醒学生做到肩的垂线超过膝关节，膝的垂线超过脚尖。可采用接球后再向前移动接球的方法纠正。

（3）直腿弯腰，导致移动时需先屈膝，从而贻误战机。

进一步讲清动作要领。增加腿部肌肉力量。多做一些低姿势的移动练习。

（4）移动的起动慢，导致无法做好接球前的准备。

纠正准备姿势。增加腰腹和腿部力量。做各种姿势下的起动辅助练习。

（5）移动后制动不好，导致重心不稳。

提醒学生移动时最后一步稍大，脚和两膝内扣。做快速变向移动的辅助练习。

（6）起动前身体重心偏高，两膝弯屈不够，不便于迅速蹬地。

加强腿部肌肉力量练习。在一定的高度下做移动练习，强迫屈膝降低重心。教师用正确的示范动作引导学生练习，在练习中经常用语言提醒。

（二）发球

发球是由发球队员在发球区用一只手或手臂将球击出进入比赛的动作。发球是软式排球比赛中一种非常有效的进攻手段，发球的质量直接影响到对方接发球及组织进攻的质量，下面介绍正面下手发球和侧面下手发球两种。

1. 正面下手发球（以右手发球为例）

1）动作方法

准备姿势：正面对着球网，左脚在前，右脚在后，两脚前后开立，两膝稍屈，身体重心落在后腿上，左手掌托球于右腹前。

抛球：左手轻轻地将球在右侧体前垂直抛起，高度为30厘米左右。

击球：在抛球时，右臂以肩为轴向后摆起，同时利用右腿蹬地的力量，身体重心前移，右手臂前摆，在右腹前用掌跟或虎口击球的后下部。击球时右手手指、手腕保持紧张（图5-4-2）。

图 5-4-2

2）要点提示

由于软式排球球体较软，击球挥臂时速度可稍快，力量可稍大，以增加击球力量，提高发球威慑力。

2．侧面下手发球

1）动作方法

准备姿势：发球者左肩对着球网，两脚左右开立与肩同宽，两膝稍屈，身体微微前倾，重心落在两腿之间。

抛球：左手将球垂直抛起，高度为 30 厘米左右，距离身体前约 40 厘米。

击球：在抛球的同时，右臂向右侧方摆起，右脚蹬地转体，重心向左侧移动，右手臂向左前方挥摆，在体前用掌跟或虎口击球的右下方（图 5-4-3）。

图 5-4-3

2）要点提示

抛球稳。将球平稳地抛起不旋转，每次抛起的高度和距离都应基本固定。抛球不稳是影响击球准确的主要原因。

击球准。击球是发球的关键，击球直接影响到发球的质量，要以正确的手型（掌跟）击球的相应部位，使用力的方向与球的飞行方向一致。

控制力量。挥臂速度要稍快一些，以增加击球的力量，但击球的力量要控制好。

3．练习方法

（1）根据教师的要求，按照动作方法，按抛球、挥臂、击球顺序和节奏进行徒手模仿练习。

（2）击固定球。两人一组，一人手臂伸直持球置于腹前，另一人选好位置按照教师的要求摆臂击固定球。体会摆臂击球的动作、掌握击球点和手型。

（3）两人一组，分别站在边线两侧相对发球，主要体会从抛球到击球的完整过程，不要求击球力量。

（4）近距离发球过网。发球距离由近及远，体会抛球摆臂击球的完整动作，最后退到端线外发球过网。

（5）对网发球。两人一组，站在端线外对发。在开始阶段，重点要求学生的技术动作，而不要求效果，待技术成熟稳定后，再逐渐提出发球效果的要求。

（6）分组进行发球比赛。根据学生人数将其分为若干组进行比赛，规定每人发球的次数，每个学生依次进行发球，根据发球的成功次数决定名次。

4. 易犯错误及纠正方法

（1）抛球不稳定，导致偏前偏后，或偏高偏低。

进一步讲解抛球的合适位置，强调抛球的重要性，可在准备部分多加些抛球的练习内容，认真练习抛球。教师把手放在合适的位置上，限制其抛球高度或指明其抛球位置。反复练习抛球。

（2）发球时不抛球，也就是球没有抛起来，这在下手发球时较易出现。

讲清规则要求。规则的相关规定：发球时，球被抛起或持球手撤离后，必须在球离地前，用一只手或手臂的任何部位将球击出。反复强调球一定要抛起。

（3）挥臂动作不固定，导致击球点和击球部位不准确。

反复做挥臂击球动作，教师进行指导，以形成准确的动作定型。距墙 5~6 米，指定目标，用半握拳面侧击球进行定点轻发球练习。

（4）全身用力不协调，导致发球力量不大。

反复进行中距离的对墙发球，并要求弹回的球有一定的速度。给予学生助力，并不断给其反馈，让其体会协调的发力动作。

（三）垫球

垫球是用单手或双手手臂的坚硬部位，从球的下方向上击球的技术动作。垫球技术较简单易学，但由于软式排球较软，垫球时难于控制，准确性相对较差。

在软式排球中垫球技术运用较多，可采用正面双手垫球、体侧垫球、背垫、单手垫球和挡球等技术动作。垫球在软式排球比赛中主要用于接发球、接扣球、接吊球及接拦回球及接应各种低球，有时也用来组织进攻。在软式排球垫球技术中，一般采用双手垫球，当来球较远时可采用单手垫球；当来球较高、速度较快时可采用单手挡球或双手挡球技术。下面重点分析正面双手垫球。

1. 正面双手垫球动作方法

准备姿势：呈稍蹲或半蹲准备姿势，重心稍靠前，两臂自然弯屈，两手置于腰腹前。

击球手型：主要有三种手型。

抱拳式：双手抱拳互握，两拇指平行向前（图5-4-4）。

叠掌式：双手掌跟靠紧，两手手指重叠互握，两拇指平行朝前（图 5-4-5）。
互靠式：两手自然放松，腕部靠紧，两拇指平行朝前（图 5-4-6）。

图 5-4-4　　　　图 5-4-5　　　　图 5-4-6

击球部位：触球时，以两手臂靠拢伸直腕关节以上 10 厘米左右、桡骨内侧合成的平面（图 5-4-7）。

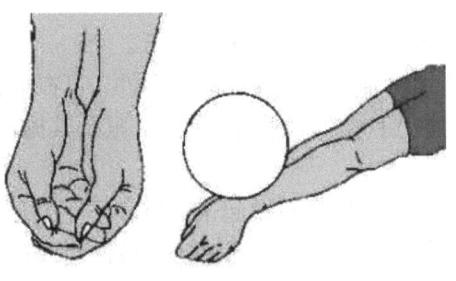

图 5-4-7

击球：当球飞到腹前一臂距离时，两臂快速前伸插入球下，向前上方蹬地抬臂，击球点保持在腹前约一臂距离处，将球准确地垫在击球部位上，同时配合蹬地送腰的动作，身体重心随击球动作前移（图 5-4-8）。

图 5-4-8

2. 垫球的要点提示

（1）软式排球比 6 人制传统排球飞行速度慢，而且球经过长距离飞行后会出现突然下沉。所以垫球判断时，应比 6 人制排球的落点距离适当前移，身体重心要随之前移。

（2）由于软式排球球体软，当球触及手臂的瞬间，球体后部分会凹陷下去，与手臂吻合，球的重心会继续向飞行方向移动，垫击球时手臂上抬力量应稍大，以增加反弹力。

（3）软式排球由于球轻，垫球的手型和用力稍不正确，球便会失去控制。所以两臂首先要插入球下，然后夹紧伸直形成比较平紧的垫击平面，击球要蹬腿、提腰、挺肘、压腕的全身协调用力，向前上方主动抬臂击球，简言之"插、夹、压、抬、送"，才能控制好球的高度和弧度，提高垫球的稳定性。

（4）垫球是一项防守技术，主要用于接发球和接扣球。发球和扣球速度比较快，由于软式排球比较轻，飞行速度比硬式排球慢，而且球在长距离飞行时，因球重量轻、飞行惯性小、容易下沉，所以在接发球和接扣球时，一定要注意插臂的时机，截击球时双臂尽量正对来球以取得最佳效果。

3. 练习方法

（1）集体徒手模仿教师练习：学生面对教师站成二列或四列横队，根据教师的口令，集体徒手模仿练习，要求学生按照动作要领，做好两臂的插夹动作和运用身体的协调动作带动手臂的上抬，教师应巡视及时纠正动作。

（2）两人一组，面对面站立，一人持球固定于对方的击球点处，另一人用正确的击球动作击球的后中下部（不把球击出），反复练习，充分体会击球动作。然后交换进行。

（3）自垫。每人一球，自己抛球后，连续向上自垫。可自垫高、低球结合，可进行原地与行进间自垫的结合练习，以调整好人球的位置关系。

（4）对墙连续垫球。教师根据学生学习情况而定垫球的高度和离墙的距离。也可采用自垫一次再对墙垫球一次。

（5）两人一组，相距3~5米，一抛一垫一球；熟练后，可进行连续抛垫二球练习。

（6）两人一组，接对方抛过来的球时，先向上自垫再将球垫向对方，连续进行。体会向上和向前击球动作的不同点。

（7）移动垫球。两人一组，一人向另一人的两侧1.5米处抛一球，另一人需提前作出判断，移动后正面将球垫向抛球者。熟练后增加为两球连续抛接。

（8）两人一组，相距3~5米对垫。

（9）两人一组，隔网对垫。

（10）分组进行两对两、三对三的垫球比赛。

4. 易犯错误及纠正方法

（1）垫球准备姿势不到位，缺乏预判，导致移动速度慢。

反复体会原地准备姿势；4~6米内反复来回移动，移动后恢复准备姿势。

（2）垫球时手臂的触球部位不正确，导致出球效果差，没有方向感。

对初学者而言，其主要原因是判断来球的距离有困难。可用移动接球的辅助方法帮助其提高距离感，增强判断来球距离的能力。让学生以腕上10厘米内区域垫击固定球的后下部，体会正确的击球部位和击球点；由教师抛不同距离的球，让学生反复移动接球或垫球。

（3）垫球时身体重心不前跟，只抬手臂，导致垫出的球没有力量。

教师抛出远距离低弧度的球，让学生反复练习。

（4）垫球时重心后坐，上体后仰，导致垫出的球没有远度，弧度太高。

可让学生接一次扣球后立即向前移动，接一次吊球；或垫起扣球后马上冲向前把自己垫起的球在落地前接住；也可采用附加助力的方法，在学生垫球时轻轻推其后腰，令其重心前移，做出及时的反应。

（5）垫球时弯腰不弯腿，手臂与身体的夹角过小，导致垫出的球弧度太低。

可采用垫球后迅速下蹲，手摸地的方法。令学生降低重心，多做脚步移动练习；或令学生垫击近距离、高弧度的球。也可采用自垫球的方法，改变手臂夹角。

（6）屈肘、手臂并不拢，两臂有高低，导致垫不起球或击球侧飞。

反复观察正确的示范动作并作徒手练习，反复做向上自垫练习，要求手臂抬起与地面平行，可规定连续次数，要求学生达到标准后方能参加考试，以激发学生练习的积极性和主动性。

（7）全身用力不协调，击球点保持不好，无法插入击球部位，导致回球平冲，没有抛物线。

原地向上自垫球，多做移动后插入球下练习，体会前臂垫击部位；垫球后立即向前移动，用手触地；可做两人连续抛接两球的练习，培养快速反应、协调用力和准确目测的能力。

（四）传球

软式排球传球是用双手（或单手）在额前上方，利用蹬腿、伸臂协同一致的动作及手指、手腕的弹击力完成的击球技术动作，这是软式排球最基本、最重要的技术之一。

由于软式排球的球体柔软，无伤害，所以其传球技术对初学者来说难度不大。传球技术在比赛中主要运用于二传，将接、防起的球传给进攻队员进攻，在比赛中起到组织进攻与反攻的纽带和桥梁作用。由于软式排球球体柔软无伤害，发出的球的速度、力量都不及6人制传统排球。因此，传球技术在接发球中也被经常采用。同时，传球还可用来吊球和处理球，起到进攻的作用。

下面重点分析正面传球。

1．正面传球动作方法

准备姿势：采用稍蹲准备姿势，上体适当挺起，眼睛注视来球，双手自然抬起，置于额前。

迎击球：当判断来球下降至额前上方一球的距离时，蹬地、伸臂，两手向前上方迎击球（图5-4-9）。

手型：当触球时，两臂屈曲，两肘适当分开，两手自然张开成半球状，使手指与球吻合（图5-4-10），手腕稍后仰，以拇指内侧、食指全部、中指的二三指节触球，无名指和小指在两侧触球部分较少。两拇指相对接近成"一"字形或成"八"字形，两手间距以不漏球为宜，手型比6人制排球的传球手型稍大，便于控制柔软的球体。

用力：当手触球时手指、手腕保持适度紧张，配合脚蹬地、伸膝、伸腰、伸臂将球轻柔地传出。由于软式排球球体较软，不需要手指、手腕的缓冲即可将球传出。

图 5-4-9　　　　　　　　　　　　　图 5-4-10

2. 要点提示

（1）击球点保持在额前上方，看准来球和传球目标，主动迎击球。如果等待球触手而不是主动迎击球，会影响全身协调力量的发挥，易造成"持球"。

（2）传球的手型是由手腕和手指动作共同组成的，手型是传球的关键。球体是圆形，若要将球传出，在触球时，两手要适应球，为此，必须将两手组成圆弧形来吻合球。

（3）传球用力是传球的最后一个动作，它是通过蹬地、伸膝、伸髋、伸臂，配合手指、手腕的屈伸及全身各部分动作的协调力量完成的。由于软式排球球体柔软，正面传球时依靠伸臂和手指、手腕的紧张用力即可将球轻柔传出。传球时要根据来球力量的大小和传出球的距离远近，恰当控制伸臂速度和手腕、手指的紧张程度，以达到控制球的目的。

3. 练习方法

（1）在额前上方用正确手型做徒手传球动作。熟练后，两人一组，一人将球固定于另一人额前上方，另一人连续做传球的完整技术动作，体会协调用力。

（2）自己向上垂直抛球，在额前上方用正确的手型将来球接住，自我检查手型和击球点是否正确。然后连续自传，巩固传球动作。

（3）自己轻抛球至额前上方后，用蹬地、伸膝、伸臂及手指、手腕弹击动作将球传向对方。

（4）两人一球，一抛一传，相距 4～5 米。

（5）一人抛球，另一人向前移动两步传球或向左、向右移动两步传球。

（6）两人一球对传，相距 3～4 米。

（7）两人在网前相距 3～4 米，一人固定做顺网传球，一人先自传一次再传给对方。

（8）熟悉球性练习 1：两人单手投接球（模仿掷铅球）。

方法：以右手为力，两人相距 3～5 米，右手持球，身体侧面站立，做 2～3 步侧滑步同时右臂经后向前将球投出，熟练后换手练习。要求：距离根据学生的能力调整；控制好球的落点。

（9）熟悉球性练习 2：仰卧起坐传接球。

方法：两同伴相距 2～3 米，各自仰卧于垫上，同时做仰卧起坐，甲同学双持球于头上做仰卧起坐，起立时将球传给同伴，乙接球后重复甲的动作（身体素质练习可采用）。

要求：控制球出时机，不宜过早；能力相近的同学分为一组。

（10）熟悉球性练习 3：手指顶球旋转。

方法：以右手为力，右手将球托起，手腕带动手指用力，将球做激烈的旋转后，立即敏捷地用食指顶住球的下部，使球在指尖上旋转，左手可帮助旋转。要求：①手指尽量伸直，整个动作放松自然。②动作熟练后，用左手加快球的旋转速度。③用计时法控制练习节奏。

4．易犯错误及纠正方法

（1）移动步法不熟练，对来球落点判断不准确，导致对不准来球。

徒手做向各个方向的移动步法练习，练习移动后保持额前接球姿势；让一人在前移动，身后一人像"影子"一样紧随其后做相同动作，反复练习。

（2）传球时身体重心后坐，导致传球力量减弱。

要求学生两脚一前一后，传球时后脚蹬地，强化练习；可采用辅助的方法，在学生传球时，轻轻推其后腰，让其重心随之前移。

（3）手型不正确，大拇指朝前，导致手指受伤，球出手后快速转动。

多做近距离的自抛后，用接球手型接球，让其体会大拇指触球；肘关节贴墙传球，近距离对墙传球，体会手指触球；仅用拇指和食指两个手指传球，熟练后加上中指，用三个手指传球。

（4）击球点过高过后或过低过前，导致出球力量不足或球传不高。

采用传远距离、低弧度的方法纠正击球点过高过后的错误；采用自传的方法解决击球点过低过前的问题；自抛后在正确的击球点位置对墙传球，教师对问题及时纠正；对空中自传高低不同的球。

（5）手指、手腕缺乏弹击力，导致出球声音较重，出球效果难以控制。

徒手反复做指掌屈伸练习；练习用拇指、食指、中指发力弹击球。

（6）用力不协调，发力顺序脱节，导致出球后球偏向单侧飞行和出球力量不足。

可做两人练习，一人抛球，另一人传球后立即下蹲触摸体前地面；用蹬地伸臂力量自抛自传远距离的球，也可传向篮圈，以提高传球的准确性。

（五）扣球

扣球是队员跳起在本方空中，将球从网上击入对方场区的一种击球方法；吊球是扣球的一种变化。它是以轻巧、灵活的运用，把球吊入对方场区空当的一种辅助性的进攻方法。在比赛中，扣球是软式排球攻击性最强的基本技术，是最积极、有效的进攻武器，是得分的主要手段之一。

下面重点分析正面扣球技术动作，因其比较复杂，初学者较难掌握，因此，在教学中采用分解教学法，先教助跑起跳动作，然后进行完整扣球动作的教学。

1. 动作方法

准备姿势：助跑前采用重心较高的稍蹲准备姿势，站在进攻线附近，集中注意力观察来球，准备助跑起跳。

助跑：以两步助跑为例，右脚在前，左脚在后，左脚向前迈出一步，右脚再迅速跨出一大步，同时两臂绕体侧向后引，左脚及时并上，踏在右脚之前，脚跟着地滚动到脚尖，脚尖稍内扣，两脚距离与肩同宽，身体重心随之下降，两膝弯屈，准备起跳。

起跳：助跑最后一步，即在左脚并上踏地的过程中，两臂从后迅速向前摆动，随之双脚踏地向上跳起。两臂屈肘快速上摆，帮助起跳。

空中击球：起跳后，挺胸展腹，上体稍向右转，右臂向后上方抬起。肘高于肩，身体成反弓状。挥臂时，以迅速转体、收腹发力，依次带动肩、肘、腕各部关节成鞭击动作。击球时，五指微张成半球型并保持适度的紧张，以全掌击球的后中部，同时手腕、手指下压，在起跳至最高点时击球。

落地：完成空中击球动作后。身体自然下落，双脚着地时以前脚掌过渡到全脚掌，同时顺势屈体并立即准备做好下一个动作（图 5-4-11）。

图 5-4-11

2. 要点提示

（1）起跳点应距球一臂距离，为空中击球创造合理位置。

（2）起跳时机一般选择在二传出手后，如球高时起跳稍晚些，反之起跳可早些。

（3）击球时，由腰腹发力，上肢各关节做鞭打动作，有利于全身用力集中于手上，以加大击球力量。

3. 练习方法

（1）徒手练习。听口令原地摆臂起跳练习；听口令，做一步的助跑起跳练习；听口令，同学做两步助跑起跳练习，教师检查并纠正错误。要求：摆臂用力，蹬地要狠。

（2）教师完整示范、讲解，两人一组，在网前一人抛（或传）球，一人从三米线后做两步助跑起跳，双手在最高点接住球。抛球者与扣球者互相沟通（如球抛的高点、远点）。体会助跑起跳时间与起跳点。

（3）两步助跑起跳练习（网前）。学生站在进攻线后，采用两步助跑（以右手扣球者为例),要求左脚跨出的第一步稍小,同时观察来球,看准来球后快速有力地跳出第二步,第二步的步幅要较大。起跳方式为"单跳双落"型。起跳时要有制动,以防起跳后身体触网。

(4) 原地对墙扣球。学生每人一球,离墙3~4米对墙扣球。要求扣球时充分体会挥臂扣球动作,右手上举时左手也要协调配合上抬。击球点控制在右前上方,击球时手臂基本伸直,注意击球点的高度。

(5) 助跑起跳扣固定球。教师站在高凳上,单手持球于网上沿,学生助跑起跳扣固定球,要求学生起跳快速有力,挥臂满掌击球,体会正确的球与身体的位置关系。

(6) 扣快球。学生每人一球。先把球给教师,然后快速助跑起跳扣教师抛给的球。要求学生助跑动作连贯,起跳有力,充分体会动作节奏和起跳时机。

(7) 自抛自扣球练习。在扣固定球、扣快球的基础上,学习自抛自扣球技术。要求学生向前上方抛球,高度适中,注意掌握好起跳时机和抛球高度之间的关系。

(8) 扣2、4号位抛球练习。此练习由教师抛球,学生站在2、4号位上助跑起跳扣一般球。要求学生注意对扣球完整技术的掌握,特别是学会对起跳时机、身体与球的位置的调控。

(9) 熟悉球性练习:跳起接反弹球,落地掷球。

方法:两人一组,甲跳起接同伴掷来的反弹球,乙接球落地后双手将球举起,向前下方对地掷球,使球反弹到同伴手里。要求:①掌握起跳时机,在最高点接球。②落地注意缓冲。

4. 易犯错误及纠正方法

(1) 助跑起跳前冲,导致起跳后身体离球过近或过远,扣球没有力量。

徒手反复向各个方向做两步助跑起跳动作;在地上画出起跳点和落地点,做限制性练习。

(2) 助跑起跳时机不当,起跳过早或过晚,导致扣球完整动作无法完成。

教师可根据传球的高度,用口令指导学生开始助跑上步;可采用助力的方法指挥学生开始助跑上步。

(3) 挥臂不正确,没有鞭甩动作,近网时容易触网,导致扣球力量、线路受到影响。

在低网前原地起跳,自抛球做直臂扣球过网练习;徒手做挥臂抽打树叶动作,充分体会鞭甩动作。

(4) 击球时手包不满球,击球声沉闷,球没有上旋,导致球出界或下网。

徒手挥臂扣固定球;面对墙面自抛自扣;两人一组自抛球,对地扣反弹球。

(5) 用力过猛,直臂扣球,小臂和手腕的动作不充分,导致球直接飞出场外。

采用近距离对墙自抛扣球的方法,要求学生在高点将球扣到墙角处;限制学生发力,要求主动屈肘曲腕扣球,强化小臂和手腕的动作。

(六) 拦网

拦网是队员靠近球网将手伸向高于球网处阻挡对方来球的行动。在软式排球比赛中，拦网是防守的第一道防线，是阻挡和削弱对方进攻的最积极、最有效的手段，同时拦网又带有强烈的攻击性，可以直接拦死或拦回对方的扣球，所以拦网是有防守转入进攻最快、最直接的技术。

1. 单人拦网动作方法

准备姿势：面对球网，两脚平行开立约同肩宽，距网 30～40 厘米，两膝微屈，两臂自然弯屈置于胸前，随时准备起跳和移动。

移动：

A. 并步移动：适合于近距离移动，动作方法是单脚向右（左）迈一步，另一脚并步靠拢（图 5-4-12）。

B. 交叉步移动：这种移动速度快，制动能力强，移动范围大，适用于中、远距离。动作方法是：向右移动时，身体稍向右转，中心移向右脚，接着左脚从右脚前面向右交叉一大步，然后右脚再向右边跨出一步，右脚落地时，脚尖内转，使两脚平行站立，身体正对球网。移动时，也可右脚向右迈一小步，其他动作与"并步移动"相同（图 5-4-13）。

图 5-4-12　　　　　　　　　　图 5-4-13

C. 滑步移动：相距两米左右可以采用滑步移动，连续的并步移动即是滑步。

D. 跑步移动：移动距离较远时采用。向右移动时，身体先向右转，左肩对网，顺网跑至起跳点时，左脚跨出一步制动，右脚再向前迈出一步，同时脚尖内转，尽量使双脚保持平行，接着屈膝起跳。

起跳：开始重心降低，两膝弯屈，弯屈程度因人而异，两脚用力蹬地，两臂在体侧划小弧用力上摆，带动身体向上垂直起跳。起跳后稍收腹，控制身体平衡。

拦网起跳的时间必须掌握好，应根据对方二传球的高低、远近、快慢以及扣球队员的起跳时间和动作特点来决定。拦高球时，一般应比扣球队员晚跳，拦快球时，可以和扣球队员同时起跳或提前起跳。

空中击球：起跳同时，两手从额前贴近并平行球网，向网上沿的前上方伸出，两臂伸直，前臂靠近网，两手尽量伸向对方上空接近球，两手自然张开，屈指屈腕成勺形，两手之间距离不能超过一个球，以防止球从两手之间漏过。当手触球时，两手要突然紧张，手腕要用力下压盖住球的上方，站在靠近边线的拦网队员，为了防止对方打手出界，外侧手掌心在拦击球时要内转。拦远网扣球时，要尽量向上伸直手臂，不要采用压腕动作，以提高拦击点（图 5-4-14）。

图 5-4-14

落地：如已将球拦回，则面向对方，屈膝缓冲，双脚落地。如未拦到球，在身体下落时要随球转身向着球飞出的方向准备做接应救球。

2．集体拦网要点提示

集体拦网的目的是扩大拦网的截击面。

（1）集体拦网要确定以谁为主，密切协同配合，防止各行其是。

（2）主拦队员确定拦网中心，配合队员要及时选好起跳点，起跳时应避免相互冲撞和干扰。

（3）起跳后，手臂在空中要保持适当距离，尽量扩大拦击面，但手与手之间不要距离过大，以免造成漏球。

（4）不同身高的队员要加强起跳时间的配合，一般来说，高个子队员起跳时间应稍晚于矮个子队员。

（5）把身材高、弹跳力强、拦网好的队员换到 3 号位或换到对方扣球威力大的位置上，以加强本方拦网的威力。

3．练习方法

（1）要熟练掌握单人拦网技术。

（2）多做移动拦网练习。

（3）要结合各种扣球进行拦网练习，提高拦网的判断能力。

（4）加强集体拦网的相互配合。

（5）降低网高，让学生隔网站立，同时原地起跳相互击掌，要求身体各部分不得触网。反复练习，掌握起跳时机。此练习可变换为一人主动起跳，另一人选择时机跟跳并击掌；此练习也可变原地为顺网移动练习。

（6）结合比赛实战进行拦网练习。

4．易犯错误及纠正方法

（1）起跳过早，导致拦网的失败。

教师根据对方二传球的弧度和高度，有节奏地给予信号，限制学生的起跳时间，或要求学生深蹲慢起，延长起跳时间。

（2）手臂扑网，导致触网犯规。

进一步讲清拦网的伸臂动作，以及提肩压腕动作，严格限制学生拦网时触网。可采用拦教师高抬重扣、轻吊相结合的球，并要求不许触网。

（3）拦网时身体前冲碰网，导致拦网的失败。

一般是由于学生在准备拦网时离网较远，造成前冲起跳碰网。进一步讲清准备拦网时的网距及其道理，克服怕碰网的心理。同时，可多练习顺网移动的拦网。

（4）拦网时闭眼，导致手臂可能碰不到球。

首先克服害怕心理，讲清道理，可采用拦教师高抬轻扣变线球的方法加以纠正。要求学生观察教师的挥臂动作起跳拦网。

三、比赛与场地器材

1. 软式排球比赛的组队

分为 A 制和 B 制；A 制为 4 人制，B 制为 6 人制，家庭组为 3 人制。

2. 比赛场地

A 制：比赛场区为长 16 米、宽 9 米的长方形。其四周至少有 3 米宽的无障碍区。从地面向上至少有 7 米高的无障碍空间。B 制：比赛场区为长 18 米、宽 9 米的长方形。其四周至少有 3 米宽的无障碍区（图 5-4-15）。从地面向上至少有 7 米高的无障碍空间。

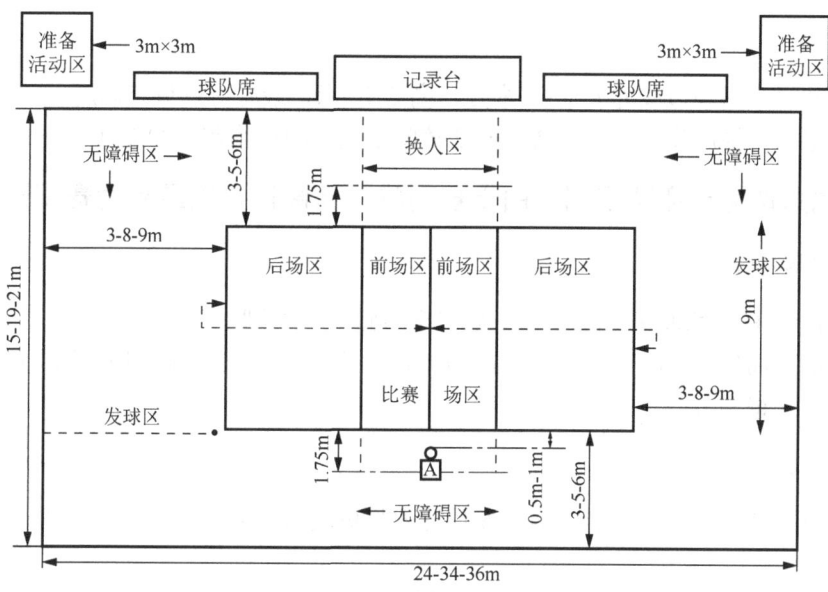

图 5-4-15

3. 球

球是圆形的，由柔软的材料制成，能适应室内外比赛。圆周：成人组，65～67 厘米；青少年组，63～65 厘米。重量：成人组，220～240 克；青少年组，200～220 克。比赛用球应当有一定的弹性，其标准为：在 2 米高处自由落下反弹高度不低于 50 厘米（图 5-4-16）。

图 5-4-16

4．球网高度

球网架设在中线上空，高度为男子 2.35 米、女子 2.20 米。青少年组球网高度可适当降低。球网的高度应用量尺从场地中间丈量，球网两端（边线上空）的高度必须相等，并不得超过规定网高 2 厘米。

5．标志杆

标志杆是有韧性的两根杆子，长 1.80 米，直径 10 毫米，由玻璃纤维或类似质料制成。两根标志杆高出球网 80 厘米。高出部分每 10 厘米涂有明显对比的颜色，最好为红白相间。

6．网柱

网柱架设在两条边线外 0.5～1 米处，高 2.55 米，最好可以调节高度。支架球网的网柱为两根。网柱应光滑并无拉链。一切危险设施或障碍物都必须排除。

四、软式排球运动竞赛规则（由于规则将不断修订要以最新竞赛规则为准）

1．比赛得分

（1）比赛采用每球得分制，三局两胜制，胜两局的队胜一场。

（2）前两局先得 25 分并超过对方 2 分为胜一局；第三局（决胜局）为 15 分，仍需领先 2 分，无最高分限。

2．发球

（1）发球队员须在裁判员鸣哨后 5 秒钟内将球发出；裁判员鸣哨前发球无效，该球重发。

（2）发球次序错误和没有遵守发球的都判发球犯规。

3．球队和上场阵容组成

（1）A 制和 B 制全队均由 8 名队员组成。家庭组由父母和孩子组成。

（2）A 制：场上每个队必须始终保持 4 名队员进行比赛。B 制：场上每个队必须始终保持 6 名队员进行比赛。

（3）队员轮转次序应按位置表登记的顺序进行，直到该局结束。

（4）每局比赛开始前，教练员必须及时将上场阵容登记在位置表上，签字后交给裁判员或记录员。

4．换人

（1）A 制和 B 制比赛每局有 4 次换人。在规定的换人次数内可随意换人。每一局每队最多可替换四人次。可以同时替换一人或多人。每一局开始上场阵容的队员在同一局中可以退出比赛和再次上场。替补队员每局可以上场替换场上任何一名队员。

（2）若某一队员受伤不能继续比赛时，必须进行合法替换。不可能进行合法替换时，可采取超出规则限制的特殊替换，即场外的任何队员都可以替换受伤队员，但受伤队员不可在本场比赛中再次上场比赛。

（3）若某队员被判罚出场或取消比赛资格时必须进行合法的替换。如果不可能进行合法替换时，则该队被宣布阵容不完整。

5．站位

（1）A 制：1 号位为后排队员，2、3、4 号位为前排队员。

B 制：1、5、6 号位为后排队员，2、3、4 号位为前排队员。前后排队员位置不能颠倒；同排队员位置不能交叉（发球了队员除外）。

（2）两名队员之间的位置。每名后排队员的位置必须比其相应的前排队员距离球网更远。前、后排队员左右之间位置按前排 2、3、4 号位，后排 1、5、6 号的规定站位。

（3）队员的位置应根据其脚的着地部位来判定。每一名前排队员至少有一只脚的一部分比同列后排队员的双脚距中线更近。每一名右边（左边）队员至少有一只脚的一部分比同排中间队员的双脚距右（左）边线更近。

（4）发球击球后，双方队员可以在本场区和无障碍区的任何位置上。但后排队员不得进入进攻线以前拦网和踩上或踩过进攻线内将高于球网的球直接击过对方场区。后排队员可以在进攻线后将球直接击入对方场区。

6．比赛轮转

（1）轮转次序包括发球及其他队员的站位，在整局中均按位置表填写顺序进行。

（2）接发球队获得发球权后，该队队员必须按顺时针方向轮转一个位置（A 制：2 号位队员转至 1 号位，5 号位转至 4 号位等；B 制：2 号位队员转至 1 号位发球，1 号位队员转至 6 号位等）。

（3）没有按照轮转次序进行发球应判为轮转错误，进行如下判罚：该队被判失一球，队员的轮转次序被纠正。记录员应准确地确定其错误从何时发生，从而取消该队自错误发生以后的所有得分。对方得分仍然有效。如果不能确定在轮转错误中所得分数，则仅给予失一球的判罚。

7．位置错误

（1）当发球队员击球时，如果队员不在其正确位置上，则构成位置错误犯规。

（2）发球队员击球的犯规与对方位置错误同时发生，则发球被认为在先而被判罚。

（3）如果发球队员是击球以后犯规，则位置错误在先，判位置错误犯规。

（4）位置错误的判罚如下：位置错误的一方被判失一球；队员恢复到正确的位置。

8．界内球

两条边线和两条端线划定了比赛场区。边线和端线都包括在比赛场区的面积之内。球触及比赛场区地面，为界内球。

9. 界外球

下列情况均为界外球：

（1）球接触地面的部分在界线以外（不包括触线）。
（2）球触及场外物体、天花板或非场上比赛的成员等。
（3）球触及标志杆、网绳、网柱或球网标志带以外部分。
（4）球的整体或部分从非过网区完全越过网的垂直面。
（5）球的整体从网下穿过。

10. 拦网

（1）拦网后可以由任何一名队员进行第一次击球，包括拦网时已经触球的队员。
（2）拦网时队员可以将手或手臂伸过球网，但不得影响对方击球；过网拦网触球应在对方队员进攻性击球之后。
（3）队员从标志杆以外伸入对方空间拦网和拦对方发球都判拦网犯规。

11. 暂停

（1）每局比赛中每队最多可请求两次暂停，时间为30秒。
（2）若比赛中出现严重的伤害事故或出现任何外界干扰（如其他球进入场内等），裁判员应立即中断比赛。该球重新开始。
（3）任何意外的情况使比赛长时间中断，裁判员和组务会都应采取措施，使比赛恢复正常。若比赛仍在原地进行，则间断的一局应保持原比分和原队员，已结束的各局保留比分。若比赛改在另外场地进行，则中断的一局应取消，而保持该局的原队员重新比赛，已结束的各局保留比分。
（4）一次或数次中断时间累计超过4小时，则全场比赛重新开始。

12. 交换场区和休息

（1）在每局比赛后，双方需交换场区。
（2）所有局间休息均为1分钟；决胜局前，裁判员主持重新抽签。
（3）决胜局时，不论哪一方比分到8分时，都必须交换场地，交换场地后按原位置继续比赛。

第五节　乒　乓　球

一、乒乓球运动的起源与发展

乒乓球

乒乓球运动起源于19世纪末的英国，国际通用名称为"table tennis"。

最初的乒乓球运动没有统一的规则，所用器材也和今天的大不一样。1900年，英国成立了乒乓球协会，并在皇后大厅举行了英国大型乒乓球赛，开创了乒乓球正式比赛的先河。1902年，在英国游学的日本东京高等师范学校教授坪井玄道,将乒乓球传入日本。

1905~1910年间,乒乓球又传至中欧的维也纳和布达佩斯。之后,又逐渐扩展到北非的埃及等地。第一次世界大战后,欧洲许多国家先后成立了乒乓球协会,各国间的竞赛交流日益增多。1926年1月,在德国G.勒曼博士的倡议下,在柏林召开了一次座谈会。会议决定成立临时国际乒联,并委托英国乒协举办第一届欧洲乒乓球锦标赛。接受邀请参赛的除八个欧洲国家外还有来自亚洲的印度,故提出更改原定欧洲锦标赛的名称,国际乒联当即决定将这次比赛改名为第一届世界乒乓球锦标赛。比赛于1926年12月6~12日在伦敦的福林敦大街麦摩尔大厅举行。比赛期间,举行了第一次国际乒联全体代表大会。会议通过了国际乒联章程和乒乓球比赛规则草案,推选英国乒协的负责人蒙塔古为国际乒联第一任主席。根据第一届国际乒联会议的规定,每年举行一届世界乒乓球锦标赛(简称世乒赛)。但第2届世乒赛因举办国的经济困难,推至1928年1月才在瑞典举行。1940~1946年,因爆发了第二次世界大战,致使比赛中断。1947年3月,在法国巴黎举行了战后的第一次世乒赛(即第14届)。从1957年始,世乒赛改为每两年举行一届。1988年第二十四届汉城奥运会,乒乓球运动被列为正式比赛项目。1999年第45届世乒赛因战争被迫"一分为二",单项比赛于1999年8月在荷兰举行,团体比赛于2000年2月在马来西亚举行。第46届世乒赛再次"合二为一",2001年4月在日本大阪举行。自2003年第47届世乒赛始,单项比赛于单数年举行,团体比赛在双数年举行。

自20世纪末始,国际乒联对乒乓球运动进行了一系列的改革。2000年10月,乒乓球直径由38毫米、重2.5克,改为40毫米、2.7克;2001年9月,乒乓球比赛由每局21分改为11分;2002年9月,乒乓球比赛执行发球无遮挡的规则。从目前看,这些改革虽不会改变乒乓球运动最基本的规律,但对技术、战术的影响还是不容忽视的。世界乒乓球技术将朝着更加积极主动、特长突出、技术全面、战术多变的方向发展。

二、乒乓球技术

(一)握拍法

握拍法分直拍握法和横拍握法两种。握拍法是打乒乓球者首先遇到的问题,握拍法正确与否,对掌握技术影响极大。

1. 直拍握法

拇指第一关节压住球拍左肩,食指第二关节压住球拍右肩,食指第一关节自然内弯,虎口贴于拍柄后面,中指、无名指和小指自然弯屈,托于球拍背面(图5-5-1)。

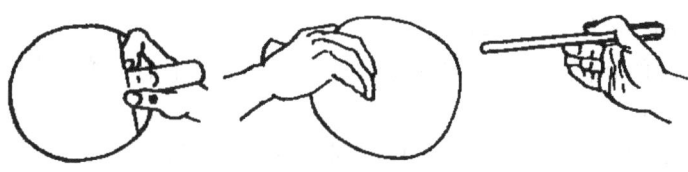

图 5-5-1

2. 横拍握法

以中指、无名指和小指自然弯屈握于拍柄，拇指放在球拍正面，食指自然伸直斜放于球拍反面，虎口轻贴于拍，注意虎口不宜过紧、过死地贴靠在球拍上，以免影响手腕的灵活性（图 5-5-2）。

图 5-5-2

（二）基本站位和基本姿势

1. 基本站位

近台快攻打法的选手，站位在距球台端线 40 厘米；直拍弧圈球、横拍两面拉打法的选手，站位可稍后些距球台端线 60~65 厘米；突出正手侧身抢攻的运动员，站位可在球台偏左侧；擅长打相持球或反手实力较强的运动员，站位可在球台中间略偏反手的位置。

2. 基本姿势

两脚开立，略比肩宽，左脚稍前，右脚稍后，前脚掌内侧着地，脚后跟微提起，两膝自然微屈，重心落在两脚之间；含胸收腹，身体略前倾；肩关节放松，执拍手放于腹前偏右处，拍略高于台面。

（三）发球与接发球

1. 发球

发球是乒乓球技术中唯一不受对方来球制约的技术，可以完全执行自己的战术意图。发球动作的一般规律：

（1）握拍的虎口不宜过死，以保证手指和手腕的灵活性。横拍选手在发球时对握拍还要稍作调整。

（2）引拍要充分，特别强调前臂手腕的引拍动作要充分。

（3）腿、腰、上臂、前臂和手腕要协调配合，触球瞬间几个点的力量突然爆发用力，集中到最后手指和手腕触球的击球点上。

（4）根据发球的旋转，调节击球和摩擦球的部位、触拍的位置和用力方向。

发球的动作要点：

（5）正手平击发球。左脚稍前，身体略向右转，将球向上抛起，持拍手由右后方向前挥动，拍面角度稍前倾，击球中上部向左前方发力（图 5-5-3）。

图 5-5-3

（6）正手发下旋转与不转球。站位左半台，左脚稍前，身体略向右偏斜，将球向上抛起，右臂、手腕外展，右臂从身体右后上方向左前挥拍，加速摩擦，摩擦球的中下底部，发力部位以前臂和手腕为主，球击出后第一落点在球台中央区域。发不转球动作方法大致与下旋加转发球相同，区别在于：减少拍面后仰角度，击球中部或中下部，减少向下摩擦球的力量，稍加向前推的力量，使作用力线接近球心，从而形成不转（图 5-5-4）。

图 5-5-4

（7）正手发左侧上、下旋球。站位左半台，左脚稍前，抛球同时持拍手迅速向右上方引拍，身体随即向右转，手臂自右上方向左下方挥摆，球拍从球的左侧中下部摩擦，若发左侧上旋球时，手臂自右上方向左前下方挥摆，拍从球的左侧中部向左侧上部摩擦，第一落点本方端线附近（图 5-5-5）。

图 5-5-5

（8）反手发右侧上、下旋球。站位和准备姿势同反手平击发球。抛球同时持拍手向左后方引拍，用前臂带动手腕向右前上方挥动，拍面逐渐向左稍前倾，拇指压拍手腕内转从球的中部向右侧上摩擦，第一落点本方端线。若发落点短的球时，前臂向前力量减小而增强手腕摩擦力量，第一落点本方中区；若发侧下旋球，击球时拇指加力压拍，使拍面略后仰从球的中部向右侧下摩擦（图 5-5-6）。

图 5-5-6

（9）侧身正手发高抛左侧上、下旋球和反手发高抛右侧上、下旋球。与低抛发正手左侧上、下旋球和反手发侧上、下旋球的动作方法基本相同，区别在于：由于高抛球下落时间长，因此可以加大引拍幅度和借助腰、髋转动辅助发力。

2. 接发球

接好发球要具备良好的判断能力，要全面掌握多种接发球的方法，还必须力争积极主动克服单纯求稳的思想。

接各种发球的方法：

（1）接平击发球。站位近台，球拍对准来球弹起方向。在来球弹起的上升期或高点期用正、反手攻或推挡，拍形稍前倾，以向前发力为主或借来球之力将球击回，也可用前冲弧圈球回接。

（2）接下旋转与不转球。首先是判断准确，在接加转下旋球时，搓接拍形后仰，下降期击球，适当多向前用力。用攻或拉接时，拍形接近垂直，下降前期击球，多向上用力摩擦球。在接不转球时，搓接拍形稍竖，下降期击球，向前下方用力。用攻或拉接时，拍形要略前倾，在上升期击球，多向前用力。

（3）接侧上、下旋球。接侧上、下旋球，既要注意抵消来球的侧旋，又要设法克服来球的上、下旋。如接左侧上旋，拍形应偏向对方右角并稍前倾，直接用攻或推接；接左侧下旋，拍形偏向对方右角运用搓球的动作稍向右上方摩擦用力。

（四）攻球

1. 正手攻球

正手攻球（图 5-5-7）动作要点：

（1）引拍动作。两膝微屈略比肩宽，左脚稍前，脚后跟微提，重心交换，身体略右转，重心在右脚。身体带动前臂横摆，引拍适度，体臂夹角 35°～40°；前臂自然弯屈，肘关节约 120°。拍形与台面垂直或稍前倾，手腕自然放松不要过分上翘与下吊，球拍呈半横状。

（2）击球动作。球渐身前，右脚蹬地用力，重心交换，身体略左转，身体带动手臂向前挥拍迎球。触球瞬间，前臂用力收缩，以向前用力为主；在来球上升期或高点期触球，击球的中上部。手腕辅助发力调节好拍形。触球瞬间，直握拍，拇指稍用力控制拍形，中指和无名指决定发力方向；横握拍，食指包球，调节弧线。

（3）结束动作。球出手后，因惯性作用，球拍挥至眼前左侧渐停，身体重心已移至左脚，此时应迅速还原调整好身体重心，准备下板击球。

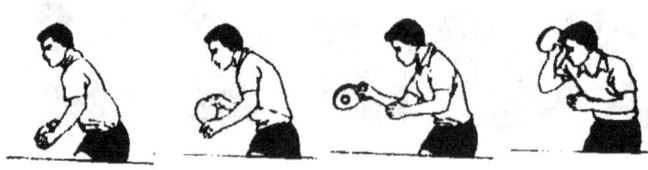

图 5-5-7

2. 反手攻球

横拍反手攻球（图 5-5-8）动作要点：

（1）引拍动作。腰、髋略左转，前臂向后引拍至腹前，手腕稍后屈，手臂不要下沉过多。

（2）击球动作。在腰、髋右转的同时，以手掌背部带动球拍，手腕和前臂向右上方发力，在上升期或高点期击球中上部，拇指控制拍形和击球弧线。发力时，不要肘部架起。

（3）球出手后，因惯性作用，球拍至体前渐止，此时迅速还原，调整动作准备下次击球。

图 5-5-8

（五）直拍反手推挡

动作要点：

（1）站位近台，左脚稍前，两膝微屈，两脚略比肩宽，重心落在两前脚掌上。上臂靠近身体，带动前臂直接向后引拍，球拍距球约 25 厘米，拍形基本与台面垂直，球拍与球同高。

（2）球刚弹起，上臂带动前臂向前迎球，在来球的上升期或高点期借来球之力，前臂手腕用力向前将球推出；触球中部或中部稍偏上，食指用力压拍，拇指略放松。加力推时加大上臂带动前臂向后引拍的动作，以前臂发力为主，手腕有由后向前的弹击动作，为加大推球力量和动作的稳定性，应运用身体转髋前送的力量（图 5-5-9）。

图 5-5-9

（六）弧圈球

弧圈球通过拍面与球的摩擦产生强烈的上旋，能够制造适当的弧线，与攻球相比有更多的击球时间和击球点。它把回球的稳定性和威胁性更好的统一，这正是弧圈球的先进所在。

1. 正手拉加转弧圈球

加转弧圈球稳健性好，在来球下旋强烈、弧线很低或位置不好时使用比较合适。

（1）引拍阶段。两脚自然开立，左脚稍前，两膝微屈，身体重心交换，带动手臂向右后下方引拍120°，手腕稍向后拉，手臂接近放开，球拍低于来球。

（2）击球阶段。右前脚掌内侧蹬地，伸膝，身体重心交换，身体左转带动手臂由后下方向前上方挥动。击球瞬间，快速收前臂，击球的中上部，撞击后迅速转为向前上方摩擦球，手指有一向上拎球的动作，直拍以拇指和中指用力为主，横拍以食指用力为主。击球时间为高点期或下降期。击球后及时调整身体重心还原，准备下次击球（图5-5-10）。

图 5-5-10

2. 正手拉前冲弧圈球

前冲弧圈球飞行弧线低、速度快、落台后弹起不高、前冲力强，回球的威胁性较强。

（1）引拍动作。引拍向右后方，身体重心比拉加转弧圈球时稍高，球拍与来球同高或稍低于来球。

（2）击球阶段。在髋、腰的带动下，前臂、手腕向前方发力，击球中上部；击球瞬间，向前的撞击与摩擦球的动作融为一体，掌握好撞击与摩擦的平衡力度。直拍选手的中指顶拍包球，横拍选手的食指有一向前甩的动作。击球时间为上升期或高点期。击球后身体重心及时还原（图5-5-11）。

图 5-5-11

3. 反手拉弧圈球

反手弧圈球是横拍弧圈球型打法重要的进攻技术之一。其速度比正手弧圈球稍快，但力量和旋转要逊于正手。

（1）引拍阶段。两脚平行站立，略比肩宽，两膝自然弯屈，身体重心交换，腰、髋向左转，带动手臂向左下方引拍，手腕稍向后屈。收腹，前臂自然弯屈。

（2）击球阶段。来球落台，两脚用力蹬地，伸膝、展腹、腰髋向右转，前臂带动手腕同时向右前上方发力，击球中上部，撞击后迅速摩擦，用拇指调节击球弧线。击球后及时调整身体重心还原，准备下次击球（图5-5-12）。

图 5-5-12

（七）搓球

搓球是一项过渡性技术，但在现代乒乓球技术里，没有纯粹的过渡与进攻技术，各种技术在不同的情形下发挥不同的作用，关键是从意识上强化主动性和进攻性的意识。

1. 慢搓

回球速度慢，比较稳健，利于加转，是初学搓球的入门技术。技术要点：击球时间为下降期，触球中下部，以前臂向前用力为主，配合手腕动作，拍形较后仰，直拍选手反手搓以食指和中指用力为主，拇指配合发力；正手搓以拇指发力为主。横拍选手应将拇指和食指的协调发力结合起来（图 5-5-13）。

图 5-5-13

2. 摆短

摆短，是在快搓的基础上，于 20 世纪 70 年代发展起来的一项技术。具有速度快、弧线低、落点非常短的特点，限制对方抢攻、抢拉作用显著。技术要点：站位近台，重心前移，手臂前伸，使球拍接近来球的着落点，在上升前期击球。手腕和前臂结合用力，触球中下部，利用来球之力，将球轻摆至对方网前，动作幅度很小。

（八）步法

步法是乒乓球运动的"灵魂和生命"。步法是及时准确的使用与衔接各项技术动作的有力保证。步法直接关系到运动员技术水平的发展。步法不好，就难以做到击球准确、积极主动、连续进攻。

步法介绍：

（1）单步。移动简单、灵活，重心平稳，但移动距离不大，多用于来球离身体较近的小范围内使用。以远离来球的一脚前脚掌为轴，另一只脚向前、左前、右前、后方、左后、右后移动半步或一步，重心随之跟上（图 5-5-14）。

图 5-5-14　　　　　　　　　　　图 5-5-15

（2）并步。身体重心起伏小、较稳定，身体不腾空，多用于进攻选手小范围的左右移动时使用。远离来球方向的脚先向另一脚移半步或一步，靠近来球方向的脚再向来球方向移动（图 5-5-15）。

（3）跳步。移动范围比并步大，利于发力，多用于进攻选手向左右方向或侧身位移动。远离来球方向的脚用力蹬地，使身体重心迅速通过另一只脚后，两脚腾空向左或向右移动，远离来球的脚先落地，另一只脚跟着落地（图 5-5-16）。

（4）交叉步。移动范围大。用于侧身攻后扑打正手位空当，或再从正手大角回反手位时使用。近来球方向的脚尖先向来球侧转或略移半步，将身体重心移至此脚；远离来球方向的脚再向来球方向跨出一大步，在体前与近来球方向的脚形成交叉状态，此时近来球方向的脚迅速跟上一步（图 5-5-17）。

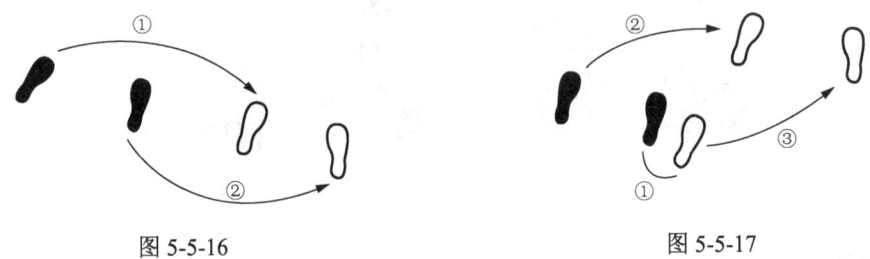

图 5-5-16　　　　　　　　　　　图 5-5-17

（九）双打

双打的竞赛方法和比赛规则与单打基本相同，但双打在发球、接发球、击球顺序上有特殊规定。双打比赛在台面中央划有一条 3 毫米宽的白线，称为中线，它把台面均等的分为左、右两个半区。比赛时，右半区为发球区，发球必须先落到本方的发球区或中线上，然后落到对方的发球区或中线上，否则判发球方失分。双打第一局发球的一方应先确定第一发球员，接发球方可任意确定第一接发球员；然后按规定的次序，轮流交换发球和接发球。此后各局先发球的一方，可任意确定第一发球员，而接发球的一方，则必须由前一局与之相对应的发球员来接发球。决胜局到 5 分交换方位时，发球次序不变，但接发球一方应交换接球员的次序。双打分为男子双打、女子双打、混合双打。

三、乒乓球战术

所谓乒乓球战术，是乒乓球运动员在比赛中为战胜对手，根据对手和自己的技术特点，以及场上各种各样的变化，正确的制定出相应的技术组合和计谋并加以实施。

发球抢攻战术：运用发球的旋转、落点变化，为前三板的抢攻创造机会。

搓攻战术：主要利用搓球的旋转和落点变化为进攻创造机会，以达到得分的目的。

对攻战术：主要依靠正反手的快攻或弧圈球快速多变的特点，主动调动对方，力求主动。

接发球战术：通过接发球的直接抢攻或主动控制达到破坏对方的战术意图，形成主动的局面。

四、乒乓球比赛与场地器材

（一）乒乓球比赛

乒乓球比赛分为团体比赛和单项比赛两大类。团体比赛和单项比赛的办法，主要采用循环制和淘汰制两种。现在还有一种新的比赛方法，叫"佩寄制"。它是两个小组第一名之间进行交锋，胜者直接进入决赛；两个小组的第二名进行争夺，胜者与两个小组第一名之间的负者再赛一场，争夺另一个决赛位置；两个进入决赛的队伍或个人决出比赛的冠亚军。

（二）乒乓球场地器材

乒乓球比赛的赛区，均用75厘米高的同颜色且深色的挡板围成不小于14米长、7米宽，净空5米高的范围；乒乓球台均匀合理的置于其赛区中央。

球台：球台的上层表面是比赛台面，长2.74米，宽1.525米，离地面高76厘米，台面呈长方形与水平面平行，具有均匀一致的弹性，并需暗色，无光泽。

球网装置：球网装置包括球网、悬网绳、网柱和夹钳部分组成球网装置。球网全长1.83米，网高15.25厘米，网柱外缘离边线外缘的距离为15.25厘米。

球：一只标准的乒乓球其圆球体的直径应为40毫米，球重2.7克。球应用赛璐珞或类似的塑料制成，呈白色或橙色，且无光泽。

球拍：球拍的大小、形状、重量不限，底板至少应有85%的天然木材。每层黏合层不超过底板的7.5%或0.35毫米，取数小的一种。颗粒向外的胶皮连同黏合剂厚度不超过2毫米，用颗粒向外或向内的海绵胶覆盖，连同黏合剂厚度不超过4毫米。

五、乒乓球规则与裁判法

（一）乒乓球规则

1. 合法发球

发球时，球停放在张开和伸平的手掌内，球应在球台平面的高度之上和发球手的断线之后，球几乎垂直地向上抛起，高于16厘米，不得使球旋转，当球从抛起的最高点下降时方可击球，使球首先触及本方台区，然后越过或绕过球网装置，再触及对方的台区。双打中，球应先后触及本方和对方的右半区。当球被击中时，发球选手及他的双打队友的身体与衣服的任何部分都不能在球与网之间的范围内。

2. 合法还击

对方发球或还击后，本方运动员必须击球，使球直接越过或绕过球网装置，或触及球网装置后，再触及对方球台区。如果发出或还击的球越过球网又返回时，可以对此球进行还击，使其直接触及对方球台区，此球应看作越过或绕过球网。

3. 失一分

①未能合法发球，②未能合法还击，③台内阻挡，④连续两次击球，⑤球两次触及本方球台，⑥用不符合所规定的拍面击球，⑦运动员或其穿戴的任何物品移动了比赛球台，⑧不执拍手触及比赛台面，⑨运动员或其穿戴的任何物品触及球网装置，⑩双打中除发球和接发球外，未能按正确的次序击球。

（二）乒乓球裁判法

发球：发球动作受到怀疑，可给予一次警告，明显的发球犯规，应直接判失分。

意外干扰：要根据场上的实际情况判定。如对外界来球的干扰，原则上应立即停止比赛，但外界球进入比赛场地正是一方即将得分之际，而外界球并未影响比赛进行，则可以不加考虑。

擦边球：比赛台面包括球台上面的边缘，不包括上面边缘以下的侧面。球触及上边缘时为合法还击的擦边球；球触及台面上边缘以下的侧面为出界球。

交换方位：每局比赛结束后，或决胜局一方先到5分时，裁判员应先报比分，然后做交换方位的手势，并将比赛用球收回。

第六节　网　球

一、网球运动概述

（一）网球运动的起源

网球

网球与高尔夫球、保龄球、桌球并称为世界四大绅士运动。它的起源可以追溯到12~13世纪的法国，当时在传教士中流行着一种用手掌击球的游戏，方法是在空地上两人隔一条绳子，用手掌将布包着头发制成的球打来打去，他们把这种游戏称为"jeu depaume"（法语，用手掌击球的意思），即"掌击球"。这种运动不仅在修道院中盛行，而且也出现在法国宫廷。

（二）网球运动的发展

1. 世界网球运动发展概况

现代网球运动开展的初期，网球比赛只设有男子单打和双打两项，不设女子项目。

但是一些女选手不仅敢于冲破社会舆论和家庭的阻挠，而且技术水平有的还超过男选手，在一些非正规的单打比赛中常常出现一边是男选手、另一边是女选手的情况，这才迫使一些网球俱乐部不得不允许妇女参加这一运动。

1881年，世界上出现了第一个全国性网球协会，即美国全国草地网球协会（"全国"两字于1920年取消）。

1900年，21岁的美国网球运动员戴维斯，为了推动现代网球运动的发展，捐赠了一只黄金衬里的纯银大钵，名为戴维斯杯。它后来成为国际网坛声望最高的男子团体锦标赛的永久性流动奖杯。每年的冠军队和队员的名字刻在杯上，当1920年刻满名字后，戴维斯又捐赠了一只垫盒，以后又增添了两只托盘。

1904年，澳大利亚草地网球协会成立，并于1905年开始主办澳大利亚锦标赛，设男子单打、男子双打两个项目。1922年又增加了女子单打、女子双打和混合双打三个项目。法国网球锦标赛、英国温布尔登网球锦标赛、美国网球锦标赛和澳大利亚网球锦标赛合在一起是世界上最有声望的"大满贯"网球锦标赛。任何一名选手或一组双打选手能在同一赛季中，赢得这四个锦标赛的冠军时，便获得"大满贯"优胜者的荣誉。

1913年3月1日，由澳大利亚等12个国家的网球协会代表，在巴黎成立了国际网球联合会（ITF），协调国际网球活动，安排全年比赛日程表，修订网球规则并监督它的执行。1972年，国际男子职业网球选手协会成立。1973年，国际女子网球协会成立。

1896年在雅典举行的现代第一届奥运会上，网球的男子单打与双打被列为正式比赛项目。后来，由于国际奥委会和国际网球联合会在"业余运动员"问题上有分歧，已经进行了连续七届的奥运会网球比赛项目被取消。直到1984年的洛杉矶奥运会上，网球才被列为表演项目。到1988年的汉城奥运会上，网球重新被列为正式比赛项目。

2．中国网球运动发展概况

1885年前后，网球运动传入中国。先是上海、广州等大城市的外国传教士和商人之间出现网球活动，后来一些教会学校也开展起这项运动，1898年，上海圣约翰书院举行斯坦豪斯杯赛，这是中国网球史上最早的校内比赛。

新中国成立后，网球运动在起点低、基础差、交往少的情况下逐渐发展，1953年在天津首次举办了包括网球在内的四项球类运动会（篮、排、网、羽），1956年举办全国网球锦标赛，后来全国网球等级联赛定期举行，并实行升降级制度，还定期举办全国网球单项比赛、全国硬地网球冠军赛、全国青少年网球比赛，近年来又搞起了巡回赛、老年网球赛、高校网球赛、少年网球赛。这些竞赛对促进网球技术水平的提高起到了积极的推动作用。

20世纪80年代以来，我国网球运动水平提高幅度较快。1986年第10届汉城亚洲运动会网球比赛，我国选手李心意获女子单打冠军。1990年第11届北京亚洲运动会网球比赛，我国运动员获得三块金牌、三块银牌和一块铜牌。女子队参加1991年联合会杯网球团体赛，在58个参赛队中进入16强，李芳从国际网球排名200位跃升到155位，夏嘉平参加世界大学生运动会网球比赛获得男子单打冠军，这些成绩说明我国网球运动有了长足的进步，令人鼓舞。

2004年国家女子网球选手表现出色，在ITF和国际女子网球巡回赛（WTA）等多项赛事中也取得较好名次，成绩可喜可贺。中国首次获得了奥运会女子双打冠军（李婷/孙甜甜）；首次进入澳大利亚网球公开赛女双前八名（郑洁/晏紫）；首次获得澳大利亚网球公开赛青少年女双冠军（孙胜男）；首次进入法国网球公开赛女子单打前16名（郑洁）；首次取得WTA单打冠军头衔（李娜）；首次进入上海喜力网球公开赛和中国公开赛男子单打第二轮（朱本强、卢昊）；首次进入世界女子双打排名前20名；WTA单打排名首次有3人同时进入前80位。中国还再次夺得亚洲网球锦标赛女子单打冠军；国家男队也再次冲入戴维斯杯A组。2006年，中国女双选手获得澳大利亚网球公开赛和温布尔登网球锦标赛冠军（郑洁/晏紫）。

二、网球运动的基本技术

（一）握拍的方法

1. 东方式握拍法

握拍时拍面与地面垂直，大拇指与食指呈V字型对准拍柄的右上斜面握住拍子，由于恰好像与人握手的形状，因此也称为"握手式"握拍法（图5-6-1）。东方式握拍法是最传统的正手击球握拍法。用东方式握拍法可在半分腿或全分腿姿势中击球。其触球点比用半西方式或者西方式握拍的触球点低，并且离身体较远。用此握拍法可击平球或旋转不强的上旋球。

2. 大陆式握拍法

握拍时拍面与地面垂直，大拇指与食指呈V字型对准拍柄的上平面握住拍子，由于其形状像握着锤子的样子，因此也称为"握锤式"握拍法（图5-6-2）。此种握拍法更常用于发球、截击和高压，因为在使用正手击球和反手击球（截击）时不必改变握拍，同时它能最大限度地转腕并使球产生侧旋（发球和高压）。它还能用于基本击球动作演变成的所有其他击球，如短吊、空中截击、低空截击等。

3. 西方式握拍法

球拍面与地面平行，手掌从上面握住拍柄，握拍的形象好似"一把抓"（图5-6-3）。此种握拍法能击出极强的上旋。它是对付高球（肩上球）的理想握拍法，但是使用这种握拍法的球员通常在击低球时遇到困难。因此，这种握拍法更适合慢速的场地。

4. 半西方式握拍法

握法介于东方式和西方式之间，此种握拍法有两个特点：一是手腕后转；二是引拍和挥拍时拍面下转。

5. 单手反手握拍法-东方式反手握拍法

该握拍是通过东方式正手握拍法把手向左转动四分之一，使拇指和食指成V形，对准拍柄左上斜面握住拍子。

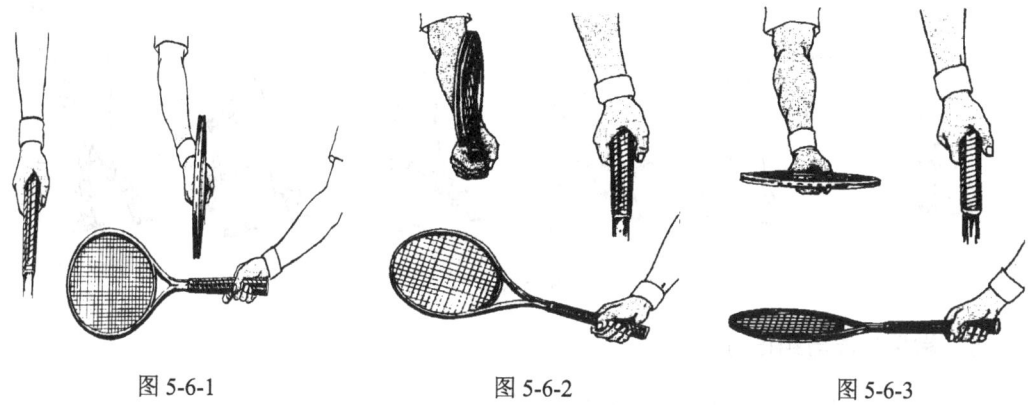

图 5-6-1　　　　　　　图 5-6-2　　　　　　　图 5-6-3

6．双手反手握拍法

该握拍可分两种，一种是不改变握拍，即左右手都为东方式握拍法，一种是改变握拍，即左手是东方式握拍，右手是东方式反手握拍或大陆式握拍。尽管双手握拍的球员的握拍方式各有特点，对于右手握拍的球员，建议右手用东方式反手握拍或者大陆式握拍，左手舒适地靠近右手成东方式正手握拍或者半西方式正手握拍。这样的握拍在做不同的击球动作时，尤其是在反手一侧单手反手削球时更加灵活。

（二）正手击球

1．准备姿势

面对球网，双脚向前自然分开与肩同宽，双膝微屈，身体略向前倾，重心落在双脚的前脚掌上，右手握拍，左手轻托拍颈，双肘微屈，球拍舒适地放在身前，托面垂直于拍头指向对方，两眼注视对方来球，做好击球准备。

2．引拍阶段

当判断来球需用正拍回击时，左脚跟抬起并向右前方上步，同时转肩转髋带动右手向后摆动引拍，引拍时肘部弯屈、自然下垂，拍头高于膝盖，左手伸向前方，后摆引拍时身体重心移向右脚，左肩对着右侧的网柱，手腕固定，挥拍转动约 180°，拍头指向后挡网。

3．击球阶段

从后摆进而向前挥动时紧握球拍，固定手腕，肘关节微屈，用力蹬脚，转动身体和挥拍，击球点在身体右侧前方不超过腰的高度，击球时，拍头应与手等高，与地面垂直，此时挥拍速度最快，球打在拍面的中心，击球挥拍时的拍头是自上而下的挥动。

4．随挥阶段

球触拍后，使拍面平行于网的时间尽量长些，挥拍沿着球飞行的方向前送，重心前移落在左脚，身体也随着转向球网，挥拍动作在左肩上方结束（图 5-6-4）。

图 5-6-4

5. 常见错误与纠正方法

正手击球常见错误与纠正方法见表 5-6-1。

表 5-6-1

常见错误	纠正方法
错误的步伐，妨碍重心移向击球的方向	多做击球前正确上步的练习，击球动作完成后，重心随之移向击球方向
击球不及时，或离身体太近，造成拍头垂落，挥拍成垂钩状	对墙练习或多球练习来掌握合适的击球点。特别强调球拍触球时，要在前脚附近，距体侧 70～80 厘米处
腕部力量不足，翻肘前挥，过分转动手腕	击球动作是靠手腕来固定，主要靠手臂与转体的配合来完成。可以通过在底线打深度球纠正动作
挥拍动作始终在球的上方，而没有使拍子低于来球	后摆过高造成的。击球时应掌握适宜的高度，保持在腰与肩之间，并使球拍略低于来球。通过模仿动作可打自抛的落地球来纠正多做
抽击时膝盖过于挺直，而上体过于弯屈	击球点太靠前造成的。从练习正确的准备姿势做起，是膝关节部略微弯屈，而上体稍前倾。可通过对墙练习和打落地球来掌握正确的击球点

（三）反手击球

1. 准备姿势

准备动作和正手击球的准备动作相同。当判断对方来球朝你的反拍方向飞来时，轻握拍颈的左手应该迅速帮助右手握拍变换成反手握拍法。

2. 引拍阶段

向左转动肩髋带动右手向左后方摆动，同时右脚向左前方上步，后摆时肘关节弯屈，自然下垂，重心移向左脚。反拍的后摆动作应比正拍后摆更早地完成。单手反拍时，左手可轻托拍颈，伴随着身体向左转；若是双手反拍，需要更充分的转体动作，右肩转向左侧的网柱。

3. 击球阶段

反手击球的前挥和正手击球的前挥基本相同，不同点是反手击球时，主要通过腰的转动来击球，击球点要比正手时稍稍靠前，因此要稍微早些开始做前挥动作。

4. 随挥阶段

反手击球的随挥动作和正手相同，随挥越充分，对球的控制就越好。图 5-6-5 为单手反手击球，图 5-6-6 为双手反手击球。

图 5-6-5

图 5-6-6

5. 常见错误与纠正方法

反手击球常见错误与纠正方法见表 5-6-2。

表 5-6-2

常见错误	纠正方法
反手击球时，左肩没有随着球拍向击球方向转动	反手击球应靠身体转动与挥拍共同完成动作，如果左肩没有转向击球方向，说明只靠单纯挥拍而缺乏身体转动的配合。纠正时要练习以转体带动挥拍，多打落地球体会正确动作
反手击球时，肘部弯曲过大，导致球拍对着球向下摆动	反手击球肘部过于弯屈，势必造成引拍过高，纠正时使前臂与上臂之间的夹角增大，这样可以使拍头降低些。可以通过打自抛的落地球或打下降球予以纠正
结束动作时，球拍在身体右侧挥动的幅度不够大	多做反手击球模仿练习，要求结束动作时，上体右转，配合向右前上方挥拍，以增大随球前送力量
双手反手击球时，击球点太靠近身体	要注意在肘部伸展到最自由的地方击球。可以通过打自抛的落地球予以纠正

（四）发球

1. 握拍法

一般选择大陆式握拍法或者东方式反手握拍法。

2. 准备姿势

双脚与肩同宽,左脚与端线约成 45°角,右脚与底线基本上平行,重心在左脚上。左手持球轻托球拍在腰部,拍头指向前方。

3. 抛球与引拍阶段

抛球和后摆拉拍动作是同时开始的,当球拍向下向后引拍时,抛球手同时下降至左腿处,紧接着当球拍从身后向头上做大弧度摆动时,持球手把球从伸展的左手中向上垂直抛出,在身体前面和左脚上部,同时身体做转体、屈膝,展肩动作,身体重心移到右脚。

4. 击球阶段

当左手抛出球时,球拍继续向上摆起,并在身后做环绕动作,当球下降至击球点时,双脚向上蹬起,同时身体向前转动、重心向前移动,使身体和手臂充分伸展,迅速向上挥拍击球。击球点应在身体前上方,基本与右肩充分伸直相一致。

5. 随挥阶段

球发出后,身体向场内倾斜,保持连续的完整的向前上方伸展的随挥动作,球拍挥至身体左侧结束,身体重心完全落在前脚上(图 5-6-7)。

图 5-6-7

6. 常见错误与纠正方法

发球常见错误与纠正方法见表 5-6-3。

表 5-6-3

常见错误	纠正方法
向上抛球高度不够	反复练习向上抛球动作,使抛出的球有合适的高度。然后站在发球位置连续发球
抛球偏斜,球下落时常有偏左或偏右的现象	反复练习向上抛球动作,使抛出的球能较直的在右前上方升起和下落。然后站在发球位置,用多球连续发球
后摆没有下垂球拍,拍头向上直接击球	徒手先体会下垂球拍,是拍头在背后下垂。然后从这一姿势开始向前上挥球拍发球。待基本掌握后,再由下挥拍环绕至背后垂拍,然后伸臂挥拍将球发出。可采用多球练习,连续发球
发球时击球点选择不合适,有时过高,有时过低	击球点的适宜高度应在身体垂直面右侧稍前的位置,高度略低于个人臂长加拍长

常见错误	纠正方法
上体过于后仰，发球经常失误	强调发球时保持正确的姿势，两脚前后开立，眼睛注视上抛的球，上体略后仰，做出背后垂拍，在合适的击球点将球发出。通过多次重复抛球，加强身体的协调配合来纠正错误动作
发力过猛，失去控制	强调大力发球时注意发球动作要领，特别是击球点高度要合适。球拍触球瞬间，肘要伸直，手腕附加突发用力。在挥拍速度最快时击球，然后迅速挥至身体左侧。切忌大力发球，要充分发挥全身爆发力，但不能失去控制能力，采用多球练习

（五）削球

1. 握拍法

打削球的最常用的握拍法是大陆式握拍法，正反手击球都不用变换握拍。

2. 准备姿势

准备姿势与底线击球相同。

3. 引拍阶段

右（左）腿侧跨一步，上身向右（左）、向后转体，向后、向上引拍，击球手臂弯屈，拍面打开较多，左（右）腿向前跨步，至少与髋关节同宽，眼睛盯住来球。

4. 击球阶段

拍头大幅度降低，大大低于击球点的高度，开放式击球姿势，双腿用力蹬地，上身向前转体，从后下方向前上方急速向击球点挥拍，击球点在身体一侧的前面，拍面垂直，并且以切线的形式击球。

5. 随挥阶段

前臂旋转转至身体一侧，继续向上挥拍，球拍随挥至身体左（右）侧。图 5-6-8 为正手削球，图 5-6-9 为反手削球。

图 5-6-8

图 5-6-9

6. 常见错误与纠正方法

削球常见错误与纠正方法见表 5-6-4。

表 5-6-4

常见错误	纠正方法
准备不充分，常常打不到球	决定打反手削球时，早做引拍准备，眼睛注视着来球，向前挥拍自然打开，拍面稍立起，在体侧前击球。多打落地球、喂球体会正确动作
打到球后稳定性不够，常常太高、太冲或飞出场外	是前挥动作太快、太直，拍面太开造成的。解决的方法是要多做模拟练习，把挥拍速度降下来，拍面"吃"球的时间延长，把球"送"到指定地方
削球有时不过网，用不上力	这是因为击球时间晚、拍面关闭造成的。纠正时要注意挥拍时机、击球点、拍面角度和"裹"球等方法，只有正确的模拟和实践操练才会找到削球感觉

（六）截击球

1. 握拍法

打截击球最好是采用大陆式握拍法，但对于初学者和腕力不足的女性来说，使用西方式握拍法则比较合适，到了中级阶段，可以使用东方式握拍法。

2. 准备姿势

准备姿势与一般击球大体相同，距球网 2~3 米，抬高拍头位置，至少要高于持拍手，降低重心，上体前倾，重心落在前脚掌上并且两只脚不能"钉"在原地不动而要不停地用碎步进行调整以便随时对来球作出反应。

3. 引拍阶段

本着幅度越小越好的原则，无论是正手还是反手，都应注意转体，拍面在垂直地面的基础上稍稍打开，低球时大一些，高球时小一些，这时要注意的是，拍头不能低于手腕。

4. 击球阶段

后摆之后，正手击球要向右斜前方迈左脚，反手击球则向左斜前方迈右脚，身体重心向前移，击球时手腕固定，拍面与地面保持垂直，击球点最好保持在身体侧前方且越靠前、越早击球越有利于发力、有利于抢占先机、控制路线。反手击球时，击球点比正手更靠前。

5. 随挥阶段

截击球几乎没有随挥动作，只需借助上步及身体的惯性就足以将球回击过去，手臂最重要的是保持坚固与稳定而不是做大幅度的挥击动作。图 5-6-10 为正手截击球，图 5-6-11 为反手截击球。

图 5-6-10

图 5-6-11

6. 常见错误与纠正方法

截击球常见错误与纠正方法见表 5-6-5。

表 5-6-5

常见错误	纠正方法
后摆引拍过大	以转体附加后摆的动作,可以防止后摆过大的错误。可采用 1 人在网前截击,2 人在底线连续抽球的方法,或采用多球练习
腕力不足,难以有力的截击来球	强调在球拍与球碰撞瞬间,手腕固定并增大握力,同时伴以转体压球动作。在网前可采用一对二方法练习,或多球练习
截击没有靠身体帮助压球,而只是靠手腕	强调截击时,多靠身体转动带动球拍压球,触球瞬间要握紧球拍。可通过个人对墙连续空中击球练习,或多球练习纠正动作

(七)挑高球

挑高球是指还击的球越过网前对手的头顶落入对方场区的球,挑高球不仅是被迫使用的一种防御技术,而且它对任何水平较高的对手也是一种可怕的武器,它可以破坏对方的进攻节奏,改变对方回球的速度,高球挑得隐蔽,就能减弱对方在网前的优势,使自己从被动转为主动,它分为进攻性挑高球和防御性挑高球。

进攻性挑高球的动作要点:①挑高球动作要尽可能和正、反拍上旋击球动作一样。完成动作时,要使手腕保持后屈。②在挥拍击球时,拍面垂直,拍头低于手腕位置,采用手腕与前臂的滚翻动作,由后下向前上挥拍,做弧线型鞭击球动作,使球拍在击球瞬间进行摩擦,以产生强力上旋,击球点在身体侧前方,重心落在后脚。③击球后,球拍必须朝着自己设想的出球方向充分跟进,随挥动作要放松并在身体左侧结束(图 5-6-12)。

防守性挑高球的动作要点:①挑下旋高球与挑上旋高球一样,同样需要动作隐蔽,因此它的握拍,侧身转肩,向后引拍应尽量与底线正、反手击下旋球动作一致。②击球时拍面朝上,触球点在球的中下部,由后下方向前上方平缓挥拍击球,为了更好地控制球的高度和深度,尽量使球在球拍上停留时间长一些,动作要柔和。③随挥动作与底线正、反手击下旋球一样,跟进动作充分,结束动作比上旋高球结束动作要高,此时面对球网,重心稍后(图 5-6-13)。

图 5-6-12

图 5-6-13

挑高球常见错误与纠正方法见表 5-6-6。

表 5-6-6

常见错误	纠正方法
挑的高度、深度不够	站在端线,原地进行多球练习,将球击高击深,不要怕出底线。跑动中完成挑高球的练习
提拉动作突然,球拍跟进动作停止过早	无球的挥拍练习,或多球练习。改进并掌握完整动作
击球时手腕没有绷紧,打出无力的飘球	适当加大握拍力量,在球拍触球瞬间更要握紧球拍,绷紧腕关节
击球时拍头没有低于手腕,造成没有上旋或上旋不够	多做模拟练习,使拍头低于手腕,手腕后屈,加强腕部控球力量,完成弧线上拉

(八)放短球

放短球一般是处在网前的击球员突然回击近网短球,使处于底线的对手来不及还击,也可以是当对手站在后场或大角度跑出场外时,突然放短球,使对手来不及到位而得分。

动作要点:①当准备放短球时,击球前的准备动作与底线正、反手击球动作相同,球拍后引,侧身对网,拍头高于设想的击球点。②侧身还击来球,击球时拍面稍开,动作柔和，触球点在球的下部，使之产生下旋，并以适当的前推或上托动作把球击出，使球有适当的弧线落在对方球场近网处。③击球后身体重心向击球方向跟进，用自然协调的动作来完成随挥。图 5-6-14 为正手放短球，图 5-6-15 为反手放短球。

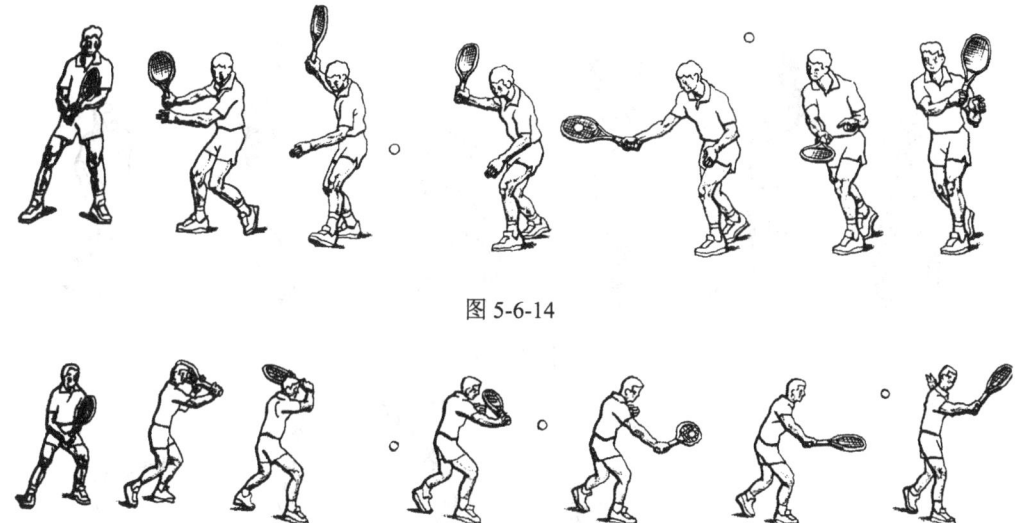

图 5-6-14

图 5-6-15

放短球常见错误与纠正方法见表 5-6-7。

表 5-6-7

常见错误	纠正方法
拍面过早打开，从而暴露了意图	强调只是在触球的一刹那拍面打开，动作柔和、自然。通过反复练习，才能掌握好时机
站在底线后放小球	放小球最佳时机在中场前，因为它离网近，线路短，容易控制。在没有把握的情况下，不要放小球
小球放得太高、太远	球拍打开后，"抚摸"球的下部，并向下作弧线挥拍，跟着球的方向做随挥的动作。多球练习，定点练习

（九）高压球

高压球是对付对方挑高球的一种进攻技术，动作要领和发球动作很相像，只是高压球是在移动中完成，良好的高压球技术，能为上网截击增加信心和增强威力，根据对方挑高球落点的深度，采用猛力的扣杀和落点准的打法，能使高压球更具威胁，它可分为近网高压、后场高压、落地高压和反手高压。

动作要点：①高压球的动作与发球动作相似，握拍也和发球握拍相同，当对方挑高球时，应立即侧身转体并用短促的垫步向后移动，同时侧身，持拍手上举，在头部位向后引拍，后脚弯屈，随时准备跳跃扣杀。②准备击球时，非持拍手上举指向来球的方向和高度，击球法和发球时击球一样，击球点在右眼前上方。如果跳起高压，用后脚起跳，转体，挺胸，收腹，击完球后用左脚着地，同时右脚向前跨，准备再上网截击。③近网高压击球点可偏前,便于下扣动作的完成,远网后场高压的击球点可稍后,击球动作向前下方挥击,以防下网。④击球后的跟进动作尽量像发球那样完整,起跳高压时要保持身体平衡。图5-6-16为正手高压球,图5-6-17为反手高压球。

图5-6-16

图5-6-17

高压球常见错误与纠正方法见表5-6-8。

表5-6-8

常见错误	纠正方法
击球没有移动到球的下落处击球	提高视线随球移动的能力,准确判断球的落点。可通过连续击高球的多球练习,注意步伐移动到球的下落处在击球
高压时身体过分的向前或后仰,完全依赖手腕的动作	明确高压球不只是靠手腕来压球,主要靠身体的协调配合,上体不能前倾过多或后仰过大,这样容易失去平衡造成高压失误。可以通过多球练习,选好击球点,用身体协调来打高压球
没有看清来球的位置,击球点太低或高压时有低头现象	提高视线随球移动能力和判断预测能力。可以通过多球练习改进高压技术,击球时不要低头

(十)步法

1. 正手击球的步法

东方式正手击球要充分利用身体重心的前后移动来打球,因此一定要保证向前迈步击球的步法。一般常采用关闭式步法,侧身迎接来球。击球前重心在后脚,击球时重心移至前脚(图5-6-18)。

西方式正手击球，因为主要用转肩的力量来提拉上旋球，所以击球时重心落在后脚上，常采用开放式步法击球（图 5-6-19）。

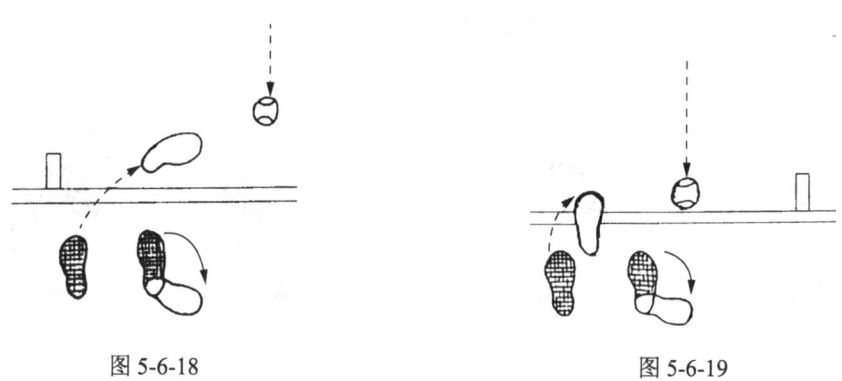

图 5-6-18　　　　　　　　　　　图 5-6-19

2. 反手击球的步法

单手反手击球时，右脚要跨过左脚，保持背对来球，击球时重心在前脚（图 5-6-20）。

双手反手击球时，基本有两种站姿。一种是侧对来球站立，一种是双脚对球网开放式站立（图 5-6-21）。

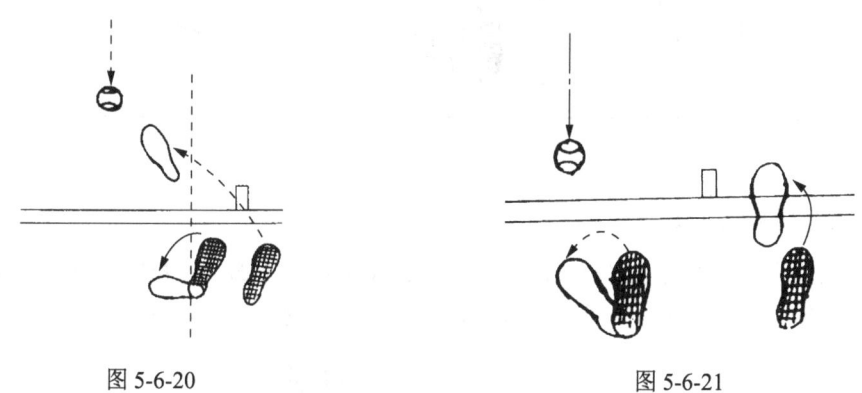

图 5-6-20　　　　　　　　　　　图 5-6-21

3. 发球的步法

发球时，不论是在右区还是左区发球，都要保持右脚的脚尖指向右网柱，并且两脚尖的连线指向相应的发球区。开始挥拍前，重心在前脚，然后随向下、向后的挥拍而同时将重心后移，再随着上举球拍向前蹬腿，利用重心前后移动的力量来增加发球的速度（图 5-6-22）。

另一种是后脚靠近前脚的发球步法。随着上举球拍的结束，准备向上击球之前，让后脚靠近前脚，平稳地向前移动重心，保持双脚同时向上发力击球（图 5-6-23）。

4. 截击球的步法

正手截击球（图 5-6-24），针对三种不同情况的来球，有三种步法。一种是恰好在正手击球位置的来球，同正手击球步法一样，向前跨出左脚，侧对来球迎击；一种是稍远离身体的来球，采用左脚跨过右脚的步法击球；还有一种直接奔向身体的来球，要迅速后撤右脚，再顶住右脚用重心前移来挡击球。

反手截击球步法与正手截击球步法相同，只是左右脚相反运动即可。

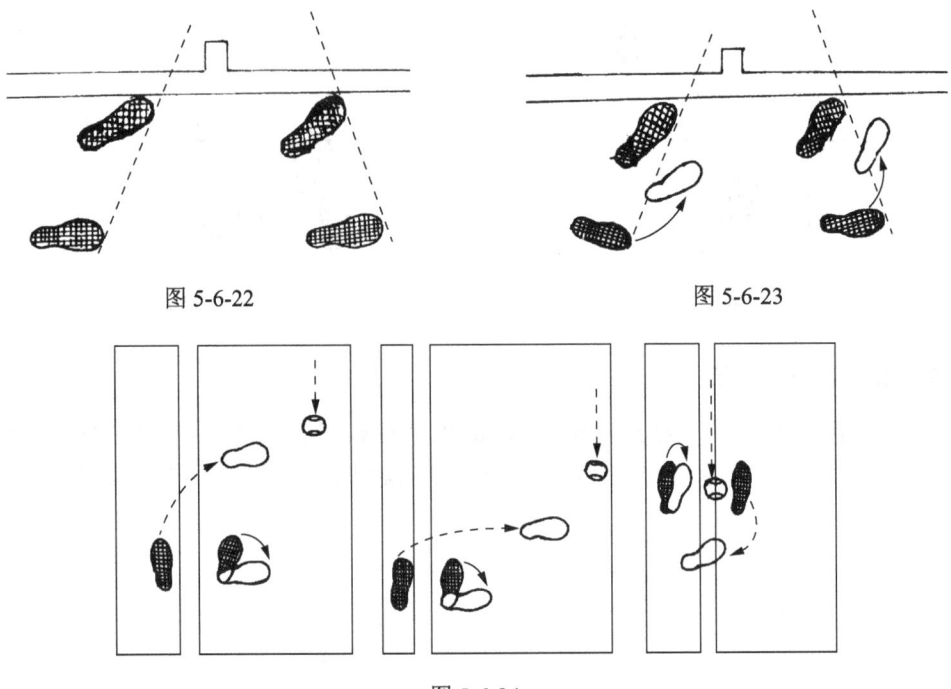

图 5-6-22　　　　　　　　　　　图 5-6-23

图 5-6-24

5. 高压球的步法

高压球时一定要保持侧对来球，右脚与底线平行，左脚尖稍指向右网柱。常用的高压球步法有两种，一种是向后侧滑步法，一种是侧后交叉移动步法（图 5-6-25）。

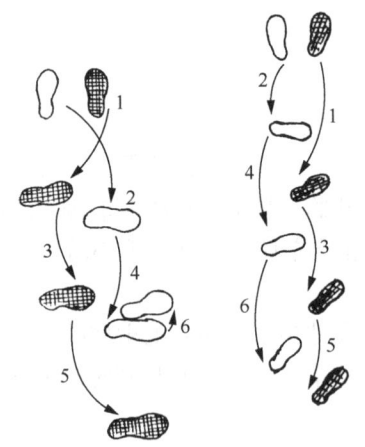

图 5-6-25

6. 场上击球前的移动步法

滑步步法，多常用于前后移动不太远的正反手击球。这里注意一点，滑步的同时，应提前引拍，最好做到保持向后引拍的姿势移动。具体的步法要点是，向前移动时，蹬出右脚的同时，向前跨出左脚，连续向前即形成向前滑步步法；向后移动时，左脚后蹬的同时，向后迈出右脚，连续形成后滑步法（图5-6-26）。

左右交叉步法，常用在两侧线附近的来球。向右移动时，向右转体，左脚先向右前方跨出，交叉于右脚外侧前方，再跨出右脚；继续跨出左脚于右脚外侧，反复向右交叉移动，就是右交叉步步法。向左移动，方法与向右移动相同，左右脚方向相反，就是左交叉步步法（图5-6-27）。

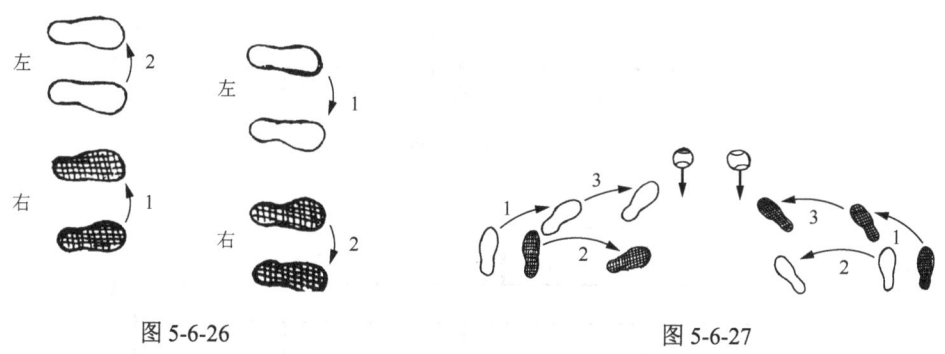

图 5-6-26 　　　　　　　　　　　图 5-6-27

三、网球比赛和场地器材

（一）网球比赛的方法

网球比赛项目有七种：男、女单打；男、女双打；男、女团体赛和男女混合双打。每场比赛一般为三盘两胜制。戴维斯杯赛和"四大网球赛"的男子项目采取五盘三胜制。

网球比赛的记分，最小单位是分，然后是局，最后是盘。每一局采用0、15、30、40的记分方法。比赛时，得1分时呼报15，再得1分时呼报30，得第3分时呼报40，再胜1分（即4分）为胜一局，如果比分是40：40叫平分，一方必须再连胜2分才算胜了这局。比赛双方，先胜6局为胜一盘，如遇双方各胜5局时，一方必须再连胜2局才算胜了这盘。为了缩短和控制比赛时间，近年来普遍采用了平局决胜制，也就是当局数为6：6时，只再打1局决胜负，此局中，先得7分者为胜方，若打成6平时，一方仍需连胜2分才算胜此局。

（二）网球场地

网球场地概括起来可分为三大类草地、红土地和塑胶场地（又称硬地），近年来又出现了人造草地以及可卷塑胶场地。

根据国际网球联合会《网球竞赛规则》中规定，一片标准网球场地的占地面积不小于36.60米（长）×18.30米（宽）。单打场地尺寸如图5-6-28所示，双打场地标准尺寸如图5-6-29所示，场地中间球网的高度为0.914米，两边网柱的高度为1.07米，球场在端线后应留有空余地不小于 6.40 米，在每条边线外应留有空余地不小于 3.66 米，室内球场其屋顶高度要求不低于 11.5 米。全场除端线可宽至 0.10 米外，其他各线的宽度应在 0.025～0.05 米的范围内。

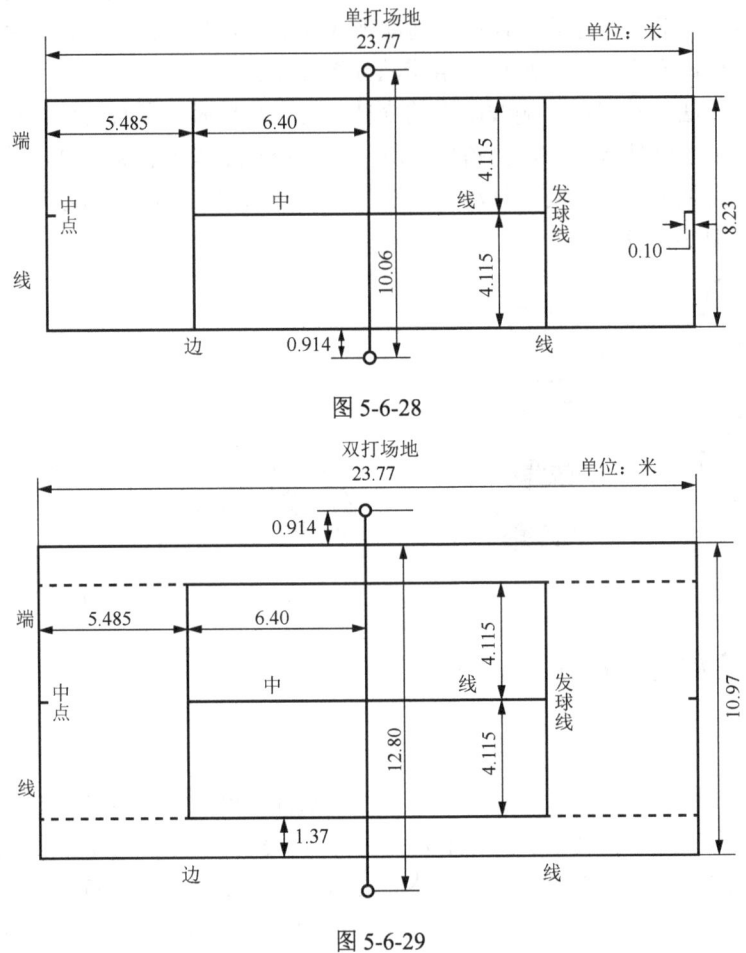

图 5-6-28

图 5-6-29

（三）网球器材

网球器材包括球、球拍和球场固定物。固定物是指球网、网柱、单打支柱、中心带，以及球场周围与上空的设备，如挡网、看台、固定的或可移动的座椅等。

1. 网球

球的外表是用统一的纺织材料包裹的，颜色应该是白色或者黄色。如果有接缝，应该没有缝线；球的规格应该是一样的，重量大于 1.975 盎司（56.7 克），且小于 2.095 盎司（58.5 克）；当球从 100 英尺（254.00 厘米）高度落在一种平坦的刚性地面上时，它的弹跳高度应该在 53～58 英寸（134.62～147.32 厘米），气温在 20℃时，如果在球上加压 8.165 公斤（18 磅），球应下陷 0.56～0.74 厘米。现在的网球比赛为了便于电视转播和使观众看得更清楚，比赛时一般都用黄颜色的球。

2. 网球拍

球拍的击球面必须是平的，由弦线上下交替编织或者联结组成，其组成格式应完全一致。每条弦线必须与拍框联结，特别是穿线后其中心密度不能小于其他任何区域的密度。

拍框和拍柄的总长度不得超过 81.28 厘米，总宽度不得超过 31.75 厘米。拍框内沿长不得超过 39.37 厘米，总宽度不得超过 29.21 厘米。

拍框、拍柄和弦线，不应有附属物或突起物；不应有任何可使运动员实质上改变其球拍形状的设备。

网球拍从材料上分，有木质、铝质、玻璃纤维、碳纤维、钛合金等；球拍型号包括拍面大小、握拍的粗细、拍子的重量等。网球拍的拍面穿线面积小于 94 平方英寸[①]的称为小拍面，介于 95～104 平方英寸的称为中拍面，大于 105 平方英寸的称为大拍面；握拍的型号当前主要有 2 号、3 号和 4 号，选择方法是，自然握住拍柄，手指和手掌的空隙恰好能放进另一只手指。球拍的重量有轻（L）、中轻（LM）、中（M）、重（T）。

四、网球主要竞赛规则

（一）网球单打规则

比赛开始前，双方用掷钱币或旋转球拍的方法进行挑边，得胜者有选择球权或场地；选择发球或接发球者，应让对方选择场地；选择场地者，应让对方选择发球或接发球。

1. 发球动作

发球员在发球前，应先站在底线后中点和边线的假定延长线之间的区域里，然后用手将球向空中任何方向抛起，在球接触地面以前用球拍击球。只要球拍和球接触，就算完成了球的发送。发球时，发球员不得向上抛起两个或两个以上的球，否则判重发。如果是故意的，应判失分。

2. 发球位置

每局比赛开始发球时，发球员应先从右区端线后发球。得和失一分后，应换到左区发球。如果发球位置出现错误而未被察觉，比分仍然有效，一旦察觉，应立即纠正。

3. 发球次序

第一局比赛结束，接发球员成为发球员，发球员成为接发球员。以后每局结束，均依次互相交换直到比赛结束。如发球顺序发生错误时，则应轮及发球的运动员在错误一被发现后就立即发球，而在此错误发现前的比分有效。在此错误发现前的一次发球失误则不予计算。如果在错误发现前该局已经结束，则后面的发球次序就按照已改变的次序进行。在抢 7 分中，先发球一方在右区发第一分球后，即改由对方依次在左区和右区发

---

① 1 平方英寸=0.0006451 平方米。

第二、第三分球，每人连发两分球。在决胜局中首先发球的一方，在下一盘第一局中为接发球方。

4. 交换场地

双方应在每盘的第一、三、五等单数局结束后，以及每盘结束双方局数之和为单数时交换场地，如果一盘结束时，双方局数之和为双数则不交换场地，须等下一盘第一局结束后再进行交换。如果发生错误没有按照正确的顺序站位，则错误一旦被发现运动员就应立即继续正确的站位和原先的顺序进行交换。在抢7分中，每赛完6分，双方交换场地，该局结束时，双方亦交换场地。

5. 发球失误

发球时如果出现发球脚误（发球员在发球动作中，两脚只准站在端线后中点和边线的假定延长线之间，不能触及其他区域，不得通过行走或跑动改变原站的位置，否则，就会被判为脚误）、发球未中（发球员在发球时由于用力过猛、动作不协调等原因而未击中抛出的球为击球未中。如果发球员在向上抛球准备发球时，又决定不击球而将球接住，这不算失误，判重发）、发出的球在落地前触及固定物（单打支柱、双打支柱以及其间的球网、网边白布均系固定物）等现象时，均判失误。

6. 发球无效（重发球）

当合法的发球触及球网、中心带、网边白布后落在有效发球区内或落地前触及接发球员的身体、他所穿戴的任何物品或接发球员没有做好准备时，均判发球无效。重发球时，引起重发的那次发球不算，但先前的第一次发球失误不能取消。

7. "活球"期

自球发出时起（除失误或重发外），至该分胜负判定时止，为"活球"期。

8. 失分

在网球规则中，如果出现以下情况均判失分：活球状态下，在球第二次着地前未能还击过网；还击的球触及对方场地界线以外的地面、固定物或其他物体；还击空中球失败；在活球期内，运动员故意用球拍拖带或接住球，或故意用球拍触球超过一次；活球期，运动员的身体、球拍（不论是否握在手中）或穿戴的其他物品触及球网、网柱、单打支柱、网绳或钢丝绳、中心带或网边白布或者对方场地的地面；来球尚未过网即在空中还击；除握在手中的球拍外，运动员的身体或穿戴的任何物品接触球；抛出手中的球拍还击球；比赛进行中，运动员故意改变其球拍的形状。

9. 有效还击

下列情况属有效还击：如果球触到球网、网柱、单打支柱、网绳或钢丝绳、中心带或网边白布并且从上面越过后落在对方场地内；无论在发球还是回击球时，在球落到有效区内后又反弹或被风吹回过网时，该轮及击球的运动员越过网击球并且没有触及任何物品；如果回击的球从网柱或单打支柱以外，无论是高于还是低于球网的高度，即使触到网柱或者单打支柱，只要球落在有效的场地内；如果运动员的球拍在击球后随球过网；无论在发球还是回击球时，如果运动员的击球击到了停在场地内的另一个球时。

（二）网球双打规则

网球单打规则均适用于双打，但在双打的一局中，平分后接发球的一对选手可以选择他们希望从场地的左半区接球还是从场地的右半区接球，获得决定分的一对选手赢得该局；而在混合双打的一局中，平分时如果是男运动员发球，他应该将球发向对方男运动员所站的半场；如果是女运动员发球，她应该将球发向对方女运动员所站的半场。

1. 发球次序

应在每盘开始之前决定发球次序，即每盘第一局开始时，由发球方决定由何人首先发球，对方则同样地在第二局开始时决定由何人首先发球，第三局时由第一局发球方未发球的球员发球，第四局由第二局发球方未发球的球员发球，以下各局均按此次序轮换发球。

2. 接发球次序

与发球次序一样在每盘开始之前决定接发球次序，即先接发球的一方应在第一局开始时决定何人先接发球，并在这盘单数局继续先接发球；对方同样应在第二局开始时决定何人先接发球，并在这盘双数局继续先接发球。他们的同伴应在每局中轮流接发球。

第七节 羽 毛 球

羽毛球

一、羽毛球运动简介

羽毛球运动是属于隔网对抗类的体育运动项目，参加竞赛的双方以 1.55 米高的球网为界，用羽毛球拍轮流在空中击打羽毛球，每次击球必须使球在网上方进入对方场区，以球落地或迫使对手回球时将球击出界外为胜。依据参与的人数，可以分为单打与双打，羽毛球比赛不设竞赛时间限制。

二、羽毛球的起源与发展

（一）羽毛球运动的起源

羽毛球运动的起源众说纷纭，相传在 14～15 世纪时，日本出现了用木制的球拍以及樱桃核插上羽毛制成的球来回对打的运动，这便是羽毛球运动的雏形。

现代羽毛球运动诞生在英国。1873 年，在英国格拉斯哥郡的伯明顿镇有一位叫鲍弗特的公爵在他的领地开游园会，有几个从印度回来的退役军官就向大家介绍了一种隔网用拍子来回击打毽球的游戏，人们对此产生了很大的兴趣。因这项活动极富趣味性，很快就在上层社会社交场上风行开来。"伯明顿"（Badminton）即成为英文羽毛球的名字。

(二)世界羽毛球运动的发展

1877年,第一本羽毛球比赛规则在英国出版。

1893年,在英国成立了世界上第一个羽毛球协会。

1899年,该协会举办了第一届"全英羽毛球锦标赛",每年举办一次,沿袭至今。羽毛球运动从斯堪的纳维亚到英联邦各国,20世纪初流传到亚洲、美洲、大洋洲,最后传到非洲。

1934年,成立了国际羽毛球联合会,总部设在伦敦。

1939年,国际羽毛球联合会通过了各会员国共同遵守的《羽毛球竞赛规则》。

20世纪20~40年代,欧美国家的羽毛球运动发展很快,其中英国、丹麦、美国、加拿大的水平相当高。

20世纪50年代,亚洲羽毛球运动发展很快,马来西亚取得两届汤姆斯杯赛冠军。同时,印度尼西亚队在技术和打法上有所创新,很快取得了霸主地位。

20世纪60年代以后羽毛球运动的发展逐渐移向亚洲。

1981年5月,国际羽毛球联合会重新恢复了中国在国际羽毛球联合会的合法席位,从此揭开了国际羽坛历史上新的一页,进入了中国羽毛球选手称雄世界的辉煌时代。

1988年汉城奥运会(第二十四届)上,羽毛球被列为表演项目,1992年巴塞罗那奥运会(第二十五届)列为正式比赛项目,1996年亚特兰大奥运会(第二十六届)混双列为比赛项目。从此,羽毛球运动进入新的发展时期。

2006年,羽毛球21分新规则在试行了3个月后正式实施。在该年汤、尤杯赛中首先采用。

(三)世界重大羽毛球赛事

目前,由国际羽毛球联合会主办的世界重大羽毛球赛如下。

(1)汤姆斯杯。即世界男子团体羽毛球锦标赛,1948年举行第一届比赛,现为两年一届,在偶数年举行。比赛由三场单打,两场双打组成。

(2)尤伯杯。即世界女子团体羽毛球锦标赛,1956年开始举行第一届比赛,两年一届,在偶数年举行。比赛由三场单打,两场双打组成。

(3)世界羽毛球锦标赛。即世界羽毛球单项锦标赛。设有男、女单打、双打和混合双打五个比赛项目。1977年起开始为三年一届,1983年改为两年一届,在奇数年进行。2005年改为每年一届,但奥运年不举办。

(4)苏迪曼杯。即世界羽毛球混合团体比赛。1989年开始举办,两年一届,在奇数年举行,比赛由男女单打、男女双打组成。

(5)世界杯羽毛球赛。属于邀请性比赛,由国际羽毛球联合会邀请当年成绩优异的选手参加。创办于1981年,1997年国际羽毛球联合会决定从1998年起改为主办由世界顶尖级选手参加的明星赛,并准备尝试奖金丰厚的羽毛球大满贯赛事。

(6)全英羽毛球锦标赛。由英格兰羽毛球协会于1899年创办。它是世界历史上最悠久的羽毛球赛事。最初由英国和英联邦国家选手参加，现在已成为全球性的羽坛大会战。

（7）奥运会羽毛球比赛。羽毛球1992年进入奥运会，当时比赛只设单项比赛，没有团体比赛，并且没有混双项目。1996年亚特兰大奥运会起增设混双项目。

（8）国际系列大奖赛。它是国际羽毛球联合会参照世界网球大奖赛办法组织的，始于1983年。比赛分成若干区，由许多比赛组织成系列。

三、羽毛球运动的基本技术

（一）羽毛球握拍方法

1. 正手握拍方法

正确的正手握拍法（以左手为例，右手相反），首先用右手拿住拍杆，使拍面与地面成垂直状。然后，张开左手成握手状，把拍柄握住，使手掌小鱼际部分靠在球拍握柄底把，虎口对着拍柄窄面内侧的小棱边，拇指与食指自然地贴在拍柄两面的宽面上。中指、无名指和小指自然并拢握住拍柄，食指与中指稍微分开，掌心不要贴紧拍柄，要留有空隙。这样，有利于手腕力量和手指力量的发力及灵活运用（图5-7-1）。

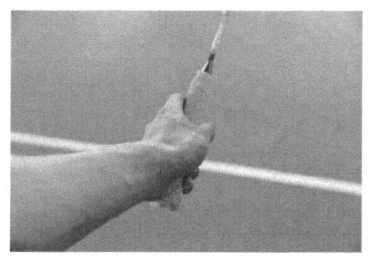

图 5-7-1

2. 反手握拍方法

反手握拍法有如下两种形式（图5-7-2）。

第一，在正手握拍的基础上，把球拍稍微外旋，拇指上提，食指收拢，拇指压在拍柄的宽面，食指、中指、无名指和小指并拢。

第二，在正手握拍的基础上，把球拍稍微外旋，拇指上提，食指收拢，拇指压在窄面的内侧小斜棱，食指、中指、无名指和小指并拢。

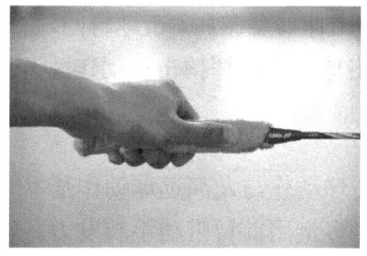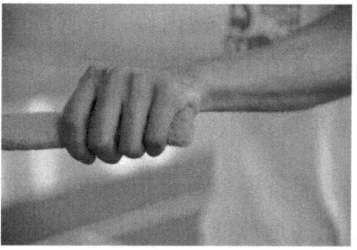

图 5-7-2

3. 握拍易犯的错误

各手指在握拍时相互靠得太紧。掌心与拍柄之间完全没有空隙。食指伸直按在拍柄上。握拍时握得太紧，造成手腕部分过分僵硬，不利于发力。握拍位置太靠上，造成柄端露出太长。

（二）发球

发球是羽毛球运动的一项重要基本技术，唯有发球这项技术是不受对手的影响。高质量的发球，会给接发球者造成困难，迫使对方只能作防守性的回击，甚至会造成接发球失误。质量差的发球，会使对方获得进攻机会，使自己处于被动。所以，发球质量直接关系到正常比赛的结果。

发球可分正手发球和反手发球。

正手发球可发高远球、平高球、平射球和网前球；反手发球只能发平高球、平射球和网前球。不管采用哪一种发球形式，均要求发球动作协调一致，有突变性，而且落点及弧度要准确多变。要根据战术需要采用各种发球以达到战术目的。

发球的运动轨迹如图 5-7-3 所示。

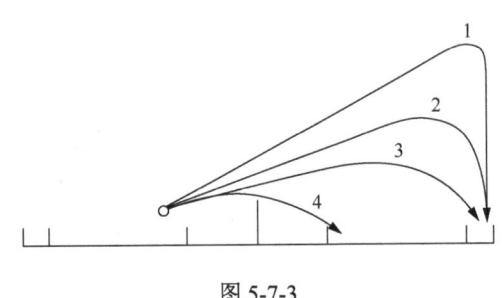

图 5-7-3
1—高远球；2—平高球；3—平射球；4—网前球

1. 正手发高远球

（以左手握拍为例，右手相反）右脚在前，右脚尖朝向球网，左脚在后，左脚尖朝向左斜前方，两脚间距离约与肩同宽，重心在两脚之间，自然放松站立，身体稍侧向球网。左手正手握拍，自然屈肘举于身体左侧；右手以拇指、食指和中指轻持球，举在胸前。右手开始放球，腕部动作尽量伸展，作击球动作，左前臂完成向侧下方挥动后，紧接着往上方挥动，此时前臂内旋，使腕部动作由伸展至微屈，击球瞬间，手指紧握球拍，完成闪腕动作，球拍击到球时拍面成正拍面击球。完成挥拍击球动作。

2. 正手发平高球

发球站位、准备姿势、引拍动作、挥拍击球动作与发高远球动作基本一致；由于平高球飞行弧线比高远球低，所以，挥拍击球时多运用前臂带动手腕发力，球与球拍接触时，球拍后仰的程度比发高远球时小，只在胸前即可（图 5-7-4）。

图 5-7-4

3. 正手发平射球

发球站位可比发高远球、平高球稍后一些,有利于发出球的弧度平些。其他准备姿势、引拍动作、挥拍击球动作与发高远球基本一致,只是在挥拍至击球一瞬间前臂内旋动作不明显,挥拍线路不是向上方而是向前方,腕部动作也由伸展至微屈,但方向不是向上微屈,而是向侧前方微屈的快而小的闪腕动作。

4. 正手发网前球

挥拍幅度较小,主要靠前臂和手腕带动挥拍,上臂动作并不明显,球击出后,应控制拍子挥动。挥拍的加速不明显,甚至可以缓慢地挥动。击球的力量较小,利用腕和手指的力量从左向右横切送出,使球贴网而过正好落在前发球线附近的发球区内。

5. 反手发网前球

(左手为例,右手相反)发球时,前臂带动手腕使球拍从右下方向左前方挥动。在拍将要击到球之前,右手自然放球,用球拍对球作横切推送动作,使球贴网而过,正好落在前发球线附近的发球区内(图 5-7-5)。

图 5-7-5

(三)接发球

接发球是羽毛球运动中一项重要的基本技术,接发球的质量好坏往往直接影响一个回合的主动与被动。

1. 准备姿势

单打接发球的准备姿势:(以左手握拍为例,右手相反)通常应是右脚在前,左脚在后,侧身对网,重心放在前脚上,膝关节微屈,后脚跟稍提起,收腹含胸,注视对方发球的动作;双打接发球准备姿势与单打基本相同,只是膝关节屈得多一些,以便能直接进行后蹬起跳(图5-7-6)。

图 5-7-6

2. 站位

单打接发球站位:应站在离前发球线约1.5米处,在右区应站在靠近中线的位置,以防发球方以平射球攻击头顶区域。在左区则站在中线与边线的中间位置上。

双打接发球站位:比单打更有讲究,一般接发球站位法是站在离中线和前发球线适当的距离。右手持拍选手,在右区时要注意不要把右区的后场靠中线区暴露出来;在左区时注意保护头顶区。双打抢攻站位法应站在离发球线很近,前脚紧靠在前发球线,而且身体倾斜度较大,球拍高举,这种站法以进攻型打法的男选手居多。较为稳妥的站法是站在离前发球线有一定距离,身体类似单打站位法,这种站法是在思想混乱、无法适应对方发球情况下采用的过渡站位法,一般业余选手多采用这种站位法。

(四)击球技术

1. 前场技术

前场技术包括网前的放、搓、推、勾、扑、挑球等。其中搓、推、勾、扑属进攻技术,要求击球前期动作有一致性,击球刹那间产生突变;握拍要活,动作细腻,手腕、手指要灵巧,以控制好球的落点。

前场击球的威胁较大,因球飞行距离较短,落地快,常使对手措手不及而直接得分。即使不能直接得分,也能迫使对方被动回球,创造下一拍的机会。若网前进攻和中后场进攻能紧密结合起来,则能发挥前后场的连续进攻,掌握主动权。

1）放网前球

（1）正手放网前球。当对方将球击至自己正手网前时，以正手握拍法，用球拍轻轻切、托，将球向上弹起恰好一过网就朝下坠落。争取高点击球，握拍放松稍收腕，向球托斜侧提击或搓切。击球过程中挥拍的力量、速度和拍面角度的大小，主要取决于来球离网的远近和速度的快慢。来球离网远，速度快些，则放球时的力量要大些，反之则力量要小些。放网后，身体还原准备姿势，如图 5-7-7 所示。

图 5-7-7

（2）反手放网前球。击球前的动作要领同正手放网前球动作，只是方向相反。反手握拍，反面迎球，击球时，主要靠小臂的前伸、外旋和手腕由内收至外展的合力，轻托底部把球轻松过网。击球后，整个动作还原成下次击球的准备姿势（图 5-7-8）。

图 5-7-8

2）网前搓球

（1）正手网前搓球。击球前，小臂稍外旋，手腕由后伸至稍内收闪动；击球时在正手放网前球动作基础上，加快挥拍速度，搓切来球的侧下部，使球旋转滚过网（图 5-7-9）。

（2）反手网前搓球。击球前，小臂前伸外旋，手腕由内收至外展状；搓击球的底部，使球侧旋滚动过网。另外，还可以小臂稍伸直，手腕由外展到内收，带动球拍向前切送，击球托的后底部，使球下旋滚动过网（图 5-7-10）。

3）网前推球

（1）正手推直线。来球时，肘关节微屈回收，小臂稍外旋，手腕稍后伸，球拍也随着稍后摆，拍面正对来球。小指和无名指稍松开，使拍柄稍离开手掌鱼际肌。拇指和食指稍向外捻动拍柄，拍面更为后仰；击球时，手臂内旋，手指、手腕发力将球推出（图 5-7-11）。

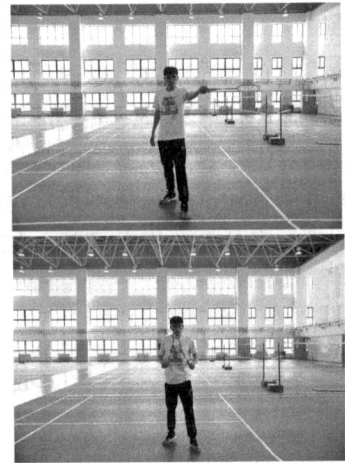

图 5-7-9

图 5-7-10

图 5-7-11

（2）正手推对角线球。推对角线技术的准备姿势和击球前动作与推直线相同，但是击球时要推击球托的侧后部，使球沿对角线方向飞去。这时，手腕控制拍面角度，闪腕时手臂不要完全伸直。

（3）反手推直线球。在网前较高的击球点上，以反手握拍法，用推击的方法向对方底线击出弧度较平，速度较快的球。其击球动作是：用反手握拍法，前臂伸时稍外旋，手腕由外展至伸直闪腕，中指、无名指和小指突然握紧拍柄，拇指顶压球拍，往前挥拍，推击球托（图5-7-12）。

图 5-7-12

（4）反手推对角线。反手推对角线的击球动作基本与推直线相同，区别点是在击球一刹那要急速向侧前方挥拍，推击球的侧后部，使球沿对角线方向飞行。

4）网前勾球

（1）正手网前勾对角球。勾球一般采用并步加蹬跨步上网的步法。在步法移动的同时，球拍随着前臂往前上方举起。前臂前伸的同时，稍有外旋。手腕微后伸，这时的握拍稍有变化——将拍柄稍向外捻动，使拇指贴在拍柄的宽面上，食指的第二指节贴在与其相对的另一个宽面上，拍柄不触及掌心。击球时，靠前臂稍有内旋拉收，手腕由稍后伸至内收。球拍拨击球托的侧下部，由手腕和手指控制拍面角度，击球后，球拍回收至胸前，如图5-7-13所示。

（2）反手网前勾对角球。随着步法移动的同时，手臂向侧前方平举（注意手臂不要伸直，稍弯即可）。击球时，随着肘部下沉，前臂回收外旋的同时，食指和拇指协调用力挥动拍柄，使拍面拨击球托的侧后部，将球沿对角线飞越过网。击球后，球拍回收至胸前，为下次的来球做积极的准备，如图5-7-14所示。

图 5-7-13

图 5-7-14

5）扑球

扑球是当来球在网顶上方时，能以最快的速度上网扑压来球的技术动作。扑球可分为正手扑球和反手扑球两种，其路线有线、对角线和补随身球三种。扑球在网前进攻技术中是威胁较大的一种技术。扑球的关键在于"快"，首先取决于判断快。一经作出判断，即要求起动快并采用蹬跨步或跳步上网，同时出手快，抓住来球在网顶的最高点机会出手，以迅雷不及掩耳之势，一举解决战斗。

（1）正手网前扑球。身体腾空跃起或蹬跨上网时，前臂往前上方举起，球拍正对来球方向。击球时，随着手臂由屈至伸，手腕由后伸至向前闪动及手指的顶压，将球扑下。其中手腕是控制力量的关键，挥拍距离短，动作小，爆发力强，扑击的球才会具有一定威胁。如果球离网顶较近，就采用"滑动式"扑球方式，用手腕将球抹压下去，这样可以避免球拍触网犯规。扑球后，注意腿上的缓冲，控制重心，以免身体触网，如图5-7-15所示。

图 5-7-15

（2）反手网前扑球。反手握拍，持于身体侧前方。当身体跃起或蹬跨上网时，球拍随前臂前伸而举起，手腕微屈，拇指顶压在拍柄宽面上，其他四指自然并拢，拍面正对来球。击球时，手臂由屈至伸，手腕由微展至后伸并用力闪动，拇指顶压，加速挥拍扑击，击球后，球拍随手臂回收至体前（图5-7-16）。

图 5-7-16

2. 中场技术

1）挡网前球技术

正手挡网前球技术：（以右手为例，左手相反）用接杀球的步法移至中场近边线，身体右倾，手臂右伸，前臂外旋，手腕外展。持拍准备接球。击球时，前臂内旋带动球拍向前上方推送击球，把球推向直线网前（图5-7-17）。

图 5-7-17

另一种是击球时前臂由外旋到内收，带动球拍由后向前切送挡直线网前。击球后，身体转成正面对网，恢复到准备姿势。球拍随身体收至体前。

（1）正手挡对角网前球。准备姿势同上。挥拍击球时，在肘关节屈收的同时前臂稍有内旋，手腕由后伸到内收闪动击球托的侧面。击球点在身体侧前方，手腕、手指控制拍面角度，使球向对角线网前坠落。

（2）反手接杀挡直线网前球。首先准备姿势，两脚开立，球拍持于体前。击球时，借助对手来球的冲力，以前臂带动球拍向前方用拇指的顶力挥拍轻击球托，把球挡回直线网前。击球后，身体右转成正面对网，球拍随身体的移动收至体前（图5-7-18）。

图 5-7-18

（3）反手接杀勾对角网前球。用反手接杀勾对角握拍法。击球时，手腕由外展到外伸闪动挥拍击球托的侧下部，使球向对角飞行。

（4）正手接杀弹直线后场高球。击球前，手腕向后拉，前臂外旋，手腕尽量后伸，引拍于右后侧。击球时，前臂内旋，手腕从后伸到收腕闪动，急速向前挥拍将球弹到对方后场。击球后前臂内旋，球拍往体前方挥动再回收到体前（图5-7-19）。

图 5-7-19

（5）反手接杀弹直线后场高球。击球前，小臂内旋，手腕外展，引拍至侧前方。当对方杀边线球时，快速移到球前，大臂支撑，小臂急速往前方挥摆，手腕由外展至后伸闪动，握紧球拍，加上拇指的顶力，全速挥拍击球，使球向直线方向飞行。若向对角线方向挥拍，则球向对角线方向飞行。

2）抽球技术

（1）正手平抽球。站在场区的中部，两脚平行站立稍宽于肩，重心在两脚间，微屈膝收腹，正手握拍举于胸前。击球前肘关节前摆，前臂稍往后带外旋，手腕稍外展至后伸，引拍至体后。击球时前臂内旋，手腕伸直闪动，手指抓紧拍柄，球拍由后往前方高速平扫盖击来球。击球后手臂自然放松收回体前（图 5-7-20）。

图 5-7-20

（2）反手平抽球。击球前肘部稍斜上抬，前臂内旋，手腕外展，引拍至体侧。击球时，在髋的带动下，前臂外旋，手腕由外展到伸直闪动，挥拍击球托的底部。击球后，球拍随身体的回动收回到身体侧前方。

平抽球易出现的错误：身体重心不稳，影响了手臂的击球动作；击球时间掌握不准确；击球时没有完成前臂带动腕部，手指抽鞭式地向前闪动，影响了爆发力（图5-7-21）。

图 5-7-21

（3）正手平挡（快打）。两脚分开，两膝弯屈成半蹲式，正面握扣，准备击球。来球时，举起球拍，拍面超过头顶。当判断来球是在头顶上时，身体稍往前移，把击球点选在肩的前上方。上臂向前上方抬起，肘弯屈，前臂稍后摆带有外旋，引拍于头后。击球时前臂向前，手腕由后伸至前屈闪动挥拍击球托的后部，使球平直、急速地飞向对方中间场区附近（图5-7-22）。

图 5-7-22

（4）反手平挡（快打）。两脚平行站在场地中部，举拍于侧前方。当判断来球时，身体稍向侧转，肘部抬起，反手握拍，准备击球。击球时，前臂内旋，手腕外展引拍于侧后。击球时，前臂外旋，手腕伸直闪动，手指突然抓紧拍柄，击球托后部，使球比较平直地向前飞进（图5-7-23）。

图 5-7-23

3．后场技术

大致可分为高点击高远球、平高球、杀球、吊球。

1）高远球

击高远球可分为：正手击高远球、反手击高远球。高远球的特点是球的弧线高、滞空时间长。通常这项技术是在逼迫对方远离中心位置退到底线去接球，为己方进攻寻找机会和在己方被动情况下，有较多的时间来调整站位，摆脱被动局面使用（图5-7-24）。

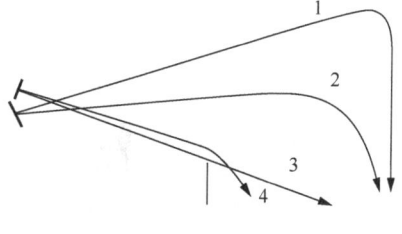

图 5-7-24

1—高远球；2—平高球；3—杀球；4—吊球

（1）正手击高远球。（以右手为例，左手相反）

正手击高远球左脚在前，右脚在后，侧身使左肩对网，两脚间距与肩同宽，重心在后脚，右手握拍屈臂举拍于右侧，左手放松自然上举，眼睛向上注视来球，并正确握拍，使拍面面对球网，球拍上提并后引，使躯干成为微微的反弓形，同时，身体向左转动或面向球网，此时，肘部上提使拍框在身后下摆，形成挥拍工作的最长距离。挥拍击球动作从后脚后蹬开始，紧接着转体、收腹，肘部向前摆动，并以肘为轴，肩为支撑点，前臂旋内向前上方挥动加速，在击球的一瞬间，主要依靠前臂、手腕和手指的协调用力，取得最佳的速度（图5-7-25）。

图 5-7-25

（2）反手击高远球。首先判断对方来球的方向和落点，迅速将身体转向左后方，步法到位后，右脚前交叉跨到左侧底线，背对网，身体重心在右脚上，使球在身体的右上方。击球前，由正手握拍迅速换为反手握拍，并持拍于右胸前，拍面朝上。击球时，以上臂带动前臂，通过手腕的闪动、自下而上的甩臂将球击出。在最后用力时，要注意拇指的侧压力与甩腕的配合，同时还要利用两脚的蹬地、转体协调全身用力（图 5-7-26）。

图 5-7-26

2）平高球

平高球的弧线较高远球低、速度较高远球快。这是一种在较主动情况下运用的击球技术。平高球可分为上手正手击平高球、上手反手击平高球。

（1）正手击平高球的要领与正手击高远球动作基本一致，只是在击球瞬间，拍面与地面几乎成垂直，并击中球托的后下部，使球飞行的弧度与速度符合平高球的要求。

（2）反手击平高球的要领与反手击高远球动作要领基本一致。不同的是在击球瞬间拍面与地面几乎成垂直，并击中球托的后下部。这样，球的飞行弧度与速度可符合平高球要求。

3）杀球

杀球是把对方击来的球在尽量高的击球点上斜压下去。这种球力量大，弧线直，落地快，给对方的威胁很大。它是进攻的主要技术。杀球分为正手杀直线和对角线球、头顶杀直线和对角线球、正手腾空突击杀直线球和反手杀直线球。

（1）正手杀球。（右手为例，左手相反，图为镜面示范图）准备姿势和动作要领与正手击高球大体相同。步法到位后，屈膝下降重心，准备起跳。侧身起跳时，往右上方提肩带动上臂、前臂和球拍上举。起跳后身体左转同时后仰成反背弓形。接着右上臂往右后上摆起，前臂自然后摆，手腕后伸。前臂带动球拍由上往后下挥动，带动球拍高速的前挥。当击球点在肩的前上方时收腹、肘部领先，大劈全速往右上摆起，手腕充分后伸，前臂内旋，发力杀球。这时手指要突然抓紧拍柄，把手腕的爆发力集中到击球点上。球拍和击球方向水平面的交角小于90°，球拍正面击球的后部，使球直线下行（图5-7-27）。

图 5-7-27

（2）反手杀球。反手杀球的准备姿势和击球动作与反手击高远球基本一样，但最后用力的方向朝下，而且要加快手臂和手腕朝下的闪动。击球点应尽可能高些、前些，这样便于力量的发挥。

杀球常见的错误：击球点过后或过低，影响手臂发力；击球前动作过分紧张、僵硬，有劲使不出；挥臂时以肘为轴，影响上臂发力；击球时手腕下"甩"不够，往往造成杀球出界。

4）吊球

这项技术用于对方击来的后场高球,以向下的弧度,将球回击到对方的网前区,这种球的作用用以调动对方的位置。吊球可分为劈吊、轻吊、拦截以及反手慢吊,可用于正手、反手和绕头顶击吊球(图5-7-28)。

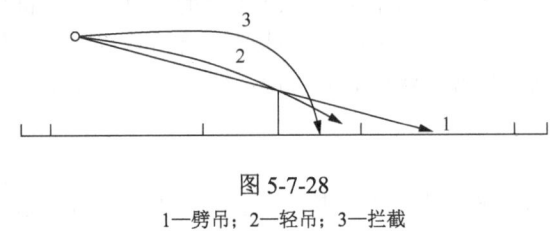

图 5-7-28
1—劈吊；2—轻吊；3—拦截

(1) 正手劈吊的动作要领。(右手为例,左手相反,图为镜面示范图)与击高远球的动作要领基本一致,只是在击球一瞬间,改变拍面的运行角度,如快吊对角网前,则使拍面向对角的方向减速挥动,并切击球托的右侧后下部,使球向对角网前直线快速飞行。若劈吊直线,则拍面正对前方,向前下方作切削(图5-7-29)。

图 5-7-29

(2) 轻吊的动作要领。击球前期动作同正手击高远球。击球时,一种是轻吊的拍面变化同劈吊基本一致,但用力要更轻些;另一种拍面正击球托或借助于来球的反弹力用球拍轻挡,使球过网后贴网而下。

(3) 拦截的动作要领。当对方击来正手后场平高球时,向右侧身后退一步后,迅速起跳向右后侧方向跃起,此时,右臂自然向右上摆起至最高点。击球瞬间屈腕,使球拍轻轻地正面击球托的后下部,使球向网前近网处落下。

(4) 反手慢吊球的动作要领。与反手击高远球动作基本相同,击球时前臂快速由左肩下往右上稍有外旋地挥动,手腕内收,并切击球托的右下部,在击球瞬间拍面与水平面的夹角应稍大于 90°,并有前推的动作,避免吊球落网。

四、羽毛球的基本步法

羽毛球的步法包括起动、移动、到位配合击球和回位四个环节。羽毛球的基本步法是由垫步、交叉步、蹬步、跨步、跳步组成的移动方法。每一组步法一般都是从场地中心位置开始。

（1）前交叉步加蹬跨步上网步法。左脚先向前迈出一侧步，紧接着右脚抬起，利用左脚的蹬力跨出一大步到位击球，如图 5-7-30 所示。

（2）后交叉步加蹬跨步上网步法。右脚先向前迈出一小侧步，接着左脚向右脚后迈出第二个侧步，最后，右脚抬起，利用左脚的蹬力，蹬跨出一大步，到位击球，如图 5-7-31 所示。

（3）二步跨步上网步法。左脚先向来球方向跨出一步，后右脚向前跨出一大步到位击球，如图 5-7-32 所示。

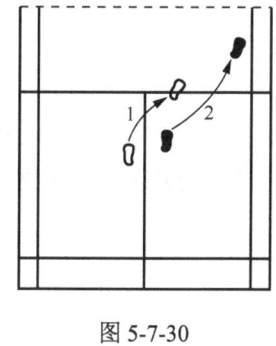
图 5-7-30

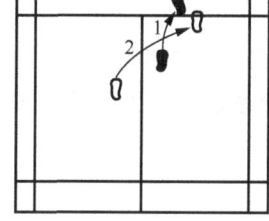
图 5-7-31

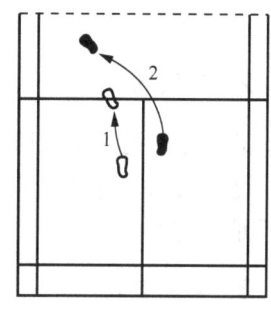
图 5-7-32

（4）并步后退步法。右脚向右后侧身退一步，并带动髋部右后转，接着左脚用并步靠近右脚，右脚再向后移至到位，左脚跟进一小步，成为左脚在前右脚在后，侧身对网的击球准备动作，如图 5-7-33 所示。

（5）交叉步后退步法。右脚向右后侧身退一步，并带动髋部右后转，接着左脚从右脚后交叉后退一步，右脚再向后移至到位，左脚跟进一小步，成为左脚在前右脚在后、侧身对网的击球准备动作，如图 5-7-34 所示。

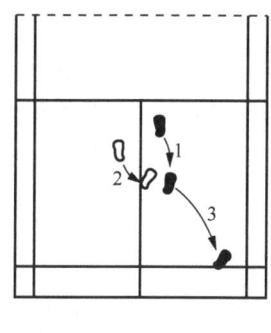
图 5-7-33

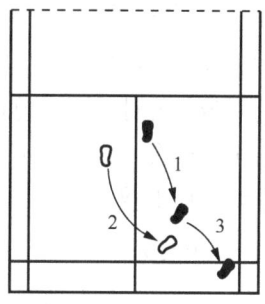
图 5-7-34

五、羽毛球的基本战术

羽毛球的打法是根据各人的技术情况、身体素质、思想意志等条件而培养形成的各自不同的打法类型；战术则是根据对手的技术、打法、体力和思想意志等因素所采取的争取比赛胜利的一种对策。打法与战术虽不能等同，但相互间有着密切的联系，打法和战术的基础是技术，而技术的不断发展，又能促进打法和战术的更新和提高。

（一）单打的基本战术

1. 发球强攻

从发球的第一拍起，争取控制对方，以攻杀得分。这种战术，一般为发网前低球结合平快球、平高球，争取第三拍的主动进攻。用这种战术对付应变能力较差的对手或用于比赛的关键时刻，效果往往很好。实施这一战术时，需要有高质量的发球予以保证，否则很难成功。

2. 攻后场

此战术是通过击高球、重复压对方的底线两角、造成对方的被动，然后寻找机会进攻。这项战术来对付初学者，或后场还击能力较差，或后退步相对较慢并及急于上网的对手是很有效的。

3. 多点进攻

若对手步子较慢、体力较差、技术不全面，可以以快速、准确的落点攻击对方场区的四个角落，寻找机会向空当进攻。此战术的主要目的是通过打多点，逼迫对方前后奔跑、被动应付，并在其回球质量下降或露出破绽时进攻得手。

4. 攻前场

对网前技术较差的对手，可先将对手吸引到网前，然后再攻击他的后场。采用此战术，自己首先要保证有较好的网前吊球技术。

5. 杀、吊结合上网战术

若对方采取后场高球，应先以杀球配合吊球把球压到对方场区的两条边线附近，致使对手被动回球。若对手回网前球时，本方迅速上网搓球、勾对角球或平推球，创造在中场大力扣杀的机会。这种战术必须能很好控制杀、吊球的落点，在使对方被动回网前时，才能主动迅速上网。

6. 防守反击战术

在对方主动进攻、我方被动防守时，我方可高质量地接杀挡间；或抓住对方攻杀力量减弱，或落点不好的机会，以平抽底线球还击对方后场，扭转被动局面，并进行反攻。

（二）双打战术

1. 发球与接发球战术

双打发球应以发低球为主，以避免对方接发球下压进攻。结合发一些后场的平高球，平高球应突然发向接球员接球能力最薄弱的部位。接发球时，如果对方发网前球弧线较高，最好能快速上网扑杀，不能扑杀的则争取以搓、推技术回击，迫使对方向上挑球，为后场进攻创造机会。接发球应尽量不用挑高球，以避免发球方的进攻。接发球的球路要有变化，不要只有习惯性的固定球路回击。

2. 攻中路战术

当对方采用左右并列站位时，中间的位置是同伴双方容易出现矛盾的地方，可攻其中路，乱其阵脚，伺机取胜。

3. 发球抢攻战术

应以发网前球为主，结合运用平快球、平高球，抓住对方接发球的习惯性球路和弱点，抓住战机，突击或网前扑杀。

4. 避强打弱的战术

如果对方二人的技术水平悬殊，可重点进攻弱者。如果强者争打来球，场上必然会出现较大的空当，为得分取得先机。

六、羽毛球规则

国际羽毛球联合会对 21 分制做了最后修订，并宣布新规则将从 2006 年 2 月 1 日起正式实施。新规则的最大变化是取消了发球得分制，另外将所有单项的每局获胜分统一定为 21 分。

（一）场地

羽毛球场地：羽毛球比赛场地为正方形，长为 1340 厘米，宽为 610 厘米（单打场地为 518 厘米），最好用白色线或黄色线标明，线均宽 4 厘米，中线宽度的 4 厘米平均分在左、右发球区；前、后发球线宽度的 4 厘米划在发球区长度 396 厘米以内，所有其他边线宽度的 4 厘米，一律划在规定的场地面积以内。网柱应安放在双打边线的中点上，它的高度从球场地面起算为 155 厘米，如图 5-7-35 所示。

（二）记分方法

除非另有规定，一场比赛应以三局两胜定胜负。先得 21 分的一方胜一局。20 平后，领先得 2 分的一方胜该局。29 平后，先到 30 分的一方胜该局。对方"违例"或球触及对方场区内的地面成死球，则该方胜这一回合并得一分。一局的胜方在下一局首先发球。

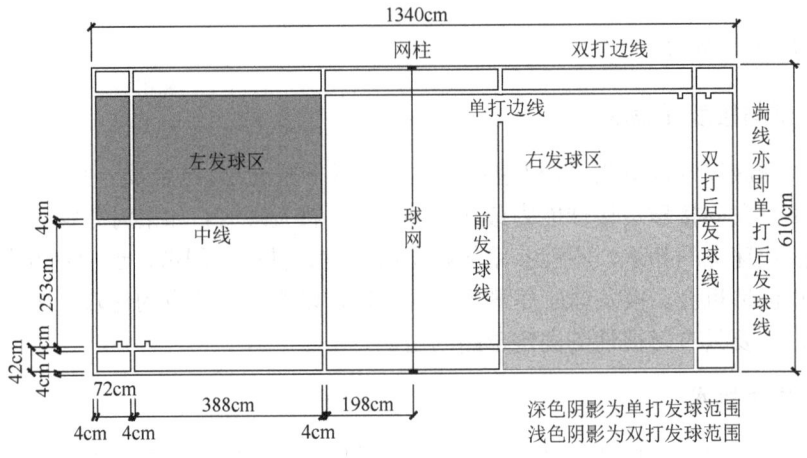

图 5-7-35

（三）挑边

比赛开始前应挑边。赢方将在先发球或先接发球或在一个场区或另一个场区开始比赛中做出选择。输的一方，在余下的一项中选择。

（四）单打

1. 发球区和接发球区

一局中，发球员的分数为 0 或双数时，双方运动员均应在各自的右发球区发球或接发球。一局中，发球员的分数为单数时，双方运动员均应在各自的左发球区发球或接发球。

2. 击球顺序和位置

一回合中，球应由发球员和接球员交替从各自所在场所一边的任何位置击出，直至成死球为止。

3. 得分和发球

发球员胜一回合则得一分。随后，发球员再从另一发球区发球。接发球员胜一回合则得一分。随后，接发球员成为新发球员。

（五）双打

1. 发球区和接发球区

一局中，发球方的分数为 0 或双数时，发球方均应从右发球区发球。一局中，发球方的分数为单数时，发球方均应从左发球区发球。接发球方上一回合最后一次发球的运动员应在原发球区接发球。他的同伴接发球的站位与其相反。接发球员应是站在发球员斜对角发球区的运动员。发球方每得一分后，原发球员则变换发球区再发球。除站错位置的情况外，发球都应从与发球方得分相对应的发球区发出。

2. 击球顺序和位置

每一回合发球被回击后，由发球方的任何一人和接球方的任何一人，交替在各自场区的任何位置击球，如此往返直至死球。

3. 得分和发球

发球方胜一回合则得分，随后发球员继续发球。接发球方胜一回合则得一分。随后接发球方成为新发球方。

4. 发球顺序

每局比赛的发球权必须如下传递：先是发球员，从右发球区发球。其次是首先接发球员的同伴，从左发球区发球，然后是首先发球员的同伴。接着是首先接发球员。再接着是首先发球员，如此传递。运动员在比赛中不得有发球、接发球顺序错误或在一局比赛中连续两次接发球。一局胜方的任一运动员可在下一局先发球；一局负方的任一运动员可在下一局先接发球。

5. 交换场区

以下情况，运动员应交换场区：①第一局结束。②第二局结束（如果有第三局）。③在第三局比赛中，一方先得 11 分时。如果运动员未按规则规定交换场区，一经发现，在死球时立即交换。已得比分有效。

（六）发球违例

1. 过腰

球的任何部分在击球瞬间高于发球运动员的腰部。

2. 过手

击球瞬间，球拍顶端未朝下，整个拍框没有明显低于握拍手的整个手部。

3. 未先击球托

在击球瞬间不是首先击中羽毛的球托部分。

4. 不正当行为

一旦开始发球，双方站好位置，这时任何运动员不得做假动作，或有意妨碍对方或故意拖延发球或接发球的准备时间，有企图占便宜等不正当行为（发球队员的向前挥拍动作不得中断）。

5. 发球方位错误

发球时，发球队员（双打时包括接发球队员）未站在应该站的发球区内发球或接发球。

6．顺序错误

双打中发球或接发球队员，没有按照正确顺序进行发球或接发球。

7．脚违例

发球时，发球或接发球队员，不得有踩线、任何一脚离开地面、移动等动作。

（七）比赛中违例

1．连击

运动员在击球时两次挥拍连续击球两次，或同队两名队员连续各击球一次。

2．持球

击球时，球停滞在拍上紧接着又有拖带动作。

3．过网击球

球拍与球的接触点不在击球者一方（如在本方击球后，则球拍允许随球过网）。

4．触网

比赛进行中，运动员的球拍、身体或衣服触及球网或球的支撑物。

5．侵入对方场区

比赛进行中运动员的球拍和身体任何部分侵入对方的场区。

6．妨碍

当对方运动员在靠近网前上空有机会向下击球时，将球拍在网前举起企图拦截使球反弹过去。

（八）重发球

由裁判员或运动员（未设裁判员时）宣报"重发球"，用以中断比赛。以下情况为"重发球"：①发球员在接发球员未做好准备时发球。②在发球过程中，发球员和接发球员都被判违例。③发球被回击后。④球停在网顶。⑤球过网后挂在网上。⑥比赛进行中，球托与球的其他部分完全分离。⑦裁判员认为比赛被干扰或教练干扰了对方运动员的比赛。⑧司线员未能看清，裁判员也不能做出裁决时。⑨遇到不可预见的意外情况。

（九）死球

以下情况为死球：①球撞网或网柱后，开始向击球者网这方的地面落下。②球触及地面。③宣报了"违例"或"重发球"。

第六章 技能类课程群

第一节 武 术

一、武术的特点和作用

1. 既有搏斗运动，又有套路运动

中国武术最大的一个特点是：既有相击形式的搏斗运动，又有舞练形式的套路运动。这是其他民族和国家所没有或少有的。在古代，武术是由军事技能发展为搏斗运动的体育项目，有"角抵""手搏""相扑""击剑"，以及较棒、较枪等；发展为套路运动的体育项目，有"打拳""舞剑""盘戟""舞轮""使律""使枪"等。武术一直是循着相击的搏斗运动和舞练的套路运动这两种形式向前发展着。后来随着岁月的流逝，套路运动在发展过程中逐步占有了武术的主要地位，而且内容、形式和流派越来越绚丽多彩，璨如众星。根据学种和类别的不同，套路有长有短，有刚有柔，有单练有对练，有徒手有器械。风格不同，各具特色。通过套路运动的练习，有利于发展人体的速度、力量、灵敏、协调和耐力等素质，以及勇猛、顽强、坚忍不拔的意志。太极拳柔和缓慢，就更适合年老体弱和慢性病患者进行锻炼，是一种良好的体育医疗的手段。

2. 具有攻防技击性

攻防技击性，是武术运动的主要特点。即使是套路运动，在它的动作和练法中，一般也都具有攻防技击的意义。如组成武术套路运动主要内容的踢、打、摔、拿、击、刺等动作，它们都有着不同的技击特点和攻防规律。由于攻防技击性这一特点的存在，因而人们通过武术锻炼，不仅能够增强体质，而且能够掌握一些格斗的攻防技术，为国防建设服务。

3. 具有内外合一、形神兼备的练功方法

内外合一、形神兼备的练功方法，也是武术运动的一大特点。所谓内，指的是心、神、意、气等内在的心志活动和气息运行。所谓外，指的是手、眼、身、步等外在的形体活动。许多拳种和流派，都十分强调内外合一、形神兼备的练功方法。例如，查拳强调"精气神"；华拳强调"心动形随""意发神传"；太极拳强调"以心使身""用意识引导动作"；形意拳强调"心与意合，意与气合，气与力合""手与足合，肘与膝合，肩与跨合"；南拳强调"内练心神意气胆，外练手眼身腰马"；通背拳则强调"势要稳固""气要下沉"。这种练功方法，对外能够利关节、强筋骨、壮体魄，对内能够理脏腑、通经脉、调精神，使身心得到全面的锻炼。

4．具有广泛的适应性

武术运动不仅锻炼价值高，而且内容丰富、形式多样，不同的拳术和器械有着不同的动作结构、技术要求、运动风格和运动量，可以不受年龄、性别、体质、时间、季节、场地和器材的限制，人们可以根据自己的需要和条件，选择合适的项目来进行锻炼，这给开展群众性的体育活动提供了方便条件。因此，武术运动有着广泛的适应性。

二、武术的内容和分类

武术的套路运动，种类颇多，一般分为以下四类。

1．拳术

包括查拳、华拳等类型的长拳，以及太极拳，南拳，形意拳，八卦掌，八卦掌，通背拳，翻子拳，劈挂拳，戳脚，少林拳，地躺拳，象形拳等。

（1）查拳、华拳等类型的长拳是一种姿势舒展、动作灵活、快速有力、节奏鲜明，并有蹿蹦跳跃、闪展腾挪、起伏转折和跌扑滚翻等动作与技术的拳术。而查拳、华拳等各个拳种又各有不同的技术特点和运动风格。长拳的动作幅度开阔，关节活动范围较大，对肌肉和韧带的柔韧性、弹性，都有较高的要求。因此，练习长拳能够发展肌肉和关节的灵活性、弹性，以及脊柱的柔韧性。同时，长拳的动作大多数是由大肌肉群来进行活动的，要求肌肉活动量大，而且速度快，这对提高心脏血液循环系统和呼吸系统的机能能力，起着积极的作用。长拳的结构也较复杂，有伸屈、回环、平衡、跳跃、翻腾和跌扑等动作。对于中枢神经系统、平衡器官、内脏器官以及神经与肌肉的协调机能都提出了较高的要求。这样，也就促进和提高了这些系统与器官的机能，全面地发展了身体素质。

（2）太极拳是一种柔和、缓慢、轻灵的拳术。动作圆活，处处带有弧形，运动绵绵不断，前后贯串。而各式太极拳也还有大架、小架、开合、刚柔相兼等各自不同的特点。练习太极拳，对中枢神经系统、呼吸和心脏血管系统、消化系统、骨骼肌肉等运动器官，都有良好的作用。加上它要求意识引导动作，配合均匀深沉的呼吸，练习之后周身血脉流通又不气喘，身心舒适，精神焕发。因此，它也适合于一些慢性病患者作为医疗体育的手段，并有较大的医疗保健价值。

（3）南拳是流行于广东、广西、福建、湖南、湖北、四川、江西、江苏、浙江等南方各省地方拳种的总称。南拳的拳种和流派颇多。例如：广东的南拳，分为洪、刘、蔡、李、莫五大家，福建的南拳，分为咏春、五祖两大派；湖南的南拳，分为邬、薛、沈、岳四家；湖北的南拳，分为洪、鱼、孔、风、水、火、字、熊八门；四川的南拳，则分为僧、赵、杜、洪、化、字、会、岳八门；江西的南拳，也分为字、硬两门，等等。各门各家，都有各自的风格特点。而总的说来，南拳的一般特点是：拳势刚烈，步法稳固，动作紧削，腿法较少，身居中央，八面进退，常驻鼓劲而使肌肉隆起，以发声吐气而助长发力。它特别能发展人体各主要肌群的力量。

（4）形意拳是以三体式为基本姿势，以劈、崩、钻、炮、横五拳为基本拳法，并吸取了龙、虎、猴、马、鼍、鸡、鹞、燕、蛇、鸵、鹰、熊十二种动物的动作与形象而组成的拳术。它的特点是：动作简练，发力沉着，朴实明快，踊跃直吞，手擢足踏，气势兼雄。练习形意拳，能使力量、速度等身体素质得到良好的发展。

（5）八卦掌是一种以摆扣步走转为主，包括推、托、带、领、穿、搬、截、栏等掌法变换等内容的拳术。它的特点是沿圈走转，势势相连，身灵步活，随走随变。可以锻炼下肢的力量及身体灵活、协调等机能能力。

（6）八极拳是一种以挨、傍、挤、靠等贴身近攻动作为主要内容的短打类型的拳术。套路结构短小精悍，发力刚脆，步法以震脚闯步为主，出手如飞箭离弦，闯步如穿石入洞。具有节短势险，刚猛暴烈，猛起硬落，逼身紧攻的特点。它对增强人体的力量，发展速度、协调等素质，都有良好的作用。

（7）通背拳是以摔、拍、穿、劈、攒五种基本掌法为主要内容，通过圈揽钩劫、削摩拨扇八法的运用，而生化出许多动作的拳术。它的特点是：出手为掌，点手成拳，回来仍是掌；动作大开大合，甩膀抖腕，放长击远；发力冷弹脆快，起自腰背，贯通肩臂。练习时由于胸背吞吐，拧腰切胯，两肩松沉，双臂交换摔劈，连续不息，因此对腰、背、肩、肘、腕及髋部的柔韧性、灵活性，以及身体的协调、力量，都能起到积极的锻炼作用。

（8）翻子拳是一种短小精悍，严密紧凑，拳法密集，出手脆快，以冲、绷、豁、挑、托、滚、劈、叉、刁、裹、扣、搂、封、锁、盖、压等基本打法为内容的拳术。它的特点是：拳不空发，不崩即挑，不托即劈；手不空回，不刁即裹，不扣即搂；一法多用，多法合用，往返连环，步疾手密，连珠炮动；闪摆取势，上下翻转；含胸藏锋，拧腰切髋；迅猛道劲，韵度自如。练习翻子拳同样可以起到发展身体素质的积极作用。

（9）劈挂拳是一种长放击远类型的拳术。基本方法有滚、勒、劈、挂、斩、卸、剪、采、掠、摈、伸、收、摸、探、弹、砸、擂、猛十八字诀。劲法有滚勒劲，吞吐劲，劈挂劲，翻扯劲和路辘劲。练习时拧腰切胯，溜臂合腕，双臂交劈，力贯膀臂。它的特点是：以长击为主兼容短打；伸则大开大合，击长冷抽、加劈带挂；收则节短势险，搅靠劈重，似有若无；猛劈硬挂，速攻快打。它和通背拳具有同样的锻炼价值。

（10）戳脚是以腿法为主要内容的拳术。其基本腿法有端、拐、点、蹶、蹬、碾等。腿法的变化分为明腿、暗腿、秘腿、藏腿四种。练习时，一步一腿，一步脚，连环踢打，左右互换，手脚并用，灵活善变，以腿法见长的特点十分突出。练习戳脚拳，能促使各关节灵活，特别是下肢肌群发达。

（11）少林拳、大红拳、小红拳、炮拳、梅花拳、七星拳、罗汉拳等，都属于少林拳。少林拳流传在民间的颇多。现在少林寺所传授的红拳、炮拳等各种拳术，一般的特点是：朴实无华，刚健有力；出拳屈而不屈，直而不直，虚实相兼；身法横起顺落，利于发劲；步法进低退高，轻灵稳固；擅使颤动，手起劲发，手到劲至；气出丹田，手随声发，声随手落，重如泰山，轻如鸿毛；收如伏猫，纵如放虎；进退转折，直来直往。练习少林拳，可以促进身体素质的全面发展。

（12）地躺拳是以跌、扑、滚、翻等地躺摔法为主要内容的拳术。在套路里经常出现的动作有抢背，盘腿卧牛，摔剪，乌龙绞柱，虎扑，栽碑，鲤鱼打挺等。这种拳术的动作难度较高，技巧性较强，能培养勇敢、机敏等气质。

（13）象形拳是模拟各种动物的特长和形态以及表现某些古代人物的搏斗形象和生活形象的拳术。如鹰爪拳、螳螂拳、猴拳、蛇拳、鸭形拳，以及八仙醉酒、鲁智深醉跌、武松脱铐等，都属于象形拳。象形拳分象形、取意两种。前者是以模仿动物和人物的形态为主，很少有技击的动作，后者则是以取意动物的搏击特长为主，以动物的搏击特长来充实技击动作的内容。总的说来，象形拳是一种风格别致的拳术，它对培养人们的形象思维和艺术境界具有一定的价值。

2. 器械

器械包括刀、剑等短器械，枪、棍、大刀等长器械，双刀、双剑、双钩、双枪等双器械，九节鞭、三节棍、绳镖、流星锤等软器械。

（1）刀术是以缠头裹脑为主要动作，加上劈、砍、撩、挂等刀法所组成的套路练习。"单刀看闲手"，不持刀的左手必须与右手运使的刀法在舞动时密切配合，协调一致。刀术的特点是勇猛、快速、气势彪悍。

（2）剑术是以击、刺、点、崩等剑法结合平衡、旋转等动作所组成的套路练习。剑术分为短穗剑，长穗剑。在握把持剑上也分单手剑，双手剑。它的剑路体势则分为：工架剑，行剑，绵剑，醉剑。工架剑，形健骨道，端庄势整，一招一势，端端正正。行剑，流畅无滞，挥摆飘洒，多行势而少停息。绵剑，柔和蕴藉，缓缓不断，自始及终，绵绵相连。醉剑，恣意挥舞，乍徐还疾，忽往复收，形如酒醉。在练习时，左手剑指也须与右手剑法的变化协调、和谐。剑术的特点是轻快、矫捷、富于韵律感。

（3）枪术是以拦、拿、扎为主要动作，加上劈、崩、穿、缠、舞花等枪法所组成的套路练习。它的特点是"枪扎一条线"，势如游龙。

（4）棍术是以抡、劈、戮、撩、舞花等棍法所组成的套路练习。它的特点是棍使两端，横打一片，气势猛烈。

（5）大刀是以劈、砍等刀法为主，结合掌花、背花等动作所组成的套路练习。大刀看顶手。握在刀盘下面的右手不论是劈、砍、斩、抹，还是挑、撩、截、错，在刀法变化的任何情况下，都必须使右手顶住刀盘、虎口对准刀背。大刀的特点是"劈刀递攥"，既要有刀法的使用，也须有刀柄尾部攥法的使用。练习时大劈大砍，雄伟泼辣。

（6）双刀是以劈、斩、撩、绞等刀法结合双手左右缠头、左右转腕而变化出绕背缠脖、绞腕撩刀、绞腕绞刀、挽臂背刀、交臂抡刀等动作的套路练习。"双刀看步走"，在两手持刀舞动时步法必须与刀法上下相随，对上下肢的协调性，要求较高。双刀的特点是腕花、背花、缠绕花等动作较多，刀法护身，银花遮体。

（7）双剑是以穿、挂等剑法为主，结合身法、步法，双手交替运使的剑术套路练习。它的特点是身随剑动，步随身移，剑法、身法、步法三者合一，潇洒奔放。

（8）双钩是以勾、搂、锁、挂等钩法所组成的套路练习。它的特点是"钩走浪势"，身随钩走，钩随身活，身灵步轻，钩活势飘。

（9）九节鞭是以抡、扫、缠、技等软鞭法所组成的套路练习。主要动作有手花，腕花，缠臂，绕脖，骗马，背剑等。它的特点是"鞭走顺劲"，抡起鞭来必须顺着鞭的走势而飞转变化。又须软中有硬，软时如绳索缠绕，硬时如铁棒、直转。

（10）三节棍是以抢、扫、劈、舞花等棍法所组成的套路练习。它的特点是能长能短，硬中见软。练习时勇猛快速，刚健有力。

（11）绳镖、流星锤都是以绳索缠绕身体各部而变化出许多动作的套路练习。主要动作有踢球、拐线，缠脖，"十字披红"，"胸前挂印"等。它的特点是 "巧打流星顺打鞭"，练习流星锤和绳镖都须运用巧劲。一根长索在身前、身后、脚部。腿部、肘部、颈部缠绕收放，不用巧劲就难以变化自如。它是技巧性较强的项目。

3．对练

对练是两人以上按照固定动作进行攻防格斗的套路练习，包括徒手对练、器械对练、徒手与器械对练。

（1）徒手对练是以徒手的踢、打、摔、拿等攻防技术组成的拳术对练套路。不同的拳种，各有不同的对练特点。例如，查拳的对练，多闪展腾挪、蹿蹦跳跃等动作；华拳的对练，除蹿蹦跳跃外，还有跌扑滚翻等动作；太极拳的对练，多黏连黏随等动作；南拳的对练，多肘臂的桥法动作；形意拳的对练，多紧凑快速的动作；八极拳的对练，多挨傍挤靠的动作；擒拿对练，则是多封拿锁扣等反关节和闭气脉的动作。

（2）器械对练是以器械的击、刺等攻防技术组成的器械对练套路。有短器械对练，长器械对练，双器械对练，软器械对练，长与短对练，单与双对练，单与软对练，双与软对练等。

（3）徒手与器械对练是一方以拳术、一方以器械而组成的对练套路，是以套路运动形式来练习空手夺刃的技术，如空手夺刀、空手夺枪等。

4．集体操练

集体操练是六人以上的徒手或器械的集体表演。可以编排成图案，可以用音乐伴奏，队形整齐，动作划一。

武术的搏斗运动，目前还处在整理研究和试验的阶段。现在试行的项目，有散打、推手、短兵等。

（1）散打是两人按照一定的规则，使用踢、打、摔等技击方法制胜对方的搏斗运动。散打的特点是手脚并用，全身肌肉的张力极大，而动作又进行得非常迅速。这能够使肌肉富于弹性，提高灵活性。同时由于肌肉活动激烈，也提高了呼吸系统和心脏血管系统的机能能力。它能够使人们学会利用时机来进行打击，并提高打击的准确性。能够培养人们勇敢、顽强、沉着、机智等意志品质和力量、速度、耐力等身体素质。

（2）推手是两人按照一定的规则，使用拥、履、挤、按、采、列、肘、靠等技击方法制胜对方的搏斗运动。推手的特点是双方在黏连黏随、不丢不顶的条件下，运用肘、腕、掌、指等本体感觉来判断对方肌肉力量上所发生的细微变化，引劲落空、借劲发力将对方推出。它能使本体感觉的机能和中枢神经迅速变换抑制与兴奋作用的功能，都得到相应的提高。

（3）短兵是两人手持一种用藤、皮、棉制作的类似短棒的器械，以按照一定的规则，使用击、刺、劈、斩等剑法和刀法进攻对方以决胜负的搏斗运动。短兵的特点是融击剑和劈刀于一炉,剑法和刀法并用。在比赛时剑法和刀法变幻不定,需要及时辨清予以进击,对中枢神经系统的反应迅速要求较高。为反应的迅速能力要求较高。它能使人体中央视觉、运动感觉等感受机能的敏锐性和神经系统与各部肌肉活动的协调性,得到较大的提高。

三、武术基本功和基本动作

1. 手型及要点

(1) 拳。拳握紧,拳面平,直腕[图 6-1-1（a）]。
(2) 掌。掌心摊开,竖指[图 6-1-1（b）]。
(3) 勾。腕关节不要过松[图 6-1-1（c）]。

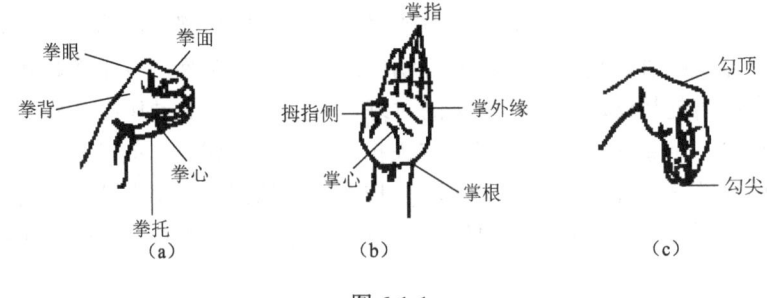

图 6-1-1

2. 步型及要点

(1) 弓步。挺胸、塌腰、沉髋,前脚与后脚跟成一直线[图 6-1-2（a）]。
(2) 马步。挺胸、塌腰、直背,膝微内扣[图 6-1-2（b）]。
(3) 仆步。挺胸、塌腰、沉髋[图 6-1-2（c）]。
(4) 虚步。挺胸、塌腰、虚实分明[图 6-1-2（d）]。
(5) 歇步。挺胸、塌腰、两腿靠拢贴紧[图 6-1-2（e）]。

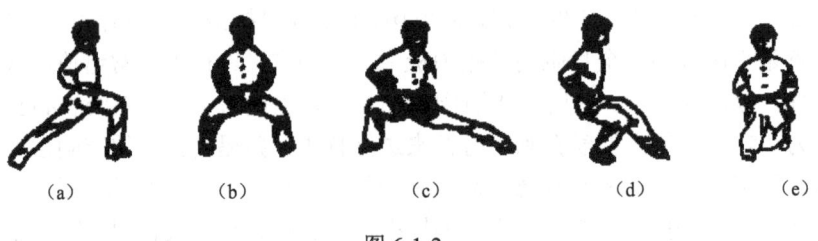

图 6-1-2

3. 手法及要点

(1) 冲拳。挺胸、收腹、拧腰、顺肩,快速有力[图 6-1-3（a）]。
(2) 劈拳。松肩、直臂、立圆抡劈,力达拳轮[图 6-1-3（b）]。
(3) 推掌。挺胸、收腹、立腰;拧腰、顺肩,出掌快速有力,力达掌外缘

[图6-1-3（c）]。

（4）架掌。松肩、前臂内旋，上架以掌外缘为力点[图6-1-3（d）]。

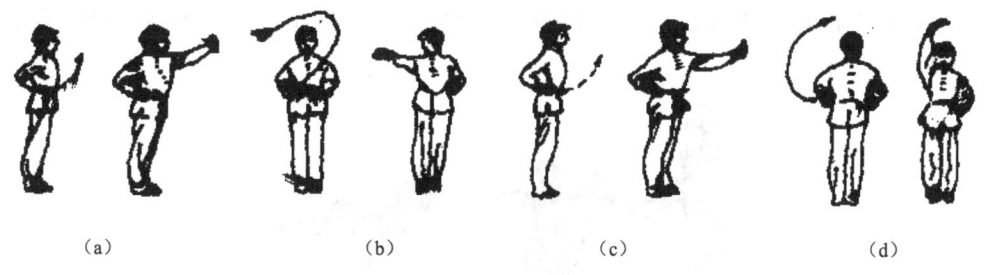

图6-1-3

4. 脚法及要点

（1）正踢腿。挺胸、收腹、立腰；腿上摆过腰后加速用力，收腹、收髋，上体正直[图6-1-4（a）]。

（2）单拍脚。收腹、立腰，击拍脚要脆、快、响[图6-1-4（b）]。

（3）弹腿。挺胸、立腰、收髋，弹踢要有寸劲[图6-1-4（c）]。

（4）蹬腿。挺胸、立腰、勾紧脚尖，蹬腿要脆、快、有力[图6-1-4（d）]。

图6-1-4

5. 身法（腰功）及要点

（1）前俯腰。向前屈体，膝伸直，挺胸、塌腰、收髋[图6-1-5（a）]。

（2）甩腰。动作要快速、紧凑、有弹性[图6-1-5（b）]。

（3）涮腰。尽量增大绕环幅度（图6-1-5）。

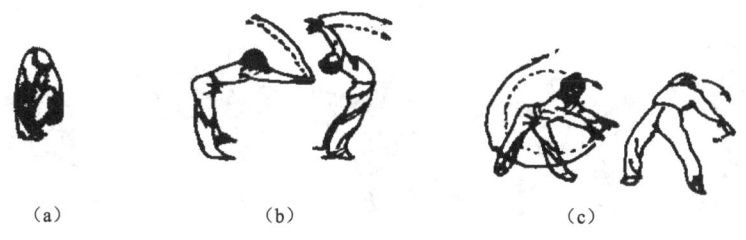

图6-1-5

6. 平衡动作及要点

（1）提膝平衡。提膝过腰，脚面绷平[图 6-1-6（a）]。

（2）燕式平衡。挺胸、抬头、塌腰，上体前俯；两腿伸直，后举腿脚面绷平[图 6-1-6（b）]。

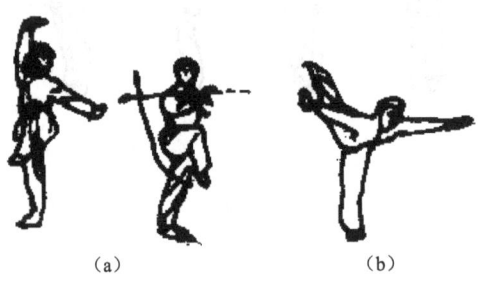

(a)　　　　(b)

图 6-1-6

四、拳术

长拳是查拳、华拳、炮拳、洪拳、少林拳等拳术的总称。它是以套路为主的拳法，既适合基础武术训练，又适合于竞赛和技术水平的提高。其运动特点是：动作舒展大方、快速有力、腿法较多、节奏鲜明、气势磅礴。以下介绍武术段位一段长拳（初级长拳一路）。

1. 第一段

预备势（图 6-1-7）。①起势（图 6-1-8）。②马步双劈拳（图 6-1-9）。③拗弓步冲拳（图 6-1-10）。④蹬腿冲拳（图 6-1-11）。⑤马步冲拳（图 6-1-12）。⑥马步双劈（图 6-1-13）。⑦拗弓步冲拳（图 6-1-14）。⑧蹬腿冲拳（图 6-1-15）。⑨马步冲拳（图 6-1-16）。

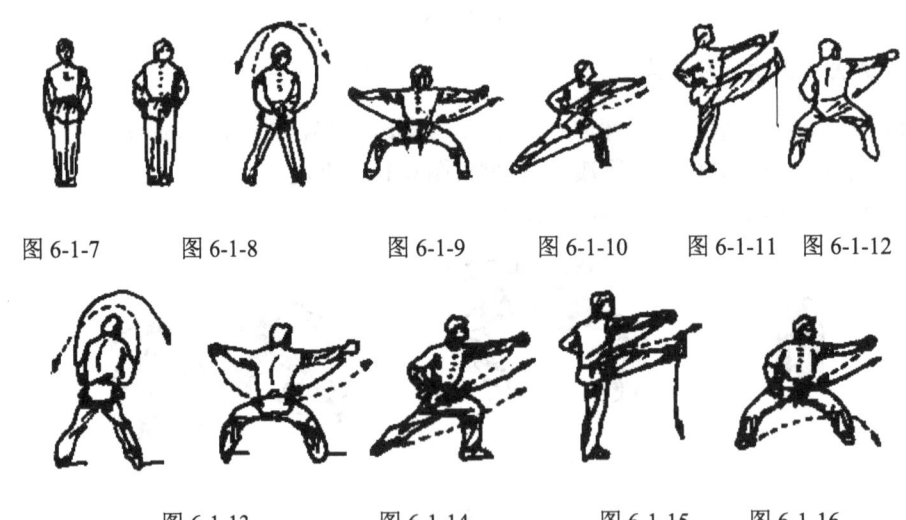

图 6-1-7　　图 6-1-8　　图 6-1-9　　图 6-1-10　　图 6-1-11　图 6-1-12

图 6-1-13　　　　图 6-1-14　　　　图 6-1-15　　　图 6-1-16

2. 第二段

⑩弓步推掌（图 6-1-17）。⑪拗弓步推掌（图 6-1-18）。⑫弓步搂手砍掌（图 6-1-19）。⑬弓步穿手推掌（图 6-1-20）。⑭弓步推掌（图 6-1-21）。⑮拗弓步推掌（图 6-1-22）。⑯弓步搂手砍掌（图 6-1-23）。⑰弓步穿手推掌（图 6-1-24）。

图 6-1-17　　　图 6-1-18　　　图 6-1-19　　　图 6-1-20

图 6-1-21　　　图 6-1-22　　　图 6-1-23　　　图 6-1-24

3. 第三段

⑱虚步上架（图 6-1-25）。⑲马步下压（图 6-1-26）。⑳拗弓步冲拳（图 6-1-27）。㉑马步冲拳（图 6-1-28）。㉒虚步上架（图 6-1-29）。㉓马步下压（图 6-1-30）。㉔拗弓步冲拳（图 6-1-31）。㉕马步冲拳（图 6-1-32）。

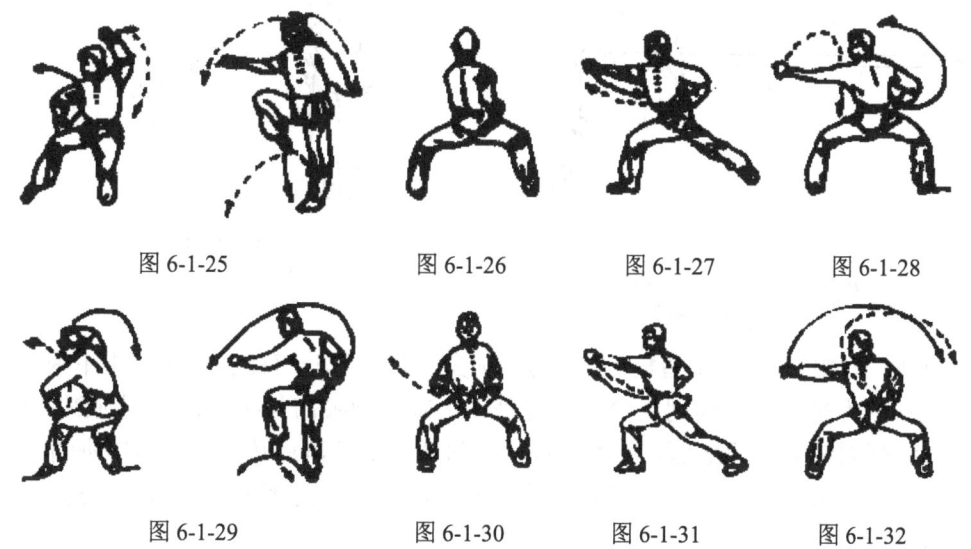

图 6-1-25　　　图 6-1-26　　　图 6-1-27　　　图 6-1-28

图 6-1-29　　　图 6-1-30　　　图 6-1-31　　　图 6-1-32

4. 第四段

㉖弓步双摆掌（图 6-1-33）。㉗弓步撩掌（图 6-1-34）。㉘弹腿推掌（图 6-1-35）。㉙弓步上架推掌（图 6-1-36）。㉚弓步双摆掌（图 6-1-37）。㉛弓步撩掌（图 6-1-38）。㉜弹腿推掌（图 6-1-39）。㉝弓步上架推掌（图 6-1-40）。㉞收势（图 6-1-41）。

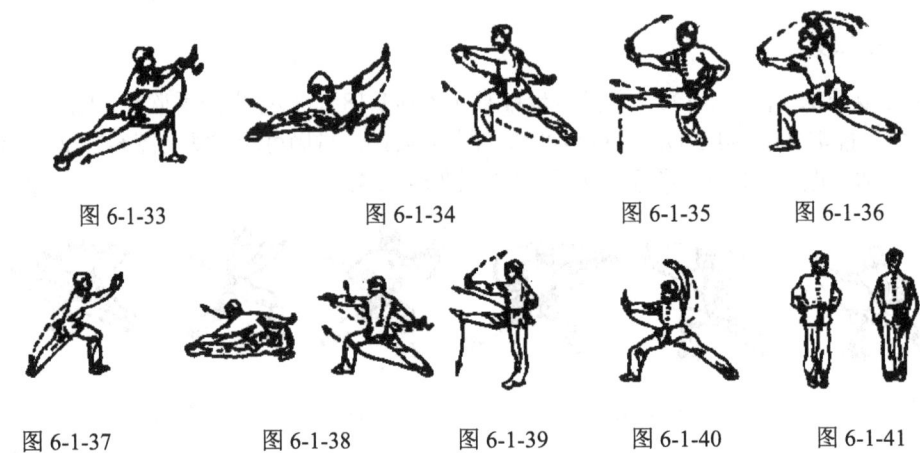

图 6-1-33　　　图 6-1-34　　　图 6-1-35　　　图 6-1-36

图 6-1-37　　图 6-1-38　　图 6-1-39　　图 6-1-40　　图 6-1-41

五、剑术

剑术有"百刃之君"之称，是一种由尖、刃、脊、锋、护手、柄等部分组成的短器械（图 6-1-42），源于殷商以前。而剑术是以刺、点、崩、劈、挂、撩等剑法，配合步行、步法等构成套路。其运动特点是轻快、敏捷、潇洒、灵活多变、富有韵律。

1．剑术基本技法

剑的持握法（图 6-1-43）

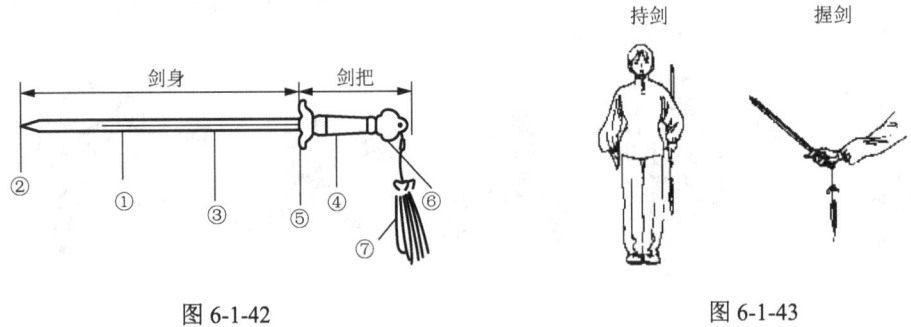

图 6-1-42
①剑刃；②剑尖；③剑脊；④剑柄；
⑤护手；⑥剑首；⑦剑穗

图 6-1-43

刺剑：立剑或平剑向前直出为刺，力达剑尖，臂与剑成一直线。剑刃朝上下为立剑，剑刃朝左右为平剑。平刺剑剑尖高与肩平；上刺剑剑尖高与头平；下刺剑剑尖高与膝平；低刺剑剑尖贴近地面，不得触地；后刺剑要与身体后转、后仰动作协调一致；探刺剑前臂内旋，手心朝外，经肩向前上方或前下方立剑刺出，上体和持剑之臂须势前探（图 6-1-44）。

点剑：立剑，提腕，使剑尖猛向前下为点，力达剑尖，臂伸直（图 6-1-45）。

崩剑：立剑，沉腕使剑尖猛向前上为崩，力达剑尖，臂伸直，剑尖高不过头（图 6-1-46）。

劈剑：立剑，由上向下为劈，力达剑身，臂与剑成一直线。抡劈贴身体右侧或左侧绕一立圆；后抡劈剑要与身体后转协调一致（图6-1-47）。

挂剑：立剑，剑尖由前向上、向后或向下、向后为挂，力达剑身前部。上挂向上、向后贴身挂出；下挂向下、向后贴身挂出；轮挂贴身立圆一周（图6-1-48）。

撩剑：立剑，由下向前上方为撩，力达剑身前部。正撩剑前臂外旋，手心超上，贴身弧形撩出；反撩剑前臂内旋，余同正撩（图6-1-49）。

图6-1-44　　　　图6-1-45　　　　图6-1-46　　　　图6-1-47

图6-1-48

图6-1-49

2. 武术段位三段剑术

1）第一段

预备势（图6-1-50）。①起势（图6-1-51）。②弓步刺剑（图6-1-52）。③叉步斩剑（图6-1-53）。④弓步劈剑（图6-1-54）。⑤歇步崩剑（图6-1-55）。⑥弓步削剑（图6-1-56）。⑦左右挂剑（图6-1-57）。⑧叉步压剑（图6-1-58）。⑨提膝点剑（图6-1-59）。

图6-1-50　　　　图6-1-51　　　　　　图6-1-52

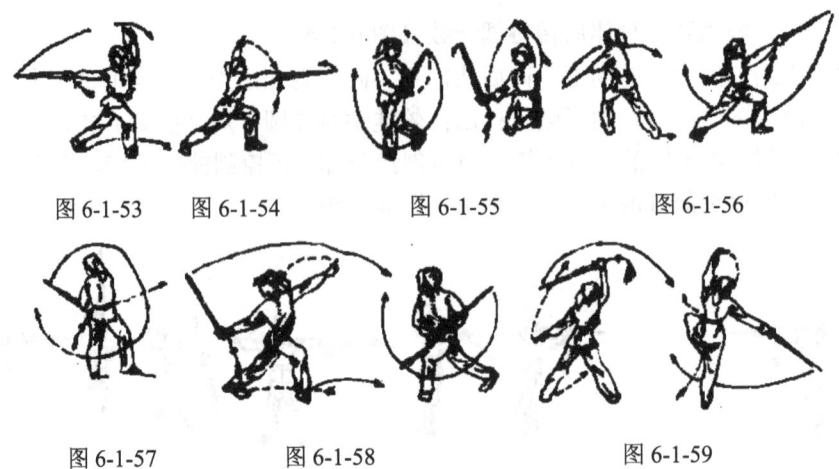

图 6-1-53　　图 6-1-54　　　　图 6-1-55　　　　图 6-1-56

图 6-1-57　　　　图 6-1-58　　　　　　图 6-1-59

2）第二段

⑩并步刺剑（图 6-1-60）。⑪弓步挑剑（图 6-1-61）。⑫歇步劈剑（图 6-1-62）。⑬上步截腕（图 6-1-63）。⑭跳步撩剑（图 6-1-64）。⑮仆步压剑（图 6-1-65）。⑯提膝刺剑（图 6-1-66）。⑰弓步抹剑（图 6-1-67）。⑱收势（图 6-1-68）。

图 6-1-60　　　　图 6-1-61　　　　图 6-1-62　　　　图 6-1-63

图 6-1-64　　　　　　图 6-1-65　　　　　　图 6-1-66

图 6-1-67　　　　图 6-1-68

六、太极拳

太极拳是根据《易经》的阴阳学说和中医经络学说理论，结合古代导引吐纳之术创编的一种轻灵、缓慢、柔和、沉静的拳术。"太极"一词源出《周易·系辞》之："易有太极，是生两仪……"意即"太极"是产生万物的根源，含有至高、至极、绝对、唯一之意，以此解释拳理，故名太极拳。从形式上看，太极拳属于武术的一个拳系，具有技击的特点；从其主旨来说，则属于养生保健类的体育，其创编目的在于"益寿延年不老春"，是我国古代导引术发展的结晶。太极拳流派较多，拳式风格特点各不相同，其中流传较广的有陈氏、杨氏、吴氏、武氏、孙氏太极拳等。为了便于普及和推广太极拳运动，国家体育总局武术运动管理中心先后编写出版了二十四式、十式、十六式太极拳及以四十二式太极拳为主的竞赛套路，对太极拳的竞赛、健身、交流都起到巨大的推动作用。限于篇幅，本书只着重介绍简单易学、便于推广的二十四式太极拳。

1. 太极拳运动的特点和作用

太极拳运动的特点是：静心用意、呼吸自然、中正体松、柔和缓慢、上下相随、圆活连贯、轻灵沉着、虚实分明、刚柔相济。

太极拳的作用有：健体强身，提高身体机能；修身养性，调节心理状况；娱乐身心，丰富文化生活；康复医疗，增进健康长寿。

2. 太极拳的基本技术要求（图 6-1-69）

1）身型技术

（1）头部。

要求：头顶虚领，项部竖直。

做法：头顶的百会穴处要向上轻轻顶起，头正、顶平，处于一种自然用劲的状态；下颌微内收，保持胫肌有弹性；口微闭，齿轻扣，舌上顶，耳静听，目专注，面自然。

（2）上肢。

要求：沉肩坠肘，舒指坐腕。

做法：将肩顶骨落下，肩井穴处放松，两肩微扣，向下沉劲；肘微屈并向下垂沉；腕关节要有韧性的活动，沉着下塌；掌心虚涵，指关节放松，手指舒展，气贯指端。

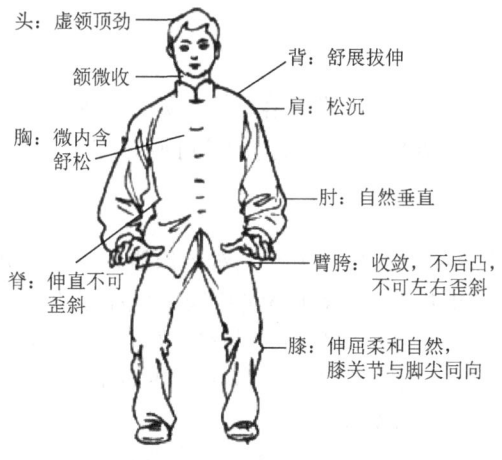

图 6-1-69

（3）躯干。

要求：含胸拔背，收腰敛臀，沉气实腹，尾闾中正。

做法：将胸背部和肋间肌肉在意识引导下自然放松，使撑起来的雄廓微内收，背部肌肉向下松沉并保持一定的张力；腰部肌肉放松，臀部在坐身时向里收敛，通过提肛配合完成收臀动作；用腹式呼吸来加深气息的吞吐，使小腹充实，气沉丹田；脊柱要自然的中正垂直，不可偏斜。

（4）下肢。

要求：圆裆松胯，裹膝抓足。

做法：松开髋关节，膝关节向里内扣配合胯根（股骨头）撑开撑圆，自然产生裆劲；膝与脚尖相对，脚心涵空，脚趾着地。

2）运动技术

（1）运动心理。

要求：心静用意。

做法：排除杂念，稳定情绪，集中思想，专注练习。

（2）动作力量。

要求：体松轻柔。

做法：在思想放松的前提下，将各关节、肌群协调配合，"以意导动"，保持肌肉的适度松软。

（3）动作速度。

要求：均匀缓慢。

做法：太极拳动作较慢，而且要均匀连贯的进行，身体各部分类似"匀速运动"。

（4）动作轨迹。

要求：弧形旋转。

做法：要带动四肢做弧线运动，同时又要以每个关节的中轴为转动轴自身旋转，形成旋转弧形运动。即"源动于腰，旋腕转膀，旋踝转腿，一系列空间螺旋运动"。

（5）动作呼吸。

要求：开呼合吸。

做法：凡动作性质属于开、伸、进、落、俯、实的为呼气，对应的合、屈、退、起、仰、虚则为吸气。太极拳运动的呼吸方式为腹式呼吸，要深、长、细、匀。

3. 简化太极拳

"简化太极拳"是按照由简到繁、由易到难的原则，对已在群众中流行的太极拳进行改编、整理。它改变了过去那种先难后易的锻炼顺序，去掉了原有套路中过多的重复姿势动作，集中了原套路的主要结构和技术内容，便于群众掌握，易学易懂。这套拳共分八个组，包括"起势"、"收势"共二十四个姿势动作。练习者可连贯演练，也可以选择单式或分组练习。动作名称如下：

第一组：①起势，②左右野马分鬃，③白鹤亮翅；

第二组：④左右搂膝拗步，⑤手挥琵琶，⑥左右倒卷肱；

第三组：⑦左揽雀尾，⑧右揽雀尾；
第四组：⑨单鞭，⑩云手，⑪单鞭；
第五组：⑫高探马，⑬右蹬脚，⑭双峰贯耳，⑮转身左蹬脚；
第六组：⑯左下势独立，⑰右下势独立；
第七组：⑱左右穿梭，⑲海底针，⑳闪通臂；
第八组：㉑转身搬拦捶，㉒如封似闭，㉓十字手，㉔收势。

简化太极拳的套路简介如下。

在文字说明中，凡有同时两字的，不论先写或后写身体的某一部分动作，都要求一齐活动不要分先后去做。

动作的方向是以人体的前、后、左、右为依据的，不论怎么转变，总是以面对的方向为前，背向的方向为后，身体左侧为左，身体右侧为右。假设面向南方起势，对一些完成时面向方向斜度较大的姿势，特别说明了方向。

1）第一组

（1）起势。

① 身体自然直立，两脚开立，与肩同宽；两臂自然下垂，两手放在大腿外侧；眼向前平看（图6-1-70）。

要点：头颈直立，下颌微向后收，不要故意挺胸或收腹，精神要集中（起势由立正姿势开始，然后左脚向左分开，成开立步）。

② 双手前平举，两手高与肩平，与肩同宽，手心向下（图6-1-71、图6-1-72）。

③ 上体保持正直，两腿屈膝下蹲；同时两掌轻轻下按，两肘下垂与两膝相对；眼平看前方（如图6-1-73）。

要点：两肩下沉，两肘松垂，手指自然微屈。屈膝松腰，臀部不可突出，身体重心落于两腿中间。两臂下落和身体下蹲的动作要协调一致。

（2）左右野马分鬃。

① 上体微向右转，身体重心移至右腿上；同时右臂收在胸前平屈，手心向下，左手经体前向右下划弧放在右手下，手心向上，两手心相对成抱球状，左脚随即收到右脚内侧，脚尖点地；眼看右手（图6-1-74、图6-1-75）。

图6-1-70　　图6-1-71　　图6-1-72　　图6-1-73　　图6-1-74　　图6-1-75

② 上体微向左转左脚向左前方迈出，右脚跟后蹬，右腿自然伸直，成左弓步；同时上体继续向左转，左右手随转体慢慢分别向左上右下分开，左手高与眼平（手心斜向上），肘微屈；右手落在右胯旁，肘也微屈，手心向下，指尖向前；眼看左手（图6-1-76、图6-1-77、图6-1-78）。

③ 上体慢慢后坐，身体重心移至右腿，左脚尖翘起，微向外撇（45°～60°），随后脚掌慢慢踏实，左腿慢慢前弓，身体左传，身体重心再移至左腿；同时左手翻转向下，左臂收在胸前平屈，右手向左上划弧放在左手下，两手心相对成抱球状；右脚随即收到左脚内侧，脚尖点地；眼看左手（图6-1-79、图6-1-80、图6-1-81）。

④ 右腿向右前方迈出，左腿自然伸直，成右弓步；同时上体右转，左右手随转体分别慢慢向左下右上分开，右手高与眼平（手心斜向上），肘微屈；左手落在左胯旁，肘也微屈，手心向下，指尖向前；眼看右手（图6-1-82、图6-1-83）。

①与③同，只是左右相反（图6-1-84、图6-1-85）。

②与④同，只是左右相反（图6-1-86、图6-1-87、图6-1-88）。

图6-1-76　　图6-1-77　　图6-1-78　　图6-1-79　　图6-1-80　　图6-1-81

图6-1-82　　图6-1-83　　图6-1-84　　图6-1-85　　图6-1-86　　图6-1-87　　图6-1-88

要点：上体不可前俯后仰，胸部必须宽松舒展。两臂分开时要保持弧形。身体转动时要以腰为轴。弓步动作与分手的动作要均匀一致，做弓步时迈出的脚先是脚跟着地，然后脚掌慢慢踏实，脚尖向前，膝盖不要超过脚尖。后腿自然伸直；前后脚夹角为45°～60°（需要时后脚脚跟可以后蹬调整）。野马分鬃式的弓步，前后脚的脚跟要分在中轴线两侧，它们之间的横向距离（即动作进行的中线为纵轴，其两侧的垂直距离为横轴）应该保持在10～30厘米。

（3）白鹤亮翅。

① 上体微向左转，左手反掌向下，左臂平屈胸前，右手向左上划弧，手心转向上，与左手成抱球状；眼看左手（图6-1-89）。

② 右脚跟进半步，上体后坐，身体重心移至右腿，上体先向右转，面向右前方，

眼看右手；然后左脚稍向前移，脚尖点地，成左虚步，同时上体再微向左转，面向前方，两手随转体慢慢向右上左下分开，右手上提，停于右额前，手心向左后方，左手落于左胯前，手心向下，指尖向前；眼平看前方（图6-1-90、图6-1-91）。

要点：完成姿势胸部不要挺出，两臂上下都要保持半圆形，左膝要微屈。身体重心后移和右手上提、左手下按要协调一致。

2）第二组

（4）左右搂膝拗步。

① 右手从体前下落，由下向后上方划弧至右肩外侧，肘微屈，手与耳同高，手心斜向上；左手由左下向上，向右下方划弧至右胸前，手心斜向下；同时上体先微向左再向右转；左脚收至右脚内侧，脚尖点地；眼看右手（图6-1-92、图6-1-93、图6-1-94）。

图 6-1-89　　图 6-1-90　　图 6-1-91　　图 6-1-92　　图 6-1-93　　图 6-1-94

② 体左转，左脚向前（偏左）迈出成左弓步；同时右手屈回由耳侧向前推出，高与鼻尖平，左手向下由左膝前搂过落于左胯旁，指尖向前；眼看右手手指（图6-1-95、图6-1-96）。

③ 右腿慢慢屈膝，上体后坐，身体重心移至右腿，左脚尖翘起微向外撇，随后脚掌慢慢踏实，左腿前弓，身体左转，身体重心移至左腿，右脚收到左脚内侧，脚尖点地；同时左手向外翻掌由左后向上划弧至左肩外侧，肘微屈，手与耳同高，手心斜向上；右手随转体向上、向左下划弧落于左胸前，手心斜向下；眼看左手（图6-1-97、图6-1-98、图6-1-99）。

图 6-1-95　　图 6-1-96　　图 6-1-97　　图 6-1-98　　图 6-1-99

④与②解同，只是左右相反（图6-1-100、图6-1-101）。

⑤与③解同，只是左右相反（图6-1-102、图6-1-103、图6-1-104）。

⑥与②解同（图6-1-105、图6-1-106）。

图 6-1-100　　图 6-1-101　　图 6-1-102　　图 6-1-103　　图 6-1-104　　图 6-1-105

要点：前手推出时，身体不可前俯后仰，要松腰松胯。推掌时要沉肩垂肘、坐腕舒掌，同时需与松腰、弓腿上下协调一致。搂膝拗步成弓步时，两脚跟的横向距离保持约30厘米左右。

（5）手挥琵琶。右脚跟进半步，上体后坐，身体重心转至右腿上，上体半面向左转，左脚略提起稍向前移，变成左虚步，脚跟着地，脚尖翘起，膝部微屈；同时左手由左下向上挑举，高与鼻尖平，掌心向右，臂微屈；右手收回放在左臂肘部里侧，掌心向左；眼看左手食指（图 6-1-107、图 6-1-108、图 6-1-109）。

要点：身体要平稳自然，沉肩垂肘，胸部放松。左手上起时不要直向上挑，要由左向上、向前，微带弧形。右脚跟近时，脚掌先着地，再全脚踏实。身体重心后移和左手上起、右手回收要协调一致。

（6）左右倒卷肱。

① 上体右转，右手翻掌（手心向上）经腹前右下向后上方划弧平举，臂微屈，左手随即翻掌向上；眼的视线随着向右转体先向右看、再转向前方看左手（图 6-1-110、图 6-1-111）。

图 6-1-106　　图 6-1-107　　图 6-1-108　　图 6-1-109　　图 6-1-110　　图 6-1-111

② 右臂屈肘折向前，右手由耳侧向前推出，手心向前，左臂屈肘后撤，手心向上，撤至左肋外侧；同时左腿轻轻提起向后（偏左）退一步，脚掌先着地，然后全脚慢慢踏实，身体重心移到左腿上，成右虚步，右脚随转体以脚掌为轴扭正；眼看右手（图 6-1-112、图 6-1-113）。

③ 上体微向左转，同时左手随转体向后上方划弧平举，手心向上，右手随即翻掌，掌心向上；眼随转体先向左看，再转向前方看右手（图 6-1-114）。

④与②解同，只是左右相反（图 6-1-115、图 6-1-116）。

⑤与③解同，只是左右相反（图 6-1-117）。

⑥与②解同（图 6-1-118、图 6-1-119）。
⑦与③解同（图 6-1-120）。
⑧与⑦解同，只是左右相反（图 6-1-121、图 6-1-122）。

图 6-1-112　图 6-1-113　图 6-1-114　图 6-1-115　图 6-1-116　图 6-1-117

要点：前推的手不要伸直，后撤手也不可直向回抽，随转体仍走弧线。前推时，要松腰松胯，两手的速度要一致，避免僵硬。退步时，脚掌先着地，再慢慢全脚踏实，同时，前脚随转体以脚掌为轴扭正。退左脚略向左后斜，退右脚略向右后斜，避免使两脚落在一条直线上。后退时，眼神随转体动作先向左右看，然后再转看前手。最后退右脚时，脚尖外撇的角度略大些，便于接做"左揽雀尾"的动作。

3）第三组

（7）左揽雀尾。

① 上体微向右转，同时右手随转体向后上方划弧平举，手心向上，左手放松，手心向下，眼看左手（图 6-1-123）。

图 6-1-118　图 6-1-119　图 6-1-120　图 6-1-121　图 6-1-122　图 6-1-123

② 身体继续向右转，左手自然下落逐渐翻掌经腹前划弧至右肋前，手心向上；右臂屈肘，手心转向下，手至右胸前，两手相对成抱球状；同时身体中心落在右腿上，左脚收到右脚内侧，脚尖点地；眼看右手（图 6-1-124、图 6-1-125）。

③ 上体微向左转，左脚向左前方迈出，上体继续向左转，右腿自然蹬直，左腿屈膝，成左弓步；同时左臂向左前方伸出（即左臂平屈成弓形，用前臂外侧和手背向前方推出）、高与肩平，手心向后；右手向右下落放于右胯旁，手心向下，指尖向前；眼看左前臂（图 6-1-126、图 6-1-127）。

要点：伸出时，两臂前后均保持弧形。分手、松腰、弓腿三者必须协调一致。揽雀尾弓步时，两脚跟横向距离不超过 10 厘米。

④ 向左转、左手随即前伸反掌向下，右手反掌向上，经腹前向上、向前伸至左前臂下方；然后两手下捋，即上体向右转，两手经腹前向右后上方划弧，直至右手心向上，高与肩齐，左臂平屈于胸前，手心向后；同时身体重心移至右腿；眼看右手（图6-1-128、图6-1-129）。

图6-1-124　　图6-1-125　　图6-1-126　　图6-1-127　　图6-1-128　　图6-1-129

要点：下捋时，上体不可前倾，臀部不要凸出。两臂下捋须随腰旋转，仍转弧线。左脚全掌着地。

⑤ 上体微向左转，右臂屈肘折回，右手附于左手腕内侧（相距约5厘米），上体继续向左转，双手同时向前慢慢挤出，左手心向后，右手心向前，左前臂要保持半圆；同时身体重心逐渐前移变成左弓步；眼看左手腕部（图6-1-130、图6-1-131）。

要点：向前挤时，上体要正直。挤的动作要与松腰、弓腿相一致。

⑥ 左手翻掌，手心向下，右手经左腕上方向前、向右伸出，高于左手齐，手心向下，两手左右分开，宽与肩同；然后右腿微屈，上体慢慢后坐，身体重心移至右腿上，左脚尖翘起；同时两手屈肘回收至腹前手心均向前下方；眼向前平看（图6-1-132、图6-1-133、图6-1-134）。

⑦ 上式不停，身体重心慢慢前移，同时两手向前、向上按出，掌心向前；左腿前弓成左弓步；眼平看前方（图6-1-135）。

要点：向前按时，两手需走曲线，手腕部高与肩平，两肘微屈。

图6-1-130　　图6-1-131　　图6-1-132　　图6-1-133　　图6-1-134　　图6-1-135

（8）右揽雀尾。

① 上体后坐并向右转，身体重心移至右腿，左脚尖里扣；右手向右平行划弧至右侧，然后由右下经腹前向左上划弧至左肋前，手心向上；左臂平屈胸前，左手掌向下与右手成抱球状；同时身体重心再移至右腿上，右脚收至左脚内侧，脚尖点地；眼看左手

（图 6-1-136、图 6-1-137、图 6-1-138、图 6-1-139）。

② 同"左揽雀尾"③解，只是左右相反（图 6-1-140、图 6-1-141）。

③ 同"左揽雀尾"④解，只是左右相反（图 6-1-142、图 6-1-143）。

④ 同"左揽雀尾"⑤解，只是左右相反（图 6-1-144、图 6-1-145）。

⑤ 同"左揽雀尾"⑥解，只是左右相反（图 6-1-146、图 6-1-147、图 6-1-148）。

⑥ 同"左揽雀尾"⑦解，只是左右相反（图 6-1-149）。

要点：均与"左揽雀尾"相同，只是左右相反。

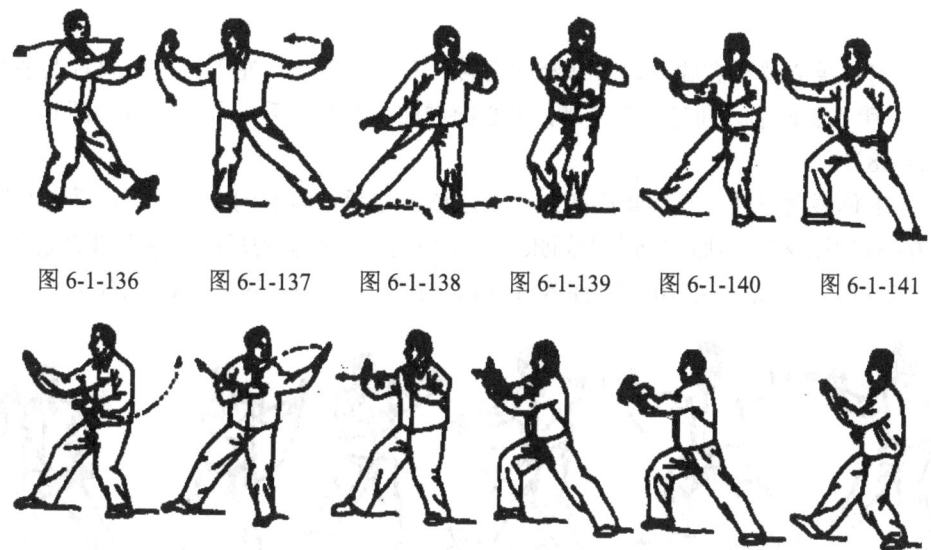

图 6-1-136　　图 6-1-137　　图 6-1-138　　图 6-1-139　　图 6-1-140　　图 6-1-141

图 6-1-142　　图 6-1-143　　图 6-1-144　　图 6-1-145　　图 6-1-146　　图 6-1-147

4）第四组

（9）单鞭。

① 上体后坐，身体重心逐渐移至左腿上，右脚尖里扣；同时上体左转，两手（左高右低）向左弧形动转，直至左臂平举，伸于身体左侧，手心向左，右手经腹前运至左肋前，手心向后上方；眼看左手（图 6-1-150、图 6-1-151）。

② 身体重心再渐渐移至右腿上，上体右转，左脚向右脚靠拢，脚尖点地；同时右手向右上方划弧（手心由里转向外），至右侧方时变勾手，臂与肩平，手心向里；眼看左手（图 6-1-152、图 6-1-153）。

图 6-1-148　　图 6-1-149　　图 6-1-150　　图 6-1-151　　图 6-1-152　　图 6-1-153

③ 上体微向左转，左脚向右前方迈出，右脚跟后蹬，成左弓步；在身体重心移向左腿的同时，左掌随上体的继续左转慢慢翻转向前推出，手心向前，手指与眼齐平，臂微屈；眼看左手（图6-1-154、图6-1-155）。

要点：上体保持正直，松腰。完成式时，右臂肘部稍下垂，左肘与左膝上下相对，两肩下沉。左手向外翻掌前推时，要随转体边翻边推出，不要翻掌太快或最后突然翻掌。全部过渡动作，上下要协调一致。如面向南起势，单鞭的方向（左脚尖）应向东偏北（大约15°）。

（10）云手。

① 身体重心移至右腿上，身体渐向右转，左脚尖里扣；左手经腹前向右上划弧至右肩前，手心斜向后，同时右手变掌，手心向右前；眼看左手（图6-1-156、图6-1-157、图6-1-158）。

② 上体慢慢左转，身体重心随之逐渐左移；左手由脸前向左侧运转，手心渐渐转向左方；右手由右下经腹前向左上划弧，至左肩前，手心斜向后；同时右脚靠近左脚，成小开立步（两脚距离为10～20厘米）；眼看右手（图6-1-159、图6-1-160）。

图6-1-154　　图6-1-155　　图6-1-156　　图6-1-157　　图6-1-158　　图6-1-159

③ 上体再向右转，同时左手经腹前向右上划弧至左肩前，手心斜向后；右手向右侧运转，手心翻转向右；随之左脚向左横跨一步；眼看左手（图6-1-161、图6-1-162、图6-1-163）。

④ 与②解同（图6-1-164、图6-1-165）。

图6-1-160　　图6-1-161　　图6-1-162　　图6-1-163　　图6-1-164　　图6-1-165

⑤ 与③解同（图6-1-166、图6-1-167、图6-1-168）。

⑥ 与②解同（图6-1-169、图6-1-170）。

要点：身体转动要以腰脊为轴，松腰、松胯，不可忽高忽低。两臂随腰的转动而运转，要自然圆活，速度要缓慢均匀。下肢移动时，身体重心要稳，两脚掌先着地再踏实，脚尖向前。眼的视线随左右手而移动。第三个"云手"，右脚最后跟步时，脚尖微向里扣，便于接"单鞭"动作。

（11）单鞭。

① 上体向右转，右手随之向右运转，至右侧方时变成勾手；左手经腹前向右上划弧至右肩前，手心向里；身体重心落在右腿上，左脚尖点地；眼看左手（图 6-1-171、图 6-1-172、图 6-1-173）。

图 6-1-166　　图 6-1-167　　图 6-1-168　　图 6-1-169　　图 6-1-170　　图 6-1-171

② 上体微向左转，左脚向左前侧方迈出，右脚跟后蹬，成左弓步；在身体重心移向左腿的同时，上体继续左转，左掌慢慢翻转向前推出，成"单鞭"式（图 6-1-174、图 6-1-175）。

要点：与前"单鞭"式相同。

5）第五组

（12）高探马。

① 右脚跟近半步，身体重心逐渐后移至右腿上；右勾手变成掌，两手心翻转向上，两肘微屈；同时身体微向右转，左脚跟渐渐离地；眼看左前方（图 6-1-176）。

② 上体微向左转，面向前方；右掌经右耳旁向前推出，手心向前，手指与眼同高；左手收至左侧腰前，手心向上；同时左脚微向前移，脚尖点地，成左虚步；眼看右手（图 6-1-177）。

图 6-1-172　　图 6-1-173　　图 6-1-174　　图 6-1-175　　图 6-1-176　　图 6-1-177

要点：上体自然正直，双肩要下沉，右肘微下垂。跟步移换重心时，身体不要有起伏。

(13) 右蹬脚。

① 左手手心向上，前伸至右手腕背面，两手相互交叉，随即向两侧分开并向下划弧，手心斜向下；同时左脚提起向左前侧方进步（脚尖略外撇）；身体重心前移，右腿自然蹬直，成左弓步；眼看前方（图 6-1-178、图 6-1-179、图 6-1-180）。

② 两手由外圈向里圈划弧，两手交叉合抱于胸前，右手在外，手心均向后；同时右脚向左脚靠拢，脚尖点地；眼平看右前方（图 6-1-181）。

③ 两臂左右划弧分开平举，肘部微屈，手心均向外；同时右腿屈膝提起，右脚向右前方慢慢蹬出；眼看右手（图 6-1-182、图 6-1-183）。

图 6-1-178　图 6-1-179　图 6-1-180　图 6-1-181　图 6-1-182　图 6-1-183

要点：身体要稳定，不可前俯后仰。两手分开时，腕部与肩齐平。蹬脚时，左腿微屈，右脚尖回勾，劲使在脚跟。分手和蹬脚须协调一致。右臂和右腿上下相对。如面向南起势，蹬脚方向应为正东偏南（约 30°）。

(14) 双峰贯耳。

① 右腿收回，屈膝平举，左手由后向上、右前下落至体前，两手心均翻转向上，两手同时向下划弧分落于右膝盖两侧；眼看前方（图 6-1-184、图 6-1-185）。

② 右脚向右前方落下，身体重心渐渐前移，成右弓步，面向右前方；同时两手下落，慢慢变拳，分别从两侧向上、向前划弧至面部前方，成钳形状，两拳相对，高与耳齐，拳眼都斜向内下（两拳中间距离为 10～20 厘米）；眼看右拳（图 6-1-186、图 6-1-187）。

要点：完成式时，头颈正立，松腰松胯，两拳松握，沉肩垂肘，两臂均保持弧形。双峰贯耳式的弓步和身体方向与右蹬脚方向相同。弓步的两脚跟横向距离同"揽雀尾"式。

(15) 转身左蹬脚。

① 左腿屈膝后坐，身体重心移至左腿，上体左转，右脚尖内扣；同时两拳变掌，由上向左右划弧分开平举，手心向前；眼看左手（图 6-1-188、图 6-1-189）。

图 6-1-184　图 6-1-185　图 6-1-186　图 6-1-187　图 6-1-188　图 6-1-189

② 身体重心再移至右腿，左脚收到右脚内侧，脚尖点地；同时两手由外圈向里圈划弧合抱于胸前，左手在外，手心均向后；眼平看左方（图 6-1-190、图 6-1-191）。

③ 两臂左右划弧分开平举，肘部微屈，手心均向外；同时左腿屈膝提起，左脚向左前方慢慢蹬出；眼看左手（图 6-1-192、图 6-1-193）。

要点：与右蹬脚式相同，只是左右相反。左蹬脚方向与右蹬脚成 180°（即正西偏北约 30°）。

6）第六组

（16）左下势独立。

① 左腿收回平屈，上体右转；右掌变成勾手，左掌向上、向右划弧下落，立于右肩前，掌心斜向后；眼看右手（图 6-1-194、图 6-1-195）。

图 6-1-190　图 6-1-191　图 6-1-192　图 6-1-193　图 6-1-194　图 6-1-195

② 右腿慢慢屈膝下蹲，左腿由内向左侧（偏后）伸出，成左仆步；左手下落（掌心向外）向左下顺左腿内侧向前穿出；眼看左手（图 6-1-196、图 6-1-197）。

要点：右腿全蹲时，上体不可过于前倾。左腿伸直，左脚尖须向里扣，两脚脚掌全部着地。左脚尖与右脚跟踏在中轴线上。

③ 身体重心前移，左脚跟为轴，脚尖尽量向外撇，左腿前弓，右腿后蹬，由脚尖里扣，上体微向左转并向前起身；同时左臂继续向前伸出（立掌）掌心向右，右勾手下落，勾尖向后；眼看左手（图 6-1-198）。

④ 右腿慢慢提起平屈，成左独立式；同时右勾手变掌，并由后下方顺右腿外侧向前弧形摆出，屈臂立于右腿上方，肘与膝相对，手心向左；左手落于左胯旁，手心向下，指尖向前；眼看右手（图 6-1-199、图 6-1-200）。

要点：上体要正直，独立的腿要微屈，右腿提起时脚尖自然下垂。

图 6-1-196　　图 6-1-197　　图 6-1-198　　图 6-1-199　　图 6-1-200

（17）右下势独立。

① 右脚下落于左脚前，脚掌着地，然后左脚前掌为轴，脚跟转动，身体随之左转；同时左手向后平举变成勾手，右掌随着转体向左侧划弧，立于左肩前，掌心斜向后；眼看左手（图 6-1-201、图 6-1-202）。

② 同"左下势独立"②解，只是左右相反（图 6-1-203、图 6-1-204）。

③ 同"左下势独立"③解，只是左右相反（图 6-1-205）。

④ 同"左下势独立"④解，只是左右相反（图 6-1-206、图 6-1-207）。

要点：右脚尖触地后必须稍微提起，然后再向下仆腿。其他均与"左下势独立"相同，只是左右相反。

图 6-1-201　　图 6-1-202　　图 6-1-203　　图 6-1-204　　图 6-1-205　　图 6-1-206

7）第七组

（18）左右穿梭。

① 身体微向左转，左脚向前落地，脚尖外撇，右脚跟离地，两腿屈膝成半坐盘式；同时两手在左胸前成抱球状（左上右下）；然后右脚收到左脚的内侧，脚尖点地；眼看左前臂（图 6-1-208、图 6-1-209、图 6-1-210）。

② 身体右转，右脚向右前方迈出，屈膝弓腿，成右弓步；同时右手由脸前向上举并翻掌停在右额前，手心斜向上；左手先向左下再经体前向前推出，高与鼻尖平，手心向前；眼看左手（图 6-1-211、图 6-1-212、图 6-1-213）。

图 6-1-207　　图 6-1-208　　图 6-1-209　　图 6-1-210　　图 6-1-211　　图 6-1-212

③ 身体重心落向后移，右脚尖稍向外撇，随即身体重心再移至右腿，左腿跟进，停于右脚内侧，脚尖点地；同时两手在右胸前成抱球状（右上左下）；眼看右前臂（图 6-1-214、图 6-1-215）。

④ 与②解同，只是左右相反（图 6-1-216、图 6-1-217、图 6-1-218）。

图 6-1-213　　图 6-1-214　　图 6-1-215　　图 6-1-216　　图 6-1-217　　图 6-1-218

要点：完成姿势面向斜上方（如面向南起势，左右穿梭方向分别为正西偏北和正西偏南，均约 30°）。手推出后，上体不可前俯。手向上举时，防止引肩上耸。一手上举一手前推要与弓腿松腰上下协调一致。做弓步时，两脚跟的横向距离同搂膝拗步式，保持在 30 厘米左右。

（19）海底针。右脚向前跟进半步，身体重心移至右腿，左脚稍向前移，脚尖点地，成左虚步；同时身体稍向右转，右手下落经体前向后、向上提抽至肩上耳旁，再随身体左转，由右耳旁斜向前下方插出，掌心向左，指尖斜向下；与此同时，左手向前、向下划弧落于左胯旁，手心向下，指尖向前；眼看前下方（图 6-1-219、图 6-1-220）。

要点：身体要先向右转，再向左转，完成姿势，面向正西，上体不可太前倾。避免低头和臀部外凸，左腿要微屈。

（20）闪通臂。上体稍向右转，左脚向前迈出，屈膝弓腿成左弓步；同时右手由体前上提，屈臂上举，停于右额前上方，掌心翻转斜向上，拇指朝下；左手上起经胸前向前推出，高与鼻尖平，手心向前；眼看左手（图 6-1-221、图 6-1-222、图 6-1-223）。

要点：完成姿势上体自然正直，松腰、松胯；左臂不要完全伸直，背部肌肉要伸展开。推掌、举掌和弓腿动作要协调一致。弓步时，两脚跟横向距离同"揽雀尾"式（不超过 10 厘米）。

8）第八组

（21）转身搬拦捶。

① 上体后坐，身体重心移至右腿上，左脚尖里扣，身体向右后转，然后身体重心再移至左腿上；与此同时，右手随着转体向右、向下（变拳）经腹前划弧至左肋旁，拳心向下；左掌上举于头前，掌心斜向上；眼看前方（图 6-1-224、图 6-1-225）。

图 6-1-219　　图 6-1-220　　图 6-1-221　　图 6-1-222　　图 6-1-223　　图 6-1-224

② 向右转体，右拳经胸前向前翻转撇出，拳心向上；左手落于左胯旁，掌心向下，指尖向前；同时右脚收回后（不要停顿或脚尖点地）即向前迈出，脚尖外撇；眼看右拳（图6-1-226、图6-1-227、图6-1-228）。

③ 身体重心移至右腿上，左脚向前迈一步；左手上起经左侧向前上划弧拦出，掌心向前下方；同时右拳向右划弧收到右腰旁，拳心向上；眼看左手（图6-1-229、图6-1-230）。

图6-1-225　　图6-1-226　　图6-1-227　　图6-1-228　　图6-1-229　　图6-1-230

④ 左腿前弓成左弓步，同时右拳向前打出，拳眼向上，高与胸平，左手附于右前臂里侧；眼看右拳（图6-1-231、图6-1-232）。

要点：右拳不要握得太紧。右拳收回时，前臂要慢慢内旋划弧，然后再外旋停于腰旁，拳心向上。向前打拳时，右肩随拳略向前引伸，沉肩垂肘，右臂要微屈。弓步时，两脚横向距离同"揽雀尾"式。

（22）如封似闭。

① 左手由右腕下向前伸出，右拳变掌，两手手心逐渐翻转向上并慢慢分开回收；同时身体后坐，左脚尖翘起，身体重心移至右腿；眼看前方（图6-1-233、图6-1-234、图6-1-235）。

图6-1-231　　图6-1-232　　图6-1-233　　图6-1-234　　图6-1-235

② 两手在胸前翻掌，向下经腹前再向上、向前推出，腕部与肩平，手心向前；同时左腿成左弓步；眼看前方（图6-1-236、图6-1-237、图6-1-238）。

要点：身体后坐时，避免后仰，臀部不可凸出。两臂随身体回收时，肩、肘部略向外松开，不要直着抽回，两手推出宽度不要超过两肩。

（23）十字手。

① 屈膝后坐，身体重心移向后腿，左脚尖里扣，向右转体；右手随着转体动作向

右平摆划弧,与左手成两臂侧平举,拳心向前,肘部微屈;同时右脚尖随着转体稍向外撇,成右侧弓步;眼看右手(图6-1-239、图6-1-240)。

图6-1-236　　　图6-1-237　　　图6-1-238　　　图6-1-239　　　图6-1-240

② 身体重心慢慢移至左腿,右脚尖里扣,随即向左收回,两脚距离与肩同宽,两腿逐渐蹬直,成开立步;同时两手向下经腹前向上划弧交叉合抱于胸前,两臂撑圆,腕高与肩平,右手在外,成十字手,手心均向后;眼看前方(图6-1-241、图6-1-242)。

要点:两手分开或合抱时,上体不要前俯。站起后,身体自然正直,头要微向上顶,下颌稍向后收。两臂环抱时需圆满舒适,沉肩垂肘。

(24)收势。两手向外翻掌,手心向下,两臂慢慢下落,停于身体两侧;眼看前方(图6-1-243、图6-1-244、图6-1-245)。

要点:两手左右分开下落时,要注意全身放松,同时气也徐徐下沉(呼气略加长)。呼吸平稳后,把左脚收到右脚旁,再走动休息。

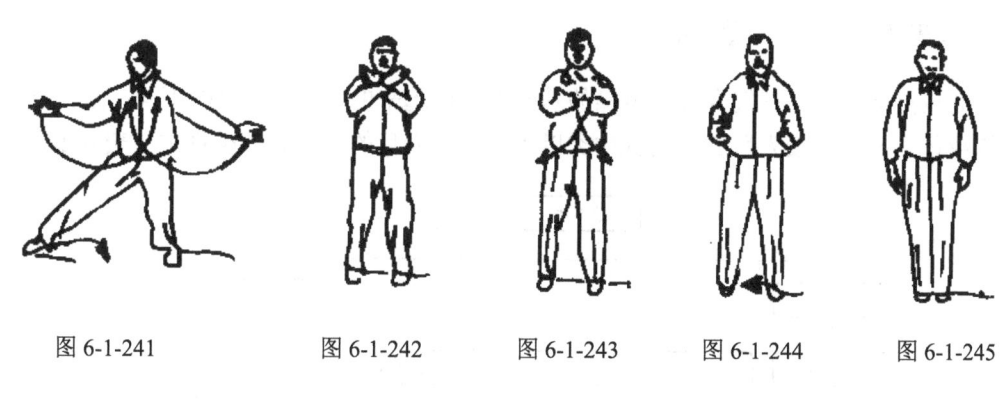

图6-1-241　　　图6-1-242　　　图6-1-243　　　图6-1-244　　　图6-1-245

第二节　健　美　操

一、健美操运动概述

(一)健美操的定义

健美操

它是一项融体育、舞蹈、音乐为一体的以有氧练习为基础,以健、力、美为特征的体育运动项目。

健美操是近几十年发展起来的一项新兴体育运动项目,它源于传统的有氧健身操,是融体操、音乐、舞蹈为一体的大众健身方式，也是竞技运动的一个项目。通过徒手、手持轻器械和在专门器械上的健美操练习，可达到健身、健美和健心的目的，并具有竞技性、娱乐性和观赏性。健美操离不开音乐，是因为在音乐伴奏下做操能启迪和帮助练习者有效地练习，有助于人体各系统机能的锻炼和消除疲劳、开发智力。尤其是健美操的音乐十分讲究，音乐应选择与做操者的年龄和健康状况相宜的速度和节奏，以及与动作风格统一的旋律。

（二）健美操的形成与发展

现代健美操运动起源于 20 世纪 80 年代，其英文原名为"Aerobic"，原为有氧运动。美国健美操的创始人——好莱坞著名影星简·方达根据自己健美经验和体会，编写出版了《简·方达健美术》一书，引起了世界的轰动。该书很快被译为 20 多种文字，在世界 30 多个国家发行，这对健美操在全世界的开展起到了积极的推动作用。

健美操运动于 20 世纪 80 年代初传入我国。为了推动健美操在我国的开展，北京体育大学率先成立了我国健美操研究组。1988 年，我国在北京成立了健美操协会筹委会。1992 年，我国正式使用原国家体委审定的第一部健美操比赛规则。1994 年开始进行一年一度的"全国健美操锦标赛"。1998 年，我国先后制定了《全国健美操指导员专业等级实施办法》、《全国健美操大众锻炼标准实施办法》和《健美操等级运动员规定动作》，推动了我国健美操运动的快速发展。

二、健美操的分类（图 6-2-1）

竞技类健美操是在健身类健美操的基础上发展起来的，但有本质的不同，健身类以锻炼身体、增进健康为目的，而竞技类以"竞赛"为目的，并有严格规定（表 6-2-1）。

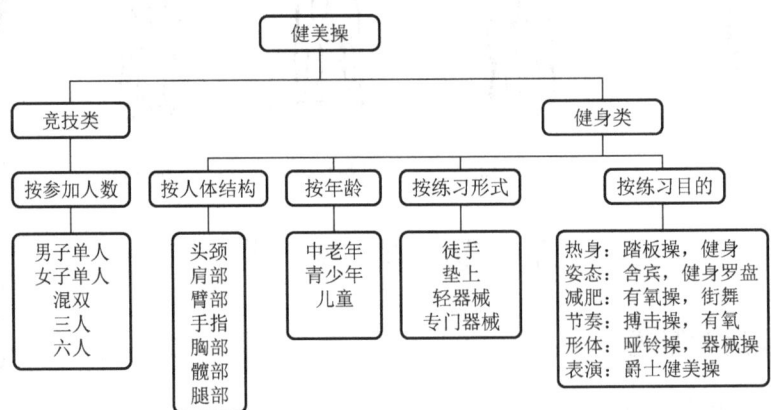

图 6-2-1

表 6-2-1

项目	竞技类健美操	健身类健美操
比赛时间	1分45秒±5秒	2分30秒~3分
音乐	国内外比赛基本上都是制作专门的音乐,有动效音、故事情节等特别制作来反映健美操的主题	一般多用完整的音乐作品剪辑而成
强度	26~30 拍/10 秒	22~26 拍/10 秒
运动状态	有氧与无氧状态下交替进行（多处于无氧状态）	有氧状态下进行
难度	严格按照国际体操联合会规定的难度编排，一套动作中最多包括 12 个 0.3 分（国际比赛）以上难度（四个难度级别）动作	无难度要求
人数	按国际规定动作分：单人（男、女）混双、三人、六人	无限制

三、健美操的基本技术

（一）健美操的上肢动作

1. 手型动作

手型的变化不仅可以使手臂的动作更加丰富多彩、生动活泼，表现出美感，而且有助于加强动作的力量性。健美操中手型有多种，它是从爵士舞、芭蕾舞、西班牙舞、迪斯科、武术等手型中吸收和发展起来的。常用健美操手型有以下几种，其训练规范如下。

（1）掌。

并掌：大拇指指关节弯屈内扣，其余四指并拢伸直。手腕伸直，使手臂成一条直线。腕关节与掌指关节适度紧张（图6-2-2）。

开掌：五指用力分开，并伸直（图6-2-3）。

立掌：手掌用力上屈，五指自然弯屈（图6-2-4）。

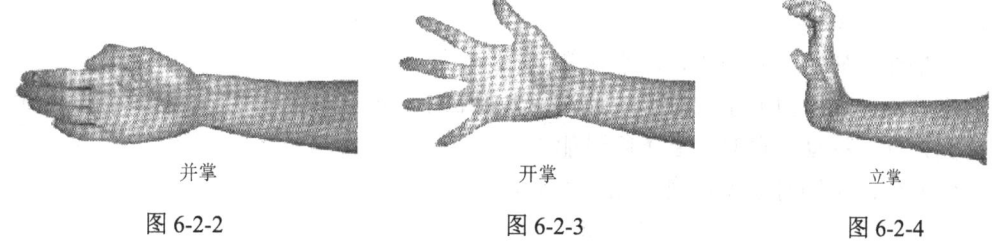

图 6-2-2　　　　　图 6-2-3　　　　　图 6-2-4

（2）拳。

实心拳：四指卷握，大拇指末关节压住食指、中指的第二关节（见图6-2-5）。

空心拳：四指卷屈，大拇指末关节压住食指、中指的末关节，拳呈空心状（图6-2-6）。

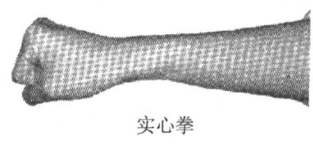 

图 6-2-5　　　　　　　　　　图 6-2-6

（3）其他手型（图6-2-7）。

西班牙舞手型：五指分开，小指内旋，拇指稍内收。

剑指：食指和中指并拢伸直，拇指、无名指、小指内收。

V指：拇指与小指、无名指弯屈，食指与中指伸直并尽量分开。

响指：无名指与小指屈握，拇指与中指、食指摩擦后，中指击打大鱼际处产生响声。

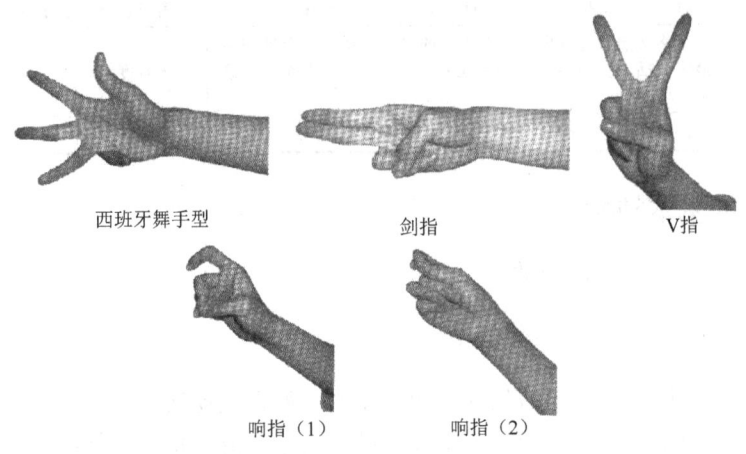

西班牙舞手型　　　　剑指　　　　V指

响指（1）　　　响指（2）

图6-2-7

2. 手臂动作

手臂动作训练是健美操锻炼的重要组成部分，它与健美操的基本步法组合共同构成了丰富多彩的健美操动作内容。健身类健美操关于手臂动作的术语有不同的说法，如有些健身类健美操书中介绍的手臂动作是：自然摆动、臂屈伸、屈臂提拉、冲拳、推等。这里介绍的术语主要以体操术语为基础。

（1）摆动（图6-2-8）。

动作描述：屈肘前后摆动，两手握拳。

技术要点：屈肘角度不宜过小或过大，大约60°。向前摆动手臂时，肘关节不超过躯干前面，向后摆动手臂时，手不超过躯干。

动作变化：可同时摆动，也可依次摆动。

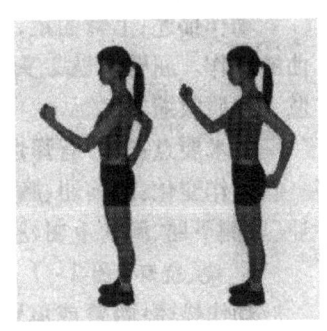

图6-2-8

（2）举（图6-2-9）。

动作描述：以肩关节为轴，臂伸直向某方向抬起。臂的活动范围不超过180°，并停止在某一部位。

技术要点：动作到位、路线清晰、有力度感。

动作变化：前举、上举、前上举、前下举、侧举、下举、侧下举、侧上举。

（3）屈、伸（图6-2-10）。

动作描述：上臂固定，以肘关节为轴，肘关节由弯屈到伸直或由伸直到弯屈的动作。屈臂时肱二头肌收缩，伸臂时肱三头肌收缩。

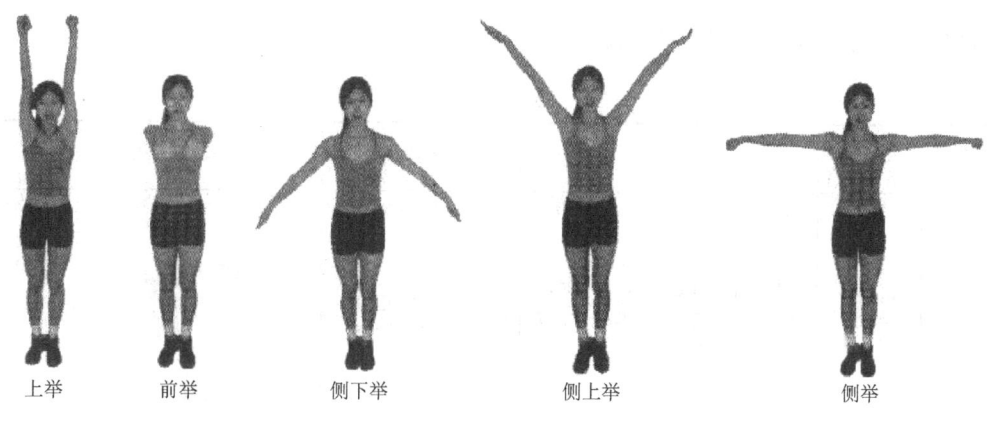

上举　　　前举　　　侧下举　　　侧上举　　　侧举

图 6-2-9

技术要点：关节有弹性地伸缩。

动作变化：胸前屈、胸前平屈、肩侧上屈、肩侧下屈、胸前上屈、腰侧屈、头后屈。

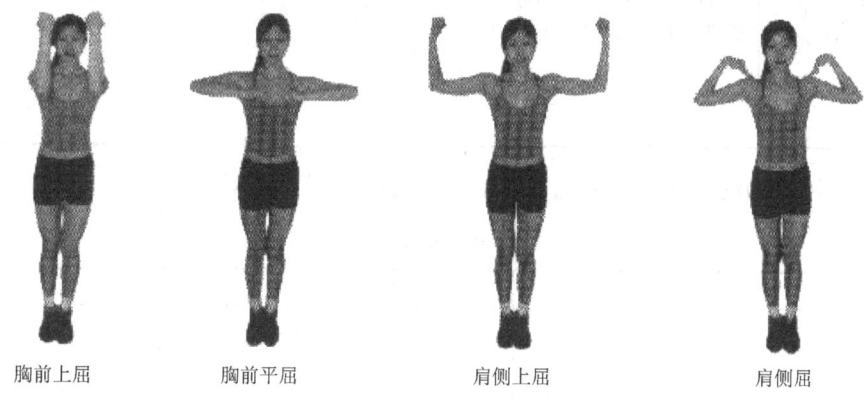

胸前上屈　　　胸前平屈　　　肩侧上屈　　　肩侧屈

图 6-2-10

（4）绕、绕环（图 6-2-11）。

动作描述：两臂或单臂以肩为轴做弧线运动。上臂固定，前臂以肘关节为轴做弧线运动。

技术要点：路线清晰，起始和结束动作位置明确。

动作变化：两臂或单臂向内、外、前、后绕或绕环。

（二）健美操的基本步法

健美操的基本步法是组成动作组合的最小元素，根据完成形式的不同，所有的步法可分为三类：无冲击力动作、低冲击力动作和高冲击力动作。

1　　　2

图 6-2-11

（1）无冲击力动作（表6-2-2）。

表6-2-2

动作名称	一般描述	技术要点	动作变化	动作图解
半蹲 squat	两腿同时屈膝和伸直	屈膝不得超过90°，屈膝时，脚尖方向同膝关节方向一致，膝关节不应超过脚尖	并腿半蹲、迈步半蹲、迈步转体半蹲	
弓步 lunge	一腿屈膝，另一腿伸直	身体重心在两腿之间。两脚在一条直线上。前腿膝关节弯屈不能超过90°，其位置也不能超过脚尖	前后、左右的弓步、移动的弓步、跳的弓步	

（2）低冲击力动作（踏步类见表6-2-3，出腿类见表6-2-4）。

表6-2-3

动作名称	一般描述	技术要点	动作变化	动作图解
踏步 march	两腿依次抬起，依次落地	在下落时，膝、踝关节有弹性地缓冲	踏步转体、踏步分腿与并腿	
走步 walk	迈步移动。向前走时，脚跟先落地，过渡到全脚掌；向后走时相反	在下落时，膝、踝关节有弹性地缓冲	向前、向后、转体的（弧线的）走步	
"迈步" mambo	一脚向前迈出，重心随之前移，另一脚稍抬起，然后落下，重心后移，前脚随之后撤落地，重心移至后脚	身体重心随动作前后灵活移动；动作有弹性	转体的、跳起的"迈步"	

第六章　技能类课程群

续表

动作名称	一般描述	技术要点	动作变化	动作图解
"1"字步 easy walk	向前一步,后脚并前脚,然后向后一步,前脚并后脚	前后均要有并腿过程;两膝始终有弹性地缓冲	向前、后、转体的"1"字步	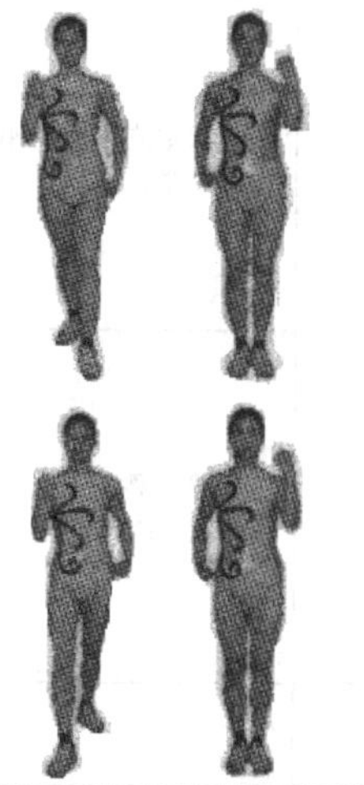
"V"字步 V step	一脚向斜前方迈一步,另一脚向另一斜前方迈一步,两脚开立,然后再依次退回原位	两脚之间的距离略比肩宽,身体重心在两腿之间	向前、向后、转体的跳"V"字步	

表 6-2-4

动作名称	一般描述	技术要点	动作变化	动作图解
侧并步 step touch	一脚迈出移重心,另一脚随之在主力腿内侧并腿点地,同时屈膝	两腿自然屈伸,并有一定的弹性,身体重心随之移动	左右、向前、向后、转体的侧并步	
移重心 step tap	两脚开立,经两膝弯屈,随之身体重心移动至另一侧腿,另一侧腿伸直,脚尖点地	重心移动明显,两膝有弹性地屈伸	左右、前后地移重心	

续表

动作名称	一般描述	技术要点	动作变化	动作图解
后屈腿 leg curl	一脚站立，另一腿后屈，然后还原	主力腿保持有弹性地屈伸，后屈腿的脚后跟向着臀部	原地、迈步、移动、转体的后屈腿	
吸腿 knee lift	一腿屈膝上抬，另一腿微屈缓冲	大腿上提，小腿自然下垂，后背挺直。保持主力腿屈膝缓冲	原地、迈步、移动、转体吸腿	
交叉步 grape-vine	一脚向侧迈出一步，另一脚在其后交叉，随之第一脚再向后侧一步，第二脚并第一脚	脚落地同时屈膝缓冲，身体重心随着脚的迈出而移动	转体的、加小跳的、加后屈的交叉步	
点地 tap touch	一腿伸出，脚尖或脚跟点地，另一腿稍屈膝站立	两腿有弹性地屈伸；点地时，身体重心始终在主力腿	脚尖、脚跟点地；向前、向后、向侧点地	
摆腿 leg lift	一脚站立，另一腿自然抬起，然后还原成并腿	保持主力腿屈膝缓冲；保持上体直立	向前、侧摆腿；摆腿跳	
踢腿 kick	一脚站立，另一腿加速上摆	主力腿轻微屈膝缓冲，脚后跟不要离地；上体尽量保持直立	原地踢腿、移动踢腿、跳起的踢腿、向前踢腿、向侧踢腿	

（3）高冲击力动作（表6-2-5）。

表 6-2-5

动作名称	一般描述	技术要点	动作变化	动作图解
跑 run	两腿依次腾空后，一腿离地缓冲，另一腿后屈或抬膝，两臂前后自然摆动	落地屈膝缓冲，脚后跟要落地	原地跑、向前后跑、弧线跑、转体跑	
双腿跳 jump	双腿有弹性地跳起	落地屈膝缓冲，脚后跟要落地	原地双脚跳、前后双腿跳、左右双腿跳、转体双腿跳	
开合跳 jumping jack	由并腿跳成左右分腿落地，然后再分发跳起并腿落地	分腿时，两脚自然外开，膝关节同脚尖方向一致，落地时，屈膝缓冲	原地开合跳、转体开合跳	
弹踢腿跳 flick	一脚跳起，另一腿经屈膝伸直	无双腿落地的过程；弹踢腿不用很高，但要有控制	原地、移动、转体弹踢腿跳；向前、向后、向侧的弹踢腿	
点跳 pony	一脚小跳一次，垫步一次，另一腿随之并于主力腿，并点跳一次	两脚轻快蹬落地，身体重心随之平稳移动	原地、左右、前后、转体的点跳	

四、健美操的创编

（一）健美操的编排原则

（1）针对性原则。根据不同年龄、性别、能力、爱好以及自身的身体情况。

（2）全面性原则。要注意对人体的全面锻炼，使关节、肌肉、韧带、内脏器官机能得到发展和改善，包括头颈、上肢、下肢、躯干各部位的动作。

（3）合理安排动作顺序原则。第一部分为准备动作，一般从远离心脏的部位开始；第二部分为基本动作，从头颈或上肢动作开始，再进行肩、胸、腰、髋和下肢及多关节、多部位的全身运动与跳跃运动；第三部分为结束动作。

（4）合理安排运动负荷原则。须遵循人体的生理规律，即运动负荷由小到大，心率变化由低到高，逐渐再恢复到平静状态，动作编排也是由易到难，速度由慢到快，强度由弱到强，达到和保持一定的运动负荷后，再逐渐减少，调整放松。

（5）动作与音乐的统一性、艺术性原则。音乐是健美操的灵魂，特点和风格与音乐要协调配合，才能达到艺术的完整性。

（二）健美操的编排步骤

1. 创编前的准备

创编前的准备包括：明确创编的目的、任务和要求，了解练习者的情况，包括性别、年龄、职业、文化水平、身体状况、运动基础等；了解场地、锻炼时间、器材设备等条件；学习有关健美操创编的文字和音像资料。

2. 制定总体方案

（1）确定操的类别、时间、风格、速度。首先要确定操的类别：是大众健美操还是竞技健美操？因为不同类别的健美操必须依据不同的规则进行编排。然后根据操的类别，确定整套操的时间及长度。大众健美操的时间可在 2 分 30 秒～3 分钟，而竞技健美操的时间必须控制在 1 分 45 秒±5 秒。最后确定整套操的风格。一套操的风格由动作和音乐决定，如果要表现爵士风格，可选择一些现代舞的动作，并配上节奏强劲的爵士音乐。选择好音乐后，根据需要确定整套操的速度，以 N 拍/10 秒计。

（2）设计操的总体结构顺序、分段的主要动作类型及高潮安排。包括整套操主要分成几个部分，以及每一部分的主要动作类型。如开始部分可设计造型动作或安排一些配合和托举，第二部分可设计一些操化动作和过渡动作，第三部分可设计一些舞蹈动作加以操化，第四部分可设计操化和过渡动作，最后一部分可运用造型及配合动作使整套操达到高潮。

（3）根据总体结构，选配剪辑音乐。通过剪接和制作，使整套操适合总体设计方案要求。

(4)设计大致的动作路线、队形及其变化。比如整套操要求有五种动作路线,包括向前、向后、向侧、斜线、弧线,那么在设计动作路线时,一方面应考虑动作与路线的合理性;另一方面,应考虑整套操的路线需求,特别是弧线。同时,对队形的变化也要有要求:混双至少3次,3人至少5次,6人至少6次,队形变化要求流畅。在设计动作路线和队形变化的同时,应考虑路线、队形与动作的适宜性。

3. 编排与记录

熟悉和理解音乐后,根据健美操创编的原则,按照总体结构逐段设计动作,使所编动作与音乐和谐统一;创编每一段之间及动作前后的连续动作,并根据音乐填补动作,表达音乐;创编时用速记或速写的方法记录。

4. 练习与调整

按设计好的动作进行练习,检查整套操强度的适宜性、结构顺序的合理性及动作设计的艺术性;检查过渡动作是否合理、队形变化是否流畅。根据检查结果及练习者的反馈情况,对操进行反复调整与修改,最后再定型。

5. 撰写文字说明与绘图

此步骤是为长期保留、教学、研究、交流、出版而进行的。文字说明应简明扼要,术语正确;绘图应形象逼真,方向清晰。

五、健美操的易犯错误

(1)健美操的基本技术掌握的不准确、不扎实,动作不到位,有些学生仅仅满足一些单纯的模仿。

(2)要注意提高学生们身体的柔韧性和协调性练习,必须每节课进行练习。

(3)要注意形体练习,这是做好健美操的基础。把体育舞蹈中的很多实用的形体练习引进健美操课堂,纠正学生们的不正确的姿态,提升她们的气质。

(4)要提高学生们对音乐的感受力和表现力,要强调其实是身体对音乐的感受和表现。要求大家在做健美操时面部表情和身体的表现力与音乐、动作完全相符,让身体每一个细胞都动起来,让每一个观赏者都能被你感染,都想和你一起动起来。

(5)要求学生们会欣赏、学习、创作健美操,不要仅仅停留在单纯的模仿上。

第三节 轮 滑

轮滑

一、滑行的基本蹲屈姿势

轮滑运动采用髋、膝、踝三关节弯屈特殊的半蹲屈滑跑姿势,在各种滑行环境中,保持一个放松而稳定的滑跑姿势是非常重要的,这样的滑跑姿势能有效减少空气的阻力而进行加速滑行，正确的滑跑姿势在滑行中带给滑行者以稳定性，是滑行中技术、战术发挥的根本保障，也是做好各种滑行的基础。

动作要领：由站立开始，双膝膝关节自然前屈，臀部后坐，膝关节角度大于 90°，重心在两脚中间，目视前方，上体放松，两肩与地面平行，背部流线型，双臂放松背在身后臀部上方，目视前方 5~8 米处。它分为高蹲姿、中等蹲姿、低蹲姿三种，以中等蹲姿为例加以说明。中等蹲姿：上体前倾，肩高于臀部，上体与水平面成 30°~40°，大腿与躯干成 50°~60°，膝关节弯屈成 110°~120°，踝关节前屈成 50°~70°，含胸收腹，两手上下重叠背于体后，放于臀部上方，头部抬起目视前方 8~10 米处。滑行的基本蹲姿正面图如图 6-3-1 所示，侧面图如图 6-3-2 所示。

图 6-3-1　　　　　　　　　　　　　图 6-3-2

二、直线滑行的侧蹬练习

动作要领：在轮滑的基本蹲屈的基础上，重心由两脚中间移至右腿上，在胸部的下方，左腿向侧平行伸出蹬直，两脚脚尖在一条线上，左脚脚内侧接触地面，蹬直后稍停留，大腿带动小腿收回原位，换方向练习，图 6-3-3 为直线滑行侧蹬准备动作，图 6-3-4 为直线滑行侧蹬正面动作，图 6-3-5 为直线滑行原地侧蹬侧面动作（头领先于膝关节、膝关节领先于脚尖）。

图 6-3-3　　　　　　图 6-3-4　　　　　　图 6-3-5

三、直线滑行重心移动与摆臂练习

左脚侧蹬动作开始，这时左臂屈肘置于胸部正下方，右臂斜后方摆直（高度依次为手、肘、肩膀），左手拳眼向下，重心在支撑的右腿上（图 6-3-6 所示为重心移动开始动作，图 6-3-7 和图 6-3-8 所示为重心移动过渡动作，图 6-3-9 所示为重心移动结束动作）；重心向两腿之间移动同时手臂摆动，躯干部分保持这个基本高度横向移动，前摆不要摆过对侧肩膀，后摆不要超过头，右臂屈臂于体前，左臂斜后方摆直置体后，重心在支撑的左腿上。换方向交替进行练习。

图 6-3-6

图 6-3-7

图 6-3-8

图 6-3-9

四、穿轮滑鞋原地平衡练习

在陆地模仿的各项专项的练习的基础上，穿好轮滑鞋，首先通过原地平衡练习使初学者熟悉轮滑鞋的性能，以及场地的性能。控制轮滑鞋的轮子，保持平衡，为基本滑行做好基础准备，为流畅的滑行做好基础准备。原地的练习方法很多，选取多种有效的方法，熟练掌握平衡练习，克服初学者恐惧是相当重要的，对于初学者来讲是入门的关键。

（一）基本姿势

滑行时运动者身体成半蹲的姿势，在滑行时保持一个稳定的滑行姿势是非常必要的，合理的滑行姿势给滑行带来的是更大的稳定性，抬头和目视前方，对于前方的情况有清晰的视觉，有一个预先的判断，可以避免摔倒。

（二）借助扶杆练习

1. 把杆"V"型站立

把杆"V"型站立平衡练习（提高重心控制力），如图 6-3-10 所示。

动作要领：身体稍屈前倾，两腿收紧，两脚脚跟靠拢成"V"字站立（图 6-3-10），两脚脚尖外展 40°～50°，重心在两脚之间。

易犯的错误与纠正：身体重心向后，易向后摔倒。强调脚跟靠拢相抵，重心在两脚中间可改善重心不稳的问题。

练习方法：在同伴的帮助下完成；面向把杆双手扶杆练习。

2. 扶杆"T"字站立

动作要领：在把杆的辅助下完成，两脚收紧，前脚脚跟与后脚的足弓处成T字，身体微屈，重心在两脚的支撑面内（图6-3-11）。

图6-3-10　　　　　　　　　　图6-3-11

3. 扶杆平行站立

动作要领：面向把杆，两手扶杆，两脚平行分开，间距略窄于肩，上体自然放松，膝关节稍屈，脚尖稍内扣，重心落于两脚之间，以利于保持平衡（图6-3-12）。

4. 扶杆蹲起

动作要领：面向扶杆，两手间距与肩同宽，两脚稍开立，控制好身体的重心，垂直下降重心，身体前倾，臀部后坐，控制身体的重心在两腿的控制面内（图6-3-13）。

图6-3-12　　　　　　　　　　图6-3-13

5. 扶杆内压

动作要领：利用把杆进行练习，两脚平行开立，与肩同宽，进行屈膝压踝，以双脚的轮子的内刃着地，保持踝与膝关节的一定紧张度，还原直立，鞋子与地面平行，反复进行压内刃和还原直立的练习。

6. 扶杆外压

动作要领：两脚平行开立，间距窄于肩，进行向外扩膝压踝的练习，鞋轮外侧着地，保持踝与膝关节的一定紧张度，还原直立，鞋与地面平行，反复进行外压与还原直立的练习。

（三）借助把杆移动中练习

1. 扶杆踏步

两腿微屈，两轮分开同肩宽，做原地踏步（图 6-3-14）。

2. 借助把杆横向移动练习

动作要领：①面向把杆，双手扶杆与肩同宽，鞋底始终与地面平行，轮子和地面垂直；②膝关节稍屈，右脚抬起向右侧移动一小步，平抬平落，右手扶杆向右移手，左脚抬脚平抬平落于右脚旁侧。③稳定后，左脚抬起向左移动一小步，平抬平落，左手扶杆向左移手，右脚抬脚平抬平落靠拢左脚全轮着地。④熟练后，移动距离加大，体会重心横向移动（图 6-3-15）。

3. 站立蹲屈练习

站立姿势和自由滑行的姿势要保持两轮滑鞋左右分开，宽度与两肩的宽度基本相同，对于初学者来说，重心的位置保持在两脚之间，避免身体向前向后摔倒。

动作要领：两臂前平举或侧平举，两脚平行稍开立，立正轮滑鞋轮，稍蹲屈，髋、膝、踝三关节屈伸要协调，反复练习。

4. 借助把杆横向交叉步练习

面向把杆，双手把杆与肩同宽，开始时重心向左倾倒，左脚随重心向左侧前方侧出一小步，左脚尖领先于右脚尖半脚距离，左脚承接重心，右大腿带动小腿膝关节领先从左脚前移并落于左侧前方同时承接重心，左、右手在杆上右移，重心继续左移右脚蹬直，左脚收回。在此基础上重心继续左移连续进行交叉步练习（图 6-3-16）。

图 6-3-14　　　　　图 6-3-15　　　　　图 6-3-16

5. 借助把杆站立前后推轮练习

动作要领：两脚开立略小于肩宽，在原地做双脚前后推动，体会双脚轮子在地面滚动以及轮子产生滑动的位置变化，初步感受滑动的感觉。

易犯错误与纠正：推送太快，失去重心。

纠正方法：控制推送速度，由慢到快，逐渐加快速度，在自己可以掌控的速度下完成。

6．V 字行走

一脚向前迈进，另一脚向侧后方蹬出，推动身体重心前移到前脚后，收回后脚，再向前迈步练习。

7．基本姿势

在草地或者不易滑行的地面上，两脚略分开开立，膝关节稍屈，身体微前倾，眼看前方保持这个姿势 30～60 秒，体会屈蹲姿势重心的位置与站立时重心的变化。

五、初步滑行练习

（一）在牵引或推动下双脚向前滑行

为了体会轮滑鞋在地面的滑行感觉，采用在同伴的帮助下进行双脚向前滑行练习。基本姿势蹲好，高蹲姿稳定好，控制好重心，全身放松，双脚平行站立，双手前平举，重心控制在两脚之间，屈蹲角稍大（图 6-3-17）。

图 6-3-17

（二）在推动或牵引下单脚的滑行练习

动作要领：在双脚向前滑行的基础上，重心转移到左腿支撑重心，右脚膝关节相靠支撑腿向后引腿，滑行一定距离，再收腿，双脚平行滑，重心移动换方向练习。

采用在同伴的帮助下完成单脚的滑行，辅助施力时要柔和缓慢，语言交流，调节施力大与小，在滑行者可以接受的速度下完成。

（三）在牵引下双脚向后滑行

由基本准备姿势开始，在控制好重心和稳定的状态下进行，调整重心位置，高蹲姿两脚平行站立，重心位置控制并固定好，身体放松，由辅助者双手扶练习者的肩部施加柔和的力量推送，使练习者在被动向后的滑行中体会滑行和重心的调整方法，帮助与保护练习者完成滑行（图 6-3-18）。

（四）在推动下单脚向后滑行

由基本准备姿势开始，在控制好重心和稳定的状态下进行，调整重心位置，高蹲姿两脚平行站立，重心位置控制并固定好，身体放松，逐渐将重心移至左脚，右脚稍抬起置于左脚旁,右膝稍靠于左腿,由辅助者进行被动的左脚向后单脚滑行。右脚收回成双脚平行被牵引的向后滑行,转移重心成右脚支撑,左脚稍抬起置于右脚旁,左膝稍靠于右腿由辅助者进行被动的左脚向后单脚滑行。辅助者在进行帮助时要用力柔和,同时帮助练习者完成滑行(图 6-3-19)。

图 6-3-18

图 6-3-19

(五)走步双脚滑行练习

动作要领:双脚"V"字站立,身体成高蹲势,腿稍蹲屈,左脚用内刃蹬地,重心随轮子的推送移动至右腿上,左脚回收至右脚旁侧平行,双脚双平刃滑行。反方向练习,右脚蹬地,重心随轮子的推送移动至左腿上,右脚回收并拢左腿,控制双脚双平刃平行滑行,反复练习,熟练后加大蹬地的力量、延长滑行的距离。

(六)单脚蹬地获得一定的初速度进行(静态分解)双脚滑行练习

动作要领:双脚分开与肩同宽,膝关节在地面的投影超过脚尖,膝关节的夹角在100°。身体由直立逐渐过渡到前倾 45°~60°,后背成流线型,双手上下相叠,自然背于臀部上方,抬头目视前方,左脚开始向左侧蹬地,将身体重心推送至向前滑行的右腿上,左脚蹬地后快速回收靠拢右脚,两脚平行滑行,双脚共同承担体重,重心均匀的分担在两脚上,控制双脚平刃(轮滑鞋鞋底与地面平行,让轮子与地面垂直)滑行。

易犯错误:侧蹬时髋关节不能充分伸展(图 6-3-20)。

图 6-3-20

(七)交替蹬地交替滑行练习

动作要领:两膝微屈,两脚成 V 字形站立,重心控制在左脚上,并用内刃(轮子的内侧）蹬地推送重心至向前滑行的右腿上，重心转移成右脚支撑滑行，向前收左腿，这时右脚用内刃蹬地推送重心至向前滑行的左腿上，重心转移成左脚支撑滑行（图6-3-21）。

图 6-3-21

练习方法：①穿轮滑鞋慢速滑行练习。②逐渐提高滑行速度，反复进行练习。③中等速度滑行反复练习，随着练习的熟练，加大蹬地的力度并逐渐延长滑行的距离。

（八）双脚平行转弯

一般初学都采用这个方法，这种转弯方法比较容易掌握。在滑行时如果向左转弯，重心移到左腿上，身体向前倾，膝关节弯屈，左右两脚平行，采用左脚稍前，右脚稍后的位置，左脚的轮子的外侧轮，和右脚的轮子的内侧轮一起向弯道的方向蹬，双脚滑出两条弧线，弯道的平行转弯完成。

（九）走步转弯练习

动作要领：在八字行走的基础上，在直线滑行的基础上，身体重心向左稍偏移，左右两脚脚尖交替落地稍向左转，逐渐成弧线路线，身体随着向左转弯。如果向右转弯，方法同上，方向向右。

（十）惯性转弯

动作要领：借助直线滑行获得初速度，向左转弯时，到弯道入口处重心移到左腿上，右腿收于左脚旁侧稍前，双脚并行滑，身体向左倾斜，两脚平行的向左滑出两条弧线。

易犯错误：克服不了恐惧心理，身体不能向弯道内侧倾斜。

纠正方法：加强陆地模仿练习，在辅助下完成练习。多体会倾斜角度以及这个角度弯道滑行完整的动作技术。

（十一）向前交叉压步转弯滑行

动作要领：在进行向前交叉压步转弯时，首先使练习者在圆弧上进行双脚平行滑，稳定重心，左脚支撑上体前倾，腿部弯屈，右脚向右侧蹬地时重心向左腿上移并成左腿支撑滑行。右脚蹬地结束时重心继续向左前方移，并超出左脚支点。右脚随之用膝领先收回。越过左脚在左前方落地并承接重心滑行。左腿在右腿后向右蹬地，然后收回落在已移到右脚左侧的重心下，来支撑滑行，右脚再开始向侧蹬地做下一次压步。单排轮鞋的弯道压步，左脚尽量用外侧支撑，同时外侧来蹬地。

六、停止步法练习

1. "T"字停止法

单足向前滑行,浮足在滑足的后跟处成"丁"形,然后将浮足放在冰面上,保持"T"形,当轮接触冰面时,要柔和地下压,慢慢停止。

2. 转弯停止法

利用已经学过的惯性转弯技术,来消耗惯性滑行的速度,通过逐渐减速的方式来使滑行者停止的方法,这项技术比较容易掌握且稳定性好,适合于不同场地和各种性能的轮滑鞋。

易犯错误:速度与弧线控制不好,出现身体重心不稳甚至摔倒。

纠正方法:弧线由大慢慢减小以至于停止,控制左脚外刃、右脚内刃的滑行方式转弯减速。

3. "A"形停止法

在较低的速度前滑时,两脚脚尖并拢成 A 形,两鞋的前部碰撞在一起,停止滑行。身体要向后倾斜来保持平衡,才能防止向前失重心摔倒。在高速的情况下,动作要更夸张。

4. 双脚急停技术

在向前滑行时,脚同时向左(右)脚以外刃与滑行方向成 90°压紧地面,同时身体向左(右)急转两膝弯屈,两臂前伸,重心移至左(右)脚上,使身体停止。

七、摔倒保护方法练习

在滑行的过程中,摔倒是不可避免,通过有效的护具保护并掌握正确的使用方法来实现保护自己的目的,学习摔倒的方法是非常必要和重要的一个环节。

(1)向前摔倒。向前滑行时,由于身体重心向前,身体失去平衡向前摔倒,身体前倾,两膝弯屈触地,两手掌跟放松平铺地上(图 6-3-22)。

图 6-3-22

（2）向左右摔倒。在滑行时，由于重心出现偏向左或向右，失去平衡的现象出现摔倒。向左摔倒时，重心移向左侧，右腿趁势放松倒在地面上，使手腕放松，掌心向下护掌着地，左腿向左侧倒地，臀部落地（图6-3-23）。

图 6-3-23

（3）向后摔倒。在向前滑行时，出现重心偏后，或者蹲姿稍高重心落于后轮上，失去平衡后向后摔倒。向后摔倒时，重心向下屈腿下蹲，尽量向前落重心，掌心向下指尖向后，腕部放松，用护掌接触地面，同时臀部落地，两脚抬起（图6-3-24）。

图 6-3-24

八、速度轮滑技术学练方法

速度轮滑是一个动态的、不间断的运动模式，用一张图片和语言难以表述清楚，轮滑运动富于变化和相对比较复杂，最有效的方式就是按照运动顺序分为五个阶段：基本姿势、蹬动、滑行、收腿、移动重心，这五个阶段不是单独存在的，每一个阶段缺一不可，并按一定顺序连续发生。在速度轮滑项目中，滑行技术是取得成功的基础，没有过硬的专项技术再强的力量素质和体能能力都被消耗到高频率的运动中。提高滑行速度最有效的方法是加快蹬地频率、加大蹬地的力量来达到滑行距离最远。速度轮滑的滑跑技术包括直道滑行技术、弯道滑行技术、起跑技术和冲刺技术、自由式轮滑技术等。

（一）直道滑行技术练习

1. 速度轮滑的直道滑行动作周期的构成

速度轮滑的直道滑行是非常典型的周期性动作（表6-3-1），一个周期由左右两个单步组成，而每个单步又由单脚支撑和双脚支撑滑进构成。一个周期分为6个阶段，共包括12个技术动作。

表 6-3-1　直道滑跑一个动作的周期构成

6 个阶段		12 个动作			
左	右	左	右	左	右
惯性滑进	惯性滑进	惯性滑进	收腿	收腿	惯性滑进
单腿支撑蹬地	单腿支撑蹬地	单腿支撑蹬地	摆腿	摆腿	单腿支撑蹬地
双腿支撑蹬地	双腿支撑蹬地	双腿支撑蹬地	着地	着地	双腿支撑蹬地

2. 直道滑跑的姿势

速度轮滑作为一项竞速类项目，规范的滑行姿势是运动员技术良性发展的需要。它对于关节的角度有非常严格的要求，在多数情况下运动员要保持这个角度进行滑行，运动的技术与基本姿势是运动成绩大幅度提高的关键。

头的位置在弯道滑行中非常重要，躯干和肩的位置很大程度上受头控制，稍抬起，肩高于臀部，背部成流线型，两手互握于背后，身体重心稍前倾，目视前方 10 米左右的距离。

（1）高蹲姿。身体在舒适的状态下，没有恐惧和不稳定的感觉，膝关节有稍稍的外展是可以的，可以体会外沿支撑和身体控制在能力范围内，能自如的运用轮子的内、外沿进行滑行，控制滑行的稳定性。

（2）中等蹲姿。身体重心的垂线必须通过脚中央，屈膝下蹲，上体慢慢下降，适宜的团身，上体与水平面成 30°～40°，肩稍高于水平面，大腿与躯干成 50°～60°，膝关节弯屈成 110°～120°，踝关节前屈成 50°～70°，含胸收腹，通常左手握住右手放于臀部上方，这样的方式便于在单摆臂时右手很方便地进行摆动，头部抬起目视前方 8～10 米处，保持躯干和头部的正直是滑行安全的需要。

（3）低蹲姿。上体与水平面成 15°～20°，大腿与躯干成 30°，膝关节弯屈成 100°，膝关节前屈成 50°～70°，含胸收腹，两手上下重叠背于体后，放于臀部上方。头部抬起目视前方 5～10 米处（图 6-3-25）。

图 6-3-25

3. 直线滑跑技术分解

直线滑跑技术主要包括蹬腿、收腿、摆腿、着地、滑进动作，摆臂技术以及全身的协调配合等几个部分（6-3-26）。

（1）蹬腿技术。腿部的蹬地是滑行的动力，是速度轮滑的核心技术，腿部充分蹬伸为人体位移的侧前、侧后方向，由开始蹬腿、最大用力、蹬腿结束三个阶段组成。

图 6-3-26

（2）直道滑跑的下轮动作。当浮腿的收腿动作完成，膝关节靠近支撑腿，领先收腿，大腿放松，小腿与脚尖放松抬离地面，用轮子的外沿完成下轮的动作，并继续向前滑行（图 6-3-27）。

（3）直道滑行的收腿动作。支撑腿蹬腿完成蹬地动作后，蹬直腿部所有的关节，此时收腿开始。借助蹬地结束时肌肉还处于紧绷的余力，腿向侧方抬起，大腿与地面垂直，膝盖向内转动小腿，脚尖自然下垂，小腿与地面平行，从侧位收向后位。放松蹬地用力的肌肉群离开地面成浮腿，加速身体的倾倒和重心的移动，收腿的路线在地面形成的轨迹是弧线。前摆腿于支撑腿旁侧靠拢支撑腿结束收腿动作（图 6-3-28）。

图 6-3-27　　　　　　　　　　　　图 6-3-28

（4）直道滑跑的单支撑蹬地并惯性滑行。做好较低的蹲姿，一脚向侧后方蹬地，重心保持在支撑腿上，蹬地腿蹬直后放松收回，靠近支撑脚出落地，稍进行双脚滑行后在向侧后方蹬出，开始侧向移动重心到浮腿的轮子着地，借助蹬地腿的惯性单腿惯性滑行。滑行中关节处控制最大的弯屈，脚尖自然下垂，小腿与地面平行，大腿与地面垂直，浮腿收靠于支撑腿旁侧（图 6-3-29）。

（5）直道滑跑的双支撑蹬地并滑行。浮腿着地后，继续伸展髋、膝、踝三关节，两腿同时在地面滑行。控制重心逐渐过渡到浮腿上，使浮腿成为支撑腿控制重心（图 6-3-30）。

图 6-3-29

图 6-3-30

（6）摆臂技术动作。摆臂是与支撑腿蹬地动作配合的动作，它能有效提高蹬地力量和加快重心移动。摆臂分为单摆臂和双摆臂，单摆臂多数用于中、长距离跑和弯道滑行中，双摆臂用于中长距离冲刺的终点冲刺和短距离滑跑，实际上运动员根据个人特点合理的改变摆臂方式是可以的。臂的摆动是沿着身体纵向前后加速摆动，臂摆动在大臂垂直面时，屈小臂向里摆与肩同高后摆臂侧后方伸直，摆臂的过程肩部放松。

（7）全身的协调配合。

4. 直道滑行的练习

在不需要借助外力的情况下，练习者能自由向前滑行 10 米左右，在此基础上进行下面的练习：

（1）基本姿势的惯性滑行（图 6-3-31）。

图 6-3-31

（2）侧蹬动作的滑行。快蹬 4~5 步借惯性成基本姿势时，作两腿轮流蹬地练习，注意保持平衡。

（3）单支撑平衡滑行。快蹬 4~5 步借惯性滑进，成基本姿势，一腿支撑滑进，另一腿成自然后引单支撑滑进练习，通过高、低姿慢、中、快速体会单直撑蹬地滑进练习（图 6-3-32）。

（4）蹬腿动作。双轮不离地尽量向前，向侧移动重心蹬地练习。

（5）收腿动作。①高姿慢、中、快速做收腿练习。②低姿快速滑时做收腿练习。

（6）摆腿练习。高、低姿慢、中、快速做摆腿练习。

（7）摆臂技术的练习。

图 6-3-32

练习方法：①左腿蹬地，左臂向右前上方摆，右臂向右后方向摆。②右腿蹬地时，右臂向左前上方摆，左臂向左后上方摆。③以肩为轴协调配合支撑腿用力蹬地动作。

滑行中的双臂摆动练习：①原地箭步站立摆臂练习。②原地交叉站立摆臂练习。③滑进中慢、中、快速摆臂练习。

（8）动作配合练习：①慢、快速左（右）腿惯性滑进与左（右）腿收腿动作练习。②快、慢速左右腿单支撑蹬地滑进与左右腿摆腿动作练习。③慢、快速的左右腿支撑蹬地滑进与右左腿下蹬动作练习。④慢、快速滑进的臂与腿配合练习。

（二）速度轮滑弯道滑行技术练习

1. 弯道滑跑的动作构成

弯道滑跑的一个动作周期与直道滑跑技术有所不同，运动员要控制很大的倾斜角度，两脚交替向外侧蹬地进行交叉步的高速滑跑运动。弯道完整的一个动作是由4个阶段、8个动作构成的，也是由左右两个单步组成的，弯道每一个单步由单脚支撑阶段和双脚支撑阶段，单脚支撑蹬地与浮腿摆腿组成单脚支撑阶段，由双脚支撑蹬地与浮腿的着地组成双脚支撑阶段，但弯道的动作构成又和直道不同，在快速弯道滑行时没有惯性滑进阶段，两腿处于连续不断的蹬地过程（表6-3-2）。

表6-3-2

4个阶段		左单支撑蹬地阶段	左双支撑蹬地阶段	右单支撑蹬地阶段	右双支撑蹬地阶段
8个动作	左	单支撑蹬地	双支撑蹬地	摆腿	着地
	右	摆腿	着地	单支撑蹬地	双支撑蹬地

弯道滑行的身体姿势：速度轮滑的弯道滑行属于圆周运动，有效的弯道交叉步技术可以使运动员出弯道的速度大于入弯道的速度，在进行滑跑时要按照圆周运动的规律。

当运动员以较高的速度滑行进入弯道，由于惯性离心力的作用，运动员要采用与之相对应的身体姿势来有效的克服离心力的作用，采用低蹲姿，头保持正直，目视前方10米左右，肩保持稳定稍高于臀部，躯干向前倾斜60°或更大，臀部高度受膝关节的影响，控制下肢的核心力量，并且两腿采用以交叉步的形式来完成两脚交替，向圆周的外侧蹬地（图6-3-33）。

图6-3-33

2. 速度轮滑弯道技术的右腿的交叉蹬动、收腿、着地技术

（1）交叉蹬动。右腿侧蹬有明显的加速，从轮子的中部开始用力蹬，移到轮子的后

部。用力顺序：从右腿承接重心，到膝、髋关节的最大程度的伸展。

（2）收腿。避免两轮的相碰贴近左脚前轮，右腿屈髋、屈膝提收掠过左腿。

（3）着地。身体保持向左的倾斜角度，右腿着地方向与弯道的切线方向一致，自然流畅，保持轮子的内刃着地（图6-3-34）。

图 6-3-34

3．速度轮滑弯道技术的左腿的交叉蹬动、收腿、着地技术

（1）蹬动。左脚外沿着地的位置在身体重心垂线的右侧，着地后向右侧加速蹬，臀部向左倾斜，髋关节始终向左顶靠。

（2）收腿。左腿完全的蹬伸同时右腿开始着地，左腿蹬伸结束后开始收腿，左腿膝关节领先弯屈，大腿带动小腿在身体下方贴近地面收回，右腿蹬动开始。

（3）着地。左腿着地远离右腿，轮子沿切线的方向，紧贴弯道弧线用轮子的外刃着地。

4．速度轮滑弯道技术的弯道的摆臂技术

弯道的摆臂技术和直道的摆臂是不同的，在长距离比赛中弯道滑行中运动员只摆右臂，尽量减少能量的消耗；300、500、1000米运动员一般摆双臂，通常运动员在第一个和最后一个弯道双臂摆。

（1）右臂前摆时肘关节稍弯屈，手不超过身体的中线，与下颚在一线，前摆方向时与弯道弧线一致，与滑行较好的结合后，产生的蹬地效果高。右臂前摆至最高点向后摆动，左腿向右蹬地，右臂要积极摆动配合左腿，向后摆动手臂要靠近身体侧面，向后摆至最高点，手不要高于臀部。

（2）左臂的摆动来保持平衡，也协助下肢加快滑行频率。左臂摆动动作较小，在肘关节处，靠近身体保持肩和臀部的稳定。前摆不超过身体的中线与下颚在一平面上，向后最大幅度不超过臀部。

5．速度轮滑弯道技术的练习

（1）进小弯道练习。成纵队分组，每队前后两臂间距进行练习；强调入弯道的左脚稍远离弯道弧线，为转移重心倾倒留有空间，右脚承接重心蹬滑结束后，重心迅速左倾，为重心左平移和弯道交叉步做好准备。

（2）出小弯道练习。成纵队分组，每队前后两臂间距进行练习；出弯道时强调最后一步从重心左侧倾斜平移至右脚为支撑腿的直线滑行技术。

（3）进出小弯道练习。成纵队分组，每队前后两臂间距进行弯道交叉步练习，注意重心移动，两腿处于连续不断的蹬地动作，两脚连接流畅以及肩部位置要调整，保持肩、膝、踝关节的一个面。

（4）进大弯道练习。成纵队分组，每队前后两臂间距进行练习。

（5）出大弯道练习。成纵队分组，每队前后两臂间距进行练习。

（6）进出大弯道练习。成纵队分组，每队前后两臂间距进行练习。

（7）利用大小不同圆周进行完整弯道技术练习。成纵队分组，根据学生的体会不同分组，分不同圆周练习，每组在圆上练习人员要控制在 2~3 人，密度不可过大，以免影响练习效果。

（三）起跑技术练习

起跑技术是速度轮滑全程跑的组成部分，是使身体在短时间内获得最高速度和充分发挥技术的关键，尤其在短距离跑比赛项目中尤为重要。起跑技术包括：预备姿势、起动、起跑后的疾跑、衔接四个部分。速度轮滑的起跑主要区别在起跑的姿势上，常用的有四种预备姿势：正面八字式、正面点地式、侧向平行、侧向丁字形，这几种起跑姿势都需要运动员能保持稳定的起跑姿势，才能最有效的发挥身体的爆发力量。

1. 速度轮滑正面八字式起跑（一般被反应灵敏的运动员采用）

（1）准备姿势。两脚成外八字开立，脚尖外展，脚间距略宽于肩，两膝微屈，两眼向前平视前方 6~8 米。

（2）动作要领。运动员在预备起跑线站好，静待发令员口令。在发令员发出各就位口令后，按准备姿势站好，将身体的重心移到有力的一只脚上。听到跑的信号发出后，承接重心的脚用力蹬地，另一只脚快速向前方迈出，重心脚随另一只脚迈出而快速离地。双脚成外八字脚，跑动 8~10 步逐渐过渡到滑跑，两臂随双脚的不断变换重心，进行侧前侧后的方向摆动，稍大用力，协调配合脚步进行摆动。

2. 速度轮滑侧向平行起跑（以左脚为重心脚为例说明）

由于轮滑鞋的改进，后脚跟的轮子与鞋可分离，多数运动员采用更稳定的侧向平行起跑的方式。利用较强的蹬摆动作克服静止状态而产生前进的力量，此种起跑一般被腿部力量较强的运动员采用。

（1）准备姿势。前脚轮子平放于地面，置于起跑线内沿后，与起跑线成 45°左右，后脚与前脚平行，间距略宽于肩，身体直立，两臂自然放松放于体侧。上体稍前倾，膝关节向前。动作要领：听到"各就位"口令后，听到发令员的预备口令后，降重心屈膝，身体前倾与水平面成 45°角，重心在两脚之间，一臂下垂在前，另一臂自然的伸向侧后方。

（2）起动。听到"枪响"后，重心脚迅速蹬地，另一脚从后快速抬出并用轮子的内侧蹬地，同时身体迅速前移跟随重心移动，目视前方。身体转向滑行方向，同时脚向前内切八字形跑，右手前，左手后，手臂用力侧前侧后摆动身体前冲。步幅较小，步频较快，蹬地有力，抬起前脚，蹬后脚。

(3) 疾跑。从起跑的起动开始以及过渡阶段的快速滑跑过程都叫疾跑。动作要领：起动后踏出的第一步就进入疾跑，紧接着以快频率的蹬切完成 2～3 步，切滑完成第四步，然后再降低身体姿势，蹬地方向也由侧后方向转向侧向。

(4) 衔接。采用单脚已获得的惯性将疾跑获得的速度保持进入滑行。由于速度变快，重心由高到低，步幅逐渐加大，并过渡到途中跑。

3. 练习方法

(1) 站立姿势开始，采用多人分组分道低姿慢速切、滑练习 50 米。
(2) 稍屈膝姿势，多人分组分道低姿最大速度练习 50 米。
(3) 半蹲的预备姿势，多人不分道低姿最大速度练习 50 米。
(4) 完整的起跑技术练习。游戏比赛的方式，分两组进行，有奖惩的练习。

(四) 冲刺技术练习（长距离滑跑技术）

在轮滑滑跑比赛中，无论距离的长短，都是集中众多人一起滑跑，冲刺时机的把握是决定比赛胜负的重要保证，决定比赛胜负的冲刺技术也显得格外的重要。

终点冲刺技术由冲刺距离和终点撞线技术组成。冲刺距离和轮滑项目的长短有关，项目距离越长冲刺距离越长，反之越短。一般情况下短距离的项目冲刺距离在 100 米左右，长距离的项目冲刺距离在 200～400 米，冲刺距离和运动员的个人身体素质有关，与体力和耐力的分配相关。撞线的动作要领：在接近终点线 5 米左右的距离时，身体前倾，一腿尽全力前踢，着地动作触及终点线，并继续前滑 10 米左右，保证以最快的速度达到终点。

练习方法：①确定终点线，直道进行冲刺练习；②出弯道直道加速后进入冲刺阶段练习；③在直线滑跑的最后一步，右脚在后迅速滑至前面，左脚稳定重心，两臂张开保持平衡，右腿继续前伸，身体重心上提，冲过终点。

(五) 自由式轮滑技术

自由式轮滑花式绕桩是一项在桩距间把轮滑的基本滑行、转向、刹停及跳跃等技术通过与音乐、舞蹈有机结合的一项技巧性强、极具观赏性的新兴轮滑运动项目。其动作千变万化，但从其动作的基本用力方式、绕桩路线、身体协调、动作的组成方式，可以划分为以下几类。①基础类动作：指动作的基本用力方式、绕桩路线、身体协调是单一性的，在两个桩间内规律性变化的动作。②组合类动作：指由两个或两个以上的基础类动作随机组合，在 1～4 个桩内规律性变化的动作。③套路类动作：指三个或三个以上的基础或组合类动作在 20 个桩内随机组合多动作组合。其中基础类动作是组合或套路动作的根本，至关重要。

基础类动作的基本分类与概念如下。

1. 蛇形类

蛇形类是指用力是双脚或单脚左右（双脚同向）摆动式的，行进方向是纵向行进路线是 S 形的动作（图 6-3-35）。

图 6-3-35

（1）鱼。正向双脚全轮平行站立滑行过桩。
（2）蛇。正向双脚全轮前后一字站立滑行过桩。
（3）正单脚。正向全轮站立滑行过桩。
（4）玛丽。正向双脚双轮前后一字站立滑行过桩。

2. 八字类

八字类是指双脚或单脚用力是前后对向用力（单脚支撑时，浮脚也是和支撑脚协调用力的），行进方向是横向，行进路线是 ／＼ 或 ×× 形的动作（图 6-3-36）。

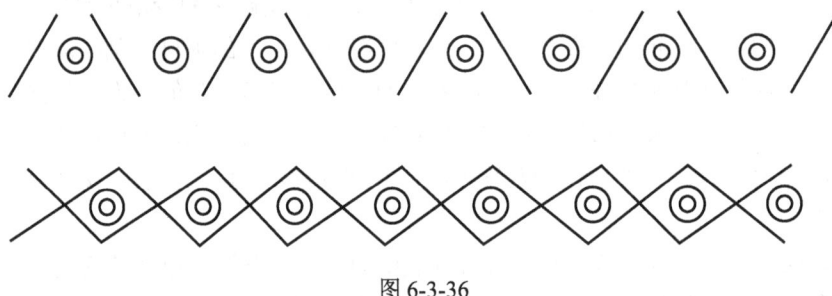

图 6-3-36

3. 弧形类

弧形类是指双脚或单脚支撑时主要是上体主动转向用力，行进方向是单向旋转行进路线是（或 0 形的动作（图 6-3-37）。

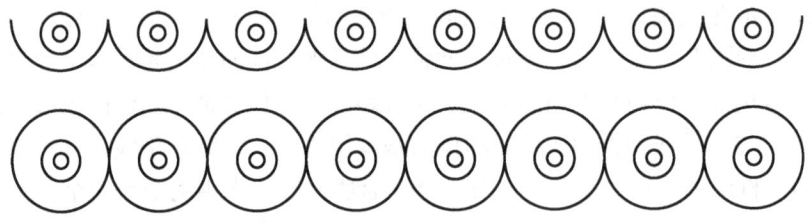

图 6-3-37

4. 交叉类

交叉类是指用力是双脚左右对向用力，行进方向是纵向，行进路线是 8 字双 S 交叉形的动作。

第四节 跆 拳 道

跆拳道

一、跆拳道运动的起源和发展

跆拳道（英文名称 taekwondo）是一项起源于朝鲜半岛的古老而又新颖的竞技体育运动，是朝鲜民族在生产和生活基础上发展起来的一项运用手脚技术和身体能力进行自身修炼、搏击格斗的传统体育项目。说它古老，是因为它在有记载的朝鲜民族史上已有 3000 多年的历史；说它新颖，是因为跆拳道又从 20 世纪 50 年代末重新崛起，现在已经成为一项新的竞技体育项目。

跆拳道的"跆"意思是脚踢，"拳"意思是用拳头击打，"道"是指方法、技艺和道理，同时也是一种文化。跆拳道运动要求练习者不仅学习跆拳道的技术，更注重对跆拳道礼仪、道德修养的学习和遵从，每一次练习都要求"以礼始，以礼终"，培养人的礼仪、忍耐、谦虚和坚韧不拔的精神。

跆拳道练习者身穿专用的白色跆拳道道服，腰系代表不同段位的腰带进行训练和比赛。跆拳道的水平高低是由练习者的级别和段位体现的，水平越高，其段位也就越高。它的段位分为初级的十级到一级，高级的一段到九段，跆拳道的比赛是分为男、女两个组别按体重分级进行的。跆拳道运动以腿法为主要进攻手段，因而比赛气氛紧张激烈，具有极高的观赏价值。

二、跆拳道的礼节、特点及作用

跆拳道中的"礼仪"是跆拳道基本精神的具体体现。跆拳道练习随时以双方格斗的形式进行，但是不管它怎样激烈，由于双方都是以提高技艺为目的，所以在双方各自内心深处都必须持有向对方表示敬意和学习的心理。因此，在练习或比赛后都一定要向对方敬礼，即跆拳道运动始终倡导的"以礼始，以礼终"的尚武精神。

礼节是跆拳道练习过程中必备的行为规范。练习者在练习时衣着端正，头发整洁，对教练、同伴时刻都要表现出恭敬服从、谦虚、互助互学的心态。最常用的礼节表示方式是鞠躬敬礼：面向对方直立站立，腰向前屈 15°，头部向前屈 45°，两手紧贴两腿，两脚跟并拢。

（1）跆拳道的特点以腿为主，以手为辅。跆拳道技术方法中占主导地位的是腿法，腿法技术在整体运动中约占 3/4，其次是手。动作简捷，追求刚来刚往。在实战中，跆拳道的进攻方法都是十分简洁实效的。比赛中双方都是直接接触，以刚制刚，防守的动作也是以直接的格挡为主。而且防守时很少使用躲闪的方法，尽可能保持或缩短双方的距离，以增加击打的有效性。

（2）动作美观大方，观赏性强。在跆拳道比赛中，由于规则限制，除膝关节以外，其他腿法都可以进行攻击，双方采用踢、劈、旋、摆、蹬、踹等各种技法，动作幅度大，观赏性极强。

（3）跆拳道的作用。跆拳道可以防身健身，可以修身养性。跆拳道运动不同于显示力量的重量运动，它可以使无力的脂肪组织变成肌肉，久而久之使身体变得轻盈敏捷。而且通过反复的练习，可以培养忍耐力，克服任何困难的意志。跆拳道的腿法充分的展示到人体功能的特点。经常练习会在变幻无穷的腿法中感受到奥妙和乐趣。可以使幼儿的肌肉和力量得到增强，肌肉的弹性得以提升。

三、跆拳道的基本技术

（一）实战中使用的部位

1. 手

手的使用包括拳、掌、指三部分（图6-4-1）。

（1）拳。拳是跆拳道中使用最广泛的部位之一。其作用就是攻击对方面部、胸部、腹部和防守。拳的握法：四指并拢，自然向内弯屈握紧，然后将拇指内屈贴紧食指和中指的第二关节处，拳面要平。

（2）掌。

手刀：四指并拢伸直，拇指屈曲贴紧食指，小指的外侧沿形成手刀，拇指的内侧形成背刀。在实战中勇于坎击和截击。

熊掌：将四指并拢，从第二指关节处全部屈曲扣紧，拇指扣紧虎口处。实战时用于击打对方的头部、下颚和锁骨。

（3）指。

掼手：中指和食指微屈，基本保持四指尖并齐，大拇指向掌内贴紧。实战中用来戳击对方的主要器官。

二指掼手：伸展食指和中指成V形，拇指压紧无名指第二指关节处，小指内扣。主要用来插击对方的眼睛。

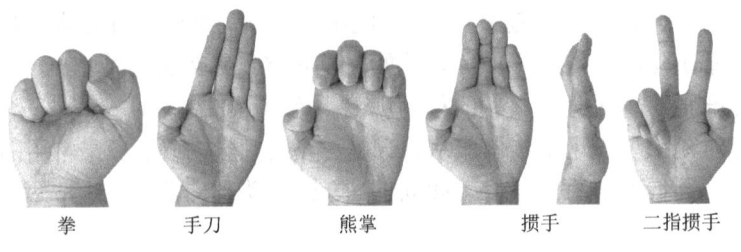

图6-4-1

2. 臂

手臂的使用包括腕部和肘部，主要用来格挡与防守（图6-4-2）。

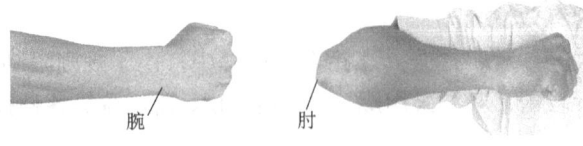

图6-4-2

3. 脚

跆拳道运动中腿法技术较多，以脚的某部位为着力点的技术也比较丰富，主要是以下几个部位（图 6-4-3 和图 6-4-4）：

前脚掌：一般用于推踢、前踢。

后脚掌：多用于蹬、踢等技术。

正脚背：多用于横踢（抡踢）技术。

脚后跟：多用于后踢、后旋技术。

脚外侧（足刀）：一般用于侧踢技术。

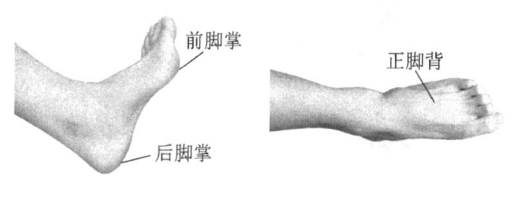
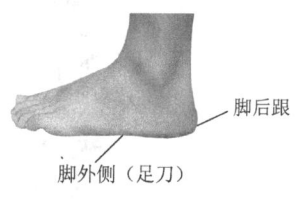

图 6-4-3　　　　　　　　　　图 6-4-4

（二）跆拳道的实战姿势

1. 标准实战姿势

两脚开立，与肩同宽，前脚尖 45°斜向右前方，后脚跟离地，膝关节微屈，重心在两腿之间，上身自然直立，胸部 45°斜向左前方，双手自然握拳于胸前，拳心相对。头部直立向前，目视正前方（图 6-4-5）。

图 6-4-5

动作要领：身体自然，肌肉放松，膝关节放松，两腿富有弹性。

2. 站位

跆拳道的实战姿势站位有两种：左势和右势。

左手和左脚在前称为左势。右手和右脚在前称为右势。

（三）跆拳道的基本步法

跆拳道是一种以腿为主的运动，因此其步法在实战中具有极其重要的意义。

1. 上步

左势实战姿势开始，后脚蹬地同时以前脚掌为轴向正前方跨一步，由左势变为右势（图6-4-6）。

图 6-4-6

2. 撤步

左势实战姿势开始，前脚蹬地同时以后脚掌为轴向正后方退一步（图6-4-7）。

图 6-4-7

3. 滑步

滑步分为前滑步和后滑步。

前滑步：左势实战姿势开始，后脚蹬地，两脚同时向前滑行一步。重心保持不变（图6-4-8）。

图 6-4-8

后滑步：左势实战姿势开始，前脚蹬地，两脚同时向后滑行一步（图 6-4-9）。

图 6-4-9

4. 跃步

跃步分为前跃步和后跃步。

前跃步：实战姿势开始，两脚同时蹬地向前跃出一步，动作完成后保持实战姿势站立（图 6-4-10）。

图 6-4-10

后跃步：实战姿势开始，两脚同时蹬地向后跃出一步，动作完成后保持实战姿势站立（图 6-4-11）。

图 6-4-11

5. 垫步

垫步分为前垫步和后垫步。

前垫步：实战姿势开始，重心前移，右脚向前跨出一步与左脚并拢，随即左脚向前跨出一步，回到实战姿势（图 6-4-12）。

图 6-4-12

后垫步：实战姿势开始，左脚向后跨出一步与右脚并拢，随即右脚向后跨出一步，回到实战姿势（图 6-4-13）。

图 6-4-13

6. 跳换步

实战姿势开始,两腿同时蹬地跳起,以腰部力量带动两脚位置互换,落地后变为反方向实战姿势(图6-4-14)。

图 6-4-14

(四)跆拳道的基本腿法

跆拳道以其变幻莫测的腿法著名于世,被称为踢的艺术,这是跆拳道区别于其他格斗术的一个重要特点。在跆拳道实战中,腿法技术使用要占到80%~90%,因此只有练好基本腿法,才能为今后的实战打下坚实的基础,才能成为优秀的跆拳道选手。

1. 前踢

实战姿势开始,后脚蹬地,直线提膝,同时支撑脚以前脚掌为轴,脚跟内旋约90°,当大腿抬至水平或稍高时,小腿以膝关节为轴快速向正前方直线踢出,力达脚尖,击打目标后迅速按原路收回。主要击打部位:面部、下颚(图6-4-15)。

图 6-4-15

动作要点:提膝时小腿要夹紧,出腿应迅速有力,髋关节前送。
易犯错误:①上体后仰过大。②动作过于僵硬造成直腿撩腿。
纠正方法:初学者可扶支撑物,反复体会提膝与踢腿,也可面对镜子纠正错误。

2. 横踢(抡踢)

左势实战姿势开始,右脚蹬地提膝,左脚以脚掌为轴,脚跟内旋约180°,身体向左旋转，同时右腿膝关节内扣，当右腿抬至水平位置时，右腿小腿快速向左前方横向弹出，力达脚面。击打目标以后迅速按原路收回。主要击打部位：下颚（图6-4-16）。

图6-4-16

易犯错误：①大小腿折叠角度不够，没有鞭打效果。②没有向前提膝。③转体时支撑脚跟离地。

纠正方法：①可手扶支撑物，反复做提膝、转体、弹腿动作，熟练后再脱离支撑物。②可面对镜子或在同伴帮助下进行观摩纠正。

3．后踢

左势实战姿势开始，左脚以脚掌为轴，脚跟外旋约180°，身体重心移至左脚，身体右转，右脚蹬地后提膝，当身体旋转至正后方时，右腿迅速从左腿内侧直线蹬出，力达足跟。击打目标后屈膝收右腿，身体右转，右腿前落成右势实战姿势。主要击打部位：头部、胸部、腹部（图6-4-17）。

图6-4-17

易犯错误：①出腿线路不直，左右偏斜。②击打时肩和上体转动幅度过大。③转身、提腿、后踢动作不连贯，击打力度不准。

纠正方法：两人一组，双手扶同伴的双肩，由快到慢的反复做踢腿与后踢的动作。

4．下劈腿

左势实战姿势，右脚蹬地，身体重心前移至左腿，右脚快速上举至头部上方，然后迅速向前下方劈落，用脚掌或脚跟击打目标后放松落地。主要击打部位：头部（图6-4-18）。

易犯错误：①起腿高度不够，支撑脚跟没有离地，髋关节没有向上送。②下劈时膝关节和踝关节过于紧张，动作僵硬。③腿下落时没有控制重心，落地太重。

图 6-4-18

纠正方法：面对镜子或在同伴的帮助下，反复练习，纠正错误动作。

5．摆踢

左势实战姿势，右脚蹬地，身体重心移至左脚，右腿屈膝提起，左脚脚跟内旋约180°，身体向左旋转同时右腿迅速向左前方伸出，并用力向右侧方屈膝鞭打，力达脚掌，击打目标后迅速按原路收回。主要击打部位：头部（图 6-4-19）。

图 6-4-19

易犯错误：①身体过于后仰。②身体紧张，摆动时没有内扣，动作僵硬。③鞭打后身体因用力过大失去平衡。

纠正方法：①在理解和掌握动作要领的基础上，由慢到快进行练习。②可在同伴的帮助下进行练习。③对着镜子纠正错误动作。

6．后旋踢

左势实战姿势，左脚以脚掌为轴，脚跟向外旋转 90°，右脚蹬地使身体重心移至左脚，上体随右腿蹬地向右旋转，顺势起腿向左后方伸出并用力屈膝鞭打，此腿法的运动轨迹成弧形，是以左腿为轴身体原地旋转 360°。右腿击打目标后顺势放松，落回原地，仍成左势实战姿势。主要击打部位：头部（图 6-4-20）。

易犯错误：①转体时上体过于前倾或后仰，造成身体失去平衡。②起腿过早或过晚，造成腿法发力最佳点不在正前方。③转体角度不够，造成过早出腿。④动作不连贯，出现停顿。

纠正方法：①初学时可手扶支撑物，进行分解练习。②重点练习转体、摆腿。③可面向镜子纠正练习。

图 6-4-20

7. 推踢

左势实战姿势，右脚蹬地直线提膝，左脚以脚掌为轴外旋约 90°，身体重心前移，同时右腿迅速向前方直线蹬出，力达前脚掌。击打目标后迅速按原路收回。主要击打部位：胸部（图 6-4-21）。

图 6-4-21

易犯错误：①提膝时没有到位，使得发力不足，力量过小。②上体后仰过大。
纠正方法：多做提膝和出腿练习。

8. 侧踢

左势实战姿势，右脚蹬地提膝，左脚以脚掌为轴外旋 180°，身体向左旋转，膝关节内扣同时右脚脚尖紧勾并快速向正前方直线蹬出，力达脚跟。击打目标后迅速按原路收回。主要击打部位：头部、胸部（图 6-4-22）。

图 6-4-22

易犯错误：①出腿时髋关节没有展开，造成肩、髋、踝不在一个平面。②提膝时大小腿收得不紧，上体侧倾过大。③动作不连贯。

纠正方法：要点掌握后，手扶支撑物进行练习，多练习转体、收腿、提膝、出腿与收回动作，动作速度由慢到快。

四、跆拳道的基本战术

战术，是重竞技运动的一个不可缺少的环节。所谓战术，是指发挥运动员高超的或现有的竞技水平和战胜对手而采取的计谋和行动。

（一）跆拳道比赛战术的种类

1. 技术战术

利用技术全面、熟练、有效的特点，变化运用各种技术，抑制对手，达到取胜对手的目的。

2. 利用假动作

用虚晃动作来欺骗对手，引其上当，分散其注意力，利用这个机会猛击对手而得分。

3. 心理战术

比赛前，用气势压倒对手。

4. 破坏战术

破坏战术是用技术破坏对手技术，控制其动作发挥，使对方进攻无效并且消耗掉其体力，丧失信心，从而导致比赛失败。

5. 先得分战术

比赛是利用对方立足未稳或还未适应比赛的机会，主动进攻先得分，然后，立刻转入防守，既节省体力，更保住得分。

6. 体力战术

利用体力优势战胜对手。

（二）跆拳道比赛战术训练的方法

1. 分析讲解法

针对某一战术在实战中的具体运用，教练员进行现场战术分析和讲解。也可以利用比赛录像，针对比赛中的具体战术进行分析讲解。教练员利用语言进行分析、讲解和启发性提问，使运动员对战术的形式、目的、特点、关键环节都能有一个详细的认识。

2. 分解练习法

有的战术方法比较复杂，为了使运动员更详细、更清楚地了解各个部分，就要把整套战术方法分解开来。

3. 配合练习法

为了使运动员更好地掌握战术，教练员（或同伴）作为对手配合运动员进行专门训练。练习时可逐渐加大动作的速度和力度，使练习向实战过渡。练习方法由一种发展到多种，提高运动员的熟练运用能力。

4. 想练结合法

即让运动员假设不同的情况，并设想用什么战术应付，然后根据这种假设和设想去实际练习，验证运动员的假设和相应战术是否可行、可靠。这是一种利用心理学观点进行训练的具体方法，这种方法的主要目的是培养运动员自我的战术意识，培养运动员发现问题、解决问题的能力，从而掌握各种战术。这种方法被证实是有效的，会极大地调动运动员的主动性，激励他们去设想证实更多的战术方法，对掌握运用各种战术具有积极的作用。

5. 训练比赛法

利用训练中模拟比赛的方法，让运动员具体运用所学战术。这种比赛的目的不在于胜负，而是让双方运动员有意识地去完成各自的战术意图，去根据比赛时的具体情况运用不同的战术方法。训练比赛时，可事先对运动员提出不同要求，布置要完成的主要任务，并限制对攻的力度和强度。随着熟练程度的提高，可逐渐加大对攻的强度和力度。也可以有目的的让一名运动员同多种类型运动员进行比赛，以适应不同特点的对手，提高练习者针对不同对手运用不同战术的能力。

6. 重点练习法

根据具有不同优势特点的对手情况，重点解决不同的问题。比赛时你可能会遇到不同优势的对手，如力量型、技术型、主动进攻型等。为了适应不同的情况，练习时针对每一种类型的对手，重点解决这一类型应该运用什么样的战术问题。通过重点练习，基本上解决对付同类型对手的战术问题之后，再重点练习对付另一类型的对手。经过不同的重点练习，你就会逐渐适应不同的对手，从而也就很容易适应不同的比赛。

7. 实战比赛法

即使在比赛条件下，按照竞赛规则的规定和要求，训练和培养运动员运用战术的能力，丰富其临场比赛经验。实战比赛要根据从难、从严、从实战需要出发的原则，进行多种形式的比赛，例如，不同级别、不同水平、不同风格对手间的比赛，增加比赛时间和局数的比赛，一对一轮流循环比赛，或是二打一、三打一、四打一的车轮战等。在比赛的量、强度、条件上增大难度，以训练提高运动员的超量、超强度状态下战术的合理运用及应变能力。科学、合理的安排这种实战比赛，对运动员轻松自如的进行正常的比赛，会有极大的帮助作用。

五、跆拳道的比赛与场地器材

1. 比赛场地

比赛场馆至少应有2000个座位，场馆地面面积至少为40×60平方米，能给观众和运动员提供最佳的视觉和听觉效果。场馆地面到天花板的高度应在 10 米以上。场馆内照明应在 1500～1800 勒克斯，由场馆顶部直接照射到比赛场地。

比赛区应为 8 米×8 米、水平、无障碍物、正方形的场地，或由中国跆协批准使用的其他规格的比赛场地（图 6-4-23）。

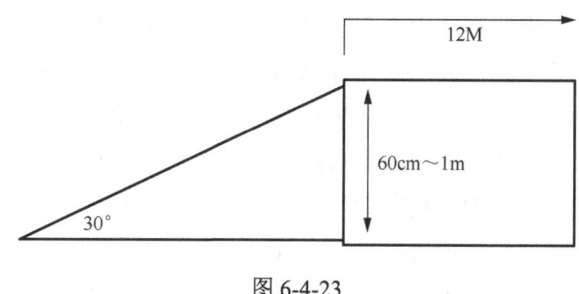

图 6-4-23

比赛区应铺设中国跆协监制或指定的专用比赛垫。必要时，比赛区可根据实际需要置于一定高度的平台上。为保证运动员的安全，比赛台与地面的高度应为 0.6～1 米，比赛台场地边界线外应有与地面夹角小于 30°的斜坡（图 6-4-24）。

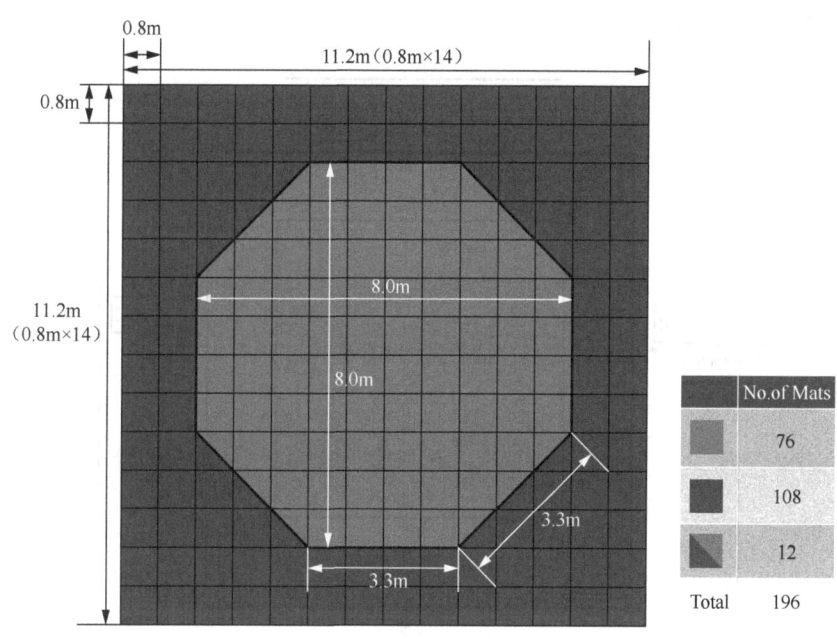

图 6-4-24

2. 比赛区的划分

8 米×8 米的区域称为比赛区，用蓝色标注；

比赛区的外缘线称为边界线；

比赛记录台和临场医务台面对比赛区的边缘线为第 1 边界线，顺时针旋转依次为第 2、第 3、第 4 边界线；

边界线以外需铺设比赛垫,保护运动员的安全;尺寸大小可根据比赛的实际情况确定,宽度为1~2米,边界线外的保护区用红色或黄色标注。

3. 位置

主裁判的位置在距离比赛区中心点向第三边界线方向1.5米处。

副裁判的位置:第一副裁判面向比赛场地中心点,在第一边界线中心点向后0.5米处;第二副裁判面向比赛场地中心点,居第二边界线底端角0.5米处;第三副裁判面向比赛场地中心点,居第四边界线顶端角与第二副裁判对称的地点。

记录员的位置是从第一副裁判向后1.5米,再向左3米处。

临场医生的位置在记录员位置右侧6米处。

运动员的位置在比赛场地中心点面向第一副裁判左右各1米处,主裁判的左侧为红方位置,右侧为青方位置。

教练员的位置在本方运动员后方的边界线中心点向后1米处。

检查(检录)台位置可在比赛场地入口附近位置,便于在运动员进入场地前对护具等进行检查(图6-4-25)。

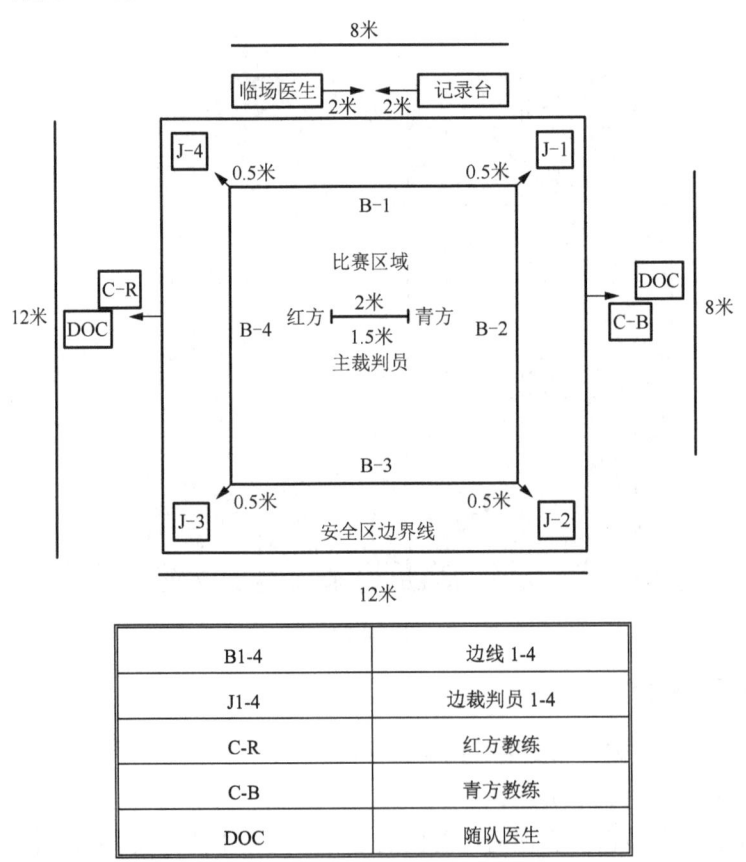

图 6-4-25

六、跆拳道的竞赛规则和裁判法

1．参赛运动员

（1）参赛资格。参赛运动员必须是属于某个在中国跆协注册的团体会员，并在当年度登记注册的运动员。参赛运动员必须持有中国跆协颁发的段位证书，或根据比赛要求持有相应的段位及级位证书。

（2）比赛服装。参赛运动员必须穿戴中国跆协认可的道服和保护用具。

（3）参赛运动员的药物控制。所有参赛运动员禁止使用国际奥委会禁用的任何药物。

2．体重级别

（1）体重分类（表 6-4-1，表 6-4-2）。

表 6-4-1　成年跆拳道锦标赛级别

男子	女子
54 公斤以下	46 公斤以下
54~58 公斤	46~49 公斤
58~63 公斤	49~53 公斤
63~68 公斤	53~57 公斤
68~74 公斤	57~62 公斤
74~80 公斤	62~67 公斤
80~87 公斤	67~73 公斤
87 公斤以上	73 公斤以上

表 6-4-2　奥运会、全运会级别

男子	女子
48 公斤以下	44 公斤以下
48~55 公斤	44~49 公斤
55~63 公斤	49~55 公斤
63~73 公斤	55~63 公斤
73 公斤以上	63 公斤以上

（2）体重称量。跆拳道比赛时，参加当日比赛的运动员在首场比赛开始前一小时必须称完体重。第一次称重不合格时，在规定的称重时间里，可以再给一次机会。

3．比赛方法和时间

（1）比赛方法。跆拳道比赛采用单败淘汰赛和循环赛两种形式。奥运会的跆拳道比赛采用个人赛制，没有团体赛。中国跆协主办的全国性竞赛至少有四个队参加，每个级别至少有 4 名运动员参加比赛，不足 4 名运动员的级别不计比赛成绩。

（2）比赛时间。跆拳道每场比赛为 3 局，每局比赛的时间为 2 分钟，局间休息 1 分钟。比赛时间和比赛局数也可根据实际情况做相应调整，由比赛技术代表决定调整为每局为1分钟或1分半钟,或调整为每场比赛设2局。

4. 比赛程序

(1) 点名。每场比赛开始前3分钟开始点名,共点3次。比赛开始后1分钟仍未到场者,按自动弃权论处。

(2) 检查。点名后的运动员必须接受身体、服装和护具检查,不得携带任何可能给对方造成伤害的物品,检察员由组委会指定专人承担,运动员不得有任何不服从的表示。

(3) 入场。检查合格后,运动员和一名教练员进入比赛场地指定位置,准备进行比赛。

(4) 比赛开始和结束。每局比赛主裁判发出"Shi-jak"(开始)口令即开始比赛;主裁判在时间结束时发出"Ke-man"(停)口令,则比赛结束。

(5) 比赛开始前及结束后的程序。双方运动员在指定位置相对站立,听到主裁判发出"Cha-ryeot"(立正)和"Kyeong-rye"(敬礼)的口令时相互敬礼。要求自然站立,双手握拳置于身体两侧,腰部前屈不小于30°,头部前屈不小于45°。

主裁判发出"Joon-bi"(准备)、"Shi-jak"(开始)口令时,比赛正式开始。最后一个回合结束后,双方运动员相对站在指定位置,主裁判发出"Cha-ryeot"(立正)、"Kyeong-rye"(敬礼)口令时相互敬礼。然后等待最后判定。

根据最后比赛结果,主裁判举起自己的一侧手臂,宣布同侧方运动员获胜。然后运动员退场,比赛结束。

(6) 跆拳道比赛中允许攻击的部位。头部、躯干(也可以根据比赛情况来限制其击打部位)。

5. 跆拳道比赛结果的判定

(1) 击倒胜(K.O胜)。即用正确的技术将对手击倒,使对手在10秒内不能继续比赛。

(2) 主裁判中止比赛胜(RSC胜)。主裁判根据比赛中的具体情况,当一方运动员的实力明显差于对手时,或一方对手因受伤不能比赛时,主裁判有权中止比赛,宣布一方为胜方。

(3) 比分或优势胜。

(4) 对放弃权胜。

(5) 对方失去资格胜。

(6) 主裁判判罚犯规胜。

由于一方运动员因犯规被主裁判直接判为犯规败,则另一方获胜,进入下一轮的比赛。

第五节 瑜 伽

一、瑜伽概述

1. 瑜伽是什么

瑜伽

瑜伽起源于古印度，有 5000 多年的历史，是东方最古老的强身术之一，目前瑜伽已在全世界广泛传播。瑜伽一词来自梵文"YUJ"，之后翻译成"yoga"，意为自我和原始动因的结合，是心灵、肉体、精神结合到最和谐的状态（也是天人合一的意思）。是由呼吸、体位、冥想法所构成，用意念指引自己的肢体，练习动作，配合呼吸达到身心平衡、增强体魄的。

瑜伽也是一门自我约束的完美的运动。瑜伽平衡、协调、洁净、而且强化练习者的身体、思想和灵魂。它指明了完美的健康、完美的思想控制，以及同一个人的自性、世界、自然的完美的和合、同一的道路和方法。

瑜伽的修持方法，能把散乱的精神集中并使之平静下来。瑜伽修炼首先着眼于身体的强健，然后要求身心融合为一。在此基础上，引导修持者进入无上完美的境界。在瑜伽修行过程中，修持者逐渐深化自己内在精神，从外到内，从感觉到精神、理性，而后到意识，最后把握自我同内在的精神融合为一，达到天人合一。

2. 瑜伽的分类

瑜伽相对而言可分为智瑜伽、业瑜伽、信仰瑜伽、哈他瑜伽、王瑜伽、昆达里尼瑜伽六大类。现在流行的瑜伽大多数属于哈他瑜伽，例如：阿斯汤嘎、流瑜伽、艾杨格瑜伽、阴瑜伽、热瑜伽等。按照瑜伽的真正意义是不可分的，因为不管如何的一种瑜伽，对于修习者来说都是通往精神世界的工具，使用的工具不同，方法自然有许多出处；在这里进行区分，只是希望大家能够更好地明白瑜伽具有的特点。

3. 瑜伽的作用

（1）调理生理，达到平衡。瑜伽强调身体是一个大系统，系统中由若干部分组成，各个部分保持良好的状态才能有健康的身体。瑜伽通过体位法、调息等方法，调整各个器官的生理机能，达到强身健体的目的。

（2）消除紧张，平静内心。通过瑜伽完全呼吸、打坐和各种体位法，调节神经系统，达到消除紧张。

（3）修心养性，厚德载物。瑜伽提倡一种健康的生活态度，让你自然的去掉吸烟、喝酒这些不良习惯。通过不停的超越自我，也让你充满自信。

（4）特别功法，特别疗效。瑜伽对肥胖症、失眠、焦虑和关节炎、亚健康等慢性症状有非常好的疗效。

二、瑜伽体位

（一）体位法概述

几千年前，瑜伽行者在喜马拉雅山的森林中冥想、静坐时，偶尔观察野生动物，并且分享它们美妙的姿势，以打发他们独居的时间。经过深刻的观察，他们察觉大自然孕育、教导动物保有健康、灵敏、警觉的技巧，同时让各种动物天生具有治疗它们自己、放松自己、睡眠或保持清醒的方法。这些早期的瑜伽修行者根据这些动物的姿势并且亲身做实验，发现对身体有很大的益处，然后经过深刻的直观和判断，终于创造了一系列身体锻炼的系统，我们称之为 asana，亦即瑜伽体位法。瑜伽 asana 的意思是（在舒适的动作上维持一段时间），在缓慢的动作中，身体保持放松和做深沉的呼吸，使得血液很自然的能够携带大量氧气并且吸收。瑜伽 asana 影响身体各个层面，它们活络肌肉和神经系统，强壮僵硬的韧带与肌腱，使关节灵敏并且按摩内部组织。这些几千种的 asana 瑜伽姿势，有许多是依照动物的名称来命名，例如：眼镜蛇式、孔雀式、鱼式、蝗虫式等瑜伽体式名称。

（二）练习体位法的注意事项

（1）不要在空旷的地方做体位法，因为这样容易感冒，室内练习体位法时，需打开窗户，以使空气流通。

（2）屋内应避免烟尘飘入，烟越少越好。

（3）衣着宽松舒适，吸汗性好，不带束缚身体的饰品。

（4）体位法须在毛毯或软垫上练习，不要在光秃的地板上做体位法，否则容易着凉，而且会破坏体内因练习体位法而产生的荷尔蒙分泌。

（5）鼻呼吸，呼吸要流畅或合理的延长。

（6）根据自己的需要练习合适的体式，不要勉强自己做完成不了的体式。

（7）手指甲与脚趾甲须剪短。

（8）吃饱时不要练习体位法，饭后两个半小时到三个小时之内亦不宜练习，最好空腹。

（9）做摊尸式放松至少两分钟。

（10）做完体位法后，最好到一个安静的地方散步。

（11）不要跟别人比，勉强做过度的伸展或压缩容易伤到自己，同时好好地把一个体位法练好比囫囵吞枣的练一堆体位法好。

（12）避免感冒，如果练完体位法后必须到户外，同时体温又尚未降到正常温度，或是室温与室外温度有差异，那么最好加件衣服再出去，若能先在室内深吸一口气，出去后再将它吐出，这样就可避免感冒。

（13）从事各类运动后可练习体位法，但在刚练完瑜伽后不要从事剧烈运动。

（14）练习体位法后不要马上洗澡进食，30 分钟后即可。

（15）在月经期间内，女性要有选择的练习体位法，但用于禅定时的体位法可在任何状况下练习；不要做倒置的体位。

（16）练习体位法时，动作缓慢温和，左右对称，时间均等，配合深长的呼吸，意念集中在身体的紧张和放松上。

（三）体位法练习

根据《瑜珈经》中提到的 8400 万种体位，我们可以划分成如下五种类型的体位：向前弯屈的体位、向后弯屈的体位、倒立的体位、扭转的体位、平衡的体位。下面我们从以上五种类型出发给大家介绍一些体位法。

1. **热身部分**

热身部分舒展筋骨，避免拉伤。我们可以采用其他体育课课前热身的方式来进行，但最好结合呼吸、意识、动作缓慢地按照从脚、踝、颈、肩、肘、腕、手指、扩胸、体侧、体转、腰部、膝部等或从头到脚的顺序进行。或者进行拜日式 2～3 遍练习。

拜日 A 是阿斯汤嘎瑜伽和流瑜伽里常用的热身部分，共有 9 个体式组成。

（1）山式：是预备体式，呼气，站在中间位置，看鼻尖，如图 6-5-1 所示。

（2）体式 1，吸气，伸手上举，仰视看拇指，如图 6-5-2 所示。

（3）体式 2，呼气，向前屈身，眼睛看鼻尖，如图 6-5-3 所示。

（4）体式 3，吸气，抬头，看眉间，如图 6-5-4 所示。

（5）体式 4，呼气，双脚跳向后方，看鼻尖，如图 6-5-5 所示。

（6）体式 5，吸气，脚尖滚动到上犬式，看鼻尖，如图 6-5-6 所示。

（7）体式 6，呼气，滚动到下犬式，看肚脐，如图 6-5-7 所示。

（8）体式 7，吸气，双脚跳回，看眉心，如图 6-5-4 所示。

（9）体式 8，呼气，身体前屈，看鼻尖，如图 6-5-3 所示。

（10）体式 9，吸气，伸手上举，看拇指，如图 6-5-2 所示。

（11）还原山式，如图 6-5-1 所示。

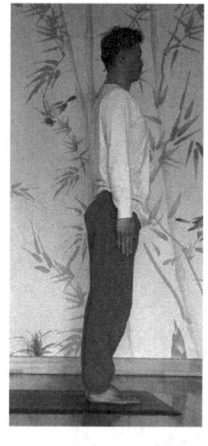 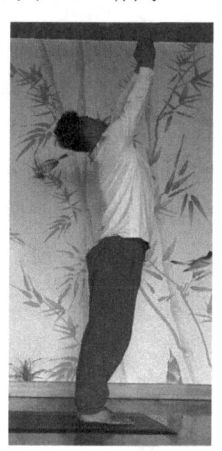 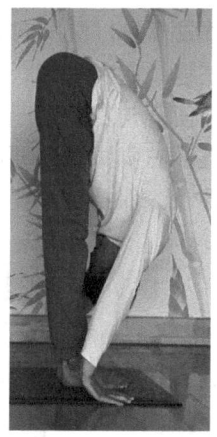 

图 6-5-1　　　　　图 6-5-2　　　　　图 6-5-3　　　　　图 6-5-4

图 6-5-5　　　　　　　　　　　　图 6-5-6

2. 体式部分

1）三角伸展式

（1）山式站立，均匀呼吸。

（2）深吸气，分开两腿，两腿间距 90～105 厘米。两臂侧平举与肩平齐，手掌朝下，手臂与地面保持平行。

（3）呼气，右脚向右转 90°，左脚稍微向右转，两腿伸直，膝盖绷直，向右侧弯屈身体躯干，右手手掌接近右脚踝，如果可以的话，右手掌应该完全放置于地上。

（4）躯干弯屈的时候两手臂保持水平角度，当右手放到地上时，左手刚好与右肩成一条直线，与地面成 90°角，掌心向前。此时腿后部、后背部及臀部应该在一条直线上，两眼注视向外伸展的左手手指，提升右膝盖。

（5）保持这个姿势 4～5 个深呼吸，如图 6-5-8 所示。

（6）回到动作（2），换另一侧做。

练习功效：三角伸展式能增强腿部肌肉，去除腿部和臀部的僵硬，纠正腿部畸形，使腿部能够均匀地发展。同时，它还能缓解背部疼痛以及颈部扭伤，增强脚踝、强健胸部。

2）三角扭转式

（1）以山式瑜伽站立深呼吸，分开两腿 90～100 厘米，两臂侧平举与肩部向平，手掌向下，手臂与地面平行。

（2）右脚向右转 90°成直角，左脚向右转 60°，保持左腿伸展，膝盖要绷直。

（3）呼气，躯干与左腿一起向右转，从而使左手掌贴近右脚外侧地面。

（4）向上伸展右臂，使其与左臂成一条直线，眼镜注视右手的拇指。

（5）保持膝盖的绷直，右脚脚趾不要离开地面。注意左脚外侧要与地面接触。

（6）伸展肩部和肩胛骨。保持这个姿势半分钟，正常的呼吸，如图 6-5-9 所示。

图 6-5-7　　　　　　　　　　图 6-5-8　　　　　　　　　　图 6-5-9

（7）吸气，从地面抬起左手，躯干转向到起始位置，回到第一步，换另一侧做。

练习功效：可以增加脊柱下部的血液循环，因此脊椎骨和背部的肌肉可以得到很好的锻炼，胸部也可以得到完全的伸展，从而消除背部的疼痛感，增进腹部器官的功能和加强臀部肌肉的弹性。

3）树式

（1）左腿单腿站立，右脚掌贴在左大腿的内侧，吸气的同时将两臂抬起，与肩膀同高，呼吸，像做扩胸运动一样将两臂打开至身体两侧，两眼凝视于一点。

（2）一边吸气，一边将两臂向上抬起，手掌合于头顶正上方，两眼凝视于一点保持平衡，呼气的同时，将后背与手臂伸直，左右腿交替进行练习，如图 6-5-10 所示。

练习功效：在进行时需要注意的是，脚心的位置越高，越能够锻炼踝关节，达到矫正骨盆的作用，为了保持身体平衡，要将视线收于眼前 1.5～2 米远的一个点。通过合掌树式瑜伽的练习能够培养注意力，使精神集中，而且可以刺激肠胃，对缓解便秘也有一定的功效。

4）束角式

（1）弯屈双膝，把两脚的脚跟和脚掌贴合在一起。

（2）两手紧握双脚，呼气时，向前弯身直到头部靠落在垫子上，正常呼吸，保持这个姿势 30～60 秒，然后吸气，可再重复，如图 6-5-11 所示。

练习功效：束角式瑜伽练习法可以纠正月经周期不规律，并帮助生殖系统正常地发挥功能，同时额外增加对下背部、腹部和骨盆的血液流动。

5）V 字式

（1）坐姿，弯屈双膝，双手抓住两脚脚趾，调匀呼吸。

（2）吸气，双脚慢慢举高，上身同时稍向后倾，以脊柱骨做支点，保持身体平衡。

（3）双脚慢慢向两侧打开，同时将头部后仰，双脚与双臂伸直。

（4）保持此姿势，自然呼 5 次，如图 6-5-12 所示。

 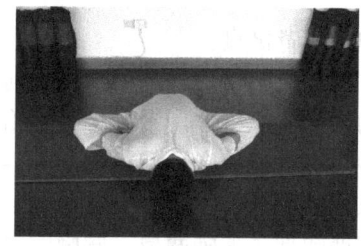 

图 6-5-10　　　　　　　图 6-5-11　　　　　　　图 6-5-12

（5）呼气，放松，慢慢还原坐姿。重复练习 3 遍。

练习时，动作缓慢，注意保持身体平衡。

练习功效：增强腹肌力量，消除腹部赘肉，能使大腿修长及腰变细。防止内脏下垂，改善胃肠功能，消除便秘及强化背部。具有放松身体和关节的效果，对胆小、容易冲动或神经质的人有帮助。

6）双腿背部伸展式

（1）平坐地面，两腿向前伸直，脚跟、脚趾并拢坐稳。脊柱、颈部、头部保持直立。双手垂直放在身体两侧。

（2）尽量保持身体笔直的前提下前倾，双手抓住两脚。

（3）头部下低到两肩之间，同时将气呼出。

（4）伸直脚趾，绷紧双腿，同时将头部置于两臂之间。双手双臂尽量前身，保持6～10秒。如图6-5-13所示。

图 6-5-13

（5）开始吸气。同时手掌沿着腿部慢慢收回，回复到预备姿势。

凡背部受伤，或脊柱疼痛者，在练习过程中要放松身体，缓慢练习。

练习功效：这个姿势对于整个脊柱、神经系统和腹部器官、分泌腺会产生益处。由于身体的这样活动，可以治愈这方面的疾病。对于糖尿病患者也有很好的疗效，因为它促进了胰脏和内分泌腺的活动，从而改善胰脏功能，正常分泌胰岛素。还能治愈背部和脊柱疾病，减轻胃痛，使神经系统功能回复正常。

7）船式

（1）坐姿，两腿并拢伸直，脚尖绷紧，挺胸抬头，眼睛平视前方，吸气。

（2）缓缓呼气，下巴微微抬起，两臂环抱大腿上举，手臂与肩同高，保持背部、双手、双腿伸直，保持3～5个深呼吸，如图6-5-14所示。

做这个动作时会明显感觉到腹部用力（腹肌无力的人还会觉得腹部发抖），同时绝对不允许背部弯屈。

练习功效：腹部脂肪堆积的一个很重要原因就是宿便堆积，同时，日常生活中，"猫腰"也会使腹部堆积赘肉，所以要平坦腹部，则不仅要多做运动，也要注意平时生活中保持挺胸抬头，背部挺直。

8）前伸展式

（1）坐于地面，两腿前伸，腰背挺直。

（2）吸气，身体向后倾，两掌放于臀后方，两手指尖向臀部的方向。

（3）收缩腹部，用两臂的力量支撑身体，慢慢将臀部抬离地面，尽量将两膝伸直。

（4）做到极限处保持数秒，可以把头向后仰，如图6-5-15所示。

（5）呼气，慢慢将臀部放回地面，回复到坐姿。

练习功效：发展胸部，伸展腿部，加强两肩、两腕的灵活，美化臀部。

9）猫式

（1）跪坐，双膝并拢，双手置于双膝上，调整呼吸。

（2）将双手放到双膝前的地面上，双臂伸直，昂首，闭上双眼，将注意力集中在双眉之间的一点之上。

（3）吸气时将胸部和脊椎尽可能地往前伸直，此时背部因伸张而感到肌肉用力，胸部充满氧气，如图6-5-16所示。

图 6-5-14

图 6-5-15

图 6-5-16

（4）而呼气时则令背部呈圆状（也就是通常所说的含胸），如图 6-5-17 所示。

练习功效：猫式可以协调神经系统，改善身体姿态，预防椎间盘疾病和骨质疏松症，并且促进身体灵活，使思想敏捷、头脑冷静，是著名的永葆青春的瑜伽练习。

10）骆驼式

（1）跪在地面上，两大腿和两脚靠拢，脚趾朝上放在地面上。

（2）手掌放在臀上，伸展大腿，脊柱后弯，肋骨延展。

（3）呼气，把右手手掌放在右脚跟上，左手手掌放在左脚跟上，如果可能，把双手手掌尽量地放在脚底上。

（4）手掌下压脚底，使头部向后，脊柱尽量向大腿方向推，同时大腿应该始终与地面保持垂直。

（5）收缩臀部，进一步伸展背部脊柱和尾骨区域，颈部始终向后伸展。

（6）保持这个姿势半分钟的时间，正常的呼吸，如图 6-5-18 所示。

（7）依次把双手重新放在臀部，然后坐在地板上，进行放松。

练习功效：柔软脊椎，扩张胸部，尤其提高腰部柔韧，增加脊椎弹性。消除肩膀及背部的紧张和疼痛。防治驼背，矫正体态不良。

11）犁式

（1）平躺在地上，双腿伸展，膝盖绷直，双手放在身体两侧，手掌朝下，保持 3 个深呼吸。

（2）吸气，弯屈膝盖，膝盖朝胃部移动至大腿压到胃部，保持 2 个深呼吸。

（3）呼气，用手支撑着地面，躯干垂直向上抬起，直到胸部碰到下巴，保持 2 个深呼吸。（此时，只有头后部、颈部、肩膀和上臂后部放在地上）

（4）呼气，逐渐放下双腿，平躺在地上，放松。双腿落地时注意保持平衡，通过调整重心，让腿缓慢地落下，如图 6-5-19 所示。

图 6-5-17

图 6-5-18

图 6-5-19

练习功效：可以活动每一节脊柱，使得脊髓功能恢复正常，疼痛症状缓解，可以缩小腰围，强壮消化系统，活跃神经系统，有益生殖系统。对加速面部血液循环也有十分有益。

12）肩倒立式

（1）仰卧，吸气，两手掌贴地，收紧腹肌及大腿肌肉。手掌用力按地，慢慢抬起双腿，膝盖挺直。

（2）双腿经头部上方向后甩。臀部一离地，即用两手支撑起下背部。小心翼翼地慢慢伸直身体，直至身体接近于垂直。（建议初学者阶段挺直身体的程度以平衡为限度，不必开始就和地面成90°）

（3）下巴碰触胸前，两脚大拇指并拢，两腿放松，两眼注视脚尖。（两眼也可以闭上）

（4）自然呼吸，保持此姿势，最长不要超过5分钟，如图6-5-20所示。

图6-5-20

（5）缓缓放下身体，两腿慢慢放回地面，全身放松1分钟。

此式要特别注意颈部的柔软动作，以免伤到颈部，配合鱼式练习。注意身体的平衡，初学者可以靠着墙壁练习。有高血压、心脏病及60岁以上身体虚弱的人、女性经期，不宜练习。

练习功效：肩倒立式是所有瑜珈体式之母，是大多数普通疾病的万能药。可以消除小腿肿胀，可以排除毒素，治疗便秘，可以缓解月经失调和贫血，可以缓解哮喘、支气管炎症状，可以缓解头疼、普通感冒以及其他鼻部疾患，可以缓解高血压和失眠症状，可以帮助身体恢复。

三、瑜伽呼吸、冥想与放松

（一）瑜伽的呼吸

人的身体状况，在很大程度上依赖于呼吸的规律性，甚至呼吸方式可以高度地反映出一个人的情绪情感。当人们在心烦意乱的时候，例如沮丧、悲痛或抑郁，呼吸就变得很慢和没有规律。而在狂怒、焦虑和紧张不安时，呼吸则变得迅速、表浅和混乱。连续不规律的呼吸，不仅损害神经系统，而且妨碍内分泌的固有功能，最终使体质变得虚弱。

瑜伽认为，人一生的呼吸量是有一定限度的，呼吸又快又匆忙，人一定早逝。相反呼吸缓慢，犹如在品尝空气的人，可获得长寿。例如，脾气暴躁的猴子，呼吸频率极快，寿命不长，而鹤与龟，则以缓慢温和的长息呼吸法而长寿，自古有千年鹤、万年龟说法，足见缓慢呼吸是长寿的关键。

瑜伽呼吸法按摩内脏，尤其是腹式呼吸法能够唤醒构成身体的每一个细胞，并将氧气中的能量传递给他们，使他们保持活力，有助延缓衰老的功效。同时，瑜伽呼吸法能促进血液循环，促使体内疲劳物质尽快分解，并且通过横隔膜的大幅度上下运动，对内脏进行按摩，加快体内积存废物的排出，从内到外地净化体内环境。瑜伽呼吸法还能够提高肺的机能，增强呼吸系统的免疫力，使心脏规律地运动，为大脑增添活力，与瑜伽体位法配合，实现"身体内部运动"的目的。瑜伽呼吸法还可以控制情感，我们的自律神经不以人类意志为转移地进行着运动，但是，我们可以通过控制"呼"和"吸"的运动来控制自律神经，所以才会有那句话"呼吸乱了，心就乱了"。

下面我们简单介绍一下瑜伽呼吸法，瑜伽呼吸法从呼吸的部位来分，呼吸可分为腹式呼吸、胸式呼吸和腹胸式完全呼吸。

腹式呼吸：以肺的底部进行呼吸，感觉只是腹部在鼓动，胸部相对不动。

胸式呼吸：以肺的中上部分进行呼吸，感觉是胸部在张缩鼓动，腹部相对不动。

完全呼吸：肺的上、中、下三部分都参与呼吸的运动。腹部、胸部乃至感觉全身都在起伏张缩。

其中，完全瑜伽呼吸法结合了腹式呼吸和胸式呼吸，使呼吸效果达到最好。当练习一段时间后，这个呼吸应该应用到日常的生活中，尤其在生气或紧张时练习，可以很快使情绪平静下来。瑜伽完全呼吸法是大多数调息法练习中的必要条件。但要注意，呼吸要自然，不要使用任何外力。

瑜伽呼吸法还包括调息法（即呼吸控制法，由吸气、呼气、屏息三个部分组成），这里我们不详细介绍了。需要注意的是，瑜伽的呼吸练习最好在有经验的教师指导下练习。

（二）瑜伽的冥想

冥想字面上的解释：冥，就是泯灭。想，就是你的思维、思虑，冥想就是把你要想的念头、思虑给去掉，找到感知。可以这样理解"冥想"，比如想象一个湖，湖面平静则清澈见底，若湖面动荡、波涛汹涌，那什么也看不到了。思维也是如此，只有当思维平静时，你才能看到和感受到内在的平和。

冥想对每一个人都有好处，尤其是对那些生活紧张的人。通过冥想，可以在生理和心理上发生变化。生活在社会中许多有追求的现代人，他们或多或少地有烦恼、压抑、失眠，造成荷尔蒙分泌异常，免疫力减退，削弱了防御疾病的能力，刚开始可能是亚健康，持续下去可能是肿瘤、癌症。练习瑜珈，进行冥想可以改善这种状态。

冥想是从我们身体的可控部分为入口的。例如，把手做一个高度的弯屈，当你弯屈伸展，伸展到极限的时候，思维在这个时候就停止了，瑜伽很多体式要求尽量做到身体的极限，到达身体的极限后意识进入到了感知的状态，进入冥想的状态。呼吸控制法中的控制具有另外一层意思：无限扩充，无限伸展的意思，做一个体式达到无限伸展的时候，就进入了冥想这种状态，练体式是使用了身体的极限，身体的运动后很多老师会设一些烛光冥想、OM 声冥想、观注呼吸的冥想等，原理都是相同的。烛光冥想是用眼睛，眼睛张开，不要眨眼，其实只要掌握了原理不使用蜡烛也可以掌握冥想，不使用蜡烛，把眼睛睁开，尽量不眨眼，可控系统达到非可控的时候，眼睛睁开了一会，疲劳了需要眨眼来保护眼睛，但是你控制他，不眨，这时头脑的思维就停止了，这时候没有了任何思维。冥想的锻炼实际上是利用身体可控的部分切断思维，呼吸也一样，很多老师会教呼气、吸气、屏气。我们来实验一下，深吸一口气后屏息，在屏息这一瞬间头脑进入真空状态，无法进行思维，就进入了冥想。当思维切断的时候，有一种能量自动流淌，进入感知，感知和思维是很难同时存在的，当思维存在太厉害的时候感知就会消失。冥想这种状态是处于一种感知，这种感知是智慧的。

什么是感知、知觉：知觉就是说，你打了我一下或被开水烫了，我感知到了疼，是一种知觉的感应。我们的头脑经常处于一种思虑的状态，老在想东西，想太多就忘记了知觉，当一个人的思虑太多，就会忘记身体的感知能力，长期处于思虑状态，心灵跟身体会高度的分裂，当很强烈的分裂时会失眠、焦虑、紧张，由此引起各种病症，如高血压、心脏病等。当一个人远离了知觉，处于"失念"的状态，其思维是完全脱离身体的，知觉失去了感知能力。留意观察一下路上的行人你会看到，特别是在大城市，你观察他们，每个人走路的时候不是在走路，他在走的时候眼睛、动作各方面都被带到他脑子里想象的另外一个目的地方的，很难有一个很轻松走路的时候，这种走路的状态就是把意念拔离了身体。如果你在清晨或者黄昏的时候，去观察在公园锻炼的老人，你会发现这时他们走路的状态和白天是完全不同的，为了走而走，动作肢体有和谐在里面。当一个人过度的思虑，使心灵离开了身体，身体和心灵的分裂，这种分裂产生各种疾病。

盘坐放松全身，保证腰背部在练习过程中是伸直的。双手做手印或自然地放在膝盖上，放松脸部肌肉、眼睛、鼻子、嘴唇、舌头，闭上眼睛，把注意力放在呼吸上，用鼻子呼吸。先不用刻意调整呼吸，只须观察自己呼吸的状态——呼吸的节奏、快慢、深浅或者静静地体会呼吸时的紧张与放松，观察自己呼吸的声音。尽可能地放松自己，几分钟之后，你的呼吸状态就会慢慢地变得平稳下来，你会越来越平静。继续观察自己的呼吸，继续体会呼吸的节奏和状态。吸气和吐气会比之前更安静、平稳，体会吸气和吐气之间的平和。你可以用心地告诉自己：我正在慢慢吸气，我正在慢慢吐气。吸气时，想象自己正在感受大自然给予身体的能量；吐气时，感觉所有的紧张，浊气排出体外。当注意力从呼吸上跑开时，不要着急，只是静静地观察着这种"游离"，然后慢慢地把意识引回到自己的呼吸上。随着练习时间的加长和次数的增多，随着对这种冥想方法的熟悉和适应，你一定会变得越来越舒适、越来越平静。可以根据自己的状态来调节冥想时间的长短。开始时，时间可以稍短，5分钟左右，然后慢慢增加到10分钟、15分钟，以至更长，如图6-5-21所示。

图6-5-21

冥想的时间通常应注意是空腹的时候，因为饱腹容易使人想睡，而难以进行。可以在晚上睡觉前，夜深人静的时候更利于冥想，也利于帮助入睡。选择一个专门的地方来练习，这样可以帮助你找到安宁感，易于进入瑜珈冥想状态。坐下来后，让背部、颈部和头部保持在同一条直线上，面向北面或者东面。在冥想的过程中，保持身体温暖（天凉时你可以给身体围上毯子），引导你的意识保持平静。让你的呼吸有规律的进行——先做5分钟的深呼吸，然后让呼吸平稳下来。当你的意识开始游离不定，不要太在意，也不要强迫自己安定下来。如果你利用一种冥想方式练习几次都感觉不舒服，那么你可以放弃这种方式而选择另外一种更合适自己的方式。

（三）瑜伽的放松

放松的重要性无论如何强调都不算过分，它们应当在瑜伽姿势阶段练习之前以及身体疲劳的任何时间内进行，以集中力量。通过瑜伽练习舒松感提高后，大脑内因平时精神刺激而积蓄的各种神经能量就容易消散掉，而这种力量在消散的同时，大脑和肌肉里本来就有的生理功能就容易表现出来，实现全身的和谐。当今时代人们处于众多的紧张和焦虑之中，甚至在睡眠中也很难放松。现代人所必须做的并不是从充满刺激的人类社会回到大自然的荒山去生活，而是要唤醒人类本身内在的自然，这是最重要的。以下的这些瑜伽姿势对这些身体急需得到休息的人员尤为有用。

1. 仰卧完全放松式

仰卧垫上，两手放在身体两侧与身体平行，掌心向上。双腿稍微分开至舒适位置。闭上双眼放松全身。尽量不要移动身体的任何部位即使出现不舒服。让呼吸变得有节律、自然。让思想意识到自己吸气和呼气。倘若练习者能够把意识集中在呼吸上几分钟身心就会慢慢的得到放松。

呼吸：保持自然而有节律的呼吸。时间：为适合个人所能有的时间，一般来说，时间越长越好。意守：集中在呼吸上。如果以完全放松式进行瑜伽，那么将意识引向身体的各个部位。效益：为整个心理-生理系统提供放松。

2. 瑜伽休息术

瑜伽休息术是让瑜伽练习者得到极好休息放松的技法。我们经常会在午餐后感到睡意，可又没有时间睡上一觉，在这种情况下，只要你做以下任意一种瑜伽休息术就可以让睡意顿消，恢复体力了。如果经常睡得很晚，而每天又必须早起，常常感到疲惫不堪，在这种情况下，只要晚上临睡前做一做瑜伽休息术，第二天早上起来就会发现虽然只是睡眠较短，但感觉浑身轻松，精力充沛，睡眠质量大大提高。

瑜伽休息术的练习方法也非常的简单，三种常用的技法：训练法、意境法和休息法。前两种是比较简单的放松方法，适合没有太多时间做放松练习的人，而休息术是循序渐进的，全面的放松，进行时间越多时，效果也会更好。这里我们不详细介绍了。

第六节 舞蹈形体训练

一、舞蹈形体训练概述

（一）舞蹈形体的基本概念

舞蹈形体

舞蹈形体是近几年兴起的一项以改善人的体型为指向的健身运动。但它不等同于舞蹈训练。舞蹈是通过美的人体动作语言表述某一思想内容、思想情感的造型艺术。它通过舞者的舞蹈动作语言表现，创造出意境，表现出人的思想和情感，从这个方面而论，舞蹈是一种人体表演艺术。

舞蹈演员的形体美是全世界公认的典范。舞蹈演员的身材和行为规范是按照形体美的基本标准塑造的。舞蹈演员的形体美除了先天的身体条件（三长一小）比较好以外，更主要的是后天训练的结果。这是一个逐渐培养和修塑完善的过程。当然这种方法也兼有健身强体的功能，于是也被用作大众健身美体和自娱自乐的运动项目。这样就产生了形体舞蹈。

舞蹈形体，就是指按照人体形态机能的特点，以有氧运动为基础，在音乐的伴奏下把舞蹈训练作为改善形体的主要手段，通过人体正确姿势的培养和身体各部位肌肉的锻炼与脂肪的消耗，以在娱乐中增进健康、塑造形体、提高气质，从而达到一种形体美的一项体育运动。它的目的是健康和健美，不像舞蹈那样具有表达社会性和思想性内容的目的。

（二）舞蹈形体的产生和发展

我们很难确切的说舞蹈形体训练到底产生于什么时候。但形体舞蹈产生于人们对美的形体的追求过程中确是不争的事实。根据历史唯物主义史观分析，通过身体的机体活动达到健康和健美的目的，是人们在社会生活实践中总结出来的有效方法。考古成果也证实了这一点。

原始舞蹈产生于史前时期。原始舞蹈大概产生于宗教活动中。青海大通县出土的新石器时代舞蹈纹陶盆，三组各五人手牵手舞蹈，动作协调优美、生意盎然。从画面分析看，人物有头饰和尾饰，动作协调一致，可见已经比较娴熟了，考古学家认为它疾苦的是当时的宗教活动场面。

人们在舞蹈的过程中，也逐渐认识到了舞蹈的健身作用，于是除了实践外还有了文字记载。《路史·康阴氏》载："阴康氏之时，水溃（tui 音颓，坠降）不疏，江不行其原，阴凝而易闷，人既郁于内，腠（cou 音凑，皮肤的纹理和皮下的肌肉之间的空隙）理滞而多重腿（音 zhui，脚肿），得所以利其关节者，乃制为之舞，教人引舞以利导之，是为大舞。"这里明确地阐述了舞蹈的"利其关节"的医疗保健作用。这大约也是我国、甚至世界上最早的关于利用舞蹈保健祛病的记载。同时也说明，体育的强身健体功能在史前已为人们所认识利用。

西周的国学中设有舞蹈课程，称"乐舞"。学校中的舞蹈是根据不同的年龄特点设置的，《礼记·内则》中有"十三舞勺，成童舞象，二十舞大夏"。"勺"是文舞，"象、夏"是武舞。又按难易与规模分为大舞和小舞。小舞有六种，大舞有七种。据郭希汾著的《中国体育史》理解其作用，一为健身，二为道德和行为修养。书中还引了李嘉会的话"教国子以舞，使之委蛇曲折，动容貌，见威仪就其抑扬进退之节，以消其骄淫矜夸之习"。这种"舞"的训练目的，主要不是为了表述某一思想内容，而是训练人体动态美。从这个意义上说，中国的形体舞蹈滥觞于西周。

春秋时期的舞剑也作为强身的手段广泛开展。《吴越春秋》中记载范蠡给越王的女剑术家，不仅剑舞得好，而且精通剑术的理论"内实精神，外示安仪见之似好妇，夺之似惧虎"。后来舞剑发展成一种带有很强健身功能和表演色彩的"剑舞",如唐代有著名的"公孙大娘舞剑器"。长沙马王堆三号汉墓出土的一卷绘有人体各种运动姿态的帛画,反映了人们当时为人体健美而进行身体锻炼的内容。

汉代流行一种"折腰舞",这是一种以腰部动作为主的舞蹈。汉高祖的戚夫人,其美丽的腰肢是以她的翘袖折腰舞连在一起而展现的。我们可以认定:戚夫人的"翘袖折腰舞"在使戚夫人成为细腰美人的过程中功不可没,或者说细柔的腰肢为她的"翘袖折腰舞"提供了身体条件。此外,大文学家枚乘的《七发》,通过主客问答的形式从理论上提出身体运动对提高体质、防病治病的意义。东汉医学家华佗所创的"五禽戏",以模仿动物形象和动作模式来达到强身健美的作用,已经将人体的形体训练推到一个新的高度。

(三)舞蹈形体训练的意义

舞蹈形体训练的目的大致有两类,一类是为了表演、比赛而进行的形体训练,如某些运动员(体操、艺术体操、花样游泳等)和演员(特别是杂技和舞蹈演员)进行的训练。另一类是大众性的形体训练。后者是一般的社会个体为了获得健康的身体、健美的体型、端正的身体姿态而进行的身体练习。前一类练习,一般有明确的目标,并为实现这一目标制订有步骤的严格计划,在严格的医务监督下为实现目标不断调整计划,使之可行有效,直到目标的实现。后一类练习,一般的目标是使形体得到改善,还可根据特殊情况的练习者的具体情况,选择有针对性的内容和方式进行练习。

在训练目的上,形体训练舞蹈不同于舞蹈演员、竞技运动员等为表演或比赛而进行的基本训练。舞蹈演员的基本训练是以塑造美丽的外观形象和培养高超的表演技艺为目的而进行的,"力的控制"和"美的造型"是重要的指标。一般而言,他们训练的动作规格要求高,动作的难度大,甚至不惜"伤筋动骨"。而我们所述的形体舞蹈是通过舞蹈的方式对普遍大众有针对性的训练,以健康、健美和提高艺术涵养与人的气质为目的进行的个体运动,是一种"改善"行为。所以,要根据练习者的基本素质安排运动量和运动强度,防止产生过度疲劳或伤害。从参与者而言,前者是特定人群,后者则是任何体形的人,只要能正常活动的都可以参与。所以舞蹈形体训练有三个基本意义:健康、健美和提高人的艺术涵养及气质。

形体训练的更主要目的是对健康体形的指向,其训练的内容和方式直指形体的健美。对男性而言,要培养健康的体魄、发达匀称的肌肉、良好的动作姿态;对女性而言,要培养优美而有活力的体形,消除多余的体内和皮下脂肪,增强身体动作的灵敏度和行为动作的姿态美感。所以它的动作设计,主要是为健美体形服务的。因此,舞蹈形体也被称为"人体修塑"。

作为舞蹈形体训练的舞蹈样式,在我国主要分民族舞、芭蕾舞和现代舞等。公元前3世纪开始,古印度人根据《瑜伽(Yoga)经》编创了一种以调息、静坐为特征的瑜伽术,从宗教的"修行"出发对人体进行锻炼,并得到流行。瑜伽姿势,是人们通过观察动物和植物的生存状态总结出的自我调节功能很强的动作体系。这种对动物行为的模仿，是人类最早的艺术行为之一，也是最早的有目的的健康活动之一。

健美能提高人的艺术涵养及气质。古希腊的哲学家德谟克利特说："身体的美，若不与聪明才智相结合，是某种动物性的东西。"我们所说的形体美，正是要求人的外在美和内在美的统一。通过形体舞蹈训练不仅可以完善体形、体态和仪表，还可以陶冶情操、美化身心。在追求形体美的同时，加强自身的思想修养和艺术修养，提高对美的感受能力和表现能力，注意心灵美、行为美、语言美，使外在美和内在美很好地融合在一起，才能形成高雅的气质和风度。总之，要通过形体训练，使外形优化和内涵提高得到完美的统一，以动态美和静态美构成完整的个体形体美，提高个性魅力。

二、舞蹈形体的基本技术和套路训练

（一）身体的基本姿态及手、脚的基本部位

1. 站立姿态

头正直，肩部放松下沉，胸部挺起，后背腰直，收腹立腰、提胯，臀部夹紧，腿部肌肉上收。

2. 基本部位

脚的基本部位如图 6-6-1 所示。

一位：两脚跟靠拢，两脚尖向两侧，两脚成一条直线。
二位：两脚跟间距一脚，脚尖向两侧成一条直线。
三位：两脚跟相靠于脚弓部，脚尖向两侧，两脚平行。
四位：两脚平行，间距约一脚，两脚尖向两侧。
五位：两脚平行相靠，脚尖向两侧。
正步：两脚并拢脚尖向前，重心在两脚上。
八字步：两脚跟靠拢，两脚尖向斜前方成八字形。重心在两脚上。
丁字步：一脚跟靠另一脚弓处，成丁字形，脚尖向斜前方，重心在两脚上。

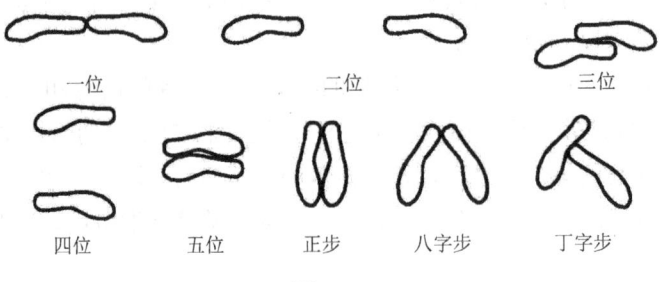

图 6-6-1

手臂基本部位，图 6-6-2 所示。
一位：两臂体前下垂，食指、拇指相对，掌心稍向内上方。

二位：两臂弧形前举，手指相对，掌心向内。
三位：两臂弧形上举，稍向前，掌心相对。
四位：一臂上举（三位），另一臂前举（二位）。
五位：一臂上举（三位），另一臂侧举（七位）。
六位：一臂前举（二位），另一臂侧举（七位）。
七位：两臂弧形侧举，掌心向前下方。

手指并拢，拇指与食指相对，并稍向里扣，手指自然放松、伸展（图6-6-3）。

图6-6-2　　　　　　　　　　　　　　　图6-6-3

3. 手臂的摆动、绕环及波浪

手臂练习只要发展肩、肘、腕、指关节的灵活性、柔韧性，建立正确的肌肉感觉，提高手臂动作的美感和表现力。练习是要注意由躯干部分发力逐渐转达到肩、肘，再过渡腕、手指、指尖，要求动作准确、柔和、幅度大。

手臂摆动：手臂摆动是以肩关节、肘关节为轴所做的等于或小于180°的钟摆式运动。

手臂绕环：手臂绕环视单臂或双臂以肩、肘、腕为轴在各个运动面内，向各个相同或不相同方向做的360°或360°以上的圆周运动。以肩关节为轴的为大绕环；以肘关节为轴的上、下、前、后、内、外波浪式动作，可以双臂或单臂同时或依次进行练习。

侧举波浪如图6-6-4所示。

图6-6-4

预备姿势：自然站立，两臂侧举。
动作过程：肩部下沉，接着肘、腕、指关节依次弯屈，再次伸直还原为侧举。
技术要点：两臂及身体要放松，由肩带动一次屈、伸。
动作规格：柔和连贯，依次推移。
教学步骤：①单臂或双臂同时或依次慢动作练习。②按音乐节奏进行练习。③亦可两臂侧举，手心向前练习前后波浪，两臂上举或下举，两臂向内向外波浪。

（二）基本步伐

步伐是艺术体操徒手练习的主要内容之一。通过各种步伐练习可以培养练习者的协调性和节奏感。

1．柔软步

预备姿势：自然站立。

动作过程：右脚开始向前一步，膝盖脚尖绷直，由脚尖着地过渡到全脚掌着地，重心随之前移，左脚尖后点地，两腿依次交替进行练习，两臂前后自然摆动（图6-6-5）。

技术要点：摆动腿外开，由脚尖先落地再过渡到全脚掌，身体正直抬头挺胸。

动作规格：柔和，自然。

教学步骤：①两手叉腰做慢动作。②按拍节进行完整动作练习。③柔软步的练习可以配合手臂各种变化进行。

2．足尖步

预备姿势：双脚提踵站立，两臂自然下垂。

动作过程：右脚开始向前一步，由脚尖先着地过渡到脚掌着地，重心前移，两臂前后自然摆动，两脚交替进行练习（图6-6-6）。

技术要点：身体正直，收腹立腰，脚尖绷直保持提踵姿势，重心平稳，步幅不宜过大。

动则规格：步伐柔和、自然、提踵高。

教学步骤：①提踵站立练习；两手叉腰做慢足尖步练习；②完整动作练习。

足尖部的练习或以配合手臂的各种变化进行。

图6-6-5

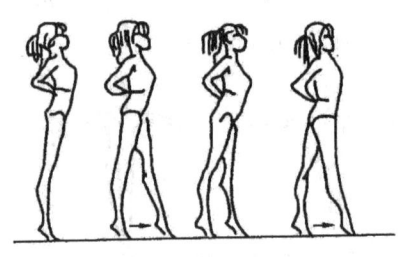

图6-6-6

3．滚动步

预备姿势：左脚站立，右腿屈膝前举，脚尖点地，使小腿、脚尖与地面呈垂直状，两臂自然下垂。

动作过程：右脚由脚尖过渡到脚掌着地并伸直，重心移至右腿，同时左腿由全部脚掌过渡到点地，使小腿、脚尖与地面呈垂直状。两腿交替进行。两臂自然摆动（图6-6-7）。

技术要点：重心经过脚掌的滚动由后向前移动，同时髋部上提。

动作规格：动作柔和连贯，节奏清晰。

教学步骤：①双手扶把杆进行练习。②慢动作练习，体会重心移动过程。③完整动作练习。

滚动步练习还加以配合手臂动作的各种变化向前、向后及变节奏进行。

4. 弹簧步

弹簧步是单脚立踵及跳步的基础动作，包括向前、向侧弹簧步，举膝弹簧步及弹簧步跳等。

1）前弹簧步

预备姿势：双脚提踵站立，两臂自然下垂。

动作过程：左脚向前一步，落地时稍屈膝，接着充分蹬直提踵立，同时右腿前摆至前下举。两腿交替进行，两臂前后自然摆动（图 6-6-8）。

技术要点：摆动腿向前做柔软步落地，重心随着屈膝下降，接着蹬直提踵立，身体保持正直，收腹立腰。

动作规格：动作柔和、连贯、有弹性。

教学步骤：先掌握柔软步、足尖步动作。慢动作体会整个动作过程，按节奏进行练习。

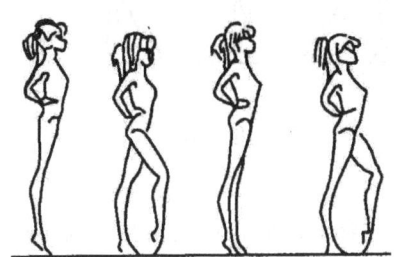

图 6-6-7

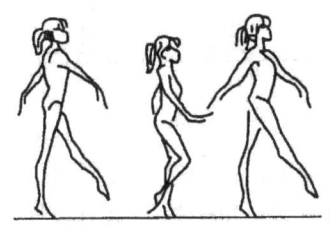

图 6-6-8

2）侧弹簧步

预备姿势：双脚提踵立，两臂侧举或叉腰。

动作过程：左脚向左侧一步，由脚尖过渡到全脚掌着地，接着屈膝，重心移至左腿；随之右腿随屈膝在左腿后，重心落至右腿。然后右腿伸直提踵立，左腿随之向侧伸直，两臂侧举或插腰（图 6-6-9）。

图 6-6-9

3）向前举膝弹簧步

预备姿势：双脚提踵立，两臂侧举。

动作过程：摆动腿经屈膝前举，大腿举至90°，小腿屈与大腿成钝角，主力腿充分蹬直，接着摆动腿向前下伸直后蹬地向上跳起，空中保持屈膝前举姿势。两腿交替进行，两臂前后自然摆动（图6-6-10）。

动作规格：动作柔和、连贯，有弹性。

教学步骤：①掌握向前弹簧步动作。②慢节奏体会动作过程，逐步过渡到完整动作练习。

5. 变换步

变换步是一种常用的舞步，动作变换较多，可以向前、向侧、向后做，还可以跳和转体，做时配合手臂的各种动作向前变换步（图6-6-11）。

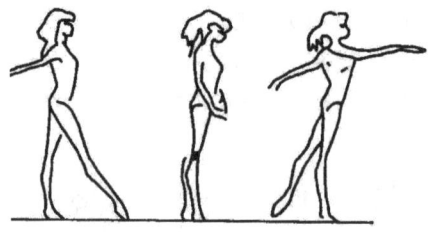

图6-6-10　　　　　　　　　　　图6-6-11

预备姿势：自然站立两臂侧举。

动作过程：第一拍上半拍右脚向前柔软步，重心移至右腿，两臂落至体前下举，下半拍左腿并于右脚。第二拍右脚向前做柔软步，右脚站立，左腿伸直后点地。两臂由下摆至左臂前举，右臂侧举。

技术要点：做柔软步落地，由脚尖过渡到全脚掌时，重心随之前移，站立时两脚分开，上体正直，收腹立腰。

动作规格：动作连贯、伸展、协调，节奏清晰。

教学步骤：①先掌握柔软步及并步动作。②两手叉腰慢速度练习过渡到正常速度练习。此动作还可以向侧做（图6-6-12）。

向后做时可以一腿在前垫底，或屈膝前举，向前跳起来做（图6-6-13和图6-6-14）。

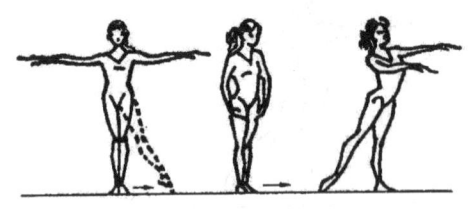

图6-6-12　　　　　　　　　　　图6-6-13

图 6-6-14

6. 华尔兹步

华尔兹步是基本的舞步之一,具有轻盈优美的特点。

1) 向前华尔兹步

预备姿势:双脚并拢提踵立,两臂侧举。

动作过程:左腿向前依次柔软步,落地稍屈膝,重心随之前移,右腿自然前伸;右脚向前二次足尖步,两臂随之做波浪(图 6-6-15)。

技术要点:三拍完成动作,柔软步落地柔和屈膝,足尖步脚跟提起重心向上升,三步步幅相等,不宜过大。身体稍有起伏,上体并随之稍向左右屈。

动作规格:动作柔和优美,连贯协调。

教学步骤:①练习者掌握柔软步、足尖步、仿弹簧步。②由慢动作练习过渡到完整动作练习。

2) 向后华尔兹动

做法同前,但方向相反(图 6-6-16)。

图 6-6-15　　　　　　　　　　图 6-6-16

3) 向侧华尔兹步

预备姿势:双脚提踵立,两臂侧举。

动作过程:①左腿向左侧做一次柔软步落地稍屈膝,重心移至左腿,同时两臂向左摆。②右脚前脚掌在左脚后落地稍屈膝,接着蹬直,身体稍向左屈。③左腿并于右腿提踵立,两臂左侧做波浪(图 6-6-17)。

技术要点:同"向前华尔兹步"。

动作规格:同"向前华尔兹步"。

教学步骤:掌握柔软步及向侧弹簧步。

慢节奏练习过渡到完整动作练习。

图 6-6-17

4）华尔兹转体 180°

预备姿势：双脚提踵立，两臂上举。

动作过程：右脚向前做柔软步稍屈膝，左臂向后绕至下举。左脚向前足尖步，同时向右转体 90°，左臂接着向前绕。左脚尖步并于右脚，继续向右转体 90°，两脚提踵立，右臂绕至上举，接着继续做（图 6-6-18）。

技术要点：华尔兹二拍时开始做转体 180°，每三拍完成一个转体 180°动作。

动作规格：动作柔和、幅度大、协调。

教学步骤：①练习者掌握各方向的华尔兹步。②慢节奏体会下肢动作或配合手臂动作。

此动作可以加快节奏在跑动和跳动中进行练习，这样会使动作更加活泼轻快。

图 6-6-18

7. 波尔卡舞步

预备姿势：自然站立，两手叉腰。

动作过程：左脚原地小跳，同时右腿前下举。上半拍右脚落地向前滑出，重心移至右腿，下半拍左脚向前做并步。上半拍右脚再向前一步，下半拍右脚原地小跳，左腿前下举。两腿交替进行（图 6-6-19）。

技术要点：腿直外开，向前滑步经两腿稍屈膝向前移重心，上步、并步时提踵。

动作规格：动作准确，节奏清晰、欢快。

教学步骤：①慢节奏体会动作过程。②按拍节进行完整动作练习。③波尔卡基本步法掌握后，可配合不同的手臂变化进行练习，可以做向后退的，经侧吸腿的或跳转体的波尔卡动作（图 6-6-20）。

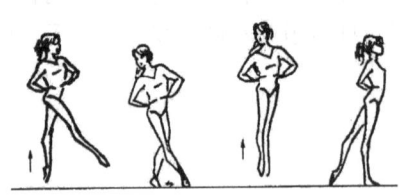

图 6-6-19

图 6-6-20

8. 转体

转体动作形式多样,如脚转、臂转、膝转、背转、腹转等。转体技术比较复杂,初学时应由简单动作开始,转体的度数也要逐渐增加。下面介绍以单脚和双脚为轴的转体动作。

1)双脚转体

(1)双脚交叉转体(图 6-6-21)。

预备姿势:站立,两臂自然下垂。

动作过程:右脚在左脚前交叉提踵,以两脚尖为轴向左转体 180°、270° 或 360°,同时两臂经侧上举。

技术要点:身体正直,两腿夹紧高提踵,收腹立腰,摆臂领肩带动转体。

动作规格:提踵高,转体度数准确。

教学步骤:①双脚提踵立练习。②转体度数由少到多。③初学者可扶把杆进行练习。

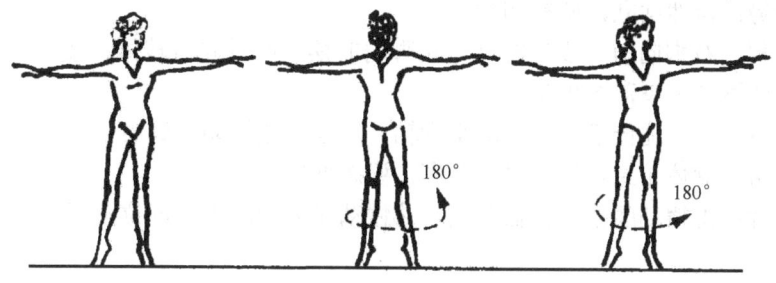

图 6-6-21

(2)平转(图 6-6-22)。

预备姿势:两脚自然站立,两臂侧举,向右转头,两眼平视右前方。

动作过程:右脚向侧一小步,前脚掌着地,左脚再向右侧一小步同时以右脚尖为轴向右转体 180°;接着快速向右转头,两眼平视右前方,同时以左脚为轴向右转体 180°,两臂始终保持侧举。以此连续进行。

技术要点:收腹立腰,两腿直,提踵高,肩臂发力带动身体转动,转体时双脚快速交替支撑。同时两眼平视前方留头和及时转头。

动作规格:转时快速、连贯、重心平稳。

教学步骤:①两脚开立提踵练习。②两手叉腰慢动作进行练习。

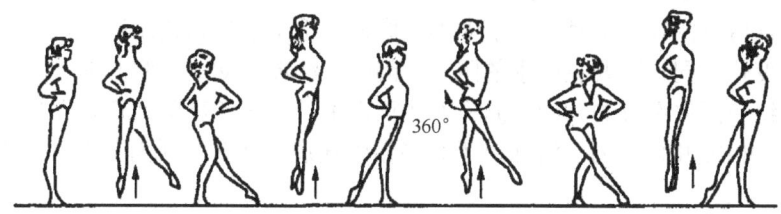

图 6-6-22

图 6-6-23

2）单脚转体

（1）单腿屈膝侧举转体 180°、270°或 360°（图 6-6-23）。

预备姿势：左脚站立，右脚前垫步，左臂侧举，右臂胸前平屈，手心向内。

动作过程：左脚蹬地，右脚提踵立，左腿屈膝侧举，向右转体 180°、270°或 360°，两臂上举。

技术要点：身体正直，收腹立腰。右臂摆动带动转体。转体时以主力腿前脚掌为轴。

动作规格：身体纵轴垂直地面，身体姿态及转体度数准确。

教学步骤：①单足提踵立练习，或单足提踵立，另一腿侧举。②逐渐增加转体度数。

（2）单腿前摆转体 180°。

预备姿势：自然站立，两臂侧举。

动作过程：右脚向前一步提踵立，左脚向前摆，同时向右转体 180°，成右腿站立左腿后举，两臂经上举落至侧举。

技术要点：主力腿伸直，以前脚掌为轴，用摆动腿摆动及脚尖带动转体。

动作规格：身体正直，转体时提踵高，姿态准确。

教学步骤：①摆动腿幅度由低到高。②慢动作体会用力的部位及用力方法。

第七节 游 泳

一、游泳运动概述及熟悉水性

（一）游泳运动概述

在漫长的人类发展史上，游泳是最古老的生活手段之一，随着社会生产力的发展，文化、体育、教育等都相继产生，游泳也转向满足人们精神生活的需求。近代游泳是人类社会高度发展的产物，竞技性、科学性和大众性是现代游泳的三大标志。

游泳是全身性的运动，经常游泳不仅能使躯体和四肢强健、肌肉丰满有力，身体匀称，体态健美；而且能扩大关节的活动幅度、提高关节的灵活性和稳定性。游泳时也可以享受到水浴、空气浴和日光浴的大自然沐浴，游泳不仅是广大青少年喜爱的运动项目，也是一项老幼皆宜的体育活动。在水中不能像在陆地上那样自由地呼吸，生理环境也产生了巨大的变化，同时又要克服水的阻力，因此，游泳运动能增强心血管系统、呼吸系统、神经系统和消化系统的功能，促进人体正常生长发育和新陈代谢，提高全身的协调性、增强身体机能和抵抗力。游泳对于许多慢性病患者还是一种有效的体育医疗手段。

（二）熟悉水性

让初学者了解和体验水的特性，克服怕水心理，掌握水感，如浮力感、阻力感和压力感等，习惯游泳时身体姿势的改变，培养对游泳的兴趣，并掌握一些水中活动的基本技能，即水中移动、呼吸、浮体和滑行，逐步适应水的环境，为进一步学习和掌握各游泳技术打好基础。采用水中游戏、背系浮板、手拿浮板、同伴帮助等方法，可以消除恐水心理。应重视熟悉水性的练习，打下良好的技术基础，增强学会游泳的自信心。

1．水中行走

（1）手扶同伴，在水中向前、后迈步行走，向左、右迈步行走。
（2）5～6人手拉手向前、后、左、右走动。
（3）与同伴手拉手成圆圈做游戏性的走、跑或互相推水、戏水。

2．呼吸练习

（1）手扶池槽或手握同伴的手，深呼吸后闭气，然后慢慢下蹲把头部全部浸入水中，停留片刻，在水中用鼻、嘴慢慢吐气，直到吐完后起立。在水面上吸气后再重复做几次。水中的呼吸要按照"快吸、稍闭、慢呼、猛吐"这一特殊的节律进行。

（2）同上练习。要求吸气后头浸入水中，稍闭气后即在水中用嘴和鼻同时呼气，继之抬头；在嘴将出水面，直至嘴一露出水面时，用力把气呼完；随即用嘴迅速吸气，吸气后头部又立即浸入水中。如此反复练习，使吸、闭、呼气有节奏地进行（图6-7-1）。

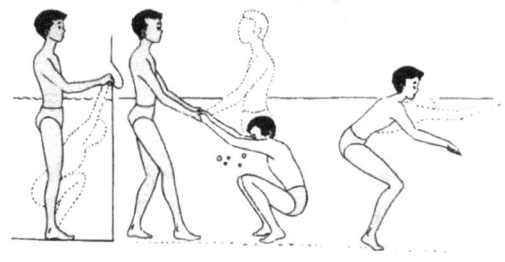

图 6-7-1

3．水中漂浮与站立练习

（1）抱膝浮体站立练习。原地站立深吸气后，下蹲低头抱膝，双膝尽量靠近胸部，前脚掌蹬离池底或水底，成抱膝团身低头姿势，自然漂浮于水中。站立时，两臂前伸，向下压水并抬头；同时两腿向下伸直，以脚触池底或水底站立，两臂自然放于体侧（图6-7-2）。

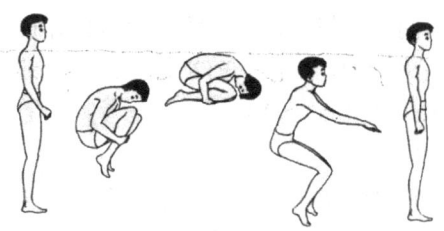

图 6-7-2

（2）展体漂浮练习。吸足气，身体前倒入水，闭气，抱膝，团身低头，等背部浮出水面后，伸直臂和腿，成俯卧姿势漂浮于水中。站立时，收腹、收腿，两臂向下压水，然后抬头，两腿伸直，两脚触池底站立（图6-7-3）。

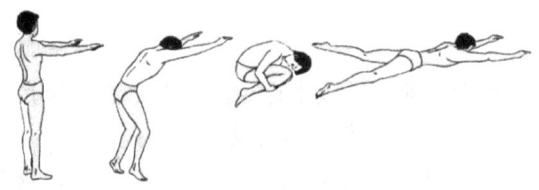

图 6-7-3

4. 滑行练习

滑行练习的目的是进一步体会水的浮力，掌握在水中平浮和滑行的姿势。滑行练习的方法主要有蹬池壁练习滑行和蹬池底或水底练习滑行（图6-7-4）。

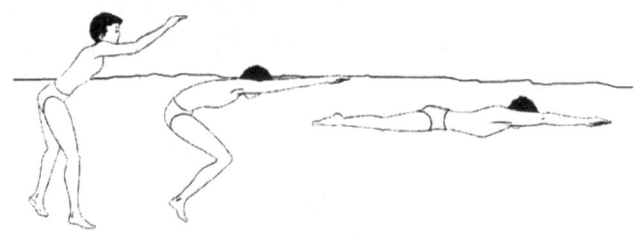

图 6-7-4

二、游泳技术

蛙泳是模仿青蛙游泳动作的一种姿势，相对于其他竞技游泳姿势来说速度较慢，但动作平稳，容易掌握，呼吸便利，适于长距离游泳，便于观察和掌握方向，实用价值较大，是救护、潜泳的常用姿势。

1. 蛙泳技术

1）身体姿势

蛙泳时，身体姿势不是固定不变的，而是随着臂、腿及呼吸动作的周期性变化而不断变化着。当蹬腿结束后，两臂并拢前伸。两腿向后蹬直并拢时，身体处于较好的流线型滑行状态，身体较平，头略抬起，水浸入前额处，胸部一部分、腹部和大小腿处在水平姿势。这时身体纵轴与水平面成5°～10°角。

2）腿部动作

蛙泳的腿部动作可分为收腿、翻脚、蹬夹腿和滑行，这四个动作紧密相连。

（1）收腿。开始收腿时，两腿随着吸气的动作自然向下，同时两膝开始弯屈并自然分开，小腿向前回收。回收时，两脚放松，脚踵向臀部靠拢，边收边分。收腿时力量要小，两脚和小腿回收时，要收在大腿的投影截面内。收腿结束时大腿与躯干成 130°～140°角，两膝内侧与髋关节同宽，为翻脚和蹬夹腿做准备。

（2）翻脚。收脚将结束时，脚仍向臀部靠近。这时大腿内旋，膝关节稍内，同时两脚向外侧翻开，勾脚尖，使脚和小腿内侧对好蹬水方向，使腿在蹬夹时有一个良好的对水面。

（3）蹬夹腿。翻脚后，立即以腰腹和大腿同时发力向后蹬水。先伸髋，再伸膝，以大腿、小腿内侧和脚掌向后做急速有力的蹬夹动作。在蹬夹腿过程中，当两腿并拢时略向下压，以形成前后鞭打动作。该动作是推动身体前进的重要动力来源。

（4）滑行。蹬腿结束后，腿处于较低的位置，脚距离水面为 30～40 厘米。此时，两脚迅速并拢伸直，身体适度紧张，呈流线型，做短暂滑行，准备开始下一个腿部动作周期。

3）手臂动作

蛙泳的手臂动作可分为抓水、划水、收手和向前伸臂，这四个动作紧密相连。

（1）抓水。从两臂前伸并拢、掌心向下的滑行开始，前臂、上臂立即内旋，掌心转向外斜下方，略屈腕，两手分开向侧斜下压水至两手间距离约为两倍肩宽处，手掌和前臂感到有压力便开始划水。此阶段动作速度较慢。

（2）划水。当两手做好抓水动作，两臂分至 40°～45°夹角时，手腕开始逐渐弯屈。这时两臂、两手逐渐积极地做向侧下后方屈臂划水。划水时肘的最大屈角为 90°左右，划水应用力，使上体上升到较高位置，为下一阶段收手、向前伸臂做好充分准备。

（3）收手。收手是划水阶段的继续。收手过程能产生较大的前进作用和升力。收手过程手臂向里、向上收到头前下方。这时，前臂与肘几乎同时做动作。收手时不应降低划水速度，而应以更快速度积极完成。收手结束时，肘关节低于手，大、小臂成锐角。

（4）向前伸臂。伸臂动作是由伸直肘关节、肩关节来完成的，掌心由朝上逐渐转向下，手指朝前；同时迅速低头，将头夹于两臂之间。动作完成时，两臂伸直并拢充分伸肩，掌心向下，成良好的流线型向前滑行。

4）蛙泳的完整配合技术

现代蛙泳完整配合技术多采用一个动作周期呼吸一次的"晚吸气"配合。在抓水过程中，随着头、肩的上升，嘴露出水面将气吐尽，两腿保持稍紧张的伸直姿势；当划水结束时，头、肩向前上方升至最高位置时快速吸气，同时两膝开始弯屈；当收手并开始前伸臂时迅速低头闭气，迅速收腿；滑行时在水中呼气。整个动作要协调连贯，使游速更加均匀。

现代蛙泳的技术特点是头部起伏大且位置较高，高肘划水，蹬腿技术也随之变窄、变快，划水幅度小而快，整个动作频率快。

2．蛙泳的练习方法

1）腿部练习

（1）收腿。边收边分慢收腿，大腿带动小腿屈膝前收。收腿结束时，两膝接近髋下，约与肩同宽。

（2）翻脚。翻脚时膝关节稍内扣，勾脚尖，膝关节和踝关节向外转动，使脚内侧和小腿内侧向后对准蹬水方向。

（3）蹬夹腿。用力向后蹬夹腿。大腿用力向后做弧形蹬夹腿。蹬夹动作不要分开（图6-7-5）。

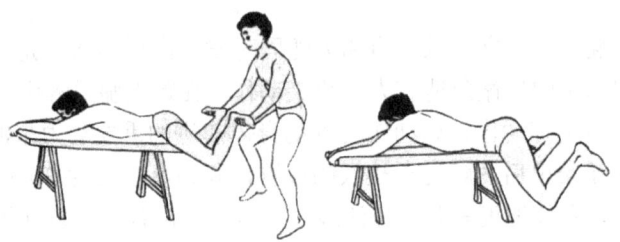

图6-7-5

（4）仰坐练习。模仿腿的动作，按收腿、翻脚、蹬夹腿的要领练习。练习时上体要保持不动（图6-7-6）。

图6-7-6

（5）水中腿练习。收腿要慢，蹬夹腿要快而有力，两腿并拢后向前滑行，也可扶池壁、游泳板进行练习（图6-7-7）。

（6）滑行蹬腿。低头伸臂平卧水中，细心体会蹬腿要领。

2）手臂和呼吸的练习

（1）划臂练习。两臂伸直，向斜后方边划边屈臂。当臂划至肩的侧下方时，收手夹肘伸向前（图6-7-8）。

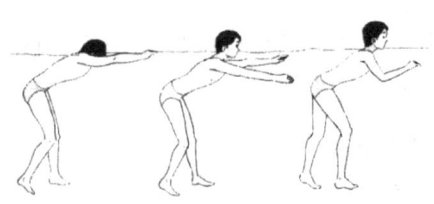

图6-7-7

图6-7-8

(2) 手臂和呼吸配合。

抬头划臂张嘴吸：先抬头，两臂同时向斜后方划水时吸气。抬头不要太高、太猛。

用力划臂吸足气：提肘屈臂向后加速划水时，迅速吸气。

收手夹肘闭住气：臂划至肩的侧下方时收手夹肘将手收至颌下，脸逐渐浸入水中闭气。

两臂前伸慢呼气：臂前伸时，两手自然并拢，掌心转向下方并呼气。

(3) 手臂腿部配合练习。

为了掌握手臂腿部动作要领，可先做闭气、划臂、蹬腿的配合练习，熟练后逐渐过渡到划臂、蹬腿数次，呼吸一次，然后到完整配合。

3) 连贯动作的练习

(1) 开始划臂腿不动（准备吸气）。两手分开向斜后方划水，两腿自然伸直，准备收拢，开始抬头。

(2) 用力划臂腿前收（吸气）。手臂划至肩下时，两腿自然分开，屈膝前收，抬头吸气。

(3) 收手夹肘时收好腿（闭气）。手臂划至肩的侧下方时，收手夹肘将手收至颌下，同时完成收腿动作。头逐渐浸入水中闭气。

(4) 伸臂翻脚再蹬腿（呼气）。两臂前伸同时向外翻脚，立即用力向后做弧形夹水。

(5) 身体向前滑一会儿（呼气）。蹬腿结束后，臂腿收拢，脸浸入水中，向前滑行，然后重复下一个连贯动作。

3. 蛙泳易犯错误及纠正方法

1) 腿部易犯错误及纠正方法

(1) 蹬腿时不翻脚。纠正方法：明确概念及动作要领，陆上反复做翻脚练习，注意翻脚时的肌肉感觉，勾脚蹬水或由同伴帮助体会正确蹬水动作。

(2) 动作不收腿，蹬得过宽，蹬夹脱节或只蹬不夹。纠正方法：明确概念，陆上多做模仿练习，用矫枉过正法，要求收腿时两膝有意内扣或同伴用两手限制其外张。

(3) 收、蹬腿时脚的部位太低。纠正方法：低头、提臀，腰腹肌肉适当紧张，使身体平浮于水面，积极收小腿，脚有意识地向臀部移，腰、腹肌肉适当紧张，蹬时先伸髋。

(4) 收、蹬时臀部上下起伏。纠正方法：头、肩稍抬起，腰腹肌适当紧张，使身体展平，收腿时大腿带小腿慢收，蹬腿时躯干不动，用大腿推动小腿向后蹬，不要收腿过快。

(5) 收腿过快。纠正方法：明确概念和动作要领，多做陆上或水中模仿练习，强调慢收腿，肌肉放松，强调慢收腿，蹬时适当快些。

2) 手臂易犯错误及纠正方法

(1) 划水时手掌平摸，划不到水。纠正方法：明确动作概念和要领，划水时掌心向侧外，高肘屈臂小幅度划水，加强手臂力量的练习。

(2) 划水线路太宽，超过了肩的延长线。纠正方法：明确动作概念和要领，采用小划臂或在腋下放一限制杆的办法。

3）完整配合易犯错误及纠正方法

（1）划臂的同时蹬腿。纠正方法：明确动作概念和要领，多做模仿练习。先划臂后蹬腿，一次一次的做，不要急于求成，划水时腿伸直，蹬腿时手臂伸直，逐渐过渡到正确配合。一次一次按伸、蹬、漂的节奏练习。

（2）同时伸臂蹬腿。纠正方法：心中默念先伸臂后蹬腿，心中默念先伸臂再蹬夹腿，在水中漂一会儿，小划臂，伸臂后停一会儿。

（3）吸不到气。纠正方法：必须在水中吐气，在盛水的脸盆或水中原地做水中吐气、抬头吸气练习，先抬头再划臂或划臂的同时抬头深吸气。

三、安全与救护

1．游泳的安全与卫生

游泳具有调节人体机能和增强抵抗力等作用，是男女老幼都适宜的健身运动。了解有关游泳的安全以及卫生知识，健身的效果才能更好。

（1）游泳前，首先了解水域的情况，选择水地平坦，无淤泥、碎石、水草、桩柱、礁石、急流旋涡、水质污染的水域，并应结伴进行游泳，防止意外发生。

（2）在海里游泳应减少纵向游的距离，在适宜、安全的水域多横向游。

（3）游泳时遇到雷雨天气，应迅速上岸进入室内，切不可在大树下躲避或更衣。

（4）游泳前要做准备活动。它能使身体更好地适应温差的刺激和游泳活动的需要。

（5）游泳时出现抽筋现象，切不可慌张，应设法自救和向他人求救。

（6）游泳锻炼的运动量应根据个人的身体情况来确定，跳水、潜泳等要有安全保证。

（7）空腹或饭后1小时内不宜游泳，以免给身体健康带来不良影响。

（8）游泳后要重视卫生护理。

（9）心脏病、高血压、皮肤病、传染病、中耳炎和精神病患者等不宜进行游泳锻炼。另外，睡眠不足、身体不适以及妇女月经期间等也不要游泳。

2．自我救护

在游泳时经常发生抽筋的部位是小腿和大腿，但手指、脚趾甚至胃部也可能发生抽筋；其原因可能是准备活动不充分，身体过于疲劳，或遇到寒冷的刺激，或过分紧张、动作不协调等。

发生抽筋时应保持镇静，可呼救也可自救。自救的方法有以下几种：

（1）手指抽筋。将抽筋手握拳，然后用力张开。这样迅速地反复做几次，直至抽筋消除为止。

（2）小腿或脚趾抽筋。先吸一口气仰浮于水上，用抽筋肢体对侧面的手握住抽筋肢体的脚趾，并用力向身体方向拉，同时用同侧的手掌压在抽筋肢体的膝盖上，帮助抽筋腿伸直。

（3）大腿抽筋。仰浮于水面，弯屈抽筋的大腿，两手用力抱小腿，贴近大腿，反复振压以缓解抽筋现象。

3. 抢救

将溺水者救上岸后，立即检查溺水者的心跳和呼吸是否停止。如心跳停止或极微跳动，首先按压心脏。救护者立或跪在溺水者胸侧，两手重叠，用手掌跟部置于溺水者胸前的 1/3 处（偏下）心窝的上方，手指放松，手臂伸直，上体前倾，用力下压，使胸前下端下陷 3~4 厘米，两手松压（掌跟不离位），使胸前下端恢复原位。下压时要慢，放松时要快，一压一松反复进行，节律为每分钟 60~80 次。呼吸停止或微弱者，胸外心脏按摩与口对口的人工呼吸同时进行。在进行人工呼吸前，先要清除溺水者口鼻中的淤泥、杂草或呕吐物等，使上呼吸道畅通。若有活动的假牙应取出以免坠入气管内。在迅速完成上述处理后，可进行控水。控水的方法是救护者一腿跪着，另一腿屈膝，将溺水者腹部放在屈膝的大腿上，同时一手扶着溺水者的头，使溺水者嘴向下，另一手压在背上把水排出，然后再进行人工呼吸。人工呼吸主要采用口对口吹气法，操作方法是使溺水者仰卧，救护者在其身旁，一手捏住溺水者的鼻子，另一手托起下颌，深吸一口气，用嘴对准溺水者的嘴将气吹入，吹完一口气后，离开溺水者的胸部，帮助其呼气。如此有规律地反复进行，每分钟做 14~20 次，开始可稍慢，以后可适当增加次数。对已经停止呼吸的溺水者施救需要很长时间，因此最好由两人轮流进行抢救。

四、游泳训练的基本方法

1. 水上训练

（1）持续训练法。持续训练法是指采用较长的距离，用不太大的强度，不间断地连续进行训练的方法。例如、连续游 800 米、1500 米、3000 米或更长的距离，这种练习可以匀速进行，也可以变速进行。持续训练法的特点是，一次连续练习的量较大，时间较长，强度不太大但比较稳定，约为个人最好成绩或目标成绩的 60%~80%。持续训练法在训练的各个阶段中都能运用，但一般在训练周期的早期采用得较多。

（2）间歇训练法。间歇训练法是指在一组某一距离的反复游中，在一次练习之后，按照严格规定的间歇时间进行休息，在机体尚未完全恢复的情况下就开始下一次练习的方法。例如，10 个 100 米，间隙 10 秒，20 个 50 米，间隙 20 秒。间歇训练法的特点是运动与休息交替进行，而休息有严格规定的时间。练习的距离较短，强度可以提高。间歇训练一般采用主项距离或短于主项的距离。与持续训练相比，它能在相同的时间内使运动员承受更大的负荷。由于每次练习有一定的恢复，在相同强度的条件下，它又能使运动员工作更长的时间。间歇训练可以在较大的跨度范围内发展运动员的有氧耐力和无氧耐力。

（3）重复训练法。重复训练法是指按规定的强度，反复进行某一距离的练习，每次练习后的休息时间必须使机体工作能力基本恢复的方法。例如，对于 100 为主项的运动员，采用 10 个 100 米，用稍低于比赛的速度游，间歇 5 分钟，或者采用 16 个 50 米，100%强度，间隙三分钟。重复训练法通常采用主项距离或短于主项距离，练习强度高，可达 90%~100%，即接近或等于比赛的速度，重复次数少，练习密度低，休息时间长，可保证运动员机体得到充分的休息。重复训练法是提高训练强度的主要方法，主要用于准备期的后期和赛前减量期。由于是在速度较快但有所控制的情况下进行练习，可以提高速度感，使运动员在类似比赛的练习中学会掌握速度和分配体力。

（4）短冲训练法。短冲训练法是指运动员以最高速度全力游较短距离的方法。例如，10个15米，10个25米，4个50米等。短冲训练法的练习距离短，一般不超过75米，练习时间短，一般不超过35秒，是一种最大强度的训练。可以看作超短距离、较长间歇的重复训练。要求运动员在练习中全力以赴，练习之间的间隙应使心率恢复得更接近安静时的水平。短冲训练可以提高运动员的兴奋性，肌肉紧张放松快速交替，对神经系统的灵活性也是一个很好的锻炼。

2. 陆上训练

（1）发展力量的练习方法。目前，游泳训练中常运用杠铃、拉力器及各种专门器械来发展划臂、打腿所需的肌肉力量。下面介绍几种杠铃练习：①力量推，两脚自然开立，两手与肩同宽，正握杠铃提至胸前，用力伸臂将杠铃上举至头上，然后放下，反复进行。该练习主要发展胸大肌、三角肌、斜方肌、前锯肌和肱三头肌的力量。②颈后臂屈伸：两脚自然开立，两臂正握或反握提铃至颈后，屈肘，随之用力伸肘将杠铃向上举起，然后屈肘恢复预备姿势，反复进行。练习时两臂固定于头的两侧，上体尽量保持不动。该练习主要发展肱三头肌的力量。③仰卧直臂拉起：仰卧，两手在头后方握杠铃，直臂用力将杠铃向上拉起至垂直部位，然后恢复预备姿势，反复进行。该练习主要发展胸大肌、三角肌和背阔肌的力量。④卧推：仰卧在卧推架上，两手握杠将杠铃放在胸部，然后两臂用力将杠铃推起，反复进行。该练习主要发展胸大肌、三角肌前部、斜方肌、前锯肌和肱三头肌的力量。⑤蹲跳：两脚自然开立，将杠铃放在头后肩上，两手握住杠铃，稍下蹲后迅速蹬地向上跳起，落地时屈膝缓冲，反复进行。该练习主要发展股四头肌、臀大肌及屈足肌群的力量。

（2）发展柔韧性的方法。柔韧素质是游泳运动员的重要素质。关节柔韧性直接影响划臂和打腿的效果。对游泳运动员来说，肩关节和踝关节的灵活性最重要，应重点发展肩和踝的柔韧性。发展肩关节的柔性：①压肩。两脚开立，上体前倾，双手扶肋木做压肩动作。②拉肩。两脚开立，两手在身后抓肋木，身体下蹲，做拉肩动作。③反臂体前屈。原地站立，两腿并拢伸直，两臂伸直，双手在背后拉握。身体前屈，胸部尽量靠近大腿，两臂随身体前屈而后伸下振。可由同伴加力拉肩。④后拉肩。跪于垫上，两臂伸直侧举，由同伴抓住两手腕水平向后拉，向内压，轻轻振动。发展踝关节的柔韧性：①跪撑翻脚压踝。跪在垫上，两脚外翻，脚充分背屈，以小腿和脚的内侧贴地，两手在体后撑地，身体上下振动压踝。②跪压踝。跪垫上，脚尖绷直，臀部坐在足跟上压踝；两手撑地，两臂伸直提双膝压踝；身体后倒躺于垫上压踝。

第七章　基础课程群

第一节　田　径

一、田径运动的起源与发展

田径运动是人类长期社会实践发展起来的，包括男女竞走、跑跃、投掷四十多个单项，以及由跑跳、跳跃、投掷部分项目组成的全能运动。以时间计算成绩的竞走和跑的项目，叫"径赛"。以高度和远度计算成绩的跳跃、投掷项目叫"田赛"。田径运动是径赛、田赛和全能比赛的全称。

远在上古时代，人们为了获得生活资料，在和大自然及禽兽的斗争中，不得不走或跑相当的距离，跳过各种障碍，投掷石块和使用各种捕猎工具。在劳动中不断的重复这些动作，便形成了走、跑、跳跃和投掷的各种技能。随着社会的发展，人们有意识地把走、跑、跳跃、投掷作为练习和比赛形式。

公元前 776 年，在古希腊奥林匹克村举行了第一届古奥运会，从那时起，田径运动为正式比赛项目之一。1894 年，在法国巴黎成立了现代奥运会组织。1896 年，在希腊举行了第一届现代奥运会，这届奥运会上田径的走、跑、跳跃、投掷等项目，被列为大会的主要项目。至今已举行的各届奥运会上，田径运动都是主要比赛项目之一。1990 年，在巴黎的第二届奥运会上，才有女子参加，参加的女运动员只有六名。四年一届的奥运会是促使田径运动成绩不断提高和改进训练方法的动力。

二、运动项目

（一）跨栏跑

跨栏跑是在快速奔跑中跨过固定距离上设置的固定数量、固定高度的栏架的运动，属于体能类速度力量性项目，运动形式上具有非对称的周期性运动的特点。跨栏跑的突出特点，是要求运动员在尽可能短暂的时间内，通过熟练的跨越栏架的技术最大限度地发挥出自己的体能潜力。其生理特点是：运动中大脑皮层高度兴奋，人体以无氧供能为主进行极限强度的工作。全程跑的成绩取决于运动员的平跑速度、过栏技术以及跑、跨结合的能力。

从事跨栏跑可以培养勇敢、顽强的意志品质，有效发展中速度、弹跳力、柔韧和灵敏等身体素质。

1. 跨栏跑的技术（以 110 米栏为例）

跨栏跑起跑至第一栏的技术基本同短跑技术。采用高重心的蹲踞式起跑（起跨腿在前），起动速度快，加速积极，起跑后的加速跑段身体与地面夹角比短跑稍大，身体重心位置较高；第一栏前一段跑 8 步，各步步长均匀增加，在适宜的步长上达到最大步频，平稳顺利跑向第一栏，准确踏上起跨点。

上栏起跨前最后一步适当缩短步长，比前一步短 10~20 厘米，起跨点为 2~2.2 米。起跨腿前脚掌积极主动迅速着地，高重心支撑；攻栏时，摆动腿大小腿屈膝折叠紧，足跟靠紧臀部，髋为轴，膝领先，带动同侧髋部前移，积极向前上摆动，高抬攻摆充分。在完成起跨攻栏动作时，上体前倾，摆动腿异侧臂屈肘带肩前探，与摆动腿基本平行；另一臂屈肘积极后摆。起跨结束瞬间，起跨腿的髋、膝、踝三关节充分蹬伸，与躯干、头基本成一直线。

起跨腿结束离地后，上体保持前倾，摆动腿的脚掌接近栏板时大腿积极下压，小腿顺惯性前伸；起跨腿屈膝外展，大小腿折叠抬平，足尖勾起，膝领先并在体侧迅速向体前提拉，快速完成两腿"剪绞"过栏动作。当起跨腿积极向前提拉时，其同侧臂屈肘向后划摆，异侧臂积极向前摆动，以维持身体平衡。伸直下压的摆动腿在接近地面时，用前脚掌积极向后下方"扒地"着地，着地点在身体重心投影点前 10~20 厘米，距栏架 1.3~1.5 米；着地后用前脚掌支撑地面，保持较高支撑和上体适度前倾；起跨腿过栏后继续向前提拉至身体正前方下落，并带动身体重心前移，迅速跑出第一步。

栏间跑用 3 步完成，3 步跑的实际距离为 5.5~5.7 米。要求 3 步步数稳定，小、大、中步长比例合理，跑时身体重心高，起伏小，步幅轻快，富有弹性，直线性好。栏间第一步步长为 1.5~1.6 米，第 2 步为 2~2.15 米，第 3 步为 1.85~1.95 米。跨过最后一栏，迅速转入快跑，加大上体前倾，两臂用力前后摆动，力争不减速跑过终点。全程过栏时，跨栏步与栏间跑衔接紧密，动作连贯，节奏稳定、清晰。

2. 跨栏跑的现代技术特点

速度是跨栏跑的灵魂，由于短跑技术的改进和成绩的提高，相应地促进了跨栏跑速度的提高。"跑栏"的概念被越来越多的人接受，从而导致新的教学训练方法的不断涌现。跨栏跑速度的提高主要表现在过栏技术和栏间跑技术的变化上。

1）起跨腿技术特点

（1）起跨腿踏上起跨点时，积极迅速，脚一着地，身体重心迅速前移。

（2）起跨时身体重心应保持较高的位置。研究表明，优秀跨栏运动员整个起跨支撑时期重心起伏仅差 3 厘米，而 2 级运动员为 6 厘米。

（3）运动员起跨攻栏时，起跨腿几乎没有充分蹬直，膝关节处于弯屈状态就很快地向前收起，而起跨腿踝关节蹬伸比较充分。

（4）向前提拉起跨腿时紧贴身体，大小腿折叠很紧，没有以前那样大的收展动作，从而缩短了起跨腿的转动半径，减小了转动惯性，加快了起跨腿向前提拉的速度。起跨腿向前提拉速度的加快，有利于摆动腿积极下压，加快了两腿在栏上的"剪绞"速度。

（5）摆动腿着地瞬间，起跨腿提拉到了体侧前上方，为栏间跑尤其是加大第一步的步长做好了准备。

2）摆动腿技术特点

（1）过栏时，摆动腿屈膝高抬，抬到最大限度，膝关节在小腿不得不打开的最后瞬间打开小腿，小腿在前伸后仍应保持适度弯屈。国外学者研究表明，小腿伸直通常会引起躯干挺直而造成速度损失，延迟过栏后摆动腿下摆速度，导致一个非常不利的着地位置。而小腿屈能使脚几乎一越过栏架就开始向下运动。

（2）摆动腿下压积极，结果使每个跨栏步的腾空时间减少了 0.02 秒，全程则缩短 0.2 秒，表现在外在动作特征是：着地时脚跟不接触地面，踝关节弹性缓冲，微有屈膝伸踝，身体重心平稳，着地点距身体重心投影点很紧（15 厘米左右），距栏架仅 1.2～1.4 米，水平速度损失率减少，仅为 4.8%（起跨着地缓冲阶段水平速度损失 0.39 米/秒，下栏着地视频速度损失 0.65 米/秒）。

（3）强调腰髋发力。运动员过栏时需要充分发挥出身体的快速力量、最大力量和力量耐力，要达到这些目的，就必须使腰髋大肌肉群发力。

3）臂与躯干技术特点

跨栏步时的手臂摆动幅度小，采用以肩为轴，以肘摆动为主，贴近身体的小摆臂方法，过栏时躯干比较稳定，两肩转动的幅度不大。

4）栏间跑技术特点

（1）栏间跑频率快。

跨栏跑成绩的提高既需要加快跨栏步的速度，也要加快栏间跑的速度。随运动员身高增加，栏间跑多采用"捣小步子"的方法来提高栏间跑的频率。栏间跑的技术接近短跑，支撑时间短，缓冲主要靠踝关节。强调腰髋发力，以利于大腿高抬和腿积极下压动作。

（2）栏间三步步长均匀化。

主要表现：

（1）缩短下栏距离，男子优秀运动员的下栏距离为 1.20～1.40 米，女子优秀运动员的下栏距离为 1 米左右。

（2）加大第一步步长，控制第二步步长，使栏间跑 3 步的步长进一步趋于均匀。优秀运动员的模式为 1.70 米，2.00 米，1.90 米。

（3）栏间高重心跑。运动员栏间跑的重心波动差逐渐趋向于短跑。目前，世界优秀运动员全程跑的身体重心波动差仅为 14～20 厘米，明显低于以前的 25 厘米。

5）全程跑技术特点

（1）跨栏跑全程，运动员的身体重心起伏越来越趋于水平。尤其是高大运动员的出现，使运动员过栏时不必将重心提高很多。

（2）栏间跑 3 步的速度和跨栏步速度趋向均匀。由于跨栏步技术的改进和跨栏步距离缩短，使跨栏步的速度下降率大大降低，仅为 4.8%。这样，栏间跑的速度和跨栏步速度差异明显减小。

（3）栏间三步步长和跨栏步距离趋向接近。现代高栏运动员由于身材高大，动作速度快，同时由于跨栏步重心腾起轨迹的变化，即重心腾起的最高点由栏上移至栏前，使运动员在栏后 1.20～1.40 米处下栏，这样就使跨栏步的距离由 20 世纪 50 年代的 3.60～3.80 米下降到 3.50 米以内；另外，由于跨栏运动员身高腿长，栏间距离已不能充分发挥运动员的步长。运动员除了增加第一步的步长外,还需限制第二步步长,使栏间跑 3 步步长与跨栏步步长接近,这样整个跨栏节奏像是跑了 3 步后又跑出第四大步一样,在节奏形式上更接近短跑。此外,在跨栏跑与短跑的内在联系上,如支撑时间、腾空时间及其比例关系身体重心的上下起伏、波动幅度等方面,"跑栏"的动作也比"跨栏"的动作更接近短跑。

总之,速度快、节奏性强、动作自然,能以必要的幅度和高频率完成全程跑跨结合技术,由跨栏向跑栏过渡,是现代跨栏跑技术的基本特征。

6）错误动作及纠错方法

（1）怕栏、不敢过栏。

产生原因:①缺乏勇敢果断的品质;②身体素质差,对跨栏无兴趣。

纠错方法:①让有能力的学生先过栏,并表扬那些较为勇敢的学生,激起不敢过栏者的过栏欲望。②对少数体能较差、害怕过栏的学生,可降低栏的高度或先跨软垫练习,再慢慢上升高度。③如果仍有学生不敢过栏,可以让学生在一旁自己练习,这样学生一般都会克服害怕心理。④发展学生速度、柔韧性及弹跳素质。

（2）起跑至第一栏步点不准、起跑速度慢。

产生原因:起跑和加速跑后蹬角度过小,身体重心不能及时抬起,导致步幅较小。起跑和加速跑后蹬角度过大,身体重心抬起过早,导致加速缓慢。助跑节奏感不强,步点不准确,身体素质差,加速能力不够。

纠错方法:在地上画好标志线,让学生按照标志进行起跑至第一栏的跨栏练习。起跑加速跑的距离及步数要稳定,要求学生在加速跑阶段上体前倾,身体重心不能抬起过早。对于身体素质差的学生一方面发展身体素质,另一方面降低教学要求,重要的是让他们克服自卑心理,积极参与学习。

（3）跳栏。

产生原因:步点不准确,起跨点太近;攻栏太晚,腾空时间长;起跨腿提拉无力,摆动腿直腿攻摆或无攻栏动作;关节柔韧性差,做不出两腿"剪绞"动作;协调性、灵敏性差,四肢配合不协调。

纠错方法:固定起跨点,即在起跨点放标志物;语言提示攻栏时间,让学生把握攻栏时机;发展髋关节的灵活性;反复做摆动腿和起跨腿的配合练习。

（4）过栏时两腿夹角小,剪绞速度小。

产生原因:起跨腿蹬地不充分,过早地提拉;两腿伸展能力差,关节灵活性差;摆动腿攻栏高抬不够,起跨腿蹬地不充分。

纠错方法:在低栏或栏侧做摆动腿的攻栏和起跨腿的蹬伸练习,掌握提拉时机。在无栏或低栏条件下做摆动腿高抬练习。发展两腿伸展能力。

（5）下栏时身体重心不稳,身体后仰或动作停顿。

产生原因:起跨腿提拉不及时,摆动腿下落消极;上体前倾不够,身体重心在后,致使下落无法身体平衡;着地点距身体重心过远,腾空时间过长,落地时打击力过大;髋关节灵活性差。

纠错方法:做上下肢、躯干的协调配合练习,如行进间分别做摆动腿下压练习;讲解落地点远近的意义，在落地点设标志；反复跨低栏或垫子；多做栏侧提拉练习、扶墙提拉过栏练习；跨栏坐练习，压髋练习。

（6）碰撞栏架。

产生原因：栏间跑节奏差，起跳点过远或过近；屈腿攻摆，使摆动腿位置低于栏架；起跨腿折叠不及时，踝关节放松，脚尖下垂，碰撞栏架；身体素质差，重心腾起高度不够。

纠错方法：踏标志点跑，调整跑的节奏，确定起跳点。栏侧攻摆练习。加强下肢关节柔韧性、弹跳力练习。手扶肋木进行折叠前摆练习。

（7）下栏时身体失去平衡。

产生原因：摆动腿过分下压，而起跨腿提拉拖后；落地点太近，重心前移过快。

纠错方法：多做徒手模仿过栏练习，使两腿配合协调；做好落地标记点，按标记点反复练习，要求准确踏上标记点。

（8）栏间跑第一步减速。摆动腿下栏着地瞬间，膝关节未能伸直而使身体重心降低，造成减速或停顿的现象。

产生原因：起跨腿后拖，摆动腿下压不及时；上体直立或后仰，重心落后；起跨腿提拉过早，腿臂动作配合不协调。

纠错方法：反复进行两腿剪绞配合练习，提高学生协调能力；上下肢配合模仿练习。加强下肢关节灵活性练习；发展下肢各关节的力量，提高下肢支撑能力。

（二）跳高

跳高是教学规定的重点项目之一，也是田径运动技术较复杂的竞技项目之一，本节重点是背越式跳高的技术结构，现代技术特点与技术技术分析，专项准备活动和教学参考范例。背越式跳高的技术人体通过助跑、起跳，以仰卧姿势依次越过横杆的技术叫背越式跳高。背越式跳高的优点在于它能更充分地利用水平速度使身体向上腾起，并能合理地利用腾起的高度完成过杆动作，动作结构比较简单，自然优美，容易掌握，过杆形式经济合理，是广大群众喜爱的体育运动项目之一。

完整的背越式跳高技术是由助跑、起跳、过杆与落地三个部分组成，这三个部分是相互联系、相互制约，紧密相结合的（图7-1-1）。

1. 助跑

背越式跳高是从起跳腿远离横杆的一侧开始助跑，全程助跑距离的确定，主要取决于个人的训练水平，加速能力及身高与步长，助跑的步数一般为6~8步，优秀运动员为8~12步，助跑由两段组成，前段跑直线为直线加速跑段，后段4~5步为弧线助跑段，整个助跑路线成不等半径的弧线形式。

1）助跑的技术要领

助跑的开始姿势，可以从静止状态或走与小跑2~4步踏上标志后开始，助跑采用逐渐加速的方式进行，前段直线跑的动作与普通加速跑的技术相似，以脚的前脚掌沿着直线方向积极着地，摆动腿向前摆动并积极下压扒地，脚着地后蹬充分有力，两臂与腿协调配合，身体重心保持高而平稳。后段进入弧线跑时，身体向圆心方向倾斜，跑的动作与弯道中的技术相似，两脚分别以前脚掌的内侧、外侧沿着弧线的切线方向着地，助跑的最后 2~3 步，应特别强调脚必须落在弧线上，摆动腿以膝向前带动同侧的髋部迅速向前移动，重心平稳，节奏比前段较明显。

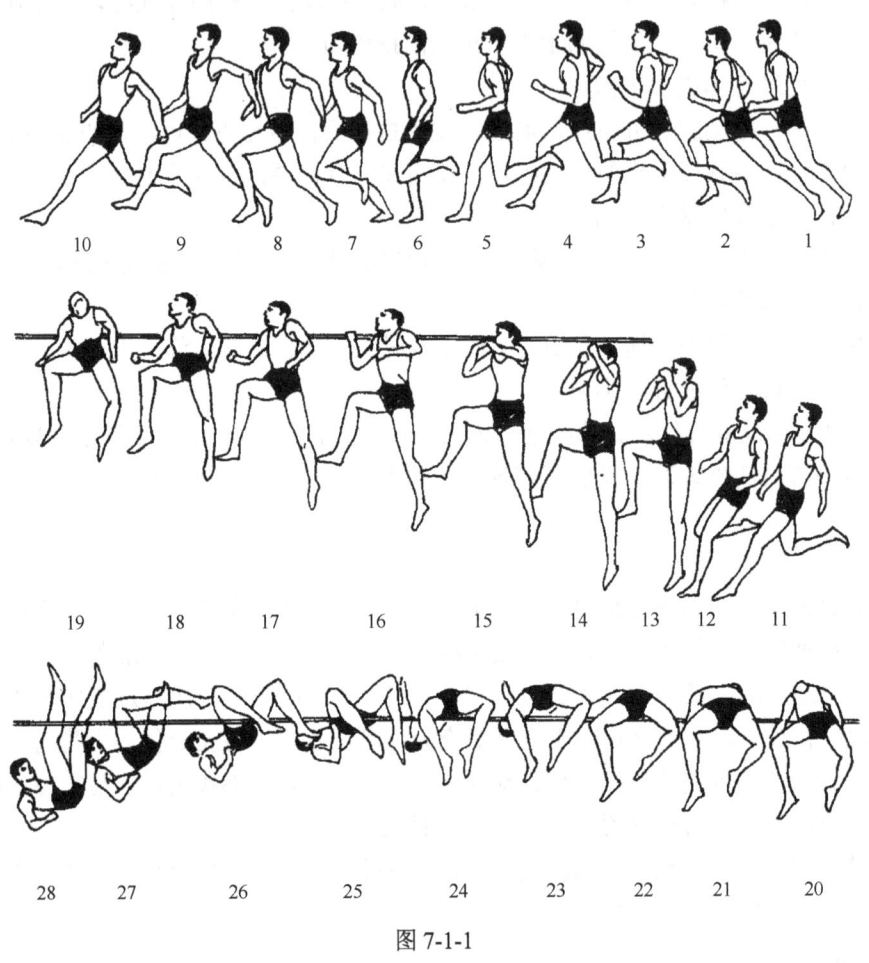

图 7-1-1

人体沿弧线跑进时，由于是人体以头部、躯干和支撑腿的整体向圆心方向倾斜（是 75°~80°），必然使得身体重心轨迹线与足迹线不相吻合（图 7-1-2），整个助跑过程自然放松，动作连贯，快速而有节奏感，步点准确。

2）助跑步点的丈量方法

（1）步长式丈量。起跳点确定后（见起跳部分），从起跳点向助跑一侧平行于横杆的方向，自然地走 5 步，由此向组跑起点方向（与横杆垂直）再走 6 步，作一标点，把这点与起跳点用弧线连接，该段落便是弧线助跑，再从标记点向前走 7 步，此处便是开始助跑的起跑点，步点丈量完毕后经过反复检验、调整，才能确定（图 7-1-3）。

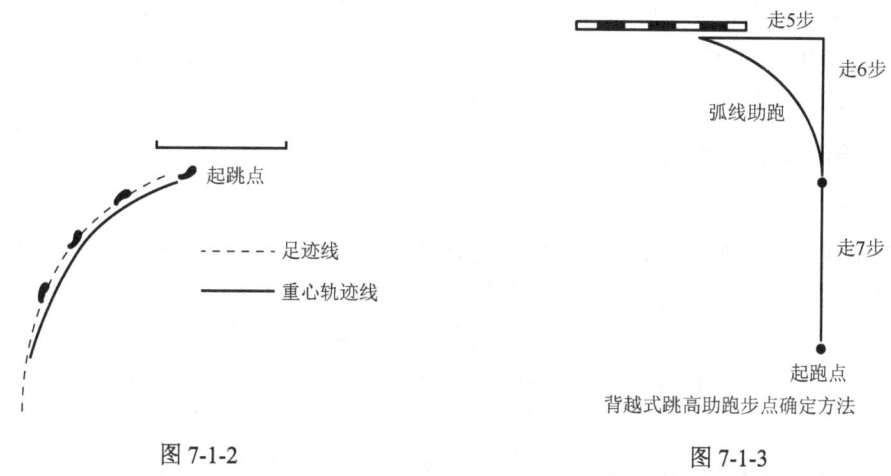

图 7-1-2　　　　　　　　　图 7-1-3

（2）米尺丈量法。目前，有些优秀跳高运动员用米尺丈量步点，现介绍如下（以左脚起跳为例）。

在跳高架的另一端（与起跳点相对方向）的立柱设 A，从 A 点划一条 7～8 米与横杆垂直到 B 点，然后以 B 点为圆心，以 7～8 米为半径划弧线。

注：如果半径为 7 米，弧线后段一般跑 4 步，如果半径为 8 米，弧线后段一般跑 5 步。

2. 起跳

1）起跳点的确定

起跳点在两个跳高架立柱之间，一般设在离近侧跳高架立柱 1 米内（或横杆长 1/4 处内），距离横杆垂直面为 60～80 厘米处。

2）起跳的技术要领

准备起跳阶段，从助跑倒数第二步开始，其技术结构与前段跑的技术没有明显变化，只是在最后一步摆动腿是以前脚掌内侧积极下压着地，脚的着地位置必须严格落在弧线切线方向上，身体保持向圆心方向最大的倾斜，紧接着摆动腿迅速蹬伸，起跳腿以髋带动大腿迅速前摆，起跳脚向前迈出，顺着弧线的切线方向踏上起跳点，并用脚的外侧跟部先触地面，而后迅速向前滚动到全脚掌着地，起跳脚踏上起跳点时，脚与横杆垂面约有 5°左右夹角。脚着地后，髋、膝、踝三个关节自然进行弯屈缓冲，然后进行蹬伸动作，蹬伸的用力顺序：由髋、膝、踝依次发力。

背越式跳高摆腿是采用屈腿摆动技术，即在摆动腿蹬离地面后，摆动腿大小腿弯屈顺着切线方向向前、向上、向内，膝部指向异侧臂，小腿略外甩摆起，同时两臂采用同时向上摆动的方法，摆动腿同侧臂略高于起跳腿的同侧臂，大小臂自然弯屈，大臂摆到与肩同高时制动，并提肩，拔臀，促进整个身体由后向内的倾臂转为竖直向上跳起，整个起跳过程包括三个动作，即脚的着地、缓冲和蹬伸。

3. 过杆与落地

起跳离地后，身体自然沿纵轴旋转，逐渐使身体转成背对横杆，当头和肩越过横杆后，立即仰头，潜肩，摆动腿膝部放松，起跳腿离地后自然下垂，两臂自然置于体侧，两膝在杆上分开，两小腿自然下垂，身体在杆上形成背弓的姿势，过杆顺序：头、肩、背、臀部、大腿、小腿依次过杆，最后以肩背落在海绵包上。

4．错误动作及纠错方法

（1）助跑技术典型错误。

主要表现：①助跑没有沿弧线进行，没有形成身体内倾，助跑最后几步跑直线进入起跳，导致起跳时倒杆。②助跑最后几步减速、停顿、身体后仰，没有积极加速起跳。

产生原因：①弧线跑技术较差；弧线助跑动作技术概念不清，尤其是在弧线助跑情况下进行起跳的技术和能力不够，直线助跑起跳练习过多也会引起最后助跑跑直线起跳的错误动作。②助跑最后几步身体后仰制动大；不敢积极加速起跳，起跳缺乏进攻性；起跳腿支撑技术能力差，起跳腿着地缓冲时髋膝过分弯屈影响最后几步快速起跳；没有形成敢跑、敢跳的技术风格。

纠错方法：①加强弧线助跑技术练习；多进行跑圆圈、弧线助跑和弧线助跑相结合起跳联系，助跑最后几步画标志点进行弧线助跑起跳练习，尤其是助跑最后几步跑弧线身体内倾进入起跳的练习，如在半径为5～6米的圆圈中跑进、起跳，要求身体内倾，两脚在弧线上进入起跳。②加强弧线助跑节奏练习和弧线助跑起跳练习，加强起跳节奏和助跑起跳的进攻性，形成敢跑、敢跳的快速起跳技术风格，可用跳高助跑的步点进行跳远练习、4～6步弧线助跑起跳摸高、头顶高练习以及快速弧线助跑起跳练习，改进助跑起跳时减速停顿现象；改进快速弧线助跑起跳技术，提高起跳效果。

（2）起跳技术典型错误。

主要表现：①起跳时起跳腿着地、缓冲膝关节过分弯屈，形成屈髋、屈膝、蹲着起跳而跳不起来。②起跳时过早倒体，没有充分站立起跳，形成过早倒杆。③起跳时起跳腿与摆动腿蹬摆脱节，没有充分发挥摆腿的蹬摆作用。使起跳不充分，用力不集中，没有充分向上。④起跳时起跳脚放的位置和方法不正确，脚掌外翻，易造成踝关节扭伤。

产生原因：①没有形成正确的起跳技术概念，没有掌握正确的起跳出腿技术，起跳腿着地、缓冲技术能力差，身体素质差，起跳时上体领先过早、过快，没有形成良好的起跳支撑，不能在较快助跑速度的情况下起跳，导致起跳不充分，不能充分发挥助跑速度，影响快速助跑效果。②起跳时倒体过早是因为助跑起跳时助跑最后几步没有踩在弧线上进行起跳，起跳腿出腿放脚偏离弧线；弧线助跑起跳时身体内倾不够、过早直立上体、后仰；起跳时起跳腿的异侧肩向上提拉摆动不够，是造成起跳时倒体过早的主要原因。③在助跑速度较快时起跳，起跳腿的蹬伸与摆动腿的摆动脱节是跳高技术的难点，起跳时没有能够发挥摆动腿的积极蹬伸作用，只用起跳腿来跳，失去摆动腿在起跳技术中的重要作用。起跳时起跳腿出腿不到位，引起摆动腿幅度小，使起跳不充分向前冲跳；摆动腿没有充分蹬伸使身体重心留在体后，蹬摆不积极使起跳腿与摆动腿蹬摆脱节，影响起跳充分向上的效果。④起跳技术概念不正确，上体过早扭转、脚外翻放脚是造成起跳时踝关节受伤的主要原因。

纠错方法：①掌握正确的起跳出腿技术和摆腿技术，明确正确的起跳技术和摆腿技术，明确正确的起跳技术动作过程和正确的身体姿势，加强起跳技术训练，提高起跳时起跳腿着地、缓冲、蹬伸能力，使起跳快速充分向上。克服起跳时下蹲、弯膝、屈髋的错误动作，可采用分解练习掌握起跳腿出腿动作技术，在保持身体内倾的情况下进入起跳，形成正确的起跳动力定型。②起跳时倒体过早主要原因是最后几步助跑没有在弧线上进行起跳，起跳腿出腿放脚偏离弧线，在教学过程中要加强弧线助跑起跳向上练习，可用4~6步弧线助跑摸高、头顶高练习，解决弧线助跑起跳向上练习；也可用6~8步弧线助跑起跳上高垫练习，改进起跳充分向上和克服起跳倒体的错误动作。③加强起跳腿与摆动腿蹬摆配合练习，可用垫步跳、跨步跳、迈步跳、换步跳提高起跳腿、摆动腿蹬摆协调配合能力，也可进行助跑起跳膝触高、手摸高短程助跑起跳过栏练习等手段解决起跳时起跳腿、摆动腿蹬摆脱节问题。④强化掌握正确的迈步出腿放脚技术，将起跳脚沿着助跑的方向进行放脚，克服因上体转体过快造成的起跳脚放脚错误。可在直线、弧线上进行放脚起跳动作，掌握正确的起跳放脚技术动作。

(3) 过杆技术典型错误

主要表现：①过杆时身体侧躺，身体纵轴没有沿弧线助跑起跳的切线方向飞行。②过杆时坐着，没有在杆上形成背弓姿势。

产生原因：①过杆时身体侧躺是因为起跳时上体后仰、重心滞后而没有垂直起跳；起跳后身体没有转向背对横杆，过早做过杆动作造成的。②过杆时坐着是因为在过杆时低头看杆，形成杆上屈髋，主要是没有仰头、沉肩、挺髋造成的。

纠错方法：①改进过杆时身体侧躺的错误，应加强垂直起跳过杆练习，可用跳高垫改正侧躺过杆错误动作，起跳时摆动腿屈膝内扣摆腿；起跳后用眼睛注视起跳侧方横杆架有利于帮助身体转向背对横杆，使身体纵轴沿助跑的切线方向飞行。②改进过杆时坐着的错误动作，应加强过杆时沉肩挺髋的动作练习，体会正确的杆上肌肉感觉，可用模仿过杆练习、背弓练习、原地过杆练习、高台过杆练习，体会过杆时沉肩挺髋的动作。通常采用半程过杆、高台过杆来改进过杆技术效果较好。

(三) 跳远

跳远是一项争取跳越较大远度的运动，作为比赛项目，远在两千多年前的古希腊奥运会上就出现了。现代跳远技术是从1896年第1届奥运会确定下来的。男子跳远的第一个正式世界纪录为7.61米，现在的世界纪录为8.95米。女子跳远是从1948年才被列入奥运会比赛项目的，目前女子跳远的世界纪录为7.52米。

跳远是一项速度与弹跳力量相结合的项目，经常进行跳远练习，既可以锻炼速度、灵敏、协调等素质及弹跳能力，又能培养勇敢、坚毅等意志品质。

跳远的完整技术由助跑、起跳、腾空和落地四部分组成。

1. 助跑

其作用在于获得必要的水平速度，以确保准确踏板和起跳动作的完成。助跑速度，直接关系到跳远的成绩。

助跑的距离因人而异，男子一般在30~40米，跑18~22步；女子在25~35米，跑 16~20 步。助跑起步一般从静止姿势开始，也可先走或跑几步，踏上起点后开始加速助跑。加速的方式，可从助跑的开始就积极加速跑出，也可逐渐加快速度。助跑应平稳、轻松而有弹性，有稳定的节奏，并保证发挥出自己所能控制的最高速度。最后跑 6~8 步，在步长相对稳定的情况下，加快步频，保持和发挥最高跑速，助跑的最后一步适当缩短步幅，使助跑和起跳紧密衔接。

2．起跳

起跳动作应以最小的水平速度损耗而获得必须的垂直速度，使身体向前上方腾起。助跑至最后一步时，摆动腿积极蹬地，起跳腿的大腿积极下压，起跳脚脚跟触及踏板后迅速滚动转为全脚掌支撑。此时，上体要保持正直或稍后仰，摆动腿积极折叠并迅速前摆。当身体重心前移至起跳腿支点的垂直部位时，即快速有力地蹬伸髋、膝、踝三个关节，上体挺起，摆动腿大腿积极向前上方摆至水平位置，小腿自然下垂。与此同时提腰、提肩、顶头，两臂配合积极上摆至肩关节水平位置突停，以增大起跳效果。

3．腾空

随着起跳腿踝关节最后蹬直，身体便进入腾空阶段。此时，上体要稳定，起跳腿伸直滞留在身后，摆动腿高抬，小腿自然下垂成"腾空步"动作。

依据腾空后身体姿势的不同，跳远分为蹲踞式（图 7-1-4）、挺身式（图 7-1-5）和走步式。

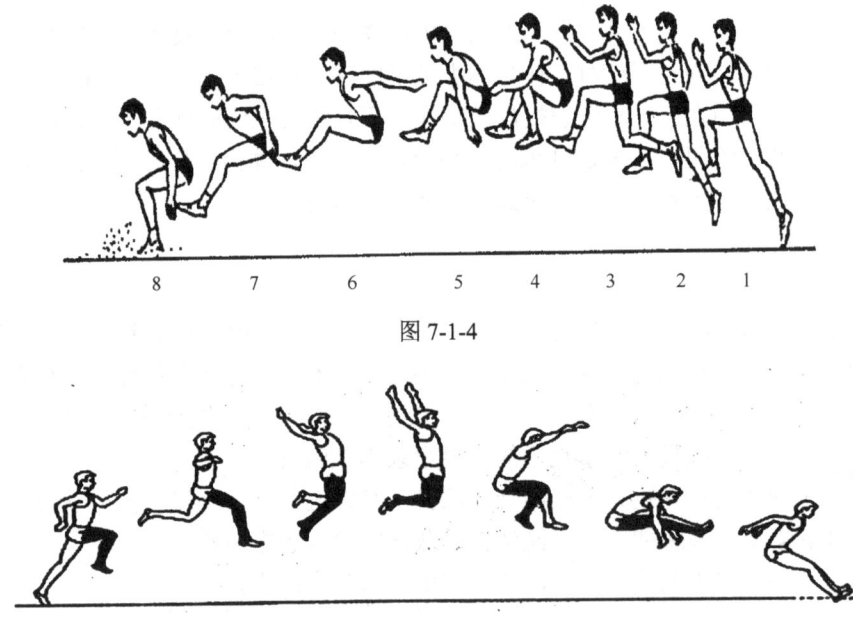

图 7-1-4

图 7-1-5

4．落地

落地技术应尽可能地推迟脚着地的时间，增加远度并使身体顺利移过支撑点，安全着地。其动作是：屈膝、大腿高抬靠近胸部，两小腿尽量前伸并勾起脚尖，两臂后摆。脚着地后，要及时缓冲，髋前移使身体迅速移过落点。

5. 错误动作及纠错方法

（1）助跑凑步子上踏跳板。

产生原因：概念不清，以为只要踩上板起跳成绩就好，不知道凑步子上板会因降速而影响跳远的成绩。

纠正方法：讲清凑步子上板的不良后果，练习时发现凑步子立即指出，并检查纠正。

（2）助跑步点不准。

产生原因：开始助跑姿势不固定，助跑加速跑的距离也不一样，形成步长不稳定。

纠正方法：固定开始助跑姿势和加速距离，预先做好标志或固定加速步数，并注意场地和气候的变化。

（3）助跑最后几步降速。

产生原因：除了凑步子上板外，主要害怕越板犯规，过早出现起跳意识。少数同学身体素质差，前程助跑快，后程缺乏快速助跑的能力。

纠正方法：讲清利害，克服怕犯规的心理因素；提醒学生在前程助跑时慢一些，放松些，最后不要降速。

（4）起跳腿蹬不直，起跳向前不向上。

产生原因：起跳腿蹬地不充分，争于起跳，腿部力量差，对起跳要积极向上的概念不清。

纠正方法。手扶肋木或栏杆等物侧向站立做起跳腿蹬伸送髋动作；多做短距离助跑起跳头触高悬物；发展腿部力量。

（5）挺身过早或以挺腹代替挺身。

产生原因：概念不清，摆臂和摆腿动作不够充分；刚起跳时就出现挺身动作。

纠正方法：弄清挺身和挺腹的区别；多做原地模仿练习。

（6）落地前没有向前伸小腿。

产生原因：向前伸小腿意识差；空中失去平衡，不能自主伸腿；腰腹力量和柔韧性差。

纠正方法：反复讲清伸腿的作用，加强伸腿意识，做立定跳远练习要求落地时伸腿，多做短距离助跑跳远，重点注意落地时小腿前伸。

（四）中长跑

中长跑是一项需要速度和耐力的综合性项目，一般把800～10000米统称为中长跑。中长跑包括中距离、长距离跑。中距离跑对速度耐力要求比较高，是有氧和无氧混合代谢运动。长距离跑是以耐力为主，是有氧代谢运动。其共同的特点是身体长时间进行肌肉活动，以一定的跑速，坚持跑相对较长的距离。练习中长跑能使心脏收缩力加强，提高心脏供血能力，促进心脏、肺、血液循环系统的发展，提高有氧代谢能力，还有助于降低血液中胆固醇含量。因此，健身长跑是作为终身体育锻炼的较好方法之一。

中长跑的完整技术一般包括：起跑和起跑后的加速跑、途中跑、终点跑四个部分。但由于跑的距离不同，所采用的技术细节也不尽相同，而且还有全程跑的体力合理分配或者正式比赛中战术的运用情况等，都将直接影响中长跑的运动成绩。由于中长跑的时间和距离较长，所以既要讲究动作的实际效果，更要节省体力。对于中长距离跑的各个技术过程，始终要贯彻这样的要求：动作轻松、自然，幅度较小；重心高且平稳；跑的节奏感要强，跑速要控制，全程计划分配体力；呼吸要有一定的节奏和深度。下面分别介绍一下中长跑完整技术的四个部分。

1．起跑

中跑多采用半蹲距式和站立式起跑，长跑一般采用站立式起跑。中长跑的起跑口令有两个："各就位"、鸣枪。

发令前，运动员均在集合线后站立，听到"各就位"口令后，先做一两次深呼吸，然后走或慢跑到起跑线后，两脚前后开立，有力的脚在前，紧靠起跑线的后沿，前脚跟和后脚尖之间的距离约一脚长，两脚左右间隔约半脚，体重大部分落在前脚上，后脚用前脚掌支撑站立。眼向前看 3～5 米处，身体保持稳定姿势，集中注意力听枪声，听到枪声时，两腿用力蹬地。后腿蹬地后迅速前摆，前腿迅速蹬直，两臂配合两腿动作做快而有力的摆动，使身体快速向前冲出，在短时间内获得较快的跑速。

2．起跑后的加速跑

起跑后逐渐加速，上体渐渐抬起，形成便于发挥自己战术的身体的有利位置，两臂有力的前后摆动。起跑的加速跑应根据个人特点、项目比赛情况和战术来确定加速距离的长短和速度的快慢。

3．途中跑

途中跑是中长跑的主要技术，要求上体姿势是正直或稍前倾，头部自然，眼平视，动作更放松、协调、平稳和节省体力。跑的速度大小决定于步长和步频，同时呼吸也很重要，两者要协调有明显的节奏，如：两步或三步一吸，两步或三步一呼。为了保证呼吸的深度，嘴可半张辅助呼吸。

在跑的途中，经常出现呼吸困难、胸闷、四肢无力、产生难以坚持跑下去的感觉，这种现象称为"极点"。产生"极点"的主要原因是由于氧气供应落后于机体活动的需要，是一种正常的生理现象。"极点"的反应程度与训练水平高低、运动强度大小、准备活动是否充分等有密切关系。训练水平高的运动员，内脏器官和神经系统适应性强，"极点"现象出现的晚，程度轻，持续时间短。跑的强度大，"极点"出现就早，准备活动充分，能缓和"极点"的反应程度，当"极点"产生时，一定要以顽强的毅力坚持跑下去。要加强呼吸的深度，适当调整跑速，这样，"极点"现象就会缓解，"极点"的克服不仅是提高训练水平和锻炼效果的过程，也是培养顽强意志和克服困难的精神的过程。

4．终点跑

终点跑是临近终点的一段加速跑，进入最后的直道时，要竭尽全力进行冲刺跑。什么时间加速跑，要根据比赛的距离、个人训练水平和战术决定。一般 800 米比赛可在最后 200 米左右开始加速，1500 米可在最后 300 米左右加速，3000 米以上的比赛可在最后一圈加速，视运动员训练水平不同因人而异。

5. 错误动作及纠正方法

（1）起跑抢跑和起跑后加速过快。

产生原因：不重视中长跑的起跑技术，身体重心过分前移，不善于分配体力，急于抢位。

纠正方法：加强中长跑起跑技术练习，强调"各就位"姿势时身体重心的稳定，要教育学生遵守起跑规则，教会学生合理的分配体力和加速跑的方法。

（2）后蹬无力，形成坐着跑。

产生原因：对技术理解不清楚，蹬地腿离地过早；腿部和踝关节力量不够；髋关节灵活性和腿的柔韧性差。

纠正方法：反复讲解和示范，使学生明确正确的技术；多做后蹬跑、上坡跑、跑台阶和各种弹跳练习，并在跑时注意摆动腿大腿带动髋部前送动作，加强腰、腿部力量和柔韧性的练习，注意增强脚掌肌肉的力量。

（3）跑的路线不直，左右晃动或身体重心起伏过大。

产生原因：头部姿势不正确，视线不固定；脚着地成八字形或两腿的力量不一样大；摆臂动作不正确，两臂用力不一样或摆动幅度小；后蹬角度大，跳着跑。

纠正方法：在跑道的前方定一标记，看着标记跑，做到视线与标记保持平行，避免跑时身体重心起伏过大；跑时注意膝关节向正前方摆动，沿着画好的直线跑；跑时（特别是在疲劳时）要注意脚着地的位置，不要出现八字脚现象；加强弱腿与弱臂的力量练习；用适宜的后蹬角度跑。

（4）跑时动作紧张、不协调，摆臂动作不正确，过多的消耗体力。

产生原因：不会放松肩部和腿部肌肉；身体姿势过于前倾或后仰；不理解摆臂动作的作用；柔韧性差；身体各部分的肌肉力量发展不平衡；技术概念不清楚。

纠正方法：经常做柔韧性练习，增强弱的肌肉群，使各部分肌肉力量发展平衡。由慢到快听掌声跑，顺风中、下坡跑；反复讲解与示范，使学生了解正确的动作过程；上体正直的慢跑，中速跑和跑的专门练习交替进行。

（5）呼吸方法不正确和跑的节奏性差，步长过大或过小。

产生原因：学生对跑时的呼吸方法、跑的节奏掌握不好，跑的速度感及均匀分配体力的能力差。

纠正方法：反复讲解示范，使学生了解正确的呼吸方法及跑的节奏性的重要意义。原地跑步，练习呼吸步子的协调配合，逐渐过渡到途中跑，保持呼吸和步子的协调配合；多做各种跑的练习，在练习中强调保持稳定的步长和步频以及均匀的跑速，通过分段报时的方法，逐渐培养跑的速度感。

（五）铅球

推铅球运动的形成与发展大致经历了投掷石块、投掷炮弹到推铅球几个阶段。推铅球是速度力量性项目，是以力量为基础，以速度为核心的田径投掷项目。推铅球是单手持球置于肩上锁骨处，在直径2.135米的投掷圈内通过滑步（或旋转），集中全身的力量以最快的出手速度将铅球推出以获得尽可能远度的投掷项目。

推铅球的完整技术是有握球、持球、预备姿势、滑步（或旋转）和最后用力、投出后的缓冲等几部分组成。推铅球的姿势有三种：侧向、背向滑步推铅球和旋转式推铅球。这里只介绍滑步推铅球。

推铅球不仅是一个竞技项目，同时也是一种锻炼身体、增强体质的手段。推铅球练习可以发展人们的肌肉爆发力和动作速度，提高中枢神经系统的调节机能，并能培养坚毅、顽强的意志品质。

1．握球、持球、预备姿势

投球手五指自然分开，将球置于食指、中指和无名指指跟部，大拇指和小拇指扶持在球侧以防滑落，

掌心不接触球，手腕背屈。然后把球放于肩上锁骨窝处并贴紧颈部，拇指紧贴在锁骨上，肘关节自然下垂，手腕稍外传，掌心朝前。

持球后背对投掷方向（以背向滑步为例，若采用侧向滑步应侧对投掷方向）。两脚前后开立，站在投掷圈的后沿内，身体重心落于右脚掌上，左脚脚尖靠近投掷圈内沿（脚也可稍向内转），置于右脚跟后20～30厘米处。上体与头部保持正直，两眼平视，左手臂自然向上伸起。滑步的作用在于铅球被推出前，预先获得一定的水平速度，从而为最后用力创造有利条件。

2．背向滑步

预备姿势做好后，向前屈体，上体与地面接近平行时，屈膝下蹲，同时头部和左脚向右腿靠拢，完成团身动作。接着身体重心向后移动，伸摆左腿，蹬伸右腿。右腿蹬直的瞬间，脚尖内转，并拉收至投掷圈圆心附近，与投掷圈方向成130°～140°角。与此同时，左脚（摆动腿）迅速下落，以前脚掌内侧插向抵趾板处。右脚着地时，身体重量大部分落在右腿上，左脚着地时，身体重心移至两腿之间。动作过程中，运动员上体和头部的姿势没有什么明显变化。两脚落地的时间间隔更短，以保证连贯、加速地过渡到最后用力。动作顺序为预摆—团身—摆左腿—蹬右腿—拉伸右腿—左脚内侧积极着地。

3．侧向滑步

技术基本同于背向滑步。因侧对投掷方向，摆动腿的摆动方向应侧对投掷方向，支撑腿蹬直后，脚尖仍按原方位落地。动作顺序与背向滑步相同。最后用力可分为准备和加速三个部分。

（1）准备部分。从左脚落地到身体形成侧躬。这一阶段，投掷臂保持不动，仅靠右膝的内压、右腿的侧蹬推动骨盆侧移，从而使身体右侧有关肌群形成拉紧状态，为最后的加速用力创造有利条件。

（2）加速部分。躯干形成侧弓后，在左腿的有力支撑下，右脚继续边蹬边转，上体边转边抬，当面对投掷方向的一瞬间，两腿充分蹬伸，挺胸推手，将球推向前上方，随

即手腕内旋，手指快而有力的拨球，使球沿着 38°～42°的出手角飞出。动作过程中，左臂要配合进行上、左、下方位的摆动和适时的制动。

（3）缓冲。在手指追拨球体至球出手刹那，可采用换步和降低身体重心等方法来缓冲，以维持身体平衡。

4．错误动作及纠正方法

（1）推球时手指、手腕挫伤。

产生原因：持球手指完全放松，手指、手腕力量较差，推球时用力过猛。

纠正方法：要求握球时手指有一定紧张程度；用较轻的铅球进行练习；注意发展手指、手腕的力量。

（2）推球时肘关节下降，形成抛球。

产生原因：持球时肘关节过低，滑步过程中已转向投掷方向。

纠正方法：注意持球时手臂的动作，要多做正面推球，要求肘关节抬平；要求滑步时两眼仍看前下方。

（3）推球时用不上腰背肌肉和下肢的力量，单纯用手臂的力量。

产生原因：投掷臂过早用力；用力顺序不明确，身体各部分的动作不协调；最后用力时预备姿势不正确，身体重心在两腿之间。

纠正方法：学生做好预备姿势后，教师在前面抵住学生的右手，或者是教师在后面拉住学生的右手，要学生反复做蹬腿、起体推球动作；原地推球，利用下肢和腰背力量将球送出，投掷臂不做推球动作；练习同上，投掷臂有推球动作，但不用力，以后逐渐结合投掷臂的力量。

（4）推球时臀部后坐。

产生原因：右脚蹬地不充分，髋部未能转至正对投掷方向；最用力时两脚前后之间的距离过长；怕出圈犯规，髋部不能前送。

纠正方法：教师站在学生后面，两手扶其髋，推球时帮助送髋；徒手做最后用力练习，要求用右手触及右前上方一定高度和远度的标志物。

（5）推球时出手角度过低。

产生原因：左脚支撑无力或膝关节弯屈；推球时低头或者说向左后下方转动。

纠正方法：在投掷前方一定远度和高度处悬一标志物，要求推出的球触及标志物（标志物的高度和远度根据学生的成绩而定）。

（6）滑步后动作停顿。

产生原因：左脚落地不积极；右腿力量弱，滑步后重心下降。

纠正方法：背对投掷方向，两脚左右开立，两腿快速蹬地；成最后用力姿势，左腿稍向上抬（不宜过高），然后积极下落，左脚着地后，右脚用力蹬地；持球连续滑步后结合最后用力的动作；加强腿部力量的训练。

（7）滑步后不能保持正确的姿势，上体过早抬起，重心在两腿之间。

产生原因：右腿的拉收动作不完善，一是收腿速度慢，二是收的距离短；滑步过程中左臂向左摆动，带动了上体的移动；滑步前先抬起上体，重心过分向投掷方向移动。

纠正方法：徒手和持球连续做收腿练习；教师在学生的右侧（稍后）拉住左手，进行滑步练习。

(8) 滑步距离太短。

产生原因：蹬地和摆腿力量不够或结合不好；拉收小腿的距离短。

纠正方法：在地上画出两脚落地标志，要求学生滑步后落在标志上；徒手或持球练习蹬摆的动作。

(9) 滑步时重心上下起伏大。

产生原因：蹬地或摆腿的方向过于向上；右脚力量不足，膝关节弯屈过大。

纠正方法：要求学生在滑步前重心先稍向后移；左腿摆动时，要求触及后方（投掷方向）的标志物。

第二节 健美运动

健美运动

一、起源与发展

尽管从开创到现在仅有百余年历史，但健美运动被国际体育界称为"20世纪80年代体育运动项目"，是当今社会最为流行的休闲、健身的体育运动项目之一。

国际健美运动的创始人是德国的尤金·山道（Eugene Sandao）。他自己不仅是当时健美体型的典范，还编辑健美训练书刊，制定健美比赛规则、评分标准，创办健美训练学校等，对完整的发展健美运动奠定了坚实的基础。

虽然健美运动19世纪末在德国及欧洲国家掀起，但推广这项运动走向世界的是美国。它们不但举办了一系列比赛，还创办了世界健美函授班。20世纪30年代早期，中国健美运动创始人赵竹光先生在上海泸光大学求学时曾参加过这个函授班，也就是这一时期开始健美运动传入我国。

国际健美运动能从当时少数国家兴起、发展，直到今天在世界范围内普及，是与加拿大的乔·韦德（Joe Weider）、本·韦德（Ben Weider）在20世纪30年代中期积极推动密不可分的。1946年，由本·韦德发起，加拿大和美国创建了"国际健美协会（IFBB）"，本·韦德任主席。其宗旨口号是"健美锻炼对国家建设是至关重要的（Bodybuilding is important for nation building）"。进入20世纪80年代，健美运动在世界范围内进入大发展阶段。中国于1985年被接纳为国际健美协会会员国。

二、基本技术

（一）胸部肌肉

胸部的发展规律是由外向内、由下向上。仰卧在不同角度的长凳上练习，可发展胸部的不同部位。

平卧：长凳与地面平行。主要锻炼整个胸部。

上斜：长凳头部向上倾斜与地面成25°～30°角。主要锻炼上胸部。

下斜：长凳头部向下倾斜与地面成15°～20°角。主要锻炼胸部下缘和外侧缘的下部。

需要注意的是，上斜的角度不要超过30°角，否则动作的用力点会转移到三角肌；下斜的角度如超过20°角，用力点会转移到背阔肌。

1. 平卧推举

预备姿势：仰卧在宽不超过30厘米的长凳上，上背部与臀部触及凳面，躯干用力向上挺起成"桥形"，两肩胛下沉。两脚平放于地面。杠铃的横杠放在胸部乳头以上1厘米处（第四、第五肋骨之间）；哑铃应持铃于两肩外侧，乳头的平行线上。

动作过程：集中胸大肌的收缩力，推杠离胸。使杠略向前成"抛物线"向上运动，两臂伸直时杠铃重心位于肩关节的支撑点上，并使胸大肌处于"顶峰收缩"。稍停后，再以胸大肌的张紧力控制杠铃，慢慢下降回原位（图7-2-1）。

图 7-2-1

动作要领：动作过程中始终保持"挺胸沉肩"的体姿，推至两臂基本伸直即可。如果胸腔形成"含胸耸肩"，则胸大肌处于松弛状态，影响动作效果。

易犯错误：①整个动作过程中，腰部不能始终形成拱形，从而不能有效做到挺胸。②杠铃的推起、放下不能沿固定线路，杠铃前后、左右摆动。③杠铃上推到顶时，肩关节往上送，形成含胸耸肩。

纠正：①可在腰部放一个大小适当的圆木棍或手臂，提示学生，在动作过程中保持腰部悬空。②杠铃重量不能大，要以学生能自如控制动作为宜。同时，配合挂图，给学生描述清楚动作过程中杠铃运行的轨迹。动作过程中，给予适当的语言提示或动作帮助，使其体会动作过程中正确的身体姿势。③在动作结束时，利用语言提示，或用手下压学生肩关节，使其建立正确的肌肉感觉。

2. 上斜卧推

基本要求同"平卧推举"，只是横杠置于接近锁骨或第一、第二肋骨处；杠铃离胸推起时要接近直线上推。

易犯错误及纠正同"平卧推举"。

3. 下斜卧推

基本要求同"平卧推举"，只是横杠置于第五、第六肋骨处；杠铃离胸推起时要直线上推。

易犯错误及纠正同"平卧推举"。

4. 平卧飞鸟

预备姿势：仰卧在凳上，躯干的技术要求同"平卧推举"。两臂自然伸直（约170°），两手对握哑铃于肩关节正上方，两手间距略小于肩宽，挺胸沉肩。

动作过程：两手持铃向体侧慢慢屈肘下落，随着哑铃下降，肘关节角度逐渐变小。下降到极限，胸大肌充分伸展，肘关节角度成100°～120°角。然后，以胸大肌的主动收缩，持铃向两侧循原路返回。

动作要领：动作过程中，肩、肘、腕始终在同一垂面内，与地面保持垂直位。

易犯错误：①整个动作过中，腰部不能始终形成拱形，从而不能有效做到挺胸。②哑铃的推起、放下不能沿固定线路，哑铃前后、左右摆动。③哑铃上举到顶时，肩关节往上送，形成含胸耸肩。

纠正：①可在腰部放一个大小适当的圆木棍或手臂，提示学生，在动作过程中保持腰部悬空。②哑铃重量不能大，要以学生能自如控制动作为宜。动作过程中，要保持肘关节的肘尖始终指向地面，不可使肘关节外翻。动作过程中，给予适当的语言提示或动作帮助，使其体会动作过程中正确的身体姿势。③在动作结束时，利用语言提示，或用手下压学生肩关节，使其建立正确的肌肉感觉。

5. 上斜飞鸟和下斜飞鸟

基本要求同"平卧飞鸟"，只是锻炼部位的侧重点不同。

易犯错误及纠正同"平卧飞鸟"。

6. 双杠臂屈伸

预备姿势：屈臂支撑，抬头，尽可能前引躯干，肩垂线与手握点要有15厘米以上的距离。下肢放松。

动作过程：以胸大肌的力量主动收缩使两臂伸直，当上臂超过水平位置时，身体重心逐渐后移，躯干成含胸收腹，直至两臂基本伸直。然后，以胸大肌的张紧力，慢慢屈肘沿原路线返回成预备姿势。

动作要领：屈肘支撑时，抬头，尽可能向前引体；两臂伸直时，低头含胸、收腹、臀部后移。

易犯错误：①动作过程中，身体出现非正常摆动，借力收缩。②身体下降时，不能使肩关节超越肩关节居前；身体上升到最后，肘关节、肩关节不在同一条直线。

纠正：①这个动作有一定难度，对胸部肌肉力量有一定要求。需要在胸部肌肉力量达到一定水平后才进行学习。需要动作过程中，集中胸部肌肉力量进行收缩。而不是靠身体主动摆动，借力收缩。②身体下降过程中，主动将身体前送，使身体"超越"肩关节。而在身体上升过程中，主动将身体"后拉"，最后使整个手臂垂直地面，肘关节、肩关节保持一条直线。

7. 俯卧撑

预备姿势：两手五指向前支撑地面，间距略宽于肩，两臂伸直，两肩向前引，使肩胛的垂线与地面成 10°～15°角。两脚并拢，脚尖支撑，躯干始终保持挺胸收腹紧腰。头抬起。

动作过程：以胸大肌的伸展力控制屈臂下降至最低位置。这时肩部放松并略向前引，使双肩峰超过两手平行线，抬头前引。然后以胸大肌的收缩力使两臂伸直还原（图7-2-2）。

动作要领：以胸大肌的力量控制躯干的前引和下降。

图 7-2-2

易犯错误：①动作过程中，躯干始终不能保持正直，鼓肚或塌腰。②动作过程中，不能始终坚持胸大肌发力，借用肱三头肌等肌群力量。

纠正：①躯干部位的姿势正确与否直接关系到俯卧撑的动作质量。整个躯干部位的姿势控制需要该部位肌肉的协调收缩。所以，动作过程中，要利用语言或适当身体帮助，使学生可以有效控制躯干部位的姿势。②两手间距太小，造成肱三头肌发力较多。身体下降到最后，主动"引肩"超越肩峰，抬头挺胸。

（二）背部肌肉

1. 俯立划船

预备姿势：两脚开立与肩同宽，两腿微屈。上体前屈，使上背部与地面接近平行，挺胸、收腹、紧腰，稍抬头。两手背向前持杠铃自然下垂于小腿前，肩关节放松。

动作过程：运用背阔肌收缩力，使杠铃从下垂位向后拉引至小腿胫骨前。然后屈肘，使横杠沿小腿上提至小腹，同时抬头挺胸，躯干向上抬起10°～20°角，顶峰收缩1～2秒，然后沿原路线返回成预备姿势（图7-2-3）。

动作要领：杠铃提至小腹前，抬头挺胸，躯干上抬10°～20°角。

易犯错误：①动作过程中，身体前倾幅度改变，除手臂外，出现多余动作。②杠铃接近腹部时，不能依靠凹腰挺胸、收缩背阔肌达到提升杠铃的目的。

纠正：①动作过程中，要求腿部、臀部、肩部之间的相对位置保持不变。尤其是，杠铃上拉到最后，感到吃力时，一定不能靠抬高上体被动显着杠铃被拉起了。一定要靠收缩背阔肌完成动作。②当杠铃提拉到腹部，不能继续提拉时，要主动凹腰、挺胸。这样才可以利用背阔肌力量继续提拉杠铃,直至背阔肌完全收缩。不能靠躯干抬起或腰部更高地凸起从而被动带动杠铃向上提拉。

图 7-2-3

2. 单臂划船

预备姿势:两脚前后开立,与肩同宽,两腿微屈(或前腿跪在凳上)。上背部与地面接近平行,挺胸、收腹、紧腰,稍抬头。单手持哑铃自然下垂于肩关节下方,另一手扶住同侧膝盖(或撑在凳面)。

动作过程:以背阔肌收缩力向后拉引哑铃至小腿外侧,然后屈肘沿腿外侧提起直至小腹高度,同时尽量转体 20°~30°,顶峰收缩 1~2 秒,然后沿原路线返回成预备姿势(图 7-2-4)。

图 7-2-4

动作要领:哑铃提至小腹高度,尽量转头翻肩 20°~30°。但上体与地面保持平行。

易犯错误:①动作过程中,身体晃动,不能始终预备姿势。②哑铃到达身体结构限制的顶点时,不能合理转肩。造成躯干过度扭转或是肩部没有扭转动作。

纠正:①动作过程中,始终保持下肢、臀部、支撑臂等部位身体姿势的相对固定。不能产生过多的不必要动作。要把收缩集中在锻炼的肌肉上。②哑铃到达身体结构限制的顶点时,同侧肩部稍稍侧转,收缩同侧背阔肌,使哑铃提至最高峰。不要大幅度转动腰部。

3. 俯身弯起

预备姿势:两脚开立与肩同宽,将杠铃扛在肩上,背部挺直。

动作过程:以下背部张紧力控制躯干前倾至背部与地面接近平行,前倾过程中两腿稍屈，背部挺直（图7-2-5）。

动作要领：背部始终保持挺直。

图 7-2-5

易犯错误：①动作过程中，腰部姿势不稳，或是鼓肚、塌腰。②动作速度过快，利用速度惯性借力收缩。

纠正：①这个动作是练习下背部力量的，因此，要保证腰部姿势的稳定。②身体下俯、上抬，都要按照一定的节奏，不能太快。

4. 耸肩

可采用杠铃（两手持铃下垂于腿前）、哑铃（两手握哑铃于腿侧）、拉力器（两手握拉力器短杆）等不同器械做耸肩动作。都是以斜方肌力量将重物向上拉起，直至两肩耸起接近耳侧，顶峰收缩1～2秒，再以斜方肌的张紧力控制重物慢慢松弛还原。

易犯错误：①动作过程中，不是利用斜方肌主动收缩，是利用缩脖子被动提拉。②动作过程中，手臂不能保持始终微微伸直状态。疲劳时，会屈肘关节。

纠正：①这个动作本就是一个动作幅度不大的动作。一定要坚持主动肌发力，用斜方肌力量完成整个动作。②当斜方肌疲劳时，提拉杠铃会很困难。容易借助肘关节弯屈，收缩肱二头肌，带动杠铃上提。但这对斜方肌不能产生锻炼效果。

（三）肩部肌肉

1. 杠铃推举

预备姿势：两手持杠铃于肩上。

动作过程：向上推举，直至双臂伸直（图7-2-6）。

图 7-2-6

动作要领：单纯肩部发力，不要借助腿部蹬伸。

易犯错误：①整个动作过程中，腰部不能始终保持挺直，过度挺胸或塌腰。②整个动作过程中，肩部不能始终保持平直，放松臂肩关节过分下垂，收缩臂肩关节过分上抬，不利于三角肌的锻炼。

纠正：①利用语言或助力帮助学生保持腰背部身体姿势。②利用语言或助力，提示学生不要侧倾肩部，借力上举哑铃。

2. 直立划船

预备姿势：两脚平行开立与肩同宽，手心向后握住杠铃，持铃下垂于体前，身体正直。

动作过程：以肩带肌群的收缩力，带动两上臂贴身提起，直至杠铃接近锁骨位置。然后以肩带肌群的张紧力，慢慢还原至起始位。

动作要领：上提时，手、肘放松，前臂下垂。动作过程中，躯干保持不动。

易犯错误：①动作过程中，身体出现左右、前后晃动。②动作过程中，腰部动作大，形成借力。

纠正：动作过程中，利用语言提示学生保持腰背部直立，除手臂动作外，躯干不要参与发力，保证三角肌的收缩效果。

3. 侧平举

预备姿势：两手持哑铃，虎口向前，两肘微屈（100°～120°），下垂于腿前或体侧。上体微前倾。

动作过程：以三角肌中束的收缩力，持铃向体侧上方举起，两肘间夹角保持不变，直至两前臂提至水平或略高于水平位时，沿原路返回。动作要领：动作过程中，两肘间夹角始终保持不变。

侧平举可采用坐姿、站姿或侧卧位。可双手或单手做动作。

易犯错误：①两臂完全伸直或两臂弯屈过多。②动作过程中，腰部参与发力，形成借力。③动作过程中，由于疲劳，在接近水平位置时，手臂会采取主动弯屈肘关节，减少动作难度的做法。④手腕不能始终保持平直，上翘或下垂。

纠正：①在动作过程中，要使手臂始终保持预备姿势（两肘微屈100°～120°）。②在动作过程中，腰部保持直立，不要出现晃动，形成借力。③在疲劳时，要依靠三角肌进行主动收缩。不能主动弯屈肘关节，减少阻力臂，达到省力的效果。④在动作过程中，手腕部始终与手臂平行。不可翻动手腕，引起不必要肌肉紧张。

4. 俯立侧平举

预备姿势：两脚自然开立，比肩稍宽。两腿微屈，上体前屈与地面接近平行。两手持铃，两臂稍屈（100°～120°），手心相对，下垂于腿前，头稍抬。

动作过程：以三角肌后束和斜方肌的收缩力，持铃向体侧上方举起，两肘间夹角保持不变，直至两前臂与肩成水平，或略高于水平位。然后慢慢循原路返回至下垂位。

动作要领：动作过程中，两肘间夹角保持适度变化。

易犯错误：①随着手臂上抬，肘关节夹角不能随动作进行适度调整。②腰部动作明显，形成借力。③肘关节出现外翻。④手腕不能始终保持平直，上翘或下垂。

纠正：①手持哑铃处于悬垂位置时，肘关节基本处于伸直状态；随着手臂上抬，肘关节角度逐渐减少；随着手臂逐渐下放，肘关节角度也随之增大。这是一个渐进的过程。②动作过程中，腰部要始终保持预备姿势。不可主动抬起，形成借力。③随着手臂上抬，要保持整个手臂与躯干的垂直角度关系，前臂不要产生扭转。④在动作过程中，手腕部始终与手臂平行。不可翻动手腕，引起不必要肌肉紧张。

（四）上臂肌肉

1. 俯坐弯举

预备姿势：坐在凳上，上体前俯，持铃手的肘关节顶在同侧大腿内侧。

动作过程：以肱二头肌的收缩力，将哑铃弯起，直至顶峰收缩（上臂与前臂的夹角约为50°），1~2秒后，再慢慢还原成预备姿势。

动作要领：动作过程中，持铃手的肘关节不可离开同侧大腿内侧，手腕平直。

易犯错误：①动作过程中，上臂离开腿部。②肘关节弯屈至关节最小度。③动作过程中，腕关节出现内屈。

纠正：①保持上臂轻贴大腿，是为了标示三角肌不主动参与收缩，影响肱二头肌锻炼效果。因此，动作过程中，要始终保持上臂轻贴大腿。②当肘关节弯屈至关节最小度时，肱二头肌反而处于松弛状态。因此，要找到肱二头肌的最大收缩点，而不是肘关节的最小关节点。③腕关节内屈会引起前臂肌肉紧张，影响肱二头肌锻炼效果。动作过程中，要保持手腕部平直。

2. 单臂颈后臂屈伸

预备姿势：两脚自然开立（或正坐凳上），持铃臂伸直上举与地面垂直，始终靠近耳侧。

动作过程：持铃向颈后弯屈，直至极限，再伸直成预备姿势。

动作要领：动作过程中，上臂、上体保持空间位置相对固定。

易犯错误：①动作过程中，上臂不能始终靠近耳侧，导致上臂外展。②动作过程中，身体晃动，不能始终保持正直。

纠正：①利用语言提示学生，上臂要轻贴耳侧，保证肱三头肌的锻炼效果。②动作过程中，身体不要产生动作，以免形成借力，或造成姿势不稳。

（五）前臂肌肉

锻炼前臂肌群可用哑铃、杠铃等器械，可正坐或用托板做动作。

1. 正握腕弯举

预备姿势：坐在凳上，手心向上，反握杠铃，持铃手手腕悬空、下垂，前臂放在同侧大腿上。

动作过程：收缩前臂屈肌，手向上弯举，至顶峰收缩 1~2 秒后，再慢慢还原成预备姿势。

易犯错误：肘关节主动弯曲，前臂离开支撑面。

纠正：疲劳时，容易主动弯曲肘关节，抬起前臂，被动抬高杠铃。因此，可以用语言提示，要求学生不要使前臂离开支撑面。

2. 反握腕弯举

预备姿势：坐在凳上，手心向下，正握杠铃，持铃手手腕悬空、下垂，前臂放在同侧大腿上。

动作过程：收缩前臂伸肌，手向上弯举，至顶峰收缩 1~2 秒后，再慢慢还原成预备姿势。

易犯错误：肘关节主动弯曲，前臂离开支撑面。

纠正：疲劳时，容易主动弯曲肘关节，抬起前臂，被动抬高杠铃。因此，可以用语言提示，要求学生不要使前臂离开支撑面。

（六）腰、腹部肌肉

1. 药球卷腹

预备姿势：仰卧在垫上（腿弯曲），双手持药球于肩关节上方。

动作过程：肩部抬起，靠近腹部，但下背部不离开地面，至顶峰收缩 1~2 秒后，再慢慢还原成预备姿势（图 7-2-7）。

易犯错误：躯干抬起过大，下背部离开地面。

纠正：通过语言或按住腹部，让锻炼者体会只是肩部抬起，向腹部卷起。

图 7-2-7

2. 雨刷

预备姿势：仰卧在垫上，双臂伸展平放，与躯干垂直，双腿伸展上抬至与躯干垂直。

动作过程：双腿向身体一侧放低，直至腿接近地面，顶峰收缩 1~2 秒后，再慢慢沿原路抬起，直至双腿在身体另一侧放低，接近地面。顶峰收缩 1~2 秒后，慢慢上抬、放低至身体另一侧（图 7-2-8）。

图 7-2-8

动作要领：动作过程中，肩部始终贴紧地面。

易犯错误：①动作过程中，借助身体摆动，借力收缩。②动作过程中，肩部离开地面。

纠正：①按照预定的动作轨迹进行活动，不要使身体进行多余的活动，从而借力完成动作。②动作速度不要过快，尤其是动作转换时，不要利用快的速度，形成借力。

3. "超人"

预备姿势：俯卧趴在垫子上。

动作过程：两腿直膝上举，同时双臂伸直抬起。形成只有腹部着地，大腿、肩部都离开地面的姿势（图 7-2-9）。

动作要领：举腿、抬肩同时完成。

易犯错误：①动作过程中，只是小腿抬起，大腿没有有效抬起。②动作过程中，双臂不能伸直，肩部抬高。

纠正：通过语言提示，要求大腿、肩部同时抬高。

图 7-2-9

（七）腿部肌肉

1. **负重深蹲**

预备姿势：两脚左右开立，双手手心向前，正握杠铃，将杠铃扛于颈后，挺胸拔背。

动作过程：两腿屈膝下蹲，直至全蹲姿势。然后慢慢伸腿还原（图 7-2-10）。

动作要领：上体保持稳定，背部挺直。

图 7-2-10

易犯错误：①两脚开立过宽或过窄。脚尖外撇过多，而非脚尖朝前。②下蹲或站起时，双膝不能在脚面上方活动。③下背部弯屈。

纠正：①两脚开立，与肩同宽，或略宽于肩。两脚脚尖朝前，或略微外撇。②减轻杠铃重量。并用语言提示，臀部后坐，髋关节屈伸，而不是踝关节屈伸完成动作。③动作过程中，始终保持下背部正直，不能弯屈。

2. 臀推

预备姿势：仰卧凳上，脚跟着地，臀部下沉。

动作过程：股后肌群、臀部发力将腹部向上顶起，直至躯干伸直，顶峰收缩 1～2 秒后，再慢慢还原成预备姿势（图 7-2-11）。

动作要领：动作过程中，股后、臀部协同发力。

易犯错误：双脚脚尖着地，臀部抬至最高处时躯干不能伸直。

纠正：通过语言提示，要求臀部抬高至躯干水平。

图 7-2-11

3. 站立提踵

预备姿势：两脚前脚掌站在垫木上，略挺胸收腹，杠铃置于颈后肩上。

动作过程：膝盖保持伸直，脚尖向上踮起至极限，然后慢慢放下至最低限度（图 7-2-12）。

易犯错误：①腰部弯屈，造成腰部负担过大，力量传递受阻。②膝关节弯屈过多。

纠正：①动作过程中，始终保持腰部直立，以利于力量的有效传递。②提踵或放下时，膝关节基本保持伸直。

图 7-2-12

（八）臀部肌肉

在所有大腿双关节的训练动作中，臀部肌群都会得到锻炼。

弓步

预备姿势：两脚前后开立，上体正直，杠铃扛于肩上（或举过头顶）。

动作过程：弯屈前腿膝关节和臀部直至后腿几乎接触到地面，然后伸直前腿膝关节和臀部还原到原始位置（图 7-2-13）。

动作要领：动作过程中，上体始终保持正直。

易犯错误：①动作过程中，腰部不能始终保持直立，造成腰部负担过大，力量传递受阻。②身体下降，形成弓箭步时，前腿的大腿不能与地面保持平行。③动作过快，形成借力收缩。

纠正：①动作过程中，利用语言提示，要求学生挺胸立腰，不可弯腰。②形成弓箭步要一气呵成，不可左右晃动。并且前腿的大腿要降至与地面平行。③腿部动作速度要适度，尤其是动作转换时，不要过快。

图 7-2-13

（九）颈部肌肉

头后伸

预备姿势：面对器械戴上头套，低头。

动作过程：头用力后伸，将头套下拴住的弹性带向外拉开或悬垂的重物向上拉起，然后慢慢还原到原始位置。

动作要领：动作过程中，上体始终保持正直。

易犯错误：动作速度过快，造成损伤，或形成借力。

纠正：动作过程中，头部动作速度要适度，尤其是动作转换时，不要过快。

三、健美锻炼的相关基础知识

（一）变速发力（动作全过程用力）

"快收缩"：（2～3秒）以最大限度集中主动肌的快收缩的张力，不借助或少借助协同肌群的力量，以取得局部肌肉群的最大收缩效果。

"慢伸展"：（3～4秒，大重量的伸展更慢）当肌肉收缩达到"顶峰"时，有一个短暂的静止状态后（1～2秒），再使主动肌处于用力控制的"肌肉紧张"的状态中，是主动肌处于缓慢深长的过程还原，最后到达充分伸展的放松状态。

这种变速发力的训练方法是健美训练最主要的技术特点，它可以使动作有节奏地进行，从而使肌肉达到"最佳发胀"状态。

（二）健美训练的组数安排原则

	大肌肉群	小肌肉群
初学者（0～3个月）	1～3	1～2
中级水平（6～12个月）	6～8	4～6
高级水平（1～2年）	10～12	8～10
比赛水平（3年以上）	14～18	12～14

（三）不同试举次数的不同作用

低次数（1～5）：增长力量。

中次数（6～10）：增长肌肉围度、增进肌肉线条和耐久力。

高次数（15～20）：增强肌肉弹性、线条，发达小肌肉群的围度。

超高次数（30次以上）：局部减肥、增强肌肉弹性、增强心脏和呼吸系统功能。

（四）组间间歇安排原则

平时训练：采用"大重量、少次数"增加肌肉围度和体力，间歇时间为60～90秒。

赛前训练：采用"中重量、多次数"保持肌肉围度、减缩皮下脂肪层、增进肌肉线条，间歇时间为30～45秒。

（五）发达肌肉的四要素

科学训练；合理营养；心理上的促进因素；良好的恢复。

（六）初级水平训练课安排

每周训练三次，隔天一次；每次训练 60 分钟，开始两周每次 30~45 分钟；采用一周三分化的训练课程，每次训练课包括各大肌肉群，小肌肉群可选择隔次进行；每个部位选择一个动作，每个动作大肌肉群最多不超过 3 组，小肌肉群不超过 2 组。组间歇 60 秒。

（七）初级阶段的训练原则

1. 渐增超负荷训练原则

在训练中，一定要逐渐增加负荷的重量，不可片面追求大重量。要保证动作质量以及必要的练习次数。当每组练习次数达到一定标准（12 次/组），且能够保证动作质量的前提下，才可以逐渐、适度地增加负荷。练习一段，保持一段，再练习一段……

2. 组数方法训练原则

健美锻炼，针对每块肌肉，要设计出几个适宜地动作，每个动作的组数也很少。不要贪多，一段时间重点解决一个问题。一般在初级、中级阶段，重点是适度更换动作，而不是靠片面增加锻炼组数、次数达到增加围度的目的。一般大肌肉群：6~8 组（3 个动作，每个 2~3 组）；小肌肉群：4~6 组（1~2 个动作，每个 2~3 组）。

3. 孤立训练原则

健美锻炼时，每个动作的练习，要尽可能集中受训部位肌肉收缩。不要"贪图"可以同时锻炼几块肌肉。那样的话，不仅不能达到同时增加几块肌肉围度的效果，同时，主要锻炼部位的练习效果也会受到负面影响。

4. 动作多变训练原则

由于人体每个部位的肌肉都有自身独特的解剖结构，肌纤维数量巨大。因此，每个练习动作都有其局限性。都不可能动员该部位肌肉所有的肌纤维参与收缩。为了使该部位肌肉得到充分的发展，就需要适当变换动作形式，这样，可以动作不同的肌纤维参与收缩。从而使肌肉得到充分的锻炼，达到良好的锻炼效果。

（八）健美运动员的平衡膳食

健美锻炼，需要及时地摄取合理的营养，才能促进肌肉蛋白合成，使肌肉增粗。一般而言，健美锻炼需要多方面营养的补充，主要包括：肉、禽、鱼类；蛋、牛奶、乳制品；谷类食物（米饭、面包、麦片）；蔬菜、水果、豆科植物、坚果；脂肪类（食油、黄油）。

第三节 越野行走

一、越野行走概述

（一）越野行走的概念

越野行走

越野行走亦称持杖行走、北欧健走等，是运动员双手持手杖并与双脚协调一致由前向后交替推送，手杖尖头和脚与地面保持接触，连续向前直立迈进的过程，整个行走过程没有肉眼可见的腾空。越野行走是由场地赛、公路赛、户外穿越等项目组成的体能类耐力性项目；其基本运动方式有：场地行走、公路行走、山地行走、沙滩行走、雪地行走等。越野行走具有竞技性、健身性和娱乐性三重属性。

（二）越野行走的起源与发展

起源于1997年芬兰滑雪运动员夏季训练项目的越野行走运动，今天在全世界有了广泛的发展。2000年，国际越野行走协会在芬兰赫尔辛基成立，它是一个非营利性的国际组织，拥有22个成员国组织，现任主席是芬兰人阿迪凯瑞塔拉；目前，全世界有40多个国家和地区开展这项运动，2003年，国家体育总局体育科学研究所率先将越野行走引入中国，成立了越野行走推广中心，同年成立了中国第一支越野行走队，2004年，与国际越野行走联合会合作，2011年将推广中心更名为国际越野行走联合会中国委员会，是国际越野行走联合会唯一授权在中国推广越野行走运动的组织。2013年，国际越野行走联合会中国委员会筹建了高校分会，举办了全国高校越野行走教练员学习班和裁判员培训班，目前全国有六十多所高校开设了这门课程。越野行走作为徒步运动的一种方式，在我国的发展，经历了从"健身活动"到"体育项目"再到"徒步赛事"三级跳式的发展。徒步赛事的出现，具备了更大的观赏性、更大的参与性和吸引力，进一步激发了徒步运动的内涵和活力；徒步赛事是持杖行走（专业队伍竞速）和群众徒步（可持杖也可不持杖的非比赛的健身徒步）相结合，体育赛事和休闲旅游相结合、当地群众和外地群众相结合、国内和国际相结合，加上手杖操热身活动、手杖操垫场表演、当地民俗表演等，成为一个全民健身、全民娱乐的嘉年华。徒步赛事已经不仅仅是体育活动，而成为了弘扬文化，宣传生态和旅游资源、拉动体育产业，推动全民健身很重要的一个平台，相比马拉松比赛而言，徒步竞赛门槛低，参与人数更多、更接地气，也更加安全。徒步赛事，也成为开展全民健身、运动会的好形式。相比传统的运动项目，更加简单，更加有趣；健身第一，比赛第二，重参与、重交流、重快乐。可以使更多的人参与到健身中来。利于宣传体育文化、提高凝聚力。今天的马拉松赛事，就是明天的徒步赛事。

二、越野行走的特点、价值及适用人群

（一）越野行走是一种老少皆宜的有氧健身运动

越野行走分为休闲健身、健康恢复和专业训练三种形式。概括说来，具有以下特点：

接触自然、减小压力、活力、恢复、成就感、提高体质、保持健康、时尚运动；它具有广泛的包容性，其文化凝聚着超越自我，挑战极限，顽强拼搏，永不止步的信念，以及以人为本，包容兼并、追求卓越的精神，这种信念和精神汇聚交融丰富了体育的人文思想。

（二）越野行走的价值

越野行走与普通行走相比，心率每分钟提高 5～17 次，热量消耗平均增加 20%，能量消耗增加可达到 46%，一定负荷下，自我疲劳感觉度（rpe）下降，有效缓解肩、颈部肌肉紧张，减轻关节（特别是膝关节）负担，保证在不平坦和较滑路面上行走的安全。

使用两支手杖，使上肢也能参与行走，可以消耗更多热量，接近了慢跑的锻炼效果，减肥、降"三高"效果显著；由于使用两支手杖，减轻了腰椎和膝关节的压力，可以在登山中保护膝盖，还可以延缓骨骼衰老，使已经受损的腰腿得到适度的修复；由于使用两支手杖，使人不易感到疲劳，特别适合健身旅游，寓健身于娱乐之中。尤其是竞赛项目中，越野行走保护下肢关节、节省体力、提高运动成绩的特点得到了充分的体现。

持杖健走，比散步有效，比慢跑安全，是健步走的升级版，被美国医学杂志誉为"最接近完美的行走"。卫生部首席健康教育专家洪昭光教授指出："心血管病怕累，骨关节病怕疼，持杖行走不疼不累，效果加倍"，给予了持杖健走很高的评价。与一般的徒步相比，持杖健走有如下几个特点。

1. 心率提高 10%

持杖行走调动了全身 90% 的肌肉参加行走（图 7-3-1），从而使心率提高 10%，达到有效运动强度。国内、国外的统计数据均显示，持杖行走与一般徒步相比，在完成同样时间、同样速度、同样距离的情况下，心率可提高 10%，热量多消耗 20%～46%。（国际越野行走联合会提供的数据）

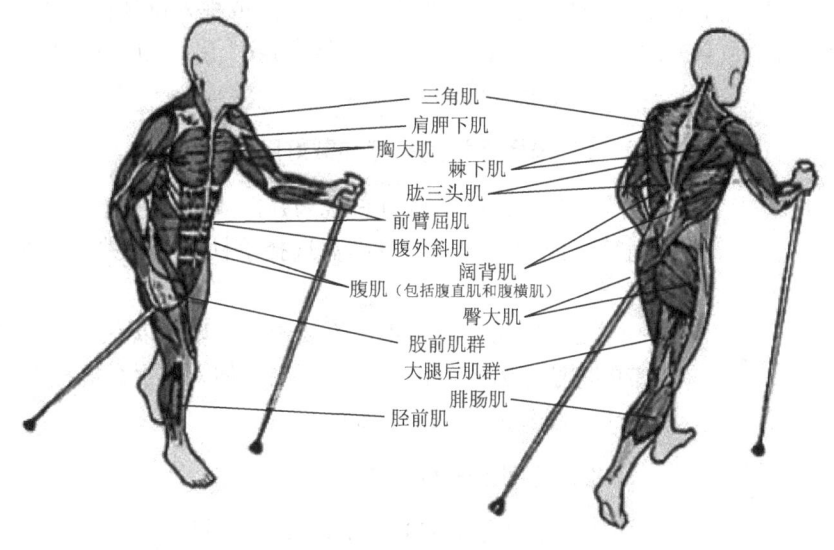

图 7-3-1

2. 腰、腿的压力减轻 10%

人一生中骨质、骨量最好的状态（骨峰值）在 35 岁左右，过了这一阶段，关节磨损后就无法修复，严重的只能换关节。因此，三四十岁以前，加强跑、跳的锻炼，可以代偿性地增加骨质、骨量，提高骨峰值的高度，以增加后半辈子骨质的储备；但对中老年人的体育锻炼来说，应该"有限的关节省着用"！避免关节负荷太大，要注意保护，以延缓关节衰老。

越野行走，是徒步运动中唯一可以减轻腰、腿压力的运动方式。站在体重秤上，体重 70 公斤的人，当用一支手杖在体侧支撑时，体重即可减少 7 公斤。腰、腿的压力都可以得到减轻。在减轻关节压力的条件下去锻炼，可以延缓关节软骨的衰老，并对受损的关节有一定的修复作用。

3. 不感到疲劳

由于上肢参加行走，调动了全身 90%肌肉，虽然热量消耗不减，但腿的负荷相对较轻，从而不觉得累。尤其是山地行走和长距离行走，节省体力，提高运动成绩的作用更加明显。

（三）适用人群

健身爱好者、户外运动者、耐力项目运动员、运动团体、俱乐部、在校学生、家庭、康复人群、中老年人、缺乏运动者、孕妇等。

三、越野行走的教学

（一）平地行走教学（三四五一教学法）

选好手杖并戴好腕带后，即可采用"三四五一教学法"或称为持杖行走速成教学法。"三"是行走前必须掌握的三个原则；"四"是四步教学步骤；"五"是五种行走姿势；"一"是一个无痛锻炼的原则。

1. 选择手杖的高度和戴好腕带

（1）手杖以身高的 66%为好，或在戴好腕带后，小臂与地面平行或稍低即可。身高与选择手杖的对应关系，如图 7-3-2 所示。

（2）腕带分左右手，不要搞错。以下以右手为例示范戴腕带的方法。调整好的腕带从下向上伸入右手系好搭扣，完成戴腕带（图 7-3-3～图 7-3-6）。

2. 三四五一教学法

1）学习行走前必须掌握的三个原则

（1）手掌虚握手杖：戴好腕带，手掌下压，虎口夹住手杖，

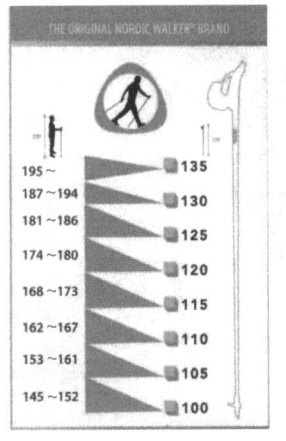

图 7-3-2

掌心悬空，以虎口为轴，手杖可前后摆动。（不能像用登山杖，全手掌抓住握柄）

（2）手杖约45°斜着向后支撑。（不能像拄拐棍那样直立向下支撑）

（3）手臂以肩为轴前后摆动。（不能以肘关节为轴摆动）

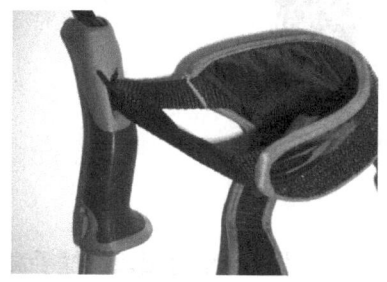

图 7-3-3

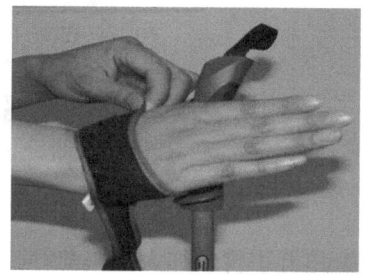

图 7-3-4

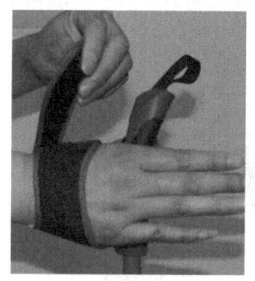

图 7-3-5

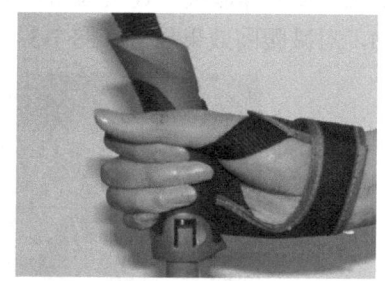

图 7-3-6

2）学习行走（四步教学）

（1）拖着手杖走。身体直立，双手下垂，虎口捏住手杖，手掌悬空，手臂前后摆开，拖着手杖行走。重点学习以肩为轴的摆臂，拖着手杖走。虎口捏住手杖，手掌悬空（图 7-3-7～图 7-3-8）。

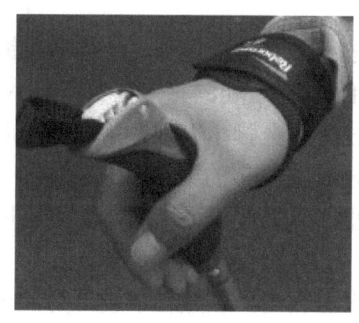

图 7-3-7

图 7-3-8

（2）稍用力支撑行走。捏住手杖的手指稍用力，在保持以肩为轴摆臂姿势的前提下，轻推手杖行走。

（3）压腕带行走。手掌通过压腕带向后推动手杖，手杖推至身后，手臂伸直，手掌自然上翻（图 7-3-9）。

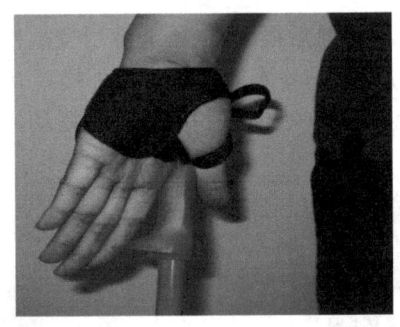

图 7-3-9

（4）甩开手臂，加大步幅前行。（标准行走姿势）身体重心稍前倾，前摆手高度在肚脐，后摆手推过腰；手臂回摆时，大臂带小臂，使手杖杖尖自然离地，不再拖着走。此种走法，使人体髋关节连线与肩关节连线形成一个夹角，每走一步，腰部就会产生一个扭动，对减腰围效果显著（图 7-3-10）。

图 7-3-10

3）五种行走姿势（根据不同的身体情况、不同的锻炼目的采用不同的走法）

（1）标准姿势行走。腰、腿尚好，以减肥"降三高"，提高心肺功能为主要目的人群适合采用。

（2）休闲行走：保护腰、腿的行走姿势。腰、腿出现退行性病变，希望通过锻炼改善病情的人群，则不能使用标准行走姿势，而应采用保护腰、腿的行走姿势：减小步幅，稍加快步频；前摆腿落地时要轻，并尽快从脚后跟过渡到全脚掌着地；手杖 45°向后支撑，也可以稍直立；身体尽量平稳减小起伏，以减轻对膝关节的压力。

（3）康复行走。腰、腿有较严重疾病，行走不便，或腰、腿手术后，均可采用康复行走。

一般手杖支撑较直立，但无固定姿势，怎么舒服怎么走，以减轻下肢压力，增加上肢锻炼为主。

（4）长距离行走。长距离行走是指十几、几十公里，甚至连续几天的行走。

其一，相比标准姿势行走，步幅不宜过大，降低手臂前摆高度和摆动幅度；

其二，保持手杖 45°后推，使之成为向前的助力而非阻力；

其三，变换姿势行走。例如，采用走两步，但手杖向后推地一次的走法；采用双杖同时前摆,同时后推的走法;在腰腿的负荷过大产生疼痛时,采用康复走法甚至转过身来,倒退行走等。

需要注意的是,手臂过分用力,肘关节弯屈较大,前摆手过高,均会增加上肢负荷,造成手臂先于腿脚过度疲劳,疼痛加剧,最后无法使用手杖行走的结果。

(5)快速行走(竞速赛的行走方法)。持杖行走的竞速项目,要求双手各持手杖,系好腕带;双脚双杖交替触地,且走一步,另一侧的手杖杖尖触地一次。双脚不得同时腾空(不许跑步)。

在不违反规定的前提下,需要提高技能和体能。

其一,根据自身体力,找到走得最快的步幅与步频的平衡点,原则上是步幅越大、步频越快越好。

其二,身体重心稍前倾,走直线,降低身体起伏,控制好手杖后推角度,使之成为向前的助力而非阻力。

其三,持杖竞速需要进行针对性训练,5公里、10公里、21公里赛的速度不一样,能量消耗方式也不一样,训练方法不同。

其四,竞速赛中,几秒之间决定胜负,因此,手杖的质地至关重要。专业手杖从设计、材质、握柄、腕带、小脚、重量等方面的优势,绝非登山杖或山寨行走杖可比。

总体来看,首先,必须选用专业手杖;此外,单节比多节好;强度保证的前提,重量轻的好,杆体柔韧性适中的好。

其五,一定要做好热身活动和整理活动,避免损伤。

其六,饮食和营养。平时训练、赛前、赛中、赛后要保证营养,科学饮食。

其七,无论训练还是比赛,坚持无痛锻炼的原则,健康第一,比赛第二。

(二)山地行走

双腿稍弯,身体稍后倾,步幅减小,重心在腿与双杖之间(图7-3-11、图7-3-12)。

图 7-3-11

图 7-3-12

1. 缓坡上山

身体前倾,手臂支撑用力。也可双臂同时在前攀登向上,用手臂的力量减轻腿部的负荷。

2. 缓坡下山

双腿稍弯，身体稍后倾，步幅减小，重心在腿与双杖之间。

3. 陡坡或台阶上山

手杖放在体前更高的地面或台阶上，保证不打滑后，利用手臂拉身体向上，可以两支手杖交替在前，也可以同时在前。当身体上移，手杖的支撑点在身后时，可将身体前倾，手臂弯屈，手掌与手杖垂直，利用腕带下推至手臂伸直，推动身体向上攀登（图 7-3-13）。

图 7-3-13

4. 陡坡或台阶下山

手杖放在下面的地面或台阶上，手臂伸直与手杖成一条直线，手掌与手杖垂直，保证杖尖不会打滑后，身体重心前移；使手臂分担大部分体重后，再迈腿下行。手杖可交替支撑，也可同时支撑。

在使用双杖的条件下，选择台阶下山比缓坡下山更好。因为台阶是水平的，可使前脚掌先着地，再过渡到后脚跟着地，这样有效地减轻了地面对膝关节的冲击力（图 7-3-14）。

图 7-3-14

5. 较高的台阶行走

攀登较高的台阶，可采用右手在前迈右腿，左手在前迈左腿的方法，比较省力。

（三）手杖操

越野行走手杖操，是一种借助两支手杖进行的体操（图 7-3-15）。用于健身的：如热身操、整理操、有氧运动操、身体素质训练等（图 7-3-16）；用于比赛的：如规定动作操和自选动作操。手杖操是持杖健走运动不可或缺的辅助运动方式。

图 7-3-15

图 7-3-16

手杖操与徒手操相比，具有独特的支撑、杠杆、联动、手杖花四个元素，手杖的支撑作用，就像舞蹈训练的把杆，可以使身体更加稳定，完成难度较高的训练动作，且对保护下肢关节作用明显；手杖的杠杆和联动作用，强化了拉伸的力度，还可以做到拉伸的方向与用力的方向相反，从而丰富了拉伸肢体的技巧和方法；手杖花的训练，对手腕及手指关节有极好的锻炼作用，还能带动肘、肩、腰得到协调运动，因具有一定的技巧性，所以对培养协调能力和提高锻炼兴趣很有帮助。多种形式的手杖操如图 7-3-17 所示。

总之，使用手杖做操，与徒手做操相比，可以使人体锻炼的部位更加全面，关节活动更加到位，肌肉拉伸更加充分，从而达到更好的健身效果。有人称手杖操是使用器械的瑜伽，很有道理。使用手杖可创编出丰富多彩的操舞动作，既有很好的健身作用，又有很强的观赏性。

（a）支撑　　　　　　　　　（b）杠杆

图 7-3-17

(c) 手杖花

(d) 联动

图 7-3-17（续）

第四节 定 向 运 动

一、概述

（一）定向运动的起源与发展

4500 多年前，巴比伦人开始使用地图；2500 多年前，中国人发明了指南针——司南；19 世纪末 20 世纪初，欧洲北部斯堪的纳维亚半岛广阔而崎岖不平的土地上覆盖着一望无际的森林，散布着无数的湖泊。城镇、村庄稀疏散落，人们的交通主要是依靠那些隐现在林中湖畔的弯弯屈曲的小路。在这样的地理环境中生活，理所当然地要比别的地方更需要地图和指北针，否则，要想穿越那莽莽林海是十分困难的。正因为如此，那些经常在斯堪的纳维亚半岛山林中行动的军队，便成了开展定向运动的先驱。他们深知，如果不具备在山林地辨别方向、选择道路和越野行进的能力，就不能完成保卫国家的重任。1918 年，瑞典一位名叫吉兰特的童子军领袖组织了一次叫做"寻宝游戏"的活动，引起了参加者的极大兴趣，这便是定向运动的雏型。由于这个活动组织方法简便。不仅对提高野外判定方向的能力及学习使用地图有好处，还能够培养和锻炼人的勇敢顽强精神，提高人的智力、体力水平。开展定向运动不需要像其他体育项目那样在场地与器材上支付大量经费，娱乐性与实用性兼备，因此日益受到军队的重视，并且很快地在民间流传开来。19 世纪末的北欧开始有了定向运动的萌芽；1897 年，挪威举行世界上第一次定向比赛，8 人参加，被认为是定向运动的元年；1919 年，瑞典人吉兰特组织了第一次正式的定向比赛，标志现代定向运动正式开始；1961 年，国际定向运动联合会（IOF），以下简称国际定联在丹麦的哥本哈根成立，共有 11 个成员国，到现在为止共有 67 个成员国。

（二）定向运动在中国的发展

定向运动在我国按国际标准正式作为一项体育活动开展训练和比赛是在 1983 年 3 月 10 日，中国人民解放军体育学院首次在广州白云山上组织了一次"定向越野试验比赛"。1991年12月，原国家体委批准中国无线电运动协会下设"中国定向运动委员会"，使定向运动作为一种体育项目开始在国内有组织地推广。1992年7月，中国成为国际定联成员国。1994年，第一届全国定向锦标赛在北京怀柔举行。1995年，"中国定向运动委员会"更名为"中国定向运动协会"。这些都为定向运动在中国有组织地推广和发展奠定了良好基础。

（三）定向运动的定义

定向运动（Orienteering）是运动员借助地图和指北针，按规定的顺序独立地完成寻找若干个标绘在地图上的地面检查点，并以最短的时间跑完全赛程的运动。

（四）常见定向运动的种类

1. 徒步定向（俗称定向越野）

徒步定向是国内开展最为广泛的一种定向运动。其比赛的成败在于个人的识图用图、定向技术和奔跑能力。该项目易组织、易参与、规模可大可小。因此，适于各种年龄、性别的人参加。定向越野比赛是国际定联正式承认的比赛项目之一。

2. 百米定向

百米定向是定向运动的一个新兴项目，经全国定向冠军赛的检验证明，百米定向具有观赏性强、技术性高、易参与、易组织等特点，能够锻炼运动员的反应敏捷能力和奔跑速度。健身的同时充满了乐趣，还能够学会识图用图。因此，百米定向受到定向届的广泛推崇。

3. 滑雪定向

滑雪定向是指在雪地，运动员除凭借对地图的识别和使用能力外，还需要使用滑雪装具（非机动的）的一种定向运动。滑雪定向也可以按个人、团体或接力比赛等形式进行，也是国际定联的正式比赛项目之一。滑雪定向在东欧国家十分流行，许多世界高山、越野和速度滑雪选手同时又是滑雪定向的高手。

4. 接力定向

接力定向是团体之间的定向越野比赛项目之一，其成绩好坏有赖于每个队员个人能力的发挥。在接力比赛中，比赛的路线分成若干段（国际比赛通常为四段），每名选手完成其中的一段，各段参赛选手的成绩相加为该队团体总成绩。因此，接力定向的观赏性较好，被国际定联纳入了正式比赛项目。

5. 记分定向

记分定向通常以个人方式进行。它是在比赛区域内预先设置好许多检查点，并根据地形的难易程度、距离远近、点的位置的相互关系不同而赋予每个检查点以不同分值。选手必须在规定时间内自行寻找若干或全部检查点，以积分最高者为优胜。

6．其他

国际上还流行着一些其他的定向运动形式，有国际定向运动联合会的正式比赛项目：山地车定向，轮椅定向等。还有如校园定向：在学校的校园或操场上为学生设计的一种定向。

（五）著名国际赛事

（1）瑞典五日赛。最大规模的定向运动赛事，每年7月吸引世界各国20000名定向运动员相聚瑞典。近年常有40个以上的国家参加此项赛事。

（2）世界定向越野锦标赛。最权威的传统定向比赛，每隔一年举行一次。

（3）芬兰24小时接力赛。最大的定向接力赛。设有男子组（7棒）和女子组（4棒）。每年6月，2000多个队在芬兰持续比赛24小时。

（4）瑞典10公里夜间定向接力赛。最刺激的夜间定向接力赛。每年4月末在瑞典举行。

（5）瑞典混合接力赛。上最大的混合定向接力赛，无论精英选手、青少年选手、男选手和女选手在同一队参赛。每年10月在瑞典举行。

（6）世界青少年定向锦标赛。参赛选手主要是17~20岁的青少年，每年的6月在欧洲举行。

（7）世界元老定向锦标赛。所有35岁以上的选手都可以参加，每年在世界各地不同国家举行一次。

（8）世界公园定向循环赛。每年在世界各地公园巡回举行的职业精英赛。设总奖金及总排名。

（六）定向运动的主要器材与装备

1．个人需要的装备

服装：定向运动对服装没有特殊的要求。由于这项运动多在野外或公园进行，所以参加者为防止草木的根刺及虫蚁的侵袭，最好选择面料结实的长袖、长裤。鞋要选择合脚、轻便而又结实的，鞋底要具有良好的抓地能力。

2．赛会或组织者提供的器材

地图：尽管在任何一张地图上都可以定向，但为了定向运动本身，还需制作专门的定向图。定向地图是定向运动的重要器材，它的质量好坏直接关系到比赛过程是否安全、结果是否公正。定向地图是地形图的一种，提供极为详尽的地表资讯，作为定向选手在比赛过程中定位与导航的依据。定向地图比传统地形图包含更多的资讯，并使用一套标准符号绘制，让使用任何语言的人都可以了解。除了以等高线表示地形的起伏外，地图还包含森林密度、水文资讯、空旷地、小径、道路、土堤、石墙、冲沟、渠道、井、坑、围篱、输电线、人造物、建筑、大石与其他地表上的资讯。定向地图一般采用1∶15000或1∶10000的比例尺。

指北针：指北针是定向运动可使用的唯一合法帮助，它的主要作用是辨别方向、标定地图、确定站立点与目标点的方向、简易测绘。

点标（图 7-4-1）：是由三面标志旗连接组成的。每面正方形小旗，沿对角线分开，左上为白色、右下为红色，旗的尺寸为 30 厘米×30 厘米，可以用硬纸壳、胶合板、金属板、布等材料制作。标志旗通常要编上代号（国际上过去曾使用数字做代号，现已规定使用英文字母），以便于选手在比赛时根据旗上的代号来判断他是否找到了正确的检查点。

点签（图 7-4-2）：点签器是与检查点配合而起作用的，它提供给运动员一个到达位置的凭据。点签的样式很多，但最常见的有钳式。检查钳是用弹性材料制成的，顶端装有钢针，钢针的不同排列使检查钳可以印出不同的图案印痕。点签器置于赛场中与之对应的检查点上，当选手在其上打卡时，将这一点的检查点编号和打卡时刻写入选手所持的 CH 卡同时，点签器中自动备份选手的 CH 卡号和打卡时刻，以备赛后有争议时进行数据比对。点签器中可备份 760 条打卡记录，超过 760 条记录时，点签器仍可在 CH 卡中写入检查点编号和打卡时刻只是不再存入点签器中。

图 7-4-1

图 7-4-2

号码布：号码布一般不超过 24 厘米×20 厘米，号码数字的高不小于 12 厘米，字迹要清晰，字体要端正。正规的比赛还要求将号码布佩戴于前胸及后背两处。

二、定向运动的基础知识

由于地图和指北针是定向运动最常用的工具，因此在学习定向运动技能的时候，必须选择合适的场所、用较多的时间去进行使用地图和指北针的练习。以下我们介绍地图与指北针的使用方法。

1．地图的正确拿法

我们在参加定向运动活动中，需要将地图折叠起来使用，这样可以将地图在手中抓稳，折叠的大小需要露出足够的选择路线区域和前方一到两个目标检查点即可。折叠的时候应该让地图磁北线和折叠边平行，这样有利于快速标定地图。

2．地图的标定

标定地图就是为了使定向地图的方位与现地的方向相一致。这是使用定向地图的最重要的前提。

（1）概略标定。定向地图上的方位是：上北、下南、左西、右东。当我们在现地正确地辨别了方向之后，只要将地图的上方对向现地的北方，地图即已标定。这种方法简便迅速，是定向越野比赛中最常用的方法。

（2）利用磁北线（MN 线）标定。先使透明式指北针圆盒内的定向箭头"↑"朝向地图上方，并使箭头两侧的平行线与地图上的磁北线重合（或平行），然后转动地图，使磁针北端对正磁北方向，地图即已标定。

（3）利用直长地物标定。利用直长地物（如道路、土垣、沟渠、高压线等）标定地图，首先应在图上找到这段直长地物，对照两侧地形，使图与现地各地形点的关系位置概略相符，然后转动地图，使图上的直长地物与现地的直长地物方向一致，地图即已标定。

（4）利用明显地形点标定地图。当你位于明显地形点上，并已从图上找到该地形点的位置（即自己所在的站立点）时，可以利用明显地形点标定地图。方法是：先选择一个图上与现地都有的远方明显地形点（目标），然后转动地图，使图上的站立点至目标的连线与现地的站立点至目标的连线相重合，此时地图即已标定。

3．指北针的使用

（1）把指北针套在左手大拇指水平放在地图上。将指北针上右侧的蓝色箭头从你所在的位置指向你要进行的位置，如图 7-4-3 所示。

（2）水平转动指北针与地图（你的身体也随之转动），指北针的红色指针指向地图顶端的红线，如图 7-4-4 所示。

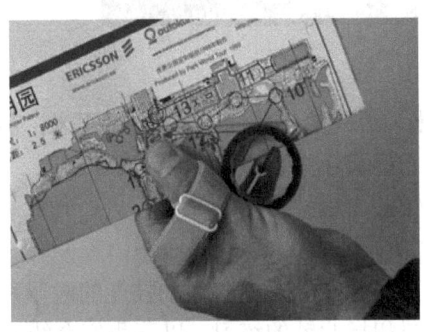

图 7-4-3

图 7-4-4

（3）这时，指北针上蓝色箭头所指的方向就是要进行的正确方向。

4．对照地形

对照地形，就是要通过仔细的观察，使图上和现地的各种地物、地貌"对号入座"，即相互对应。对照地形在定向越野比赛中的作用主要有两个：一是在站立点尚未确定时，只有正确地对照地形，才能在图上找出正确的站立点位置；二是在站立点已经确定，需要变换行进方向时，只有通过对照地形，才能在现地找到已选定的最佳行进路线。对照地形一般应先标定地图，然后根据不同的需要采用不同的对照方法。

（1）在站立点尚未确定前。首先应概略地标定地图，然后迅速地观察一下周围，记清最大或最有特征的地物、地貌的大概方位与距离，并从图上找到它们，此时站立点的位置即可概略地确定。

（2）在站立点已经确定之后。同样首先应概略地标定地图，然后从图上查明自己选定的运动路线上近前方两侧的特征物，同时记清它们的大概方位与距离，并将它们在现地辨别出来，然后再前进。如果因为地形太复杂，如山丘重叠、形状相似等，不易进行对照，可以先采用较精确的方法标定地图，然后用带刻度尺的指北针的长边切站立点和特征物，并沿这条直长边向前瞄准，则特征物一定在此方向线上。如此方法还不能解决问题，应变换对照位置，或者登高观察和对照。在这里需要特别强调的是，无论在什么情况下进行现地对照地形，都必须特别注意观察和对照地形的顺序与步骤问题。现地对照地形的顺序一般是：先对照大而明显的地形，后对照一般地形；由近及远，由左至右；由点及线，由线及面；逐段分片，有规律地进行对照。在步骤方面，首要的、也是必不可少的是要保持地图方位与现地方位的一致，然后再根据不同需要进行下面的步骤。

5. 确定站立点

熟练地掌握在图上确定站立点的各种方法是学习使用地图的主要目标之一。对于这些方法，除了要记住它们各自的步骤、要领，尤其重要的是要学会根据不同情况，对它们进行选择使用和结合使用。

（1）直接确定。当自己所处位置是在明显地形点上时，只要从图上找出该地形点、站立点即可确定。这是一种在行进中，特别是奔跑中最常用的方法。但是，采用直接确定法的困难在于：在紧张的进程中，怎样才能很快地发现可供利用的明显地形点？当同一种明显的地形点互相靠近的时候，怎样才能够正确地区别它们，防止"张冠李戴"。可以称得上是明显地形点的地物主要有：单个的地物；现状地物的拐弯点、交叉点（呈"十"字形）、交汇点（呈"丁"字形）和端点；面状地物的中心或者有特征的边缘。可以称得上是明显地形点的地貌主要有：山地、鞍部、洼地；特殊的地貌形态（陡崖、冲沟等）；谷地的拐弯、交叉和交汇点；山脊、山背线上的转折点、坡度变换点。

（2）利用位置关系确定。当站立点位于明显地形点附近时，可以采用位置关系法。利用位置关系法确定站立点主要是依据两个要素，一是站立点至明显点的方向，二是站立点至明显点的距离。在地形起伏明显的地方，还可以结合高差情况进行判定。

（3）利用"交会法"确定。当站立点附近无明显地形点时，可以利用"交会法"确定站立点。按不同的情况，它又可以具体分为90°法、截线法、后方交会法和磁方位角交会法。90°法，当待测点位于线状地形（包括道路、沟渠、山背线、谷底线、坡度变换线等）上时，如果在与运动方向相垂直的方向上能够找出一个明显地形点，那么确定站立点就简单得多：线状地形符号与垂直方向线的交点即为站立点。截线法，当待测点位于线状地形上，但在其与运动方向相垂直的方向上没有明显地形点，可以采用此法。这些方法的优点是：不需要判断或测量距离也能确定出较为准确的站立点位置，这对于初学者学习、巩固使用越野图的训练是很有意义的。但是，它们中的一些方法，要么只能在某些特定的条件下才能运用，要么就是步骤繁琐，费时费力，因此在定向越野比赛中一般较少使用。

6. 利用地图比赛

综合以上我们学到的定向运动基础知识，我们现在将这些知识运用到实际比赛中去，利用地图行进。

（1）记忆法。一般要按运动的顺序，分段地记住路线的方向、距离、经过明显方位物及有特征物。通过记忆，应该使自己具备这样一种能力：现地的情景能够不断地与地图上的内容达到一致。这样可以节省看图的时间，以便更快地完成比赛。

（2）拇指辅行法。先明确自己的站立点、比赛的路线、到达目标，然后转动地图，使地图与现地方向一致，先用左手的拇指压于站立点一侧，再行进。行进中要根据自己所到达的位置，不断移动拇指，转动地图，保持位置、方向的连贯性和正确性。

（3）借线法。当检查点位于线状地形或其附近时，可以采用此法。行进时，要先明确站立点，然后利用易于辨认的线状地形，如围栏、道路、高压线、山脊线等，作为行进的"引导"，使自己运动时更有信心。

（4）借点法。当检查点附近有高大、明显的地形点时，可用此法。行进前要先将目标辨认清楚（亦可用其他物体佐证），然后用最快速度前往检查点。

（5）导线法。当站立点距离终点较远，途中地形又很复杂，可采用此法。行进过程中，要多次采用多个明显地形点，确保前进方向的正确性。但需注意，切勿将相似的地形点用错。

7. 检查点说明

定向运动的一个重要目标，就是利用地图找到各个检查点。检查点说明符号是定向地图持有的一种信息表示形式。它以特有的方法告诉人们可以更便捷地找点，利用检查点说明表使定向越野变得更加简单。

（1）检查点说明表的作用。

① 说明该地图线路的组别、长度及爬高量等。

② 指明所找检查点的顺序及找哪个检查点（检查点代号）。

③ 详细说明检查点的主要特征，运动员可以利用说明快速找到相应的检查点。

（2）检查点说明表的构成见表 7-4-1。

表 7-4-1　检查点说明表

组别			路线程度			爬高量	
A	B	C	D	E	F	G	H
			○>------350------◎				

① 表头释义。

② 检查点说明释义。

A．检查点编号（比赛路线的顺序）

B．认检查点点标代号（手写的说明表需加括号）

C．检查点所在地物（地貌）的方位

D．检查点所在地物（地貌）名称

E．检查点所在地物（地貌）的外观特征

F．检查点所在地物（地貌）的大小

G．检查点标志与地物（地貌）的相对位置

H．其他情况

③ 必经路线 ○＞-------350-------◎ 表示 350 米喇叭形栏绳通道至终点。

（3）符号。

C 栏：检查点所在地物（地貌）的方位

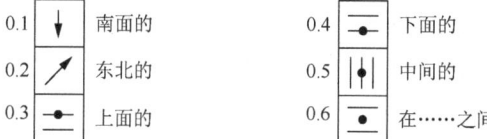

D 栏：检查点所在地物（地貌）名称

岩石与石块

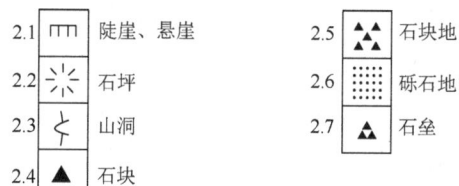

地貌

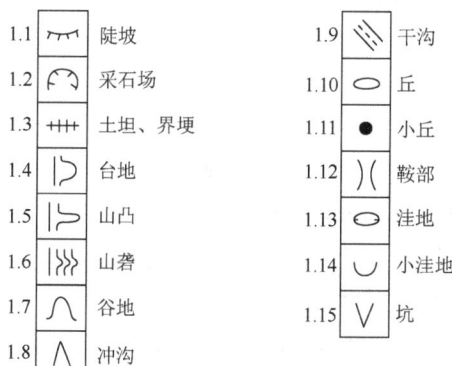

湿地与水系　　　　　　　　　　　　植被

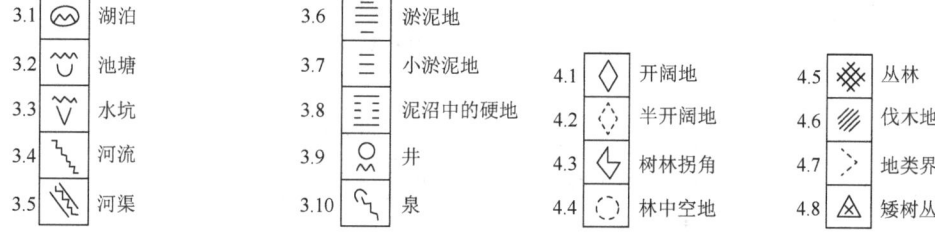

人工地物

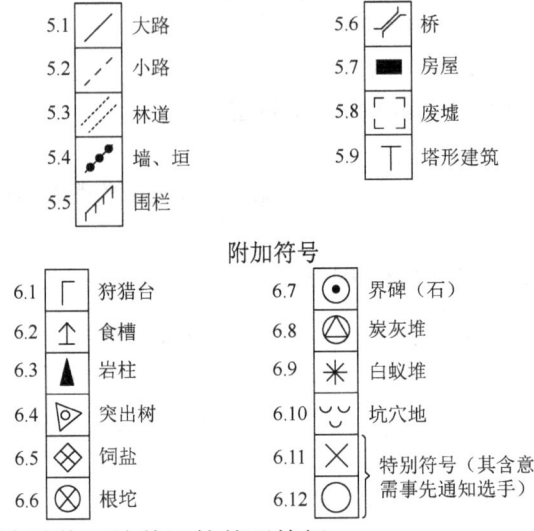

附加符号

E栏：检查点所在地物（地貌）的外观特征

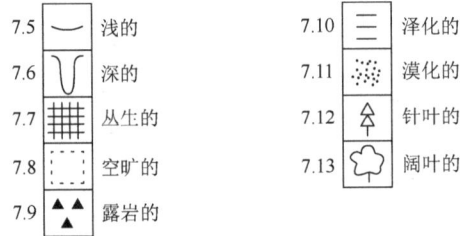

F栏：检查点所在地物（地貌）的大小

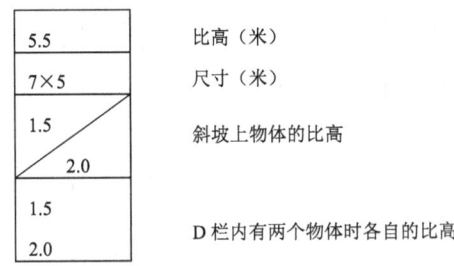

G栏：检查点标志与地物（地貌）的相对位置

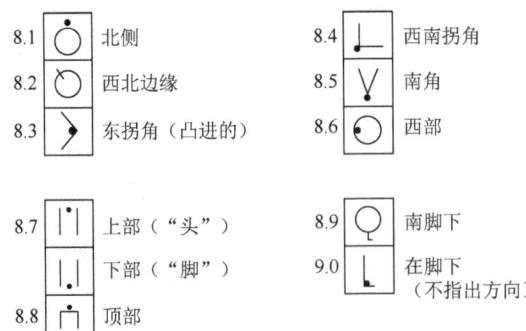

H栏：其他情况

三、定向运动的能力培养

（一）定向运动的基本能力培养

定向技能训练可通过识图训练、用图训练和模拟比赛的方法来提高。识图训练可以在公园、操场、特定场所进行，用图训练则必须安排在公园、野外等有地形图的场地进行。

定向运动的识图训练大多应该在学习了地图基本知识后进行，是对地形图基本知识学习的一种练习和巩固。通过识图训练，提高快速读图能力和利用地图判定地形的能力。下面我们介绍以下几种识图方法。

1. 对定向运动图地物地貌识别的训练

针对定向运动地图的特点，要求运动员掌握定向运动图的地图符号规律和特点，既要学会判定地形的高度差、坡度等，又要牢记检查点说明符号。定向运动员必须熟悉这些国际定联规定的统一定向运动图符号。对定向运动图地物地貌识别训练可以通过阅读定向运动图，牢记地图符号。实施图上作业，在标有路线的图上独立完成定向路线，估算每段路实际距离及各点间的大致角度。进行记图训练可以看几分钟地图，然后凭记忆将定向路线的大致地形进行描述，特别要描述出定向路线的距离和具有明显特征的地形。

2. 检查点说明符号的识别训练

对于国际定联规定的检查点说明符号一定要牢记才能在野外寻找目标点时运用准确。对说明符号的识别训练需要我们平时浏览全部检查点说明符号，从各类符号中独自寻找规律，帮助记忆。对符号的掌握情况，特别是符号相近相似的，一定要区分含义。多做说明符号的解释练习。

3. 用图训练

用图训练是在比赛中进行的一种技能训练。根据内容可分为运动中的方向（或标定地图）训练、运动中的站立点和目标点确定训练及图地对照训练等。运动中的方向训练这种训练能使我们在比赛中具有明确的方向感，快速标定地图。运动中的方向判定可以按下列方法训练。

（1）利用指北针，在较简单的地形上，进行按方位行进练习，提高方向感和距离感。

（2）利用地图，在不能以直线行进时，在绕行过程中测距离掌握情况。

运动中站立点和目标点确定是定向运动的关键技能，确定站立点目标点与现地对照是结合在一起的，通常相互配合进行训练。为能够尽快地掌握站立点、目标点的确定，可以在公园或野外发给学生每人一张未标定方向路线的地形图，由老师带领行进，至某一地点停下，让学生快速标定站立点在图上的位置，反复多次，独立完成，然后让学生讲述各自标绘的定向路线，其他人进行校正。

（二）定向运动的身体素质培养

1. 耐力跑练习

定向运动的耐力跑不同于中长跑运动员在整个跑程中保持始终如一的高速跑。它一般有长、中、短距离比赛，各种距离的比赛线路检查点的间距也各不相同，在检查点停下打卡后又得迅速接着跑，这就要求运动员具有高速跑一段距离停下接着快速跑的能力。训练中可采用在校园内规定路线 800 米到 1500 米签名跑。

定向运动耐力对定向运动员是至关重要的。定向运动员如果只有奔跑的耐力，在田径场的长跑成绩无论有多好，若专项耐力欠缺，定向成绩是无法提高的。

2. 速度练习

速度对定向运动员来说是关键，相对速度是建立在基础速度和耐力跑的基础上，基础速度又建立在绝对速度和速度耐力的基础上。因此，绝对速度在某种意义上对定向运动队员起着重要的作用。训练中可采用在校园内规定路线 500 米到 800 米签名跑。

3. 定向运动的心理素质培养

定向运动的心理素质训练是准备比赛的重要组成部分，它同传统的身体训练、技术训练和战术训练相结合，构成了一个完整的训练体系。定向运动的训练和比赛中，学生不仅要有良好的体能，还要具备强大的心理素质，如果学生缺乏良好的心理素质，就不能顺利完成训练和比赛任务，更不可能取得优异成绩。因此，从某种程度上说，一个定向参赛者心理素质的优劣是成功与否的第一因素，它比体能、技能都重要。

通过定向心理素质训练，学生在定向比赛中心理素质达到非常稳定的地步，学会自我调节心理状态，能够承受各种心理压力，在比赛中得到正常或超常发挥。

（1）培养运动员的良好动机。良好动机是发挥学生积极性的核心因素。只有在良好的动机的支持下才可提高兴趣和能力。鼓励学生在定向比赛时争取好成绩，但却不可把胜负看得太重，使之成为思想包袱和负担，不允许学生通过不正当手段去赢得比赛胜利，要培养学生相互团结、共同协作、把每次训练或比赛都看做锻炼自己、培养能力的机会，要不断挑战自我，超越自我。艰苦的训练是能够提高定向运动水平的。这种良好的动机，主要是靠平时教学中教师思想教育的培养。

（2）培养运动员认真的态度。良好的态度可使学生对训练比赛有充分的信心和责任感，使学生始终处在坚定、沉着和充满信心的状态，提供巨大的心理储备。在比赛时遇到不愉快的事，也能正确处理，不急不躁，不被烦人的事扰乱心情，正常参赛。

（3）培养运动员顽强的意志品质。良好的意志品质在定向训练和比赛中起着巨大作用。克服困难、反败为胜靠的就是它。因此，训练中要有意识地、巧妙地安排一些机会来培养学生的意志品质。如要培养学生战胜困难的信心，可从困难少的方面入手，由易到难，逐渐加大难度，使学生在不断克服困难时，坚定信心，看到自己的力量。这就要教师以身作则，教学训练中要认真、严肃、坚定。如果教师在教学、训练中朝气蓬勃、勇往直前，在困难面前不低头，那么学生也会在定向训练和比赛的困难面前不妥协、不屈服，坚持完成任务。

四、定向运动比赛中遇到的问题及易犯错误的纠正

1. 方向的确定，明确北方向

当我们拿到比赛地图准备参加比赛的时候，明确北方向是最为重要的一步，最简单的方法就是使用指北针。将指北针持平，红色指针就会指向北方。在测试时，一定要拿走或远离口袋中的刀子、铁制背包扣、铁轨、卡车、电线等铁质或有磁物体，否则会影响指北针的测试结果。需要注意的是，指北针指出的"北"并不是真正的北，而只是磁北。在一般情况下，两者只有细微的差别，但是野外定向时有必要知道磁偏角（一般地形图上标有），并且作出一定的调整，容不得疏忽。在我国除部分磁力异常的地方外，一般磁偏角都是西偏。磁偏角还是不断有规律变化的，地图上的磁偏角只是测图时的磁偏角（注意地图出版时间），而且只是图上若干点的平均值，要心中有数。

2. 盲目参赛

定向运动是智力与体力并用的一项运动，所以参加活动前，应该了解定向的规则、方法和技巧，这个可以在不断摸索中总结适合自己的方法，比如有些同学比赛时不看全图只看一两个点，这样就容易迷路找错检查点，因而耽误了时间。

3. 找点路线模糊

在跑点过程中，没有在头脑中形成清晰的路线，基本处于模糊状态。应该先将地图仔细观察，确立好方位再出发。随着比赛技巧的积累，应做到"人在路上走，图在心中移"。

4. 点标判断不准确

到达点标位，不能迅速发现点标。有不少运动员明明已经到达点标附近，但是观察不仔细，比如，只看左边，不看右边；只看水平方向，不往上、下寻找，明明点标近在咫尺，却视而不见的人不在少数，最痛苦的莫过于点位裁判了，干着急，又不能提示。

5. 未按顺序跑点

没有按顺序跑点，比如，2点没打卡，却已经把3点的打过了。按正规比赛，只要有一个点标顺序跑错，成绩就无效了。

6. 迷路问题的处理

迷路时寻找自己方位，一般情况下，你迷路时已经不知道自己的位置（在地图上）了，这时你需要利用地图和指北针确定位置。选择一处视野开阔的地方，仔细观察一下，找到两个明显的标志物，比如山峰、河流拐弯处、村庄，并且能在地形图上找到这两个

点，用指北针测量第一处标志物 A 的方位，在地图上从 A 点沿参照物的方向画一条线，这时你就处在这条线上。接着测出第二处标志物 B 的方位，在 B 点也沿方位画一条线，两线的交汇地就是你所处的位置。如果当地磁偏角偏大，应该加上或减去磁偏角（磁北比真北偏左，加上磁偏角；磁北比真北偏右，减去磁偏角；在我国一般是加上）。利用第三个标志物验证这个结果会更准确。确定了自己的位置后，就要寻找道路。最保守也是最可靠的方法就是"迷途知返"，再回到自己原来的路线上去，这要比前进更需要勇气和毅力。

五、比赛规则

日间定向运动竞赛：首批运动员应在日出后 1 小时出发；最后一批运动员最迟应在日落前预计完成全赛程时间的 1.5 倍时刻出发。夜间定向运动竞赛：首批运动员应在日落后 1 小时出发；最后一批运动员最迟应在日出前预计完成全赛程时间的 2 倍时刻出发。

1. 竞赛项目

定向运动竞赛包括：定向越野竞赛、定向接力赛、定向自行车竞赛、定向划船赛、定向滑雪赛等。

（1）个人赛。运动员单个竞赛，成绩取决于个人技能。

（2）团体赛。运动员单个竞赛。运动队成绩为全队运动员个人成绩（时间、名次或得分）的总和，同时也可以计个人成绩。

（3）多日竞赛。在多日竞赛中，运动员的个人成绩是每日竞赛成绩（时间、名次或得分）的总和。

（4）接力赛。接力队须有 3 名或 3 名以上运动员，每名运动员像个人赛一样跑完一个赛程。

（5）小组赛。每组有 2 名或 2 名以上运动员，运动员一同或部分分散完成竞赛。

2. 竞赛分组

（1）根据性别和年龄划分组别。女子组代号为（W）；男子组代号为（M）。

（2）组别：按年龄段划分。

女子组	男子组
W10～11	M10～11
W12～14	M12～14
W15～17	M15～17
W18～20	M18～20
W21～	M21～
W35～	M35～
W40～	M40～
W50～	M50～
W60～	M60～

(3) 运动员在同一场竞赛中,只能参加一个组别的比赛。

(4) 同一年龄组因参赛人员过多,可以划分为相同标准的几个小组,代号为1、2、3等。例如,M12-1(男子12～14岁1组),W15-3(女子15～17岁3组)。

(5) 不同年龄组可以合并。例如,W40～60(女子40～60岁);也可细分,如M45(男子45～49岁)。高级组的代号为E,如WE18-205ME21—。

(6) 小组赛的代号为G,如MG—12(男子12～14岁小组赛组)。

(7) 接力赛应列出每一赛段准许参加的年龄组。

第五节 拓展训练

一、理论

（一）拓展训练的起源与发展

"拓展训练",意为一艘小船驶离平静的港湾,义无反顾地驶向未知的旅程,去迎接一次次挑战。它源于第二次世界大战期间,当时盟军在大西洋的物资供应线屡遭德国潜艇的袭击,大部分水手葬身鱼腹,只有极少数人得以生还。人们惊奇地发现,大多数生还者往往不是年轻力壮的水手,而是那些富有经验、心理素质较强的年长者。通过对这一现象的分析与研究,人们得到的结论是——能在恶劣环境下求得生存,靠的不是体能而是良好的心理素质。据此,德国人库尔特·汉恩提出了拓展训练理念,并于1941年创办了一所专门训练水兵的学校,后来逐渐延伸成为军队士兵生存能力的训练。第二次世界大战结束以后,"拓展训练"也从最早的军事生存训练演变成为社会和经济领域服务的一种人本训练。

（二）拓展训练的目标

追根溯源,拓展训练是与传统的认知教育不同的体验式活动,它是体验式教育结合特定环境的产物。拓展训练是借助于精心设计的特殊环境,以户外活动的形式让参与者进行体验,从中感悟出活动所蕴含的理念,通过反思获得知识改变行为,实现可趋向性目标的一种教育模式。拓展训练通常利用崇山峻岭、浩瀚大川等自然环境,通过精心设计的活动达到"磨炼意志、陶冶情操、完善人格、熔炼团队"的目的。

（三）拓展训练的主要课程

拓展训练的课程主要由陆、海、空三类课程组成。水上课程包括游泳、跳水、扎筏、划艇等;野外课程包括远足露营、登山攀岩、野外定向、伞翼滑翔、户外生存技能等;场地课程是在专门的训练场地上,利用各种训练设施,如高架绳网等,开展各种团队组合课程及攀岩、跳越等心理训练活动。

（四）拓展训练的特点

（1）综合活动性。拓展训练的所有项目都以体能活动为引导，引发出认知活动、情感活动、意志活动和交往活动，有明确的操作过程，要求学员全身心的投入。

（2）挑战极限。拓展训练的项目都具有一定的难度，特别是高空拓展训练项目，主要表现在心理考验上，需要学员向自己的能力极限挑战，跨越"极限"。

（3）集体中的个性。拓展训练实行分组活动，强调集体合作。力图使每一名学员竭尽全力为集体争取荣誉，同时从集体中吸取巨大的力量和信心，在集体中显示个性。

（4）高峰体验。在克服困难，顺利完成课程要求以后，学员能够体会到发自内心的胜利感和自豪感，获得人生难得的高峰体验。

（5）自我教育。教练只是在课前把课程的内容、目的、要求以及必要的安全注意事项向学员讲清楚，活动中一般不进行讲述，也不参与讨论，充分尊重学员的主体地位和主观能动性。即使在课后的总结中，教练也只是点到为止，主要让学员自己来讲。达到了自我教育的目的。

（五）拓展训练的意义

良好的团队精神和积极进取的人生态度，是现代人应有的基本素质，也是现代人人格特质的两大核心内涵。在现代社会，人类的智慧和技能只有在这种人格力量的驾驭下，才会迸发出耀眼的光芒，拓展训练应运而生。通过拓展训练，可显著提高参训者在如下方面的能力与水平：认识自身潜能，增强自信心，改善自身形象；克服心理惰性，磨炼战胜困难的毅力；启发想象力与创造力，提高解决问题的能力；团队配合精神。拓展训练是一套塑造团队活力、推动组织成长的不断增值的训练课程。通过体育拓展训练使被训练者进一步认识群体的作用，增进对集体的参与意识与责任心；改善人际关系，学会关心，更为融洽地与群体合作；学习欣赏、关注和爱护大自然。拓展训练是一种典型的户外体验式训练，它融合不同层次的挑战元素，强调学员去感受学习，而不仅仅在课堂上听讲。它是对正统教育的一次全面提炼和综合补充。许多人认为提高素质的手段就是通过各种课堂式的训练来掌握新的知识和技能。

（六）训练通常有以下四个环节

（1）团队热身。在培训开始时，团队热身活动将有助于加深学员之间的相互了解，消除紧张，建立团队，以便轻松愉悦地投入到各项培训活动中去。

（2）个人项目。本着心理挑战最大、体能冒险最小的原则设计，每项活动对受训者的心理承受力都是一次极大的考验。

（3）团队项目。团队项目以改善受训者的合作意识和受训集体的团队精神为目标，通过复杂而艰巨的活动项目，促进学员之间的相互信任、理解、默契和配合。

（4）回顾总结。回顾将帮助学员消化、整理、提升训练中的体验，以便达到活动的具体目的。总结，使学员能将培训的收获迁移到工作中去，以实现整体培训目标。

（七）安全问题

拓展训练要把安全保障作为训练第一项重要责任，并时刻保持警觉，以专业的手段保证每一个细节的绝对安全可靠。在训练期间，安全保障是首要工作，所有户外活动均要经过精心的设计与实验。各项户外活动的保护装备均使用一流的专业器材，并由经验丰富的专业教员严格地依照安全程序指导监控活动的全过程。将拓展训练引入课堂时，有关安全问题应提前周密安排，按要求操作，及时消除安全隐患，杜绝不安全行为，控制不安全因素，使项目顺利开展，并消除学生的思想顾虑。注重师资队伍的训练。目前，高等院校的教师大多数没有拓展训练的经历，对拓展训练可能还一无所知，因此，在开始拓展训练课程之前必须对师资进行训练。

二、实践

（一）个人及双人项目

1. 盲人闯雷阵

项目类型：个人项目。
场地：一块平整的场地。
器材：实心球若干个。
人员要求：5 人以上。
项目目标：快速合理地做出正确的选择。
项目布置：在 10～15 米长的前进道路上，无规则的放若干个实心球。每个人预先选择捷径通过一次，碰球为失败，看哪个能闯过雷阵，不允许睁眼睛看，不许出声或其他暗示，碰了球的人不得继续前进，立即将球放回原处。
注意事项：联系人注意开始的前后间隔，以免碰撞。
引导讨论：无。

2. 巧解绳结

项目类型：双人合作项目。
场地：室内、室外皆可。
器材：两端有绳套、长 1.3 米的绳子若干条。
人员要求：2 人以上。
项目目标：摆脱原有的思维模式、了解经验对人的限制，体验如何发挥创意与行动力。
项目时间：15 分钟。
项目布置：①教师发给每位学生一条上述的绳子。②每位学生分别将两端的绳套套在自己的两只手腕上。同时将绳子与另一位组员手上的绳子交叉连接，让学生想办法解开绳子。③告诉学生解绳结的方法，然后让所有学生组成一个大的绳结，两两相交叉。让学生尽量用最快速的方法解开绳结。
注意事项：①在解绳结的过程中，每个学生手上的绳套都不能脱离手腕。②不能将自己手上的绳套交换。

引导讨论：①当你接到这个问题时，你的第一反应是什么？然后你做出了什么行动？②在尝试了一段时间后，你有什么感觉？你是否相信可以解开？③解不开的原因是什么？是否想过要放弃？④当你听到有同学解开了的时候，你在想什么？⑤你在活动中尝试了哪些方法？所犯的错误是否有相同的特性？⑥有没有一些想法在实施前就被否定了？为什么？你是否只在自己的经验中寻找答案？⑦生活中曾经面临过类似情景吗？你会过度依赖经验吗？⑧以往的经验对你有什么影响？你会过度依赖经验吗？你是否有自己把自己框住了的事情？

（二）沟通项目

1. 数字传递

项目类型：沟通项目。

场地：室内、室外皆可。

器材：纸、笔。

人员要求：10人以上。

项目目标：在没有语言交流的情况下进行良好的沟通。

项目布置：①将学员分成若干组，每组学员5～8名，并选派每组一名组员出来担任监督员。②所有参赛的组员排纵列排好，队列的最后一人到培训师处，培训师向全体参赛学员和监督员宣布游戏规则。③游戏规则：a.各队代表到主席台来，培训师："我将给你们看一个数字，你们必须把这个数字通过肢体语言让你全部的队员都知道，并且让小组的第一个队员将这个数字写到讲台前的白纸上（写上组名），看哪个队伍速度最快，最准确。"b.全过程不允许说话，后面一个队员只能够通过肢体语言向前一个队员进行表达，通过这样的传递方式层层传递，直到第一个队员将这个数字写在白纸上。c.比赛进行三局（数字分别是0、900、0.01），每局休息1分15秒。第一局胜利积5分，第二局胜利积8分，第三局胜利积10分。

小组讨论：①P（计划）D（实施）C（检查）A（改善行动）循环在这个游戏中如何得到体现？②四个循环中，哪个步骤更为重要？

2. 撕纸

项目类型：团队沟通。

场地：室内、室外皆可。

器材：总人数2倍的A4纸（废纸亦可）。

人员要求：20人左右最适宜。

项目目标：为了说明我们平时的沟通过程中，经常使用单向的沟通方式，结果听者总是见仁见智，个人按照自己的理解来执行，通常都会出现很大的差异。但使用了双向沟通之后，又会怎样呢，差异依然存在，虽然有改善，但增加了沟通过程的复杂性。所以什么方法是最好的？这要依据实际情况而定。作为沟通的最佳方式要根据不同的场合及环境而定。

项目布置：①给每位学员发一张纸。②培训师发出单项指令："大家闭上眼睛。""全过程不许问问题。""把纸对折。""再对折。""再对折。""把右上角撕下来，转180°，把左上角也撕下来。""睁开眼睛，把纸打开。"培训师会发现各种答案。③这时培训师可以请一位学员上来，重复上述的指令，唯一不同的是这次学员们可以问问题。

引导讨论：①完成第一步之后可以问大家，为什么会有这么多不同的结果（也许大家的反应是单向沟通不许问问题所以才会有误差）。②完成第二步之后又问大家，为什么还会有误差（希望说明的是，任何沟通的形式及方法都不是绝对的，它依赖于沟通者双方彼此的了解、沟通环境的限制等，沟通是意义转换的过程）。

3. 肢体语言

项目类型：沟通技巧。

场地：室内、室外皆可。

器材：无。

人员要求：2人一组。

项目目标：提高学员表达能力的培训游戏。

项目布置：①将学员们分为2人一组，让他们进行2~3分钟的交流，交谈的内容不限。②当大家停下以后，请学员们彼此说一下对方有什么非语言表现，包括肢体语言或者表情，比如有人老爱眨眼，有人会不时地撩一下自己的头发。问这些做出无意识动作的人是否注意到了这些行为。③让大家继续讨论2~3分钟，但这次注意不要有任何肢体语言，看看与前次有什么不同。

引导讨论：①在第一次交谈中，有多少人注意到了自己的肢体语言？②对方有没有什么动作或表情让你觉得极不舒服，你是否告诉他了你的这种情绪？③当你不能用你的动作或表情辅助你的谈话的时候，有什么样的感觉？是否会觉得很不舒服？

总结：①人与人之间的交流是两个方面的：一方面是语言的，另一方面是非语言的，这两个方面互为补充，缺一不可。有时候非语言传达的信息比语言还要更加精确，比如如果一个人不停的向你以外的其他地方看去，你就可以理解到他对你们的谈话缺乏兴趣，需要调动他的积极性了。②同样，在日常的生活工作中，为了让别人对你有一个更好的印象，一定要注意戒除自己那些不招人喜欢的动作或表情，注意用一些良好的手势、表情帮助你的交流，因为好的肢体语言会帮助你的沟通，坏的肢体语言会阻碍我们的社交。

4. 猜猜我是谁

项目类型：团队破冰。

场地：室内外均可。

器材：不透明的幕布一条。

人员要求：10人以上。

项目目标：使初步认识的队员再次彼此认识，团队中的每位成员快速相互熟悉开来。

项目布置：①参加的人员分成两边。②依序说出每人的姓名或希望别人如何称呼自己。③训练员与助理训练员手拿布幕隔开两边成员，分组蹲下。④第一阶段两边成员各派一位代表至幕布前，隔着幕布面对面蹲下，训练员喊1、2、3，然后放下幕布，两位成员以先说出对面成员姓名或绰号者为胜，胜者可将对面成员俘虏至本组。⑤第二阶段两边成员各派一位代表至幕布前背对背蹲下，训练员喊1、2、3，然后放下幕布，两位成员靠组内成员提示（不可说出姓名、绰号），以先说出对面成员之姓名或绰号者为胜，胜者可将对面成员俘虏至本分组。⑥活动进行至其中一组人数少于三人即可停止。

引导讨论：①各位如果继续玩下去谁会赢？那谁会输了？②我们所设计的这个游戏是 no loser\no winner。③那这是什么意思，也就是双赢的概念。

注意事项：①选择的幕布必须不透明，以免预先看出伙伴而失去公平性及趣味性。②成员蹲在幕布前，避免踩在幕布上，以免操作幕布时跌倒。③训练员应制止站立或至侧边偷窥的情况发生。④组员不可离训练员太近，以免操作幕布时产生撞击。⑤组员叫出名字时间差距短，训练员须注意公平性。⑥本活动不适用于不熟悉的团队。

（三）团队项目

1. 孤岛求生

项目类型：团队项目。

场地：一块平整的场地。

器材：1个鸡蛋，1张报纸，1双筷子，一段胶带，2块80厘米×20厘米木板，3只网球或乒乓球，1只木桶或塑料桶，任务卡片，眼罩，3个小岛。

人员要求：10～15人。

项目目标：主动沟通、信息共享的重要性，尤其说明了主管者运用资源和决策的重要性。

项目布置：全体成员由于遇到风浪，战舰沉没，人员被分成3组，分别在3个孤岛中。第一个孤岛（盲人岛）的成员由于误食了一些有毒的水果，导致全体失明；第二个孤岛（哑人岛）的成员由于误食动物的肉，导致全体人员变哑；第三个孤岛（珍珠岛）物产丰富，所有的成员是健康的，目标是将所有的成员集中到第三个岛屿。

训练开始，各组分别接到任务卡片及道具。

（1）盲人岛的学生接到的卡片：

任务：①将一个球投入水中的一个桶中。②所有的人集中到珍珠岛。

规则：①第一个任务完成后才能离开盲人岛。②岛的周围是激流，任何人和物品一旦落水都将被冲回盲人岛。

（2）哑人岛的学生接到的卡片是：

任务：将所有的人集中到珍珠岛上。

规则：①只有哑人可以协助盲人移动。②只有哑人可以移动木板。③只有盲人完成了第一个任务后才能移动木板。④哑人不得开口说话。⑤岛的周围是激流，任何人和物品一旦落水都将被冲到盲人岛。⑥岛的四周是松软的沙地，受力过重可能会塌陷。

（3）珍珠岛的学生接到的卡片：

任务：①器械：1双筷子、1张报纸、1段胶带，要求利用这些器械使鸡蛋从高处落下不碎。②数学题：ABCDE×3=EDCBA，问 A、B、C、D、E 各是几？③利用一定的物理原理和器械，将所有的人集中到一个岛上。时间：30分钟。

规则：①岛的周围是激流，任何人和物品一旦落水都将被冲到盲人岛。②岛的四周是松软的沙地，受力过重可能会塌陷。

2. 蜘蛛网

项目类型：团队项目。

场地：空地。

器材：用绳子编成的1张蜘蛛网及1份说明书。

人员要求：13人一组最佳。

项目目标：让学员们体会计划的重要性及团队合作的精神。

项目布置：①教师先找一位领导及一位观察员，单独向领导交代任务并给他一份说明书：全体人员必须从网的一边通过网孔过到网的另一边，在整个过程中，身体的任何部位都不得触网，每个洞只能被过一次，即不能两人过同一洞。你们的目的是要获取最好成绩。②由领导回到小组中传达培训师的指令。③培训师及观察员开始观察小组在听领导分配任务时间的反应，以及他们的计划能力。④观察员记录小组在执行任务的过程中都出现些什么问题，包括计划方面、沟通方面。

引导讨论：你对计划的重要性有什么认识，你认为这次活动的计划做得怎样。该游戏最难的地方是哪里，怎样改进。在活动过程中，你感觉团队的合作精神怎样，是否有信任感。

3. 履带行军

项目类型：团队项目。

场地：一块平整的场地。

器材：30张大报纸，2卷胶带，2把剪刀。

人员要求：12～18人一组。

项目目标：有效沟通，分工协作。

项目布置：①各组利用上述材料制作一条环形的履带，要求履带能够将同组的若干名队员"包容"在履带内。②采取比赛形式，要求若干名队员作为"车轮"站成一列，推动履带向前滚动，最先到达终点的队获胜。③过程中队员的双脚必须踩在履带上，如履带断裂，需修补完好后才能继续前进。

4. 罐头鞋

项目类型：团队项目。

场地：一块平整的场地。

器材：3只分别涂色大气油桶，两块长3.5米、宽0.28～0.3米、厚0.07米黄花松木板。

人员要求：12～14人一组，余者可在下面保护和指挥。

项目目标：①团结一致，密切合作，克服困难的团队精神。②培养周密计划，组织协调和队员之间良好沟通的能力。

项目布置：①把两块木板平放在3只桶上，木板两头分别压在桶的1/2处。②召集学生到场地，请不超过14人站到放在铁桶上的木板上，并宣布此项目名称。③要求大家在40分钟的时间里，在人不落地的情况下，把3只桶和两块木板向其延长线的方向移动两块板的距离。④宣布从现在起任何人不能下地，直至到达目标物。⑤可以利用的器材为两块木板，3只铁桶。⑥规则：人不许下地，木板不许落地，桶不许倒地，犯规一次罚10分。下面的人不能帮助，时间为40分钟，超时1分钟罚1分，不可超时25分钟。

规则：①假设全体学员要通过一片沼泽地，除了三个大罐头（汽油桶）外，任何东西都会沉入沼泽。②三个罐头间有两根木板。③要求整体向前前进一段距离，要求团队任何成员不能落入沼泽地。

注意事项：①摆放器材时，木板头压在铁桶一半位置。②一个桶上禁止平着放两块木板。③培训时要随时保护木板上学生的安全（特别是学生换位的时候）。④队员搬木板的时候，提醒他们防止木板压手。⑤如有危险，教师要及时制止。

引导讨论：①要完成如此困难的任务，应该有一个从策划到决策的过程，同时这个策划—决策的过程，就是集体学习的过程。执行过程中要根据实际操作情况随时调整。②分工明确，发挥每个人的长处，并听取每个人的意见。注意是否发挥了监督员的作用。③意见分歧时的解决方式和遇到挫折时的态度。④注意完美、时间、效果和安全几者之间的关系。⑤倾听——在沟通中的重要性。⑥兴奋的心情，可能导致最终的失败。⑦冷静可能是成功的决定性因素。

5. 雷区取水

项目类型：团队项目。

场地：一块平整的场地。

器材：一条边界绳、两条队员用的绳、两个矿泉水瓶（其中一个有水，一个没有）或水盆代替。

人员要求：12～14人一组，余者可在下面保护和指挥。

项目目标：团队合作精神。

项目布置：①利用两根15米绳子，半瓶矿泉水，在直径5～6米的绳圈内，中间放置半瓶矿泉水，并打开瓶盖。在规定的时间内，用两根15米绳子，用不同的方法取出矿泉水瓶，但不能重复使用同种方法。这就是开拓队员的思路，创新思维，锻炼思考能力，增加团队合作精神，发掘队员的潜力，要求队员要有共同的远景，增强团队成员的创新思维能力。认识统一指挥的意义与重要作用。②教师："同学们请注意，我们现在的战场上条件很艰苦，要比上甘岭还要艰苦，没有水，缺水怎么办，我们要想办法解决。大家看到了嘛，绳子围成的圈里有水，但是里面布满地雷，我们不能碰到圈里任何地方，只要地雷一响，敌机马上会飞过来轰炸我们。而且我们只有20分钟，时间一过，大家都有危险。我们的工具只有这两根绳子。"③宣布项目开始。④让队员用更多的办法取水。

引导讨论：①队员的创新能力。②有效资源的优化配置。③队员之间的协助，合作，团结。

（四）创新项目

偏向虎山行

项目类型：创新项目。

场地：室内外均可。

器材：卡片。

人员要求：4人一组。

项目目标：创新能力。

项目布置：①把受训者分组，每组4人，然后发给每组一个任务卡。每张卡上写着一件商品的名字以及它应卖给的特定人群。要注意，这些人群看起来应不需要这些商品，实际上应该完全拒绝这些商品。比如向非洲人销售羽绒服，向爱斯基摩人销售冰箱等。总之，每个小组面临的挑战是，销售不可能卖出的商品。②每个小组应根据任务卡的要求准备一条30秒的广告语，用来向特定人群推销商品。该广告应注意以下三点：该商品如何改善特定人群的生活。这些特定人群应怎样有创造性的使用这些商品。该商品与特定人群现有的特有目的和价值标准之间是如何匹配的。③给每组20分钟的时间，按照上述三点要求写出一个30秒长的广告语，要注意趣味性和创造性。④其他受训者暂时扮演那个特定人群，认真倾听该小组的广告词，应该根据广告能否打动他们，是否激起了他们的购买欲望，是否能满足某个特定需求来作出判断。最后通过举手的方式，统计出有多少人会被说服而购买这个产品；有多少人觉得这些推销员很可笑，简直是白费力气。

引导讨论：①善解人意在我们的生活和工作中扮演何种角色？做到这点是否给你带来了好处？②为了与你的客户甚至是反对你的人心意相通，你需要作出哪些让步和牺牲？③在推销你组的商品时，你们是怎么分析特定人群和此商品的关系的？你们是否考虑过他们的习惯、需要、想法和价值标准呢？④你一定遇到过这种情况：有时候你的目标和他人的需要并不一致，你纵有雄心壮志却无人欣赏？在做这个游戏之前你是怎么处理的？做过这个游戏你将如何改进你的方法？

（五）野外项目

扎筏渡河、漂流、冲浪、潜水、攀岩、悬崖速降、徒步穿越、滑雪、定向运动、滑翔伞、蹦极、野外露营、洞穴探险、匹特博战争等。

（六）场地项目

信任背摔、逃离岩石岛监狱、命悬一线、长生鸟、宇宙泥浆、贪得无厌、潮起潮落、连体足球、南辕北辙、月球散步、跨越城壕、四足蜈蚣、穿越曲径、袋鼠、赛跑、飞越激流等。

三、高校拓展训练发展趋势

　　高校拓展训练课的教学内容应不断丰富和完善，逐渐突破以拓展项目为主的局面，增加体育技能的学习，学时要有所控制，教学方法应不断创新，课程结构、教学理念应不断改进和拓展。高校拓展训练课总的教学目标和每次课的教学目标应该进一步明确，应突破纯体育课和纯拓展训练课的育人目标，突出"以人为本"的教育思想，强调学生的个性与人格、集体与合作、适应与创新、潜能与价值等综合素质以及体适能、情感适能、社会适能、精神适能和文化适能等多维适能的全面发展。今后在高校拓展训练课学习效果的评价方面应不过分追求评价结果的量化，应该注重定量与定性评价相结合的方式，突出评价的有效性；显性指标重视过程评价，隐性指标重视结果评价，强调"三化"，即评价主体的多元化、评价指标体系的综合化和评价方法的多样化。